王国平 主编

南宋史研究丛书

戴建国 郭东旭 著

南宋法制史

人民出版社

浙江省文化研究工程指导委员会

浙江文化研究工程成果文库总序

习近平

　　有人将文化比作一条来自老祖宗而又流向未来的河,这是说文化的传统,通过纵向传承和横向传递,生生不息地影响和引领着人们的生存与发展;有人说文化是人类的思想、智慧、信仰、情感和生活的载体、方式和方法,这是将文化作为人们代代相传的生活方式的整体。我们说,文化为群体生活提供规范、方式与环境,文化通过传承为社会进步发挥基础作用,文化会促进或制约经济乃至整个社会的发展。文化的力量,已经深深熔铸在民族的生命力、创造力和凝聚力之中。

　　在人类文化演化的进程中,各种文化都在其内部生成众多的元素、层次与类型,由此决定了文化的多样性与复杂性。

　　中国文化的博大精深,来源于其内部生成的多姿多彩;中国文化的历久弥新,取决于其变迁过程中各种元素、层次、类型在内容和结构上通过碰撞、解构、融合而产生的革故鼎新的强大动力。

　　中国土地广袤、疆域辽阔,不同区域间因自然环境、经济环境、社会环境等诸多方面的差异,建构了不同的区域文化。区域文化如同百川归海,共同汇聚成中国文化的大传统,这种大传统如同春风化雨,渗透于各种区域文化之中。在这个过程中,区域文化如同清溪山泉潺潺不息,在中国文化的共同价值取向下,以自己的独特个性支撑着、引领着本地经济社会的发展。

从区域文化入手,对一地文化的历史与现状展开全面、系统、扎实、有序的研究,一方面可以藉此梳理和弘扬当地的历史传统和文化资源,繁荣和丰富当代的先进文化建设活动,规划和指导未来的文化发展蓝图,增强文化软实力,为全面建设小康社会、加快推进社会主义现代化提供思想保证、精神动力、智力支持和舆论力量;另一方面,这也是深入了解中国文化、研究中国文化、发展中国文化、创新中国文化的重要途径之一。如今,区域文化研究日益受到各地重视,成为我国文化研究走向深入的一个重要标志。我们今天实施浙江文化研究工程,其目的和意义也在于此。

千百年来,浙江人民积淀和传承了一个底蕴深厚的文化传统。这种文化传统的独特性,正在于它令人惊叹的富于创造力的智慧和力量。

浙江文化中富于创造力的基因,早早地出现在其历史的源头。在浙江新石器时代最为著名的跨湖桥、河姆渡、马家浜和良渚的考古文化中,浙江先民们都以不同凡响的作为,在中华民族的文明之源留下了创造和进步的印记。

浙江人民在与时俱进的历史轨迹上一路走来,秉承富于创造力的文化传统,这深深地融汇在一代代浙江人民的血液中,体现在浙江人民的行为上,也在浙江历史上众多杰出人物身上得到充分展示。从大禹的因势利导、敬业治水,到勾践的卧薪尝胆、励精图治;从钱氏的保境安民、纳土归宋,到胡则的为官一任、造福一方;从岳飞、于谦的精忠报国、清白一生,到方孝孺、张苍水的刚正不阿、以身殉国;从沈括的博学多识、精研深究,到竺可桢的科学救国、求是一生;无论是陈亮、叶适的经世致用,还是黄宗羲的工商皆本;无论是王充、王阳明的批判、自觉,还是龚自珍、蔡元培的开明、开放,等等,都展示了浙江深厚的文化底蕴,凝聚了浙江人民求真务实的创造精神。

代代相传的文化创造的作为和精神,从观念、态度、行为方式和价值取向上,孕育、形成和发展了渊源有自的浙江地域文化传统和与时俱进的浙江文化精神,她滋育着浙江的生命力、催生着浙江的凝聚力、激发着浙江的创造力、培植着浙江的竞争力,激励着浙江人民永不自满、永不停息,在各个不同的历史时期不断地超越自我、创业奋进。

悠久深厚、意韵丰富的浙江文化传统，是历史赐予我们的宝贵财富，也是我们开拓未来的丰富资源和不竭动力。党的十六大以来推进浙江新发展的实践，使我们越来越深刻地认识到，与国家实施改革开放大政方针相伴随的浙江经济社会持续快速健康发展的深层原因，就在于浙江深厚的文化底蕴和文化传统与当今时代精神的有机结合，就在于发展先进生产力与发展先进文化的有机结合。今后一个时期浙江能否在全面建设小康社会、加快社会主义现代化建设进程中继续走在前列，很大程度上取决于我们对文化力量的深刻认识、对发展先进文化的高度自觉和对加快建设文化大省的工作力度。我们应该看到，文化的力量最终可以转化为物质的力量，文化的软实力最终可以转化为经济的硬实力。文化要素是综合竞争力的核心要素，文化资源是经济社会发展的重要资源，文化素质是领导者和劳动者的首要素质。因此，研究浙江文化的历史与现状，增强文化软实力，为浙江的现代化建设服务，是浙江人民的共同事业，也是浙江各级党委、政府的重要使命和责任。

2005年7月召开的中共浙江省委十一届八次全会，作出《关于加快建设文化大省的决定》，提出要从增强先进文化凝聚力、解放和发展生产力、增强社会公共服务能力入手，大力实施文明素质工程、文化精品工程、文化研究工程、文化保护工程、文化产业促进工程、文化阵地工程、文化传播工程、文化人才工程等"八项工程"，实施科教兴国和人才强国战略，加快建设教育、科技、卫生、体育等"四个强省"。作为文化建设"八项工程"之一的文化研究工程，其任务就是系统研究浙江文化的历史成就和当代发展，深入挖掘浙江文化底蕴、研究浙江现象、总结浙江经验、指导浙江未来的发展。

浙江文化研究工程将重点研究"今、古、人、文"四个方面，即围绕浙江当代发展问题研究、浙江历史文化专题研究、浙江名人研究、浙江历史文献整理四大板块，开展系统研究，出版系列丛书。在研究内容上，深入挖掘浙江文化底蕴，系统梳理和分析浙江历史文化的内部结构、变化规律和地域特色,坚持和发展浙江精神;研究浙江文化与其他地域文化的异同,厘清浙江文化在中国文化中的地位和相互影响的关系;围绕浙江生动的当代实践,深入解读浙江现象,总结浙江经验,指导浙江发展。在研究力量上,通过课题组织、出版资助、重点研究基地建设、加强省内外大院名校合作、整合各地各部门力量等途径,形成上下联动、学界互动的整体合力。在成果运用上,注重研究成果的学术价值和应用价值,充分发挥其认识世界、传承文明、创新理论、咨政育人、服务社会的重要作用。

我们希望通过实施浙江文化研究工程,努力用浙江历史教育浙江人民,用浙江文化熏陶浙江人民,用浙江精神鼓舞浙江人民,用浙江经验引领浙江人民,进一步激发浙江人民的无穷智慧和伟大创造能力,推动浙江实现又好又快发展。

今天,我们踏着来自历史的河流,受着一方百姓的期许,理应负起使命,至诚奉献,让我们的文化绵延不绝,让我们的创造生生不息。

2006 年 5 月 30 日于杭州

以杭州(临安)为例　还原一个真实的南宋

——从“南海一号”沉船发现引发的思考

(代　序)

王国平

2007年12月22日,举世瞩目的我国南宋商船“南海一号”在广东阳江海域打捞出水。根据探测情况估计,整船金、银、铜、铁、瓷器等文物可能达到6万—8万件,据说皆为稀世珍宝。迄今为止,全世界范围内都未曾发现过如此巨大的千年古船。“南海一号”的发现,在世界航海史上堪称一大奇迹,也填补与复原了南宋海上“丝绸之路”历史的一些空白①。不少专家认为“南海一号”的价值和影响力将不亚于西安秦始皇兵马俑。这艘沉船虽然出现在广东海域,但反映了整个南宋经济、文化的繁荣,标志着南宋社会的开放,也表明当时南宋引领着世界的发展。作为南宋政治、经济、文化、科技中心的都城临安(浙江杭州),则是南宋社会繁华与开放的代表。从某种意义上讲,没有以临安为代表的南宋的繁荣与开放,就不会有今日“南海一号”的发现;而“南海一号”的发现,也为我们重新审视与评价南宋,带来了最好的注解、最硬的实证。

提起南宋,往往众说纷纭,莫衷一是。长期以来,不少人把“山外青山楼外楼,西湖歌舞几时休?暖风熏得游人醉,直把杭州作汴州”②这首曾写在临

---

① 参见《“南海一号”成功出水》一文,载《人民日报》2007年12月23日。

② 林升:《题临安邸》,转引自田汝成《西湖游览志余》卷二《帝王都会》,上海古籍出版社1980年版,第14页。

安城一家旅店墙上的诗,当作是当时南宋王朝的真实写照。虽然近现代已有海内外学者开始重新认识南宋,但相当一部分人仍认为南宋军事上妥协投降、苟且偷安,政治上腐败成风、奸相专权,经济上积贫积弱、民不聊生,生活上纸醉金迷、纵情声色。总之,南宋王朝是一个只图享受、不思进取的偏安小朝廷。导致这种历史误解的原因,在很大程度上是出于人们对患有"恐金病"的宋高宗和权相秦桧一伙倒行逆施的义愤,这是可以理解的。但是,我们决不能坐在历史的成见之上人云亦云。只要我们以对历史负责、对时代负责、对未来负责的精神和科学求实的态度,以科学发展观为指导,对南宋进行全面、深入、系统的研究,将南宋放到当时特定的历史发展阶段中、放到中国社会发展的历史长河中、放到整个世界的文明进程中进行考察,就不难发现南宋时期在社会经济、思想文化、科学技术、国计民生等方面所取得的成就,就不难发现南宋对中华文明所产生的巨大影响,以此对南宋作出科学、客观、公正的评价,"还原一个真实的南宋"。

宋钦宗靖康元年(1126)闰十一月,金军攻陷北宋京城开封。次年三月,俘徽、钦二帝北去,北宋灭亡。同年五月,宋徽宗第九子、钦宗之弟赵构,在应天府(河南商丘)即位,是为高宗,改元建炎,重建赵宋王朝。建炎三年(1129)二月,高宗来到杭州,改州治为行宫,七月升杭州为临安府,此时起,杭州实际上已成为南宋的都城。绍兴八年(1138),南宋宣布临安府为"行在所",正式定都临安。自建炎元年(1127)赵构重建宋室,至祥兴二年(1279)帝昺蹈海灭亡,历时153年,史称"南宋"。

我们认为,研究与评价南宋,不应当仅仅以王朝政权的强弱为依据,而应当坚持"以人为本"的理念,以人们生存与生活状态的改善作为社会进步的根本标准。许多人评价南宋,往往把南宋王朝作为对象,我们认为所谓"南宋",不仅仅是一个历史王朝的称谓,而主要是指一个特定的历史阶段和历史时期。在马克思主义看来,历史的进步是社会发展和人的发展相统一的过程,"人们的社会历史始终只是他们的个体发展的历史"①,未来理想社

---

① 《马克思恩格斯选集》第4卷,人民出版社1972年版,第321页。

会"以每个人的全面而自由的发展为基本原则"①。人是社会发展的主体,人的自由与全面发展是社会进步的最高目标。这就要坚持"以人为本"的科学发展观,将人的生存与全面发展作为评价一个历史阶段的根本依据。南宋时期,虽说尚处在封建社会的中期,人的自由与发展受到封建集权思想与皇权统治的严重束缚,但南宋与宋代以前漫长的封建历史时期相比,这一时期所出现的对人的生存与生活的关注度以及南宋人的生活质量和创造活力所达到的高度都是前所未有的。

研究与评价南宋,不应当仅仅以军事力量的大小作为评价依据,而应当以其社会经济、文化整体状况与发展水平的高低作为重要标准。我们评判一个朝代,不但要考察其军事力量的大小,更要看其在经济、文化、科技、社会等各方面所取得的成就。两宋立国320年,虽不及汉、唐、明、清国土辽阔,却以在封建社会中无可比拟的繁荣和社会发展的高度,跻身于中国古代最辉煌的历史时期之列。无论是文化教育的普及、文学艺术的繁荣、学术思想的活跃、科学技术的进步,还是社会生活的丰富多彩,南宋都达到了前所未有的程度,在当时世界上也都处于领先地位。著名史学家邓广铭认为"宋代的文化,在中国封建社会历史时期之内,截至明清之际西学东渐的时期为止,可以说,已经达到了登峰造极的高度"。②

研究与评价南宋,不能仅仅以某些研究的成果或所谓的"历史定论"为依据,而应当以其在人类文明进步中所扮演的角色,以及对后世产生的影响作为重要标准。宋朝是中国封建社会里国祚最长的朝代,也是封建文化发展最为辉煌的时期。南宋虽然国土面积只有北宋的五分之三左右,却维持了长达153年(1127—1279)的统治。南宋不但对中国境内同时代的少数民族政权和周边国家产生了积极影响,而且对后世中华文化的形成产生了巨大影响。近代著名思想家严复认为:"中国所以成于今日现象者,为善为恶,姑不具论,而为宋人所造就,什八九可断言也。"③近代史学大师陈寅恪先生

---

① 《马克思恩格斯全集》第23卷,人民出版社1972年版,第649页。
② 邓广铭:《宋代文化的高度发展与宋王朝的文化政策》,载《历史研究》1990年第1期。
③ 严复:《严几道与熊纯如书札节钞》,载《学衡》第13期,江苏古籍出版社1999年影印本。

也曾经指出:"华夏民族之文化,历数千载之演进,造极于赵宋之世。"①因此,我们既要看到南宋王朝负面的影响,更要充分肯定南宋的历史地位与历史影响,只有这样,才能"还原一个真实的南宋"。

一、在政治上,不但要看到南宋王朝外患深重、苟且偷安的一面,更要看到爱国志士精忠报国、南宋政权注重内治的一面

南宋时期民族矛盾异常尖锐,外患严重之至,前期受到北方金朝的军事讹诈和骚扰掠夺,后期又受到蒙元的野蛮侵略,长期威胁着南宋政权的生存与发展。在此情形下,南宋初期朝廷中以宋高宗为首的主和派,积极议和,向女真贵族纳贡称臣,南宋王朝确实存在消极抗战、苟且偷安的一面。但也要承认南宋王朝大多君王也怀有收复中原的愿望。南宋将杭州作为"行在所",视作"临安"而非"长安",也表现出了南宋统治集团不忘收复中原的意图。我们更应该看到南宋时期,在153年中,涌现了以岳飞、文天祥两位彪炳青史的民族英雄为代表的一大批爱国将领,众多的爱国仁人志士,这是中国古代任何一个朝代都难以比拟的。

同时,南宋政权也十分注重内治,在加强中央集权制度、推行"崇尚文治"政策、倡导科举不分门第等方面均有重大建树。其主要表现在:

1. 从军事斗争上看,南宋是造就爱国志士、民族英雄的时代

南宋王朝长期处于外族入侵的严重威胁之下,为此南宋军民进行了一百多年艰苦卓绝的抵抗斗争,涌现了无数气壮山河、可歌可泣的爱国事迹和民族英雄。因而,我们认为:南宋时代是面对强敌、英勇抗争的时代。众所周知,金朝是中国历史上继匈奴、突厥、契丹以后一个十分强大的少数民族政权,并非昔日汉唐时期的匈奴、突厥与明清时期的蒙古可比。金军先后灭亡了辽朝和北宋,南侵之势简直锐不可当,但由于南宋军民的浴血奋战,虽屡经挫折,终于抵挡住了南侵金军一次又一次的进攻,在外患深重的困境中站稳了脚跟。在持久的宋金战争中,南宋的军事力量不但没有削

---

① 《陈寅恪先生文集》第2卷,上海古籍出版社1980年版,第245页。

弱,反而逐渐壮大起来。南宋后期的蒙元军队则更为强大,竟然以 20 年左右的时间横扫欧亚大陆,使全世界都为之谈"蒙"色变。南宋的军事力量尽管相对弱小,又面对当时世界上最为强大的蒙元军队,但广大军民同仇敌忾,顽强抵抗了整整 45 年之久,这不能不说是世界抗击蒙元战争史上的一个奇迹。①

南宋是呼唤英雄、造就英雄的时代。在旷日持久的宋金战争中,造就了以宗泽、韩世忠、岳飞、刘锜、吴玠吴璘兄弟为代表的一批南宋爱国将领。特别是民族英雄岳飞率领的岳家军,更是使金军闻风丧胆。在南宋抗击蒙元的悲壮战争中,前有孟珙、王坚等杰出爱国将领,后有文天祥、谢枋得、陆秀夫、张世杰等抗元英雄,其中民族英雄文天祥领导的抗元斗争,更是可歌可泣,彪炳史册。

南宋是激发爱国热忱、孕育仁人志士的时代。仅《宋史·忠义列传》,就收录有爱国志士 277 人,其中大部分是南宋人②。南宋初期,宗泽力主抗金,并屡败金兵,因不能收复北宋失地而死不瞑目,临终时连呼三次"过河";洪皓出使金朝,被流放冷山,历尽艰辛,终不屈服,被比作宋代的苏武;陆游"死去元知万事空,但悲不见九州同"的诗句,表达了他渴望祖国统一的遗愿;辛弃疾的词则抒发了盼望祖国统一和反对主和误国的激情。因此,我们认为,南宋不但是造就民族英雄的时代,也是孕育爱国政治家、军事家、文学家和思想家的沃土。

2. 从政治制度上看,两宋时期是加强中央集权、"干强枝弱"的时期

宋朝在建国之初,鉴于前朝藩镇割据、皇权削弱的历史教训,通过采取"强干弱枝"政策,不断加强中央集权统治,南宋时得到了进一步强化。在中央权力上,实行军政、民政、财政"三权分立",削弱宰相的权力与地位;在地方权力上,中央派遣知州、知县等地方官,将原节度使兼领的"支郡"收归中央直接管辖;在官僚机构上,实行官(官品)、职(头衔)、差遣(实权)三者分离制度;在财权上,设置转运使掌管各路财赋,将原藩镇把持的地方财权收

---

① 参见何忠礼《论南宋定都杭州对当地经济文化的重大影响》,载《杭州研究》2007 年第 2 期。
② 参见俞兆鹏《南宋人才之盛及其原因》,载《杭州日报》2005 年 11 月 14 日。

归中央;在司法权上,设置提点刑狱一职,将方镇节度使掌握的地方司法权收归中央;在军权上,实行禁军"三衙分掌",使握兵权与调兵权分离、兵与将分离,将各州军权牢牢地控制在中央手里,从而加强了中央对政权、财权、军权等方面的全面控制。南宋继承了北宋加强中央集权的这一系列措施,为维护国家内部统一、社会稳定和经济发展提供了良好的国内环境。尽管多次出现权相政治,但皇权仍旧稳定如故。

3. 从用人制度上看,南宋是所谓"皇帝与士大夫共治天下"的时代

两宋统治集团始终崇尚文治,尊重知识分子,重用文臣,提倡教育和养士,优待知识分子。与秦代"焚书坑儒"、汉代"罢黜百家"、明清"文字狱"相比,两宋时期可谓是封建社会思想文化环境最为宽松的时期,客观上对经济、社会、文化发展起到了积极的促进作用①。其政策措施表现在:

推行"崇尚文治"政策。宋王朝对文人士大夫采取了较为宽松宽容的态度,"欲以文化成天下",对士大夫待之以礼、"不得杀士大夫及上书言事人"②,确立了"兴文教,抑武事"③的"崇文抑武"大政方针。两宋政权将"右文"定为国策,在这种政治氛围下,知识分子的思想十分活跃,参政议政的热情空前高涨,在一定程度上出现了"皇帝与士大夫共治天下"的局面,从而有力地推动了宋代思想、学术、文化的大发展。正由于两宋重用文士、优待文士,不杀文臣,因而南宋时常有正直大臣敢于上书直谏,甚至批评朝政乃至皇帝的缺点,这与隋、唐、明、清时期的动辄诛杀士大夫的政治状况大不相同。

采取"寒门入仕"政策。为了吸收不同阶层的知识分子参加政权,两宋对选才用人的科举制度进行了改革,消除了魏晋以来士族门阀造成的影响。两宋科举取士几乎面向社会各个阶层,再加上科举取士的名额不断增加,在社会各阶层中形成了"学而优则仕"之风。南宋时期,取士更不受出身门第的限制,只要不是重刑罪犯,即使是工商、杂类、僧道、农民,甚至是杀猪宰牛

---

① 参见郭学信《试论两宋文化发展的历史特色》,载《江西社会科学》2003 年第 5 期。
② 陶宗仪:《说郛》卷三九上,台北商务印书馆 1986 年影印文渊阁《四库全书》本。
③ 李焘:《续资治通鉴长编》卷一八,太平兴国二年正月丙寅条,中华书局 2004 年版,第 392 页。

的屠户,都可以应试授官。南宋的科举登第者多数为平民,如在宝祐四年(1256)登科的601名进士中,平民出身者就占了70%。①

二、在经济上,不但要看到南宋连年岁贡不断、赋税沉重的状况,更要看到整个南宋生产发展、经济繁荣的一面

人们历来有一种误解,认为南宋从立国之日起,就存在着从北宋带来的"积贫积弱"老毛病。确实,南宋王朝由于长期处于前金后蒙的威胁之下,迫使其不得不以加强皇权统治作为核心利益,在对外关系上,以牺牲本国的经济利益为代价,采取称臣、割地、赔款等手段来换取王朝政权的安定。正因为庞大的兵力和连年向金朝贡,加重了南宋王朝财政负担和民众经济负担,也一定程度上影响了南宋的经济发展。但在另一方面,我们更应当看到,南宋时期,由于北方人口的大量南下,给南宋的经济发展带来了充足的劳动力、先进的生产技术和丰富的生产经验,再加上统治者出台的一些积极措施,南宋在农业、手工业、商业、外贸等方面都取得了突出成就。南宋经济繁荣主要体现在:

1. 从农业生产看,南宋出现了古代中国南粮北调的新格局

由于南宋政府十分注重水利的兴修,并采取鼓励垦荒的措施,加上北方人口的大量南移和广大农民的辛勤劳动,促进了流民复业和荒地开垦。人稠地少的两浙等平原地带,垦辟了众多的水田、圩田、梯田。曾经"几无人迹"的淮南地区也出现了"田野加辟"、"阡陌相望"的繁荣景象。南宋时期,农作物单位面积产量比唐代提高了两三倍,总体发展水平大大超过了唐代,有学者甚至将宋代农作物单位面积产量的大幅提高称为"农业革命"②。"苏湖熟,天下足"的谚语就出现在南宋③。元初,江浙行省虽然只是元十个行省中的一个,岁粮收入却占了全国的37.10%④,江浙地区成了中国农业最为发达的地区,并出现了中国南粮北调的新格局。

---

① 参见俞兆鹏《南宋人才之盛及其原因》,载《杭州日报》2005年11月14日。
② 张邦炜:《瞻前顾后看宋代》,载《河北学刊》2006年第5期。
③ 范成大:《吴郡志》卷五〇《杂志》,中华书局1990年《宋元方志丛刊》本。
④ 脱脱:《元史》卷九三《食货一·税粮》,中华书局2005年版,第2361页。

2. 从手工业生产看,南宋达到了中国古代手工业发展的新高峰

南宋时期,随着北方手工业者的大批南下和先进生产技术的传入,使南方的手工业生产上了一个新的台阶。一是纺织业规模和技术都大大超过了同时代的金朝,南方自此成为了中国丝织业最发达的地区。二是瓷器制造业中心从北方移至江南地区。景德镇生产的青白瓷造型优美,有"饶玉"之称;临安官窑所造青瓷极其精美,为此杭州在官窑原址建立了官窑博物馆,将这些精美的青瓷展现给世人;龙泉青瓷达到了烧制技术的新高峰,并大量出口。三是造船业空前发展。漕船、商船、游船、渔船,数量庞大,打造奇巧,富有创造性;海船所采用的多根桅杆,为前代所无;战船种类众多,功用齐全,在抗金和抗蒙元的战争中发挥了重要作用。

3. 从商业发展看,南宋开创了古代中国商品经济发展的新时代

虽然宋代主导性的经济仍然是自然经济,但由于两宋时期冲破了历朝统治者奉行"重农抑商"观念的束缚,确立了"农商并重"的国策,采取了惠商、恤商政策措施,使社会各阶层纷纷从事商业经营,商品经济呈现出划时代的发展变化,进入了一个新的历史发展阶段。一是四通八达的商业网络。随着商品贸易的发展,出现了临安、建康(江苏南京)、成都等全国性的著名商业大都市,当时的临安已达 16 万户,人口最多时有 150 万—160 万人①,同时,还出现了 50 多个 10 万户以上的商业大城市,并涌现出一大批草市、墟市等定期集市和商业集镇,形成了"中心城市—市镇集市—边境贸易—海外市场"的通达商业网络②。二是"市坊合一"的商业格局。两宋时期由于城市商业繁荣,冲破了长期以来作为商业贸易区的"市"与作为居民住宅区的"坊"分离的封闭式坊市制度,出现了住宅与店肆混合的"市坊合一"商业格局,街坊商家店铺林立,酒肆茶楼面街而立。从《梦粱录》和《武林旧事》的记载来

---

① 杨宽先生在《中国古代都城制度史》一书中认为,南宋末年咸淳年间,临安府所属九县,按户籍,主客户共三十九万一千多户,一百二十四万多口;附郭的钱塘、仁和两县主客户共十八万六千多户,四十三万二千多口,占全府人口的三分之一。宋朝的"口"是男丁数,每户平均以五人计,约九十多万人。所驻屯的军队及其家属,估计有二十万人以上,总人口当在一百二十万人左右,包括城外郊区十万人和乡村十万人。

② 参见陈杰林《南宋商业发展:特点与成因》,载《安庆师范学院学报》2003 年第 4 期。

看，南宋临安城内商业繁荣，甚至出现了夜市刚刚结束，早市又告兴起的繁荣景象。三是规模庞大的商品交易。南宋商品的交易量虽难考证，但从商税收入可窥见一斑。淳熙（1174—1189）末全国正赋收入 6530 万缗，占全国总收入 30% 以上，据此推测，南宋商品交易额在 20000 万缗以上，可见商品交易量之巨大①。南宋商税加专卖收益超过农业税的收入，改变了宋以前历代王朝农业税赋占主要地位的局面。

4. 从海外贸易看，南宋开辟了古代中国东西方交流的新纪元

两宋期间，由于陆上"丝绸之路"隔断，东南方向海路成为对外贸易的唯一通道，海外贸易成为中外经济文化交流的主要通道。南宋海外贸易繁荣表现在：一是对外贸易港口众多。广州、泉州、临安、明州（浙江宁波）等大型海港相继兴起，与外洋通商的港口已近 20 个，还兴起了一大批港口城镇，形成了北起淮南/东海，中经杭州湾和福、漳、泉金三角，南到广州湾和琼州海峡的南宋万余里海岸线上全面开放的新格局，这种盛况不仅唐代未见，就是明清亦未能再现②。二是贸易范围大为扩展。宋前，与我国通商的海外国家和地区约 20 处，主要集中在中南半岛和印尼群岛，而与南宋有外贸关系的国家和地区增至 60 个以上，范围从南洋（南海）、西洋（印度洋）直至波斯湾、地中海和东非海岸。三是出口商品附加值高。宋代不但外贸范围扩大、出口商品数量增加，而且进口商品以原材料与初级制品为主，而出口商品则以手工业制成品为主，附加值高。用附加值高的制成品交换附加值低的初级产品，表明宋代外向型经济在发展程度上高于其外贸伙伴。③

三、在文化上，不但要看到封闭保守、颓废安逸的一面，更要看到南宋"百家争鸣、百花齐放"的繁荣局面

由于以宋高宗为首的妥协派大多患有"恐金病"，加之南宋要想收复北

---

① 参见陈杰林《南宋商业发展：特点与成因》，载《安庆师范学院学报》2003 年第 4 期。
② 参见葛金芳《南宋：走向开放型市场的重大转折》，载《杭州研究》2007 年第 2 期。
③ 参见葛金芳《南宋：走向开放型市场的重大转折》，载《杭州研究》2007 年第 2 期。

方失地在军事上和经济上确实存在着许多困难，收复中原失地的战争，也几度受到挫折，因此在南宋统治集团中，往往笼罩着悲观失望、颓废偷安的情绪。一些皇亲贵族，只要不是兵荒马乱，就热衷于享受山水之乐和口腹之欲，出现了软弱不争、贪图享受、胸无大志、意志消沉的"颓唐之风"。反映在一些文人士大夫的文化生活中，就是"一勺西湖水。渡江来、百年歌舞，百年醋醉"的华丽浮靡之风。但是，这并不能掩盖两宋文化的历史地位与影响。宋代是中国古代文化最为光辉灿烂的时期之一。近代的中国文化，其实皆脱胎于两宋文化。著名史学家邓广铭认为："宋代文化发展所能达到的高度，在从十世纪后半期到十三世纪中叶这一历史时期内，是居于全世界的领先地位的。"①日本学者则将宋代称为"东方的文艺复兴时代"②。著名华裔学者刘子健认为："此后中国近八百年来的文化，是以南宋文化为模式，以江浙一带为重点，形成了更加富有中国气派、中国风格的文化。"③这主要体现在：

1. 南宋是古代中国学术思想的巅峰时期

王国维指出："宋代学术，方面最多，进步亦最著"，"近世学术多发端于宋人"。宋学作为宋型文化的精神内核，是中国古代学术思想的新巅峰。宋学流派纷呈，各臻其妙，大师迭出，群星璀璨，尤其到南宋前期，思想文化呈现出一派勃勃生机和前所未有的活跃局面。

理学思想的形成。两宋统治者以文治国、以名利劝学的政策，对当时的思想、学术及教育产生了重要影响，最明显的一个标志是新儒学——理学思想的诞生。南宋是儒学各派互争雄长的时期，各学派互相论辩、互相补充，共同构筑起中国儒学发展史上一个新的阶段。作为程朱理学集大成者的朱熹，是继孔孟以来最杰出的儒家学者。理学思想中倡导的国家至上、百姓至上的精神，与孟子的"君轻民贵"思想是一脉相承的。同时，两宋还倡导在儒

---

① 邓广铭：《国际宋史研讨会开幕词》，载《国际宋史研讨论文选集》，河北大学出版社 1992 年版，第 1 页。

② 宫崎市定：《宫崎市定论文选集》下册，商务印书馆 1963 年版。

③ 刘子健：《代序——略论南宋的重要性》，载黄宽重主编《南宋史研究集》，台湾新文丰出版公司 1985 年版。

家思想主导下的"儒佛道三教同设并行"，就是在"尊孔崇儒"的同时，对佛、道两教也持尊奉的态度。理学各家出入佛老；佛门也在学理上融合儒道；道教则从佛教中汲取养分，将其融入自身的养生思想，并吸纳佛教"因果轮回"思想与儒家"纲常伦理"学说。普通百姓"读儒书、拜佛祖、做斋醮"更是习以为常。两宋"三教合流"的文化策略迎合了时代的需要，使宋代儒生不同于以往之"终信一家、死守一经"，从而使得南宋在思想、文化领域均有重大突破与重大建树。

思想学术界学派林立。学派林立是南宋学术思想发展的突出表现，也是当时学术界新流派勃兴的标志。在儒学复兴的思潮激荡下，尤其是在鼓励直言、自由议论的政策下，先后形成了以朱熹为代表的道学，以陆九渊为代表的心学，以叶适为代表的永嘉事功之学，以吕祖谦为代表的婺学，以陈亮为代表的永康之学等主要学派，开创了浙东学派的先河。南宋时期学派间互争雄长和欣欣向荣的景象，维持了近百年之久，形成了继春秋战国之后中国历史上第二次"百家争鸣"的盛况，为推动南宋经济文化的发展起到了积极作用。尤其是浙东事功学派极力推崇义利统一，强调"商藉农而立，农赖商而行"，认为只有农商并重，才能民富国强，实现国家中兴统一的目的。这种功利主义思想，反映了当时人们希望发展南宋经济和收复北方失地的强烈愿望。

2. 南宋是古代中国文学艺术的鼎盛时期

近代国学大师王国维认为："天水一朝人智之活动与文化之多方面，前之汉唐、后之元明皆所不逮也。"[①]南宋文学艺术的繁荣主要表现在：一是宋词的兴盛。宋代创造性地发展了"词"这一富有时代特征的文学形式。词的繁荣起始于北宋，鼎盛于南宋。南宋词不仅在内容上有所开拓，而且艺术上更趋于成熟。辛弃疾是南宋最伟大的爱国词人，豪放词派的最高代表，也是南宋词坛第一人，与北宋词人苏轼一样，同为宋词最为杰出的代表。李清照是婉约词派的代表人物，形成了别具一格的"易安体"，对后世影响很大。陆

---

① 王国维：《静庵文集续编·宋代之金石学》，载《王国维遗书》第 5 册，上海古籍出版社 1983 年版。

游既是著名的爱国诗人,也是南宋词坛的巨匠,他的词充满了奔放激昂的爱国主义感情,与辛弃疾一起把宋词推向了艺术高峰。二是宋诗的繁荣。宋诗在唐诗之后另辟蹊径,开拓了宋诗新境界,其影响直到清末民初。宋诗完全有资格在中国诗史上与唐诗双峰并峙,两水并流。三是话本的兴起。南宋话本小说的出现,在中国文学史上是一件极有意义的大事,它标志着中国小说的发展已进入到了一个新的阶段。宋代话本为中国小说的发展注入了新鲜的活力,迎来了明清小说的繁荣局面。南宋还出现了以《沧浪诗话》为代表的具有现代审美特征的开创性的文学理论著作。四是南戏的出现。南宋初年,出现了具有很强的现实性和感染力的"戏文",统称"南戏"。南宋戏文是元代杂剧的先驱,它的出现标志着中国古代戏曲艺术的成熟,为我国戏剧的发展奠定了雄厚基础①。五是绘画的高峰。宋代是中国绘画史上的鼎盛时期,标志我国中古时期绘画高峰的出现。有研究者认为:"吾国画法,至宋而始全。"②宋代画家多达千人左右,以李唐、刘松年、马远、夏圭等人为代表的南宋著名画家,他们的作品在画坛至今仍享有十分崇高的地位。此外,南宋的多位皇帝和后妃也都是绘画高手。南宋绘画形式多样,山水、人物、花鸟等并盛于世,其中尤以山水画最为突出,它们对后世的影响极大。南宋画家称西湖景色最奇者有十,这就是著名的"西湖十景"的由来。宋代工艺美术造型、装饰与总体效果堪称中国工艺史上的典范,为明清工艺争相效仿的对象。此外,南宋的书法、雕塑、音乐、歌舞等也都有长足的发展。

3. 南宋是古代中国文化教育的兴盛时期

宋代统治者大力倡导学校教育,将"崇经办学"作为立国之本,使宋代的教育体制较之汉唐更加完备和发达。南宋官学、私学皆盛,彻底打破了长期以来士族地主垄断教育的局面,使文化教育下移,教育更加大众化,适应了平民百姓对文化教育的需求,推动了文化的大普及,提高了全社会的文化素质,促进了南宋社会文化事业的进步和发展。在科举考试的推动下,南宋的中央官学、地方官学、书院和私塾村校并存,各类学校都获得了蓬勃的发展。

---

① 参见何忠礼、徐吉军《南宋史稿》,杭州大学出版社1999年版,第657页。
② 潘天寿:《中国绘画史》,上海人民美术出版社1983年版,第158页。

南宋各州县普遍设立了公立学校,其学校规模、学校条件、办学水平,较之北宋有了更大发展。由于理学家的竭力提倡和科举考试的需要,南宋地方书院得到了大发展,宋代共有书院397所,其中南宋占310所①。南宋私塾村校遍及全国各地,学校教育由城镇延伸到了乡村,南宋教育达到了前所未有的普及程度。

4. 南宋是古代中国史学的繁荣时期

南宋以"尊重和提倡"的形式,鼓励知识分子重视历史,研究历史,"思考历代治乱之迹"。陈寅恪先生指出:"中国史学莫盛于宋。"②南宋史学家袁枢的《通鉴纪事本末》,创立了以重大历史事件为主体,分别立目,完整地记载历史事件的纪事本末体;朱熹的《资治通鉴纲目》创立了纲目体;朱熹的《伊洛渊源录》则开启了记述学术宗派史的学案体之先河。南宋在历史上第一次提出了"经世致用"的修史思想。南宋史学家不仅重视当代史的研究,而且力主把历史与现实结合起来,从历史上寻找兴衰之源,以史培养爱国、有用的人才。这些都对后代的史学家有很大的启迪和教益。

四、在科技上,既要看到整个宋代在中国古代科技史上的地位,又要看到南宋对古代中国科学技术的杰出贡献

宋代统治集团对在科学技术上有重要发明及创造、创新之人给予物质和精神奖励,为宋代科技发展与进步注入了前所未有的强大动力。宋朝是当时世界上发明创造最多的国家,也是中国为世界科技发展贡献最大的时期。英国学者李约瑟说:"每当人们在中国的文献中查找一种具体的科技史料时,往往会发现它的焦点在宋代,不管在应用科学方面或纯粹科学方面都是如此。"③中国历史上的重要发明,一半以上都出现在宋朝,宋代的不少科技发明不仅在中国科技史上,而且在世界科技史上也号称第一。《梦溪笔

---

① 参见何忠礼《论南宋定都杭州对当地经济文化的重大影响》,载《杭州研究》2007 年第 2 期。
② 陈寅恪:《陈垣明季滇黔佛教考序》、《陈垣元西域人华化考序》,载《金明馆丛稿二编》,上海古籍出版社 1980 年版,第 240、238 页。
③ 李约瑟:《李约瑟文集》,辽宁科技出版社 1986 年版,第 115 页。

谈》的作者北宋沈括、活字印刷术的发明者毕昇这两位钱塘(浙江杭州)人，都是中外公认的中国古代伟大科学巨匠。南宋的科技在北宋基础上进一步得到发展，其科技成就在很多方面居于世界领先地位。这主要表现在：

1. 南宋对中国古代"三大发明"的贡献

活字印刷术、指南针与火药三大发明，在南宋时期获得进一步的完善和发展，并开始了大规模的实际应用。指南针在航海上的应用，始见于北宋末期，南宋时的指南针已从简单的指针，发展成为比较简易的罗盘针，并将它应用于航海上，这是一项具有世界意义的重大发明。李约瑟指出：指南针在航海中的应用，是"航海技艺方面的巨大改革"，"预示计量航海时代的来临"。中国古代火药和火药武器的大规模使用和推广也始自南宋。南宋出现的管形火器，是世界兵器史上十分重要的大事，近代的枪炮就是在这种原始的管形火器基础上发展起来的。此外，南宋还广泛使用威力巨大的火炮作战，充分反映了南宋火器制造技术的巨大进步。南宋开始推广使用活字印刷术，出现了目前世界上第一部活字印本。此外，南宋的造纸技术也更为发达，生产规模大为扩展，品种繁多，质量之高，近代也多不及。

2. 南宋在农业技术理论上的重大突破

南宋陈旉所著的《农书》是我国现存最早的有关南方农业生产技术与经营的农学著作，他是中国农学史上第一个提出土地利用规划技术的人。陈旉在《农书》中首先提出了土壤肥力论等多种土地的利用和改造之法，并对搞好农业经营管理提出了卓越的见解。稻麦两熟制、水旱轮作制、"耕耙耖"耕作制，在南宋境内都得到了较好的推广。植物谱录在南宋也大量涌现。《橘录》是我国最早的柑橘专著；《菌谱》是世界历史上最早的菌类专著；《全芳备祖》是世界上最早的植物学辞典，比欧洲要早300多年；《梅谱》是世界上最早的有关梅花的专著。

3. 南宋在制造技术上的高度成就

宋代冶金技术居世界最高水平，南宋对此作出了卓越的贡献。在有色金属的开采与冶炼方面，南宋发明了"冶银吹灰法"和"铜合金铁"冶炼法；在煤炭的开发利用上，南宋开始使用焦煤炼铁(而欧洲人是在18世纪时才发明了焦煤炼铁），是我国冶金史上具有重大意义的里程碑。南宋是我国纺织技术高度发展时期，特别是蚕桑丝绸生产，已形成了一整套从栽桑到成衣的过程，生产工具丰富，为明清的丝绸生产技术奠定了基础。南宋的丝纺织品、织造和染色技术在前代的基础上达到了一个新水平。南宋瓷器无论在胎质、釉料，还是在制作技术上，都达到了新的高度。同时，南宋的造船、建筑、酿酒、地学、水利、天文历法、军器制造等方面的技术水平，也都比过去有很大的进步。如现保存于杭州碑林的石刻《天文图》，是迄今为止所能见到的最早的全天星图；绘于南宋绍定二年（1229）的石刻《平江图》，是我国现存最完整的城市规划图，至今仍完好地保存在苏州市博物馆。

4. 南宋在数学领域的巨大贡献

南宋数学不仅在中国数学史上，而且在世界数学史上取得了极为辉煌的成就。南宋杰出的数学家秦九韶撰写的《数学九章》提出的"正负开方术"，与现代求数学方程正根的方法基本一致，比西方早 500 多年。另一位杰出的数学家杨辉，编撰有《详解九章算法》、《日用算法》、《乘除通变本末》、《田亩比类乘除捷法》、《续古摘奇算法》、《杨辉算法》等十余种数学著作，收录了不少我国现已失传的数学著作中的算题和算法。杨辉对级数求和的论述，使之成为继沈括之后世界上最早研究高阶等差级数的人。杨辉发明的"九归口诀"，不仅提高了运算速度和精确度，而且还对明代珠算的发明起到了重要作用。因此，李约瑟把宋代称为"伟大的代数学家的时代"，认为"中国的代数学在宋代达到最高峰"。①

5. 南宋在医药领域的重要贡献

南宋是中国法医学正式形成的时期。宋慈《洗冤集录》是世界上第一部法医学专著，比西方早 350 余年。它不仅奠定了我国古代法医学的基础，而且被奉为我国古代"官司检验"的"金科玉律"，并对世界法医学产生了广泛影响。南宋是中国针灸医学的极盛时期。王执中《针灸资生经》和闻人耆年

---

① 参见《中国科学技术史》第 1 卷第 1 册，科学出版社 1975 年版，第 273、284、287、292 页。

《备急灸法》两书,皆集历代针灸学知识之大全,反映了当时针灸学的最高水平。南宋腧穴针灸铜人是针灸学上第一具教学、临床用的实物模型。陈自明所著《外科精要》一书对指导外科的临床应用具有重要意义。陈自明《妇人大全良方》是著名的妇产科著作,直到明清时期仍被妇科医生奉为经典。朱瑞章的《卫生家宝产科方》,被称为"产科之荟萃,医家之指南"。无名氏的《小儿卫生总微论方》和刘昉的《幼幼新书》,汇集了宋以前在儿科学方面所取得的成就,是我国历史上较早的一部比较系统、全面的儿科学著作。许叔微《普济本事方》是中国古代一部比较完备的方剂专书。

五、在社会生活上,不但看到南宋一些富豪官绅生活奢华、挥霍淫乐的一面,更要看到南宋政府关注民生、注重民生保障的一面

南宋社会生活的奢侈之风,既是南宋官僚地主腐朽的集中反映,也是南宋经济文化空前繁荣的缩影。我们不但看到南宋一些富豪官绅纵情声色、恣意挥霍的社会现象,更要看到南宋政府倡导善举、关注民生、同情民苦的客观事实。两宋社会保障制度,在中国古代救助史上占有重要地位,并为宋后社会保障制度的建立奠定了基础。有学者认为,中国古代真正意义上的社会保障事业是从两宋开始的。同时,两宋时期随着土地依附关系的逐步解除和门阀制度的崩溃,逐渐冲破了以前士族地主一统天下的局面。两宋社会结构开始调整重组,出现了各阶层之间经济地位升降更替、社会等级界限松动的现象,各阶层的价值取向趋近,促进社会各阶层的融合,平民化、世俗化、人文化趋势明显①。两宋社会的平民化,不仅体现在科举取士面向社会各个阶层,不受出身门第的限制,而且体现在官民之间身份可以相互转化,既可以由贵而贱,也可以由贱而贵;贫富之间既可以由富而贫,也可以由贫而富②。其具体表现在:

1. 南宋农民获得了更多的人身自由

两宋时期,租佃制普遍发展,这是古代专制社会中生产关系的一次重大

---

① 参见邓小南《宋代历史再认识》,载《河北学刊》2006 年第 5 期。
② 参见郭学信《宋代俗文化发展探源》,载《西北师大学报》2005 年第 3 期。

调整。在租佃制下，地主招募客户耕种土地，客户只向地主交纳地租，而不必承担其他义务。在大部分地区，客户契约期满后有退佃起移的权利，且受到政府的保护，人身依附关系大为减弱。按照宋朝的户籍制度，客户直接编入国家户籍，成为国家的正式编户，并承担国家某些赋役，而不再是地主的"私属"，因而获得了一定的人身自由。两宋农民在法律上可以自由迁徙，这是历史的一大进步①。南宋随着商品经济的发展，农民获得了更多的人身自由，他们可以比较自由地离土离乡，转向城市从事手工业或商业活动。

2. 南宋商人社会地位得到了提高

宋前历朝一直奉行"重农轻商"政策，士、农、工、商，商人居"四民"之末，受到社会的歧视。宋代商业已被视同农业，均为创造社会财富的源泉，"士、农、工、商，皆百姓之本业"②成为社会共识，使两宋商人的社会地位得到前所未有的提高。随着工商业的发展，在南宋手工业作坊中，工匠主和工匠之间形成了雇佣与被雇佣关系。南宋官营手工业作坊中的雇佣制度，代替了原来带有强制性的指派和差人应役招募制度，雇佣劳动与强制性的劳役比较，工匠所受的人身束缚大为松弛，新的经济关系推动了南宋手工业经济的发展，又促进了资本主义生产关系的萌芽。

3. 南宋市民阶层登上了历史舞台

"坊郭户"是城市中的非农业人口。随着工商业的日益发展，宋政府将"坊郭户"单独"列籍定等"。"坊郭户"作为法定户名在两宋时期出现，标志着城市"市民阶层"的形成，市民阶层开始作为一个独立的群体正式登上了历史舞台，成为不可忽视的社会力量③。南宋时期，还实行了募兵制，人们服役大多出自自愿，从而有效保障了城乡劳力稳定和社会安定，与唐代苛重的兵役相比，显然是一个进步。

① 参见郭学信、张素音《宋代商品经济发展特征及原因析论》，载《聊城大学学报》2006年第5期。
② 陈耆卿：《嘉定赤城志》卷三七《风土》，中华书局1990年《宋元方志丛刊》本。
③ 参见郭学信《宋代俗文化发展探源》，载《西北师大学报》2005年第3期。

4. 南宋社会保障制度更为完善

南宋的社会保障体系主要表现在:一是"荒政"制度。就是由政府无偿向灾民提供钱粮和衣物,或由政府将钱粮贷给灾民,或由政府将灾民暂时迁移到丰收区,或将粮食调拨到灾区,或动员富豪平价售粮,并在各州县较普遍地设置了"义仓",以解决暂时的粮食短缺问题。同时,遇丰收之年,政府酌量提高谷价,大量收籴,以避免谷贱伤农;遇荒饥之年,政府低价将存粮大量粜出,以照顾灾民。二是"养恤"制度。在临安等城市中,南宋政府针对不同的对象设立了不同的养恤机构。有赈济流落街头的老弱病残或贫穷潦倒乞丐的福田院,有收养孤寡等贫穷不能自存者的居养院,有收养并医治鳏寡孤独贫病不能自存之人的安济院,有收养社会弃子弃婴的慈幼局,等等。三是"义庄"制度。义庄主要由一些科举入仕的士大夫用其秩禄买田置办,义田一般出租,租金则用于赈养族人的生活。虽然义庄设置的最初动机在于为本宗族之私,但义庄的设置在一定范围内保障了族人的经济生活,对南宋官方的社会保障起到了重要的辅助作用。南宋的社会保障政策与措施对倡导善举、缓和社会矛盾、维护社会稳定等发挥了积极作用。[①]

六、在历史地位上,既要看到南宋在当时国际国内的地位,又要看到南宋对后世中国和世界的影响

1. 南宋对东亚"儒学文化圈"和世界文明进程之影响

两宋的成就居于当时世界发展的顶峰,对周边国家和世界均产生了巨大影响。

南宋对东亚"儒学文化圈"的影响。南宋朱子学对东亚"儒学文化圈"各国文化的作用不容低估,对东亚各民族产生了广泛而深刻的影响,至今仍然积淀在东亚各民族的文化心理中,对东亚现代化起着重要作用。在文化输入上,这些周边邻国对唐代文化主要是制度文化的模仿,而对两宋文化则侧

---

① 参见杜伟《略述两宋社会保障制度》,载《沙洋师范高等专科学校学报》2004 年第 1 期;陈国灿《南宋江南城市的公共事业与社会保障》,载《学术月刊》2002 年第 6 期。

重于精神文化的摄取,尤其是对南宋儒学、宗教、文学、艺术、政治制度的借鉴。南宋儒学文化传至东亚各国,与各国的学术思想和民族文化相融合,产生了朝鲜儒学、日本儒学、越南儒学等东亚儒学,形成了东亚"儒学文化圈"。这表明南宋儒学文化在东亚民族之间的文化交流和传播中,对高丽、日本、越南等国学术文化与东亚文明的形成和发展的历史产生了重大影响,这可以说是东亚文明发展中的一大奇观。同时,南宋儒学文化中的优秀成分和合理精神,在现代东亚社会的政治、经济、思想文化、社会生活、家庭关系等方面仍然发挥着重要影响和作用。如南宋儒学中的"信义"、"忠诚"、"中庸"、"和"、"义利并取"等价值观念,在现代东亚经济社会中的积极作用也显而易见。

南宋对世界经济发展的影响。随着南宋海外贸易的发展,与我国通商的海外国家与地区从宋前的20余个增至60个以上。海外贸易范围从宋前中南半岛和印尼群岛,扩大到西洋(印度洋至红海)、波斯湾、地中海和东非海岸,使雄踞于太平洋西岸的南宋帝国与印度洋北岸的阿拉伯帝国一起,构成了当时世界贸易圈的两大轴心。海上"丝绸之路"取代了陆上"丝绸之路",成为中外经济文化交流的主要通道。鉴于此,美籍学者马润潮把宋代视为"世界伟大海洋贸易史上的第一个时期"[1]。同时,随着商品经济的发展,北宋出现了世界上最早的纸币——交子,至南宋时,纸币开始在全国普遍使用。有学者将纸币的产生与大规模的流通称为"金融革命"[2]。纸币流通的意义远在金属铸币之上,表明我国在货币领域的发展已走在世界前列。

南宋对世界文明进程的影响。宋代文化对世界文化的影响,主要表现在两宋的活字印刷术、火药、指南针"三大发明"的西传上。培根指出:"这三种发明已经在世界范围内把事物的全部面貌和情况都改变了:第一种是在学术方面,第二种是在战事方面,第三种在航行方面;由此产生了无数的变化,这种变化是如此巨大,以至没有一个帝国,没有一个教派,没有一个赫赫

---

① 转引自葛金芳《南宋:走向开放型市场的重大转折》,载《杭州研究》2007年第2期。
② 参见张邦炜《瞻前顾后看宋代》,载《河北学刊》2006年第5期。

有名的人物,能比得上这三种机械发明。"①马克思的评价则更高:"火药、指南针、印刷术——这是预告资产阶级到来的三大发明。火药把骑士阶层炸得粉碎,指南针打开了世界市场并建立了殖民地,而印刷术则变成了新教的工具和科学复兴的手段,变成对精神发展创造必要前提的强大杠杆。"②两宋"三大发明"对世界文明的决定性作用是毋庸赘言的。两宋科举考试制度也对法、美、英等西方国家选拔官吏的政治制度产生了直接作用和重要影响,被人誉为"中国的第五大发明"。

2. 南宋对中国古代与近代历史发展之影响

中外学者普遍认为:"这时的文化直至 20 世纪初都是中国的典型文化。其中许多东西在以后的一千年中是中国最典型的东西,至少在唐代后期开始萌芽,而在宋代开始繁荣。"③

南宋促进了中国市民社会的形成。随着商品经济的繁荣,两宋时期不仅出现了一大批大、中、小商业城市与集镇,而且形成了杭州、开封、成都等全国著名商业大都市,第一次出现了城市平民阶层,呈现了中国古代社会前所未有的时代开放性。到了南宋,市民阶层更加壮大,世俗文化与世俗经济更加繁荣,意味着中国市民社会开始形成,开启了中国社会的平民化进程。正由于南宋时期出现了欧洲近代前夜的一些特征,如大城市兴起、市民阶层形成、手工业发展、商业经济繁荣、对外贸易发达、流通纸币出现、文官制度成熟等现象,美国、日本学者普遍把宋代中国称为"近代初期"。④

南宋促成了中国经济重心的南移。由于南宋商品经济的空前发展,有些学者甚至断言,宋代已经产生了资本主义萌芽。西方有学者认为南宋已处在"经济革命时代"。随着宋室南下,南宋经济的发展与繁荣,使江南成为全国经济最为发达的地区。南宋时期,全国经济重心完成了由黄河流域向

---

① 培根:《新工具》,商务印书馆 1984 年版,第 103 页。
② 马克思:《机械、自然力和科学应用》,人民出版社 1978 年版,第 67 页。
③ 费正清、赖肖尔:《中国:传统与变革》,江苏人民出版社 1995 年版,第 118—119 页。
④ 张晓淮:《两宋文化转型的新诠释》,载《学海》2002 年第 4 期。

长江流域的历史性转移，我国经济形态自此逐渐从自然经济转向商品经济，从封闭经济走向开放经济，从内陆型经济转向海陆型经济，这是中国传统社会发展中具有路标性意义的重大转折①。如果没有明清的海禁和极端专制的封建统治，中国的近代化社会也许会更早地到来。

南宋推进了中华民族的大融合。南宋时期，中国社会出现了第三次民族大融合。宋王朝虽然先后被同时代的女真、蒙古等少数民族所征服，但无论是前金还是后蒙，在其思想文化上，都被南宋所代表的先进文化所征服，融入中华民族的大家庭之中。10—13 世纪，中原王朝与北方游牧民族的时战时和、时分时合，使以农耕文化为载体的两宋文化迅速向北扩散播迁，女真、蒙古等少数民族政权深受南宋所代表的先进的政治制度、社会经济和思想文化的影响，表现出对南宋文化的认同、追随、仿效与移植，自觉不自觉地接受了先进的南宋文化，使其从文字到思想、从典章制度到风俗习惯均呈现出汉化趋势②。南宋文化改变了这些民族的文化构成，提高了文化层位，加速了这些民族由落后走向文明、走向进步的进程，从而在整体上提高了中国北部地区少数民族的文化水平。

南宋奠定了理学在封建正统思想中的主导地位。理学的形成与发展，是南宋文化对中国古代思想文化的重大贡献。南宋理宗朝时，理学被钦定为封建正统思想和官方哲学，确立了程朱理学的独尊地位，并一直垄断元、明、清三代的思想和学术领域长达 700 余年，其影响之深广，在古代中国没有其他思想可以与之匹敌③。同时，两宋时期开创了中国古代儒、佛、道"三教合流"的文化格局。与汉武帝"罢黜百家、独尊儒术"不同，南宋在大兴儒学的前提下，加大了对佛、道两教的扶持，出现了"以佛修心，以道养生，以儒治世"的"三教合一"的格局。自宋后，在古代中国社会中基本延续了以儒学为主体，以佛、道为辅翼的文化格局。

两宋对中国后世王朝政权稳定的影响。两宋王朝虽然国土面积前不及

---

① 参见葛金芳《南宋：走向开放型市场的重大转折》，载《杭州研究》2007 年第 2 期。

② 参见虞云国《略论宋代文化的时代特点与历史地位》，载《浙江社会科学》2006 年第 3 期。

③ 参见何忠礼《论南宋在中国历史上的地位和影响》，载《杭州研究》2007 年第 2 期。

汉唐,后不如元明清,却是中国封建史上立国时间最长的王朝。两宋王朝之所以在外患深重的威胁下保持长治久安的局面,很大程度上取决于两宋精于内治,形成了一系列的中央集权制度和民族认同感,因此,自宋朝后,中华民族"大一统"的思想深入人心,中国历史上再也没有出现过地方严重分裂割据的局面。

3. 南宋对杭州城市发展之影响

正是南宋经济、文化、社会各方面的高度发展,促成了京城临安的极度繁荣,使其成为12—13世纪最为繁华的世界大都会;也正是南宋带来的民族文化的大交流、生活方式的大融合、思想观念的大碰撞,形成了京城临安市民独特的生活观念、生活方式、性格特征、语言习惯。直到今天,杭州人所独有的文化特质、社会习俗、生活理念,都深深地烙上了南宋社会的历史印迹。

京城临安,一座巍峨壮丽的世界级的"华贵之城"。南宋朝廷以临安为行都,使杭州的城市性质与等级发生了根本性的巨大变化,从州府上升为国都,这是杭州城市发展的里程碑,杭州由此进入了历史上最辉煌的时期。南宋统治者对临安城的建设倾注了大量的心血,并倾全国之人力、物力、财力加以精心营造。经过南宋诸帝持续的扩建和改建,南宋皇城布满了金碧辉煌、巍峨壮丽的宫殿,与昔日的州治相比已不可同日而语。同时,南宋对临安府也进行了大规模的改造和扩建,南宋御街便是其中的杰出代表。南宋都城临安,经过100多年的精心营建,已发展成为百万人口以上的大城市,成为当时亚洲各国经济文化的交流中心,城市规模已名列十二三世纪时世界的首位。当时的杭州被意大利著名旅行家马可·波罗称赞为"世界上最美丽华贵之天城"。与此同时,12世纪的美洲和澳洲尚未被外部世界所发现,非洲处于自生自灭的状态,欧洲现有的主要国家尚未完全形成,北欧各地海盗肆虐,基辅大公国(俄罗斯)刚刚形成①。到了南宋后期(即13世纪中叶)临安人口曾达到150万—160万人,此时,西方最大最繁华的城市威尼斯也

---

① 参见何亮亮《从"南海一号"看中华复兴》,载《文汇报》2008年1月6日。

只有 10 万人口,作为世界最著名的大都会伦敦、巴黎,直至 14 世纪的文艺复兴时期,其人口也不过 4 万—6 万人①。仅从城市人口规模看,800 年前的杭州就已遥遥领先于世界各大城市。

京城临安,一座繁荣繁华的"地上天宫"。临安是全国最大的手工业生产中心。南宋临安工商业发达,手工业门类齐、制作精、分工细、规模大、档次高,造船、陶瓷、纺织、印刷、造纸等行业都建有大规模的手工业作坊,并有"四百一十四行"之说。临安是全国商业最为繁华的城市。城内城外集市与商行遍布,天街两侧商铺林立,早市夜市通宵达旦;城北运河樯橹相接、昼夜不歇;城南钱江两岸各地商贾海舶云集、桅杆林立。临安是璀璨夺目的文化名城。京城内先后集聚了李清照、朱熹、尤袤、陆游、杨万里、范成大、辛弃疾、陈起等一批南宋著名的文化人。临安雕版印刷为全国之冠,杭刻书籍为我国宋版书之精华。城内设有全国最高的学府——太学,规模最为宏阔,与武学、宗学合称"三学",临安的教育事业空前繁荣。城内文化娱乐业发达,瓦子数量、百戏名目、艺人人数、娱乐项目和场所设施等方面,也都是其他城市所无法比拟的。临安不但是全国政治中心,也是全国经济中心和文化中心。今日杭州之所以能成为"人间天堂",成为全国历史文化名城,成为我国七大古都之一,很大程度上就是得益于南宋定都临安,得益于南宋经济文化的高度繁荣。

京城临安,一座南北荟萃、精致和谐的生活城市。北方人口的优势,使南下的中原文化全面渗透到本土的吴越文化之中,形成了临安独特的社会生活习俗,并影响至今。临安的社会是本地居民与外来人员和谐相处的社会,临安的文化是南北文化交融、中外文化交流的结晶,临安的生活是中原风俗与江南民俗相互融合的产物。总之,南宋临安是一座兼容并蓄、精致和谐的生活城市。其表现为:一是南北交融的语言。经过南宋 100 多年流行,北方话逐渐融合到吴越方言之中,形成了南北交融的"南宋官话"。有学者指出:"越中方言受了北方话的影响,明显地反映在今日带有'官话'色彩的

---

① 参见何忠礼《论南宋在中国历史上的地位和影响》,载《杭州研究》2007 年第 2 期。

杭州话里。"①二是南北荟萃的饮食。自南宋起,杭人饮食结构发生了变化,从以稻米为主,发展到米、面皆食。"南料北烹"美食佳肴,结合西湖文采,形成了具有鲜明特色的"杭帮菜系",而成为中国古代菜肴的一个新的高峰。丰富美味的饮食,致使临安人形成了追求美食美味的饮食之风。三是精致精美的物产。南宋时期,在临安无论是建筑寺观,还是园林别墅、亭台楼阁和小桥流水,无不体现了江南的精细精致,更有陶瓷、丝绸、扇子、剪刀、雨伞等工艺产品,做工讲究、小巧精致。四是休闲安逸的生活。城市的繁华与西湖的秀美,使大多临安人沉醉于歌舞升平与湖山之乐中,在辛劳之后讲究吃喝玩乐、神聊闲谈、琴棋书画、花鸟鱼虫,体现了临安人求精致、讲安逸、会休闲的生活特点,也反映了临安市民注重生活与劳作结合的城市生活特色,反映了临安文化的生活化与世俗化,并融入今日杭州人的生活观念中。

七、挖掘南宋古都遗产,丰富千年古都内涵,推进"生活品质之城"建设

今天的杭州之所以能将"生活品质之城"作为自己的城市品牌,就是因为今日杭州城市的产业形态、思想文化、城市格局、园林建筑、西湖景观等方面都烙下了南宋临安的印迹;今日杭州人的生活观念、生活内涵、生活方式、生活环境、生活习俗,乃至性格、语言等方面,都与南宋临安人有着千丝万缕的历史渊源。因此,我们在共建共享"生活品质之城"的同时,就必须传承南宋为我们留下的丰富的古都遗产,弘扬南宋的优秀文化,吸取南宋有益的精神元素,不断充实千年古都的内涵,以此全面提升杭州的经济生活品质、文化生活品质、政治生活品质、社会生活品质和环境生活品质,让今日的杭州人生活得更加和谐、更加美好、更加幸福。

1. 传承南宋"经世致用"的务实精神,引领"和谐创业",提升杭州经济生活品质

南宋经济之所以能达到历史上的较高水平,我们认为主要是南宋"富民"思想和"经世致用"务实精神所致。南宋经济是农商并重、求真务实的经

---

① 参见徐吉军《论南宋定都杭州对当地经济文化的重大影响》,载《杭州研究》2007 年第 2 期。

济。南宋浙东事功学派立足现实,注重实用,讲究履践,强调经世,打破"重农轻商"传统观念和"厚本抑末"国策,主张"农商并重",倡导轻徭薄赋、与民休息,实现藏富于民,最后达到民富国强。浙东事功学派的思想主张,为南宋经济尤其是商品经济的发展起到了推波助澜的作用,使南宋统治者逐步改变了"舍利取义"、"以农为本"的思想,确立了"义利并重"、"工商皆本"的观念,推动大批农村剩余劳动力不断涌入城市,从事商业、手工业、服务业等经济活动,促进了南宋经济的繁荣。同时,发达的南宋经济也是多元交融、开放兼容的经济,是士、农、工、商多种经济成分相互渗透的经济,是本地居民与外来人员多元创业的经济,是中原经济与江南经济相互融合的经济,是中外交流交换交融的经济。因此,南宋经济的繁荣,也是通过多元交流,在交融中创新、创造、创业的结果。

今日杭州,要保持城市综合实力在全国的领先优势,增强城市综合竞争力,不断提升城市经济生活品质,就应吸取南宋学者"富民"思想的合理内核,秉承南宋"经世致用"和"开放兼容"的精神,坚持"自主创新"与"对外开放"并重,推进"和谐创业",实现内生型经济与外源型经济的和谐发展。今天我们传承南宋"经世致用"的务实精神,就要以走在前列、干在实处的姿态,干实事、求实效、开拓创新,将儒商文化融入到经济建设中,放心、放手、放胆、放开发展民营经济,走出一条具有杭州特色的创新发展之路。同时,秉承南宋"开放兼容"的精神,就要以更加开阔的视野、更加宏大的气魄,顺应经济全球化趋势,在更大范围、更广领域、更高层次参与国际分工和国际合作,提高杭州经济国际化程度,把杭州建设成为21世纪国际性区域中心城市、享誉国际的历史文化名城、创业与生活完美结合的国际化"生活品质之城",不断提升杭州的经济生活品质。

2. 挖掘南宋"精致开放"的文化特色,弘扬"精致和谐、大气开放"的人文精神,提升杭州文化生活品质

"精致和谐、大气开放",是杭州城市文化的最大特色。人们可以追溯到距今8000年的"跨湖桥文化",从那里出土的一只陶器和一叶独木舟,去寻找杭州的"精致"与"开放";可以在"良渚文化"精美的玉琮和"人、禽、兽三

位一体"的图腾图案中,去品味杭州的"精致"与"大气";也可以在吴越的制瓷、酿酒工艺和"闽商海贾"的繁荣景象中,去领略杭州的"精致"与"开放"。但是,我们认为能最集中、最全面体现"精致和谐、大气开放"的杭州人文特色的是南宋文化。南宋时期,临安不但出现了吴越文化与中原文化的大融合,也出现了南宋文化与海外文化的大交流。多民族的开放融合、多元文化的和谐交融,不但使南宋经济呈现出高度繁荣繁华,而且使南宋文化深深融入临安人的生活之中,也使杭州城市呈现出精致精美的特色。农业生产更加追求精耕细作,手工业产品更加精致精细,工艺产品更加精美绝伦,饮食菜肴更加细腻味美,园林建筑更加巧夺天工,诗词书画更加异彩纷呈。正是因为南宋临安既具有"多元开放"的气魄,又具有"精致精美"的特色,两者的相互渗透与融合,使杭州的城市发展达到了极盛时期,从而成为当时世界上最繁华的大都会。今天我们能形成"精致和谐、大气开放"的杭州人文精神,确实有其深远的历史渊源。

今天,我们深入挖掘南宋沉淀的、至今仍在发挥重要影响的文化资源,就是"精致精美"、"多元开放"的南宋人文特色。杭州"精致和谐、大气开放"的人文精神,既是对杭州历史文化的高度提炼,是"精致精美"、"多元开放"的南宋人文特色的高度概括,也是市委、市政府在新世纪立足杭州发展现实,谋划杭州未来发展战略,解放思想、实事求是、与时俱进、创新思维的结果。在思想观念深刻变化,经济体制深刻变革,社会结构深刻变动,利益格局深刻调整,国内外各种思想文化相互激荡的今天,杭州不仅要挖掘、重振南宋"精致精美"、"多元开放"的人文特色,使传统特色与时代精神有机结合,而且要用"精致和谐、大气开放"的城市人文精神来增强杭州人的自豪感、自信心、进取心、凝聚力,以更高的标准和要求、更宽的胸怀和视野、更大的气魄和手笔、更强的决心和力度,再创历史的新辉煌。

3. 借鉴南宋"寒门入仕"的宽宏政策,推进"共建共享",提升杭州政治生活品质

宋代打破了以往只有官僚贵族阶层才可以入仕参政的身份性屏障,采取"崇尚文治"政策,制定保护文士措施,以宽松、宽容的态度对待文人士

大夫,尊重知识分子,重用文臣,提倡教育和养士,优待知识分子,为宋代文人士大夫提供了一个敢于说话、敢于思考、敢于创造的空间,使两宋成为封建社会中思想文化环境最为宽松的时期。同时,由于"寒门入仕"通道的开辟,使一大批中小地主、工商阶层、平民百姓出身的知识分子得以通过科举入仕参政,士农工商成为从上到下各级官僚的重要来源,使一大批有才华、有抱负、懂得政治得失、关心民生疾苦的社会有识之士登上了政治舞台。这种相对自由的政治环境和不拘一格选拔人才的政策,不但为两宋政权的巩固,而且为整个两宋经济、文化、社会的发展提供了人才支撑和知识支撑。

南宋"崇文优士"的国策和"寒门入仕"、网罗人才的做法,对于今天正在致力于建设"生活品质之城"的杭州,为不断巩固人民群众当家作主的政治地位,形成民主团结、生动活泼、有序参与、依法治市的政治局面,提高人民群众政治生活品质方面都有着现实的借鉴意义。我们应借鉴南宋"尊重文士、重用文臣"的做法,尊重知识、尊重人才。要营造"凭劳动赢得尊重、让知识成为财富、为人才搭建舞台、以创造带来辉煌"的氛围,以一流环境吸引一流人才,以一流人才创造一流业绩,鼓励成功、宽容失败,真正做到事业留人、感情留人、适当待遇留人,从政治上、工作上、生活上关心、爱护人才,并将政治、业务素质好,具有领导能力的复合型人才大胆提拔到各级领导岗位上来。我们应借鉴南宋"寒门入仕"、广开言路的做法,推进决策科学化、民主化。要坚持党务公开、政务公开,按照"问情于民"、"问需于民"、"问计于民"的要求,深入了解民情,充分反映民意、广泛集中民智,不断完善专家决策咨询制度,建立有关决策的论证制和责任制,真心实意地听取并吸收各方专家学者的真知灼见,切实落实人民群众的知情权、参与权、选择权、监督权,推进决策科学化、民主化。我们应围绕建设"生活品质之城"的目标,营造全民"共建共享"的社会氛围。要引导全市广大干部群众进一步解放思想、更新观念、开拓创新,自觉地把提高生活品质作为杭州未来发展的根本导向和总体目标,贯彻落实到经济、政治、文化、社会建设和党的建设各个方面,在全市上下形成共建"生活品质之城"、共享品质生活、合力打造"生活品质之城"城市品牌的浓厚氛围,推进杭州又好又快地发展。

4. 借鉴南宋"体恤民生"的仁义之举,建设全民共享的"生活品质之城",提升杭州社会生活品质

两宋统治集团倡导"儒术治国",信奉儒家的济世精神。南宋理学的发展和繁荣,使新儒家"仁义"学说得到了社会各阶层的认可与效行。在这种思想的影响和支配下,使两宋在社会领域里初步形成了"农商并重"的格局,"士农工商"的社会地位较以往相对平等;在思想学术领域,"不杀上书言事者",使士大夫的思想言论较以往相对自由;在人身依附关系上,农民与地主、雇工与手工业主都较宋代以前相对松弛;在社会保障制度上,针对不同人群采取不同的社会福利措施,各种不同人群较宋前有了更多的保障。两宋的社会福利已经初具现代社会福利的雏形,尽管不同时期名称不同,救助对象也有所差异,但一直发挥着救助"鳏寡孤独老幼病残"的作用;两宋所采取的施粥、赈谷、赈银、赈贷、安辑和募军等措施,对缓解灾荒所造成的严重困难发挥了积极作用。整个两宋时期,在长达320年的统治过程中,尽管面对着严重的民族矛盾,周边先后有契丹(辽)、西夏、吐蕃、金、蒙古等政权的威胁,百姓负担也比前代沉重得多,但宋代大规模的农民起义却少于前代,这与当时人们社会地位相对平等、社会保障受到重视、家庭问题处理妥当不无关系。

南宋社会"关注民生"、"同情民苦"的仁义之举,尤其是针对不同人群建立的较为完备的社会保障体系,在构建社会主义和谐社会,建设覆盖城乡、全民共享的"生活品质之城"的今天,有着特别重要的现实意义。建设覆盖城乡、全民共享的"生活品质之城",既是一项长期的历史任务,又是一个重大的现实课题。要使"发展为人民、发展靠人民、发展成果由人民共享、发展成效让人民检验"的理念落到实处,就必须把老百姓的小事当作党委、政府的大事,以群众呼声为第一信号,以群众利益为第一追求,以群众满意为第一标准,树立起"亲民党委"、"民本政府"的良好形象。要始终坚持以人为本、以民为先的理念,既要关注城市居民,又要关注农村居民;既要关注本地居民,又要关注外来创业务工人员;既要关注全体市民

生活品质的整体提高,又要特别关注困难群众、弱势群体、低收入阶层生活品质的明显改善。要始终关注老百姓的衣食住行、安危冷暖、生老病死,让老百姓能就业、有保障,行得便捷、住得宽畅,买得放心、用得舒心,办得了事、办得好事,拥有安全感、安居又乐业,让全体市民共创生活品质、共享品质生活。

5. 整合南宋"安逸闲适"的环境资源,打造"东方休闲之都",提升杭州环境生活品质

杭州得天独厚的自然山水环境,经过南宋100多年来"固江堤、疏西湖、治内河、凿新井"、"建宫城、造御街、设瓦子、引百戏"等多方面的措施,形成都城"左江(钱塘江)右湖(西湖)、内河(市区河道)外河(京杭运河)"的格局,使杭州的生态环境、旅游环境、休闲环境大为改观,极大地丰富了杭州的旅游资源。南宋为我们留下的不但是一面"南宋古都"的"金字招牌",还留下了"安逸闲适"的休闲环境和休闲氛围。在"三面云山一面城"的独特环境里,集中了江、河、湖、溪与西湖群山,出现了大批的观光游览景点,并形成了著名的"西湖十景"。沿湖、沿河、沿街的茶肆酒楼,鳞次栉比,生意兴隆;官私酒楼、大小餐馆充满着"南料北烹"的杭帮菜肴和各地名肴;大街小巷布满大小馆舍旅店,是外地游客与应考士子的休息场所。同时,临安娱乐活动丰富多彩,节庆活动繁多。独特的自然山水,休闲的环境氛围,使临安人注重生活环境,讲究生活质量,追求生活乐趣。不但皇亲国戚、达官贵人纵情山水,赏花品茗,过着"高贵奢华"的休闲生活;而且文人士大夫交接士朋,寄情适趣,热衷"高雅脱俗"的休闲生活;就是普通百姓也往往会带妻携子,泛舟游湖,享受"人伦亲情"的山水之乐。

今天的杭州人懂生活,会休闲,讲究生活质量,追求生活品质,都可以从南宋临安人闲情逸致的生活态度中找到印迹。今天的杭州正在推进新城建设、老城更新、环境保护、街区改善等工程,都可以从南宋临安对"左江右湖、内河外河"的治理和皇城街坊、园林建筑的建设中得到有益启示。杭州要打造"东方休闲之都",共建、共享"生活品质之城",建设国际旅游休闲中心,就必须重振"南宋古都"品牌,充分挖掘南宋文化遗产,珍惜杭州为数不多的地

上南宋遗迹。进一步实施好"西湖"、"西溪"、"运河"、"市区河道"等综合保护工程;推进"南宋御街"——中山路有机更新,以展示杭州自南宋以来的传统商业文化;加强对南宋"八卦田"景区的保护与利用,以展示南宋皇帝"与民同耕"的怀古场景;加强对南宋官窑遗址的保护与利用,以展示南宋杭州物产的精致与精美;加强对南宋皇城遗址和太庙遗址的保护利用,以展示昔日南宋京城的繁荣与辉煌。进入21世纪的杭州,不但要保护、利用好南宋留下的"三面云山一面城"的"西湖时代",更要以"大气开放"的宏大气魄,努力建设好"一主三副六组团六条生态带"的大都市空间格局,形成"一江春水穿城过"的"钱塘江时代",实现具有千年古都神韵的文化名城与具有大都市风采的现代化新城同城辉映。

序　言

徐　规

　　靖康之变,北宋灭亡。建炎元年(1127)五月初一日,宋徽宗第九子、钦宗之弟赵构在应天府(河南商丘)即帝位,重建宋政权。不久,宋高宗在金兵的追击下一路南逃,最终在杭州站稳了脚跟,并将此地称为行在所,成为实际上的南宋都城。

　　南宋自立国起,到最终为元朝灭亡(1279),国祚长达一百五十三年之久。对于南宋社会,历来评价甚低,以为它国力至弱,君臣腐败,偏安一隅,一无作为。近代以来,一些具有远见卓识的史学家却有不同看法,如著名史学大师陈寅恪先生在上个世纪四十年代初指出:

　　　　华夏民族之文化,历数千载之演进,造极于赵宋之世。[1]

著名宋史专家邓广铭先生更认为:

　　　　宋代是我国封建社会发展的最高阶段,两宋期内的物质文明和精神文明所达到的高度,在中国整个封建社会历史时期之内,可以说是空前绝后的。[2]

　　很显然,对宋代的这种高度评价,无论是陈寅恪还是邓广铭先生,都没

---

[1]　《金明馆丛稿二编》,三联书店2001年版。
[2]　《关于宋史研究的几个问题》,载《社会科学战线》1986年第2期。

有将南宋社会排斥在外。我以为,一些人之所以对南宋贬抑至深,在很大程度上是出于对患有"恐金病"的宋高宗和权相秦桧一伙倒行逆施的义愤,同时从南宋对金人和蒙元步步妥协,国土日朘月削,直至灭亡的历史中,似乎也看到了它的懦弱和不振。当然,缺乏对南宋史的深入研究,恐怕也是其中的一个原因。

众所周知,南宋历史悠久,国土虽只及北宋的五分之三,但人口少说也有五千万人左右,经济之繁荣,文化之辉煌,人才之众多,政权之稳定,是历史上任何一个偏安政权所不能比拟的。因此,对南宋社会的认识,不仅要看到它的统治集团,更要看到它的广大人民群众;不仅要看到它的军事力量,更要看到它的经济、文化和科学技术等各个方面,看到它的人心之所向。特别是由于南宋的建立,才使汉唐以来的中华文明在这里得到较好的传承和发展,不至于产生大的倒退。对于这一点,人们更加不应该忽视。

北宋灭亡以后,由于在淮河、秦岭以南存在着南宋政权,才出现了北方人口的大量南移,再一次给中国南方带来了充足的劳动力、先进的技术和丰富的生产经验,从而推动了南宋农业、手工业、商业和海外贸易显著的进步。

与此同时,南宋又是中国古代文化最为光辉灿烂的时期。它具体表现为:

一是理学的形成和儒学各派的互争雄长。

南宋时候,程朱理学最终形成,出现了以朱熹为代表的主流派道学,以胡安国、胡宏、张栻为代表的湖湘学,以谯定、李焘、李石为代表的蜀学,以陆九渊为代表的心学。此外,浙东事功学派也在尖锐复杂的民族矛盾和阶级矛盾的形势下崛起,他们中有以陈傅良、叶适为代表的永嘉学派,以陈亮、唐仲友为代表的永康学派,以吕祖谦为代表的金华学派。理宗朝以前,各学派之间互争雄长,呈现出一派欣欣向荣的景象。

二是学校教育的大发展,推动了文化的普及。

南宋学校教育分中央官学、地方官学、书院和私塾村校,它们在南宋都获得了较大发展。如南宋嘉泰二年(1202)，仅参加中央太学补试的士人就达三万七千余人，约为北宋熙宁(1068—1077)初的二百五十倍①。州县学在北宋虽多次获得倡导，但只有到南宋才真正得以普及。两宋共有书院三百九十七所，其中南宋占三百一十所②，比北宋的三倍还多，著名的白鹿洞、象山、丽泽等书院，都是各派学者讲学的重要场所。为了适应科举的需要，私塾村校更是遍及城乡。学校教育的大发展，有力地推动了南宋文化的普及，不仅应举的读书人较北宋为多，就是一般识字的人，其比例之大也达到了有史以来的高峰。

三是史学的空前繁荣。

通观整个南宋，除了权相秦桧执政时期，总的说来，文禁不密，士大夫熟识政治和本朝故事，对国家和民族有很强的责任感，不少人希望借助于史学研究，总结历史上的经验和教训，以供统治集团作为参考。另一方面，南宋重视文治，读书应举的人比以前任何时候都多，对史书的需要量极大，许多人通过著书立说来宣扬自己的政治主张，许多人将刻书卖书作为谋生的手段。这样就推动了南宋史学的空前繁荣，流传下来的史学著作，尤其是本朝史，大大超过了北宋一代。南宋史家辈出，他们治史态度之严肃，考辨之详赡，一直为后人所称道。四川路、两浙东路、江南西路和福建路都是重要的史学中心。四川路以李焘、李心传、王称等人为代表，浙东以陈傅良、王应麟、黄震、胡三省等人为代表，江南西路以徐梦莘、洪皓、洪迈、吴曾等人为代表，福建路以郑樵、陈均、熊克、袁枢等人为代表。他们既为后世留下了宝贵的史料，也创立了新的史学体例，史书中反映的爱国思想也对后世史家产生了重大影响。

四是公私藏书十分丰富。

南宋官方十分重视书籍的搜访整理，重建具有国家图书馆性质的秘书省，规模之宏大，藏书之丰富，远远超过以前各个朝代。私家藏书更是随着

① 《宋会要辑稿》崇儒一之三九。
② 参见曹松叶《宋元明清书院概况》，载《中山大学语言历史研究所周刊》第10集，第111—115期，1929年12月至1930年版。

雕版印刷业的进步和重文精神的倡导而获得了空前发展。两宋时期，藏书数千卷且事迹可考的藏书家达到五百余人，生活于南宋的藏书家有近三百人①，又以浙江为最盛，其中最大的藏书家有郑樵、陆宰、叶梦得、晁公武、陈振孙、尤袤、周密等人，他们藏书的数量多达数万卷至十数万卷，有的甚至可与秘府、三馆等。

五是文学、艺术的繁荣。

南宋是中国古代文学、艺术繁荣昌盛的时代。词是两宋最具代表性的文学形式。据唐圭璋先生所辑《全宋词》统计，在所收作家籍贯和时代可考的八百七十三人中，北宋二百二十七人，占百分之二十六；南宋六百四十六人，占百分之七十四，李清照、辛弃疾、陆游、姜夔、刘克庄等都是南宋杰出词家。宋诗的地位虽不及唐代，但南宋诗就其数量和作者来说，大大超过了北宋。有北方南移的诗人曾几、陈与义，有"中兴四大诗人"之称的陆游、杨万里、范成大、尤袤，有同为永嘉（浙江温州）人的徐照、徐玑、翁卷、赵师秀，有作为江湖派代表的戴复古、刘克庄，有南宋灭亡后作"遗民诗"的代表文天祥、谢翱、方凤、林景熙、汪元量、谢枋得等人。此外，南宋的绘画、书法、雕塑、音乐、舞蹈以及戏曲等，都在中国文化史上占有一定的地位。

在日常生活中，南宋的民俗风情、宗教思想，乃至衣、食、住、行等方面，对今天的中国也有着深刻影响。

南宋亦是我国古代科学技术发展史上最为辉煌的时期，正如英国学者李约瑟所说："对于科技史家来说，唐代不如宋代那样有意义，这两个朝代的气氛是不同的。唐代是人文主义的，而宋代较着重科学技术方面……每当人们在中国的文献中查找一种具体的科技史料时，往往会发现它的焦点在宋代，不管在应用科学方面或纯粹科学方面都是如此。"②此话当然一点不假，不过如果将南宋与北宋相比较，李约瑟上面所说的话，恐怕用在南宋会更加恰当一些。

---

① 参见《中国藏书通史》第五编第三章《宋代士大夫的私家藏书》，宁波出版社 2001 年版。
② 李约瑟：《中国科学技术史·导论》，中译本，北京科学出版社 1990 年版。

首先,中国古代四大发明中的三大发明,即就指南针、火药和印刷术而言,在南宋都获得了比北宋更大的进步和更广泛的应用。别的暂且不说,仅就将指南针应用于航海上,并制成为罗盘针使用这一点来看,它就为中国由陆上国家向海洋国家的转变创造了技术上的条件,意义十分巨大。再如,对人类文明作出重大贡献的活字印刷术虽然发明于北宋,但这项技术的成熟与正式运用是在南宋。其次,在农业、数学、医药、纺织、制瓷、造船、冶金、造纸、酿酒、地学、水利、天文历法、军器制造等方面的技术水平都比过去有很大进步。可以这样说,在西方自然科学没有东传之前,南宋的科学技术在很大程度上代表了中国封建社会科学技术的最高水平。

南宋军事力量虽然弱小,但军民的斗争意志异常强大。公元 1234 年,金朝为宋蒙联军灭亡以后,宋蒙战争随即展开。蒙古铁骑是当时世界上最为强大的军队,它通过短短的二十余年时间,就灭亡了西夏和金,在此前后又发动三次大规模的西征,横扫了中亚、西亚和俄罗斯等大片土地,前锋一直打到中欧的多瑙河流域。但面对如此劲敌,南宋竟顽强地抵抗了四十五年之久,这不能不说是世界战争史上的一个奇迹。从中涌现出了大量可歌可泣的英雄人物,反映了南宋军民不畏强暴的大无畏战斗精神,他们与前期的岳飞精神一样,成为中华民族宝贵的精神财富。

古人有言:"以古为镜,可以知兴替。"近人有言:"古为今用,推陈出新。"前者是说,认真研究历史,可为后人提供历史上的经验和教训,以少犯错误;后者是说,应该吸取历史上一切有益的东西,通过去粗取精,改造、发展,以造福人民。总之,认真研究历史,有利于加强精神文明的建设,也有利于将我国建设成为一个和谐、幸福的社会。

对于南宋史的研究,以往已经有不少学者作了辛勤的努力,获得了许多宝贵的成果,这是应该加以肯定的。但是,不可否认,与北宋史相比,对南宋史的研究还不够,需要进一步探讨的问题、需要填补的空白尚有很多。现在杭州市社会科学院南宋史研究中心在省市有关部门的大力支持下,在全国广大南宋史学者的积极支持和参与下,计划用五六年的时间,编纂出一套五十卷本的《南宋史研究丛书》,对南宋的政治、经济、军事、学术思想、文化艺术、科学技术、重要人物、民俗风情、宗教信仰、典章制度和故都历史进行全面的、系统的、深入的研究。这确实是一项有胆识、有魄力的大型文化工程，不仅有其重要的学术价值，更有其重要的现实意义。当然，这也是曾经作为南宋都城的杭州义不容辞的责任。我相信，随着这套丛书的编纂成功，将会极大地推动我国南宋史研究的深入开展，对杭州乃至全国的精神文明建设都有莫大的贡献，故乐为之序。

2006 年 8 月 8 日于杭州市道古桥寓所

目　　录

导　言

　　宋高宗于 1127 年重建了宋政权。在几经漂泊后，南宋朝廷最终以屈辱的代价，与金朝签定和议，使得政局稳定了下来。高宗在位时期，是南宋法律制度的奠基时期，在经历了频繁的战乱之后，南宋统治集团筚路蓝缕，从立法到司法，完成了一系列创制，构建起了完整的法律体系。宋孝宗在位期间，政治较为清明，在法制上继续完善高宗时期创立的制度，将南宋法制建设推向了新的阶段。在经历高宗、孝宗两朝社会发展之后，南宋的法律制度日趋完善和周密。

　　古代中国，皇帝是最高立法者，法律制定后必须经过皇帝的批准，才能颁布生效。南宋亦不例外，皇帝的旨意常常左右着立法活动，成为立法的重要指导思想。《宋会要辑稿》载有一段史臣对南宋法制的评论：

　　　　高宗深惩祸乱之源，慨念更张之弊。凡前日法度之废者，无不复谨存者，无不举当行者，无不申明遵守。惟恪虑夫法太重而难必行，则立法贵乎中；虑申严未必济事，则去其不便于民者；虑官吏奉行不虔，则命监司按劾；虑法禁之所不戢，谓自公卿贵戚皆当以身帅之。不以特旨废法，不以私恩废法，不以戚里废法，此高宗所以为善守法。孝宗守之尤严，尝谓国家承平二百余年，法令明备，讲若画一，傥能守之，自足为治。①

---

① 《宋会要辑稿》帝系一一之一二至一三，中华书局 1957 年影印本。

此段议论虽不乏溢美之词,但颇能概括南宋一代法制指导思想。南宋政府在立法上,强调刑罚不可过轻或过重。高宗曾对大臣吕颐浩说:"为法不可过有轻重,然后可以必行而人不能犯。太重,则法不行;太轻,则不禁奸。"①绍兴七年(1137),执政大臣拟立临安府火禁条约,"凡纵火者行军法,遗火延烧数多者,罪亦如之"。高宗曰:"遗火岂可与纵火同罪,立法太重,往往不能行"。认为遗火罪"止于徒足矣,庶可必行。兼刑罚太重,亦非朝廷美事"。②绍兴十九年,高宗谕大臣曰:"有司立法,不可太重,恐难必行。宜令敕令所检会日前建明,有不可行者,并须改正。"③绍兴二十六年,高宗又针对某些部门违法籍没犯人财产现象指示曰:"此须立法断罪,但刑名不必太重,贵在必行耳。"④这种轻重适中、贵在必行的立法理念成为南宋立法的指导思想,并为后来的继任皇帝所继承。

宋孝宗曾就宋循吏韩彦古为政事迹评论曰:"韩彦古在任时,盗贼屏迹。比其罢也,群盗如相呼而来。以此知治盗,亦不可不严。惜乎,彦古所以治民者,亦用治盗之术,治盗当严,治民为宽,难以一律。"⑤治盗当严,治民为宽,这是对宋高宗立法轻重适中思想的补充和发展。在孝宗看来,不分对象,一律从轻或从严惩处,显然难以达到巩固社会秩序的目的。孝宗认为"纪纲严整,使人不敢犯耳。譬如人家父子兄弟森然,法度之中不必须用鞭扑,然后谓之严"。⑥南宋史臣曰:"贷一赃吏而天下之贪者无所劝;纵一奸民而天下之暴者无所惩,犯者滋多,贼民愈甚,以是为仁,适以害仁也。"⑦认为该严治则从严,如姑息为治,乃不仁之甚。这种宽严相结合的法律思想是中国古代"宽猛相济"治国理念的具体体现。

在立法过程中,南宋也讲究因时制宜,灵活变通。绍兴二十年(1150),

---

① 《宋会要辑稿》帝系一一之一至二。
② 李心传:《建炎以来系年要录》(以下简称《系年要录》)卷一一七,绍兴七年十一月丁酉条,上海古籍出版社1992年影印本,第2册,第577页。
③ 《系年要录》卷一六〇,绍兴十九年十月壬子条,第3册,第236页。
④ 《系年要录》卷一七二,绍兴二十六年四月戊子条,第3册,第423页。
⑤ 《中兴两朝圣政》卷五〇,乾道七年五月辛丑条,台湾文海出版社影印本,第1878页。
⑥ 《中兴两朝圣政》卷五〇,乾道七年四月庚午,第1874页。
⑦ 《系年要录》卷一〇二,绍兴六年六月戊午条,第2册,第413页。

刑部奏言："春月，在法不许采捕。若止科违令之罪，恐难禁止。今欲犯者杖八十。"高宗"从之"。① 春季禁采捕，这是南宋令文明确规定了的。② 但南宋最初对春月采捕的违令行为仅科以笞五十之刑，③刑罚太轻，效果不明显。高宗绍兴二十年修改为增加三等，杖八十。这一立法体现了南宋统治集团灵活变通的思想。

　　高宗十分重视刑法，曾云："刑名之学，其废久矣，不有以崇奖之，使人竞习，则其学将绝。"④大力提倡和鼓励官员学习法律。他认为"治天下之道在于必赏与必罚而已。刑固不可以逞也，然苟有罪，其可不以刑威？"史臣就此评论说："刑期于无刑，圣人之心也，治不能无刑，圣人之不得已也……高宗之意盖欲以杀止杀者欤！"⑤高宗的旨意对于官员习法、促进法制建设，应该说具有积极意义。

　　淳熙六年（1179），宰相进呈立法机构拟定的法律条款，其中《捕亡令》规定："诸捕盗公人不获盗应决而愿罚钱者听。"孝宗阅后曰："公人捕盗不获，许令罚钱而不加之罪，是使之纵盗受财也。此等条令可令删去。"⑥从《捕亡令》原先规定看，确实是给不法公人营私舞弊提供方便，是以孝宗下令删去这一规定。孝宗对法令的审核非常慎重，这种态度促使立法机构进一步提高了立法质量。

　　遵从北宋祖宗成宪，是南宋立法、执法的重要指导思想。绍兴二十六年（1156），户部郎中何伯奋尝言："典卖田宅，旧法六十日报契，今限百八十日，违限即将田宅没官；宰杀耕牛，旧法罪止徒，今皆配广南，立法太重，乞依旧

---

①　《系年要录》卷一六一，绍兴二十年二月庚戌条，第 3 册，243 页。
②　《天圣令》卷三十《杂令》宋令第 8 条。天一阁博物馆、中国社科院历史研究所天圣令整理课题组：《天一阁藏明抄本天圣令校证》，中华书局 2006 年版，第 429 页。这一法令为南宋所沿用。参见《庆元条法事类》卷七九《畜产门·采捕屠宰》，黑龙江人民出版社 2002 年点校本，第 893 页。
③　《宋刑统》卷二七《杂律》："诸违令者，笞五十。"法律出版社 1998 年点校本。
④　《系年要录》卷八六，绍兴五年闰二月己巳条，第 2 册，第 216 页。
⑤　《系年要录》卷一〇二，绍兴六年六月戊午条，第 2 册，第 413 页。
⑥　《中兴两朝圣政》卷五七，淳熙六年九月丙寅条，第 2156 页。

法。"高宗曰："祖宗旧制,轻重适中,皆当遵守。此二事并从旧。"①绍兴二十九年,权刑部侍郎兼详定一司敕令黄祖辞奏云："见修《吏部七司条法》,欲将旧来条法,与今事体不同者,立为参附,参照施行。"高宗阅后对宰相曰："祖宗成宪,不可废也,存之以备照用,甚当。但今所修法,须与祖宗法意不相违背,仍谕与详定官。"②宋孝宗曾云："朕尝思祖宗创立法度以贻后人,后世子孙不能保守,极可惜。"③宋最高统治者一再强调"祖宗旧制"、"祖宗成宪",立法不能违背祖宗法意,反应了南宋法律与北宋法律一脉相承的关系。

高宗时期,池州发生了一件要案,百姓崔德全事母不孝,母死不葬,其弟崔德聪于心不忍而葬之。"德全怒,持刃逐德聪,德聪夺其枪连刺之,乃死。有司当德聪处斩。宪臣以为情实可矜,乃上其事。尚书省请枭德全首,论德聪绞刑"。高宗批准了尚书省的奏请。④ 此案,从通常的司法审判层面来看,作为弟弟的崔德聪为葬母之事与其兄发生冲突,被迫自卫而杀其兄,被处以绞刑,处刑偏重。当初提刑司以崔德聪案情可悯上奏,但最终还是处以死刑。不过我们仔细分析南宋最高层的量刑,其司法依据在于,弟杀兄长,违背了儒家的伦理规范,《宋刑统》规定的十恶条之八曰不睦:"若谋杀周亲尊长等,杀讫即入恶逆。今直言谋杀,不言故斗。若故斗杀讫,亦入不睦。举谋杀未伤是轻,明故斗已杀是重,轻重相明,理同十恶。"⑤罪不可恕。透过此案,不难发现,儒家伦理规范仍是南宋司法审判的重要依据。

南宋理学的发展也影响了法制建设。集理学之大成的代表人物朱熹认为,"理"产生于万物之先,"理"先于"气"在,"气"依"理"而存。朱熹认为孝悌、忠信、仁义、礼智皆"理"也。三纲五常是"天理"的表现,"天理"不变,三纲五常也"终变不得",把三纲五常奉为社会的最高道德标准,是治道的根本。违反三纲五常,就是违背"天理",就是大逆不道,必须严惩。这与传统思想的"天人感应"、"君权神授"论相比较,显得更周密详备。朱熹主张凡有

---

① 《系年要录》卷一七五,绍兴二十六年十二月己未条,第 3 册,第 475 页。
② 《系年要录》卷一八一,绍兴二十九正月甲申条,第 3 册,第 557 页。
③ 《中兴两朝圣政》卷四六,乾道三年闰七月庚辰条,第 1736 页。
④ 《系年要录》卷八九,绍兴五年五月甲申条,第 2 册,第 260 页。
⑤ 《宋刑统》卷一《名例律》,第 12—13 页。

狱讼,必先论其尊卑、上下、长幼、亲疏之分,然后再听其曲直之辞。如以下犯上,以卑陵尊者,虽理直不予宥庇;其理曲者则罪加普通人一等。强调以礼决狱,把礼的精神引入法律之中。

南宋建立了一套庞大的由律、敕、令、格、式、例组成的严密的法律体系。南宋修纂的作为普通法的《敕令格式》,每部规模都超过了一百卷。《敕令格式》内容极其丰富,包括刑事、行政、民事、经济、宗教和少数民族事务等方面,规范十分详备。南宋是例广泛运用的时期。例的大量适用,反映了南宋为寻求更有效的法律手段,以解决日益纷杂的社会矛盾的努力,在中国法制史上影响深远。

南宋还创设了条法事类体的法典,具有条款检索简便,不易遗漏的特点。南宋特别法法典的数量也极为庞大,已超出了北宋时期所修特别法。这些特别法与前述普通法共同构成了南宋的法律体系,为保障南宋社会秩序,严格执法提供了坚实的法律依据。

自北宋太祖以来,宋采取各种措施,大力加强中央集权统治,严防宗室、母后、外戚、宦官、武将专权,以避免重蹈五代诸侯割据覆辙。与此同时,宋汲取了唐代法制成果和经验,充分发挥中央专制主义威权,迅速建立起一套适合政治经济发展的法律制度,构建了"上下相维,轻重相制,如身之使臂,臂之使指,民自徒罪以上,吏自罚金以上,皆出于天子"的政治体制。① 宋太宗即位大赦云:"先皇帝创业垂二十年,事为之防,曲为之制,纪律已定,物有其常,谨当遵承,不敢逾越。"②"事为之防,曲为之制",重在防弊,是北宋一以贯之的治国原则,这一原则在南宋法制领域也得到了充分贯彻。右司郎中汪应辰奏言:

> 国家累圣相授,民之犯于有司者,常恐不得其情,故特致详于听断之初;罚之施于有罪者,常恐未当于理,故复加察于赦宥之际。是以参酌古义,并建官师,上下相维,内外相制,所以防闲考核者,纤悉曲备,无

---

① 范祖禹:《范太史集》卷二二《转对条上四事状》,影印文渊阁《四库全书》本。
② 李焘:《续资治通鉴长编》(以下简称《长编》)卷一七,开宝九年十月乙卯条,中华书局 2004 年点校本,第 382 页。

所不至也。……鞫之与谳,各司其局,初不相关,是非可否,有以相济,
无偏听独任之失。此臣所谓特致详于听断之初也。至于赦令之行,其
有罪者,或叙复,或内徙,或纵释之;其非辜者,则为之湔洗。内则命侍
从、馆阁之臣置司详定,而昔之鞫与谳者,皆无预焉。外之益、梓、夔、
利,去朝廷远,则付之转运、钤辖司,而提点刑狱之官亦无预焉。……望
诏执事、刑部、理寺之官,虽未能尽复祖宗之旧,亦当遵用元丰定制。①

汪应辰的奏言是对宋代司法制度的总结和评价,也是南宋法制遵循北宋之
制的有力佐证。回避制、鞫谳分司制、翻异别勘制、越诉制、死刑覆奏制等北
宋时期创立的重要司法制度,可以说是被南宋全盘继承了下来,并得到了进
一步的发展和完善。

纵观中国古代法制史,南宋法官的回避制应该说是最严密的,回避对象
从亲、仇、业师扩大到同榜登科人,回避范围扩大到法官的上下级官员、承办
同一案件的前后官员。南宋人云:"盖刑狱事重,被差之官稍有亲嫌,便合回
避。"②回避制的实施从程序上保证了司法审判的公正。

南宋实行鞫谳分司制,审讯官和检法议刑官各司其局,互不相关,独立
审判,"无偏听独任之失",从司法源头上减少了冤假错案发生的几率。这是
鞫谳分司制的价值所在。不仅一般的司法审判机构实施鞫谳分司,独立审
判,中央的司法机构也贯彻了这一原则。如大理寺,"凡职务分左右:天下奏
劾命官、将校及大辟囚以下以疑请谳者,隶左断刑……若在京百司事当推
治,或特旨委勘及系官之物应追究者,隶右治狱"。③ 大理寺右治狱负责审
讯,左断刑负责议刑断罪,各自独立行使职权,互不相干。乾道三年(1167),
孝宗"诏廷尉、大理官毋以狱情白宰执,探刺旨意为轻重"。④ 廷尉即大理寺
卿。大理寺担负审理京师和地方重大案件的重任。孝宗告诫大理寺官员独
立进行审判,不要迎合上司旨意,以免妨碍司法公正。这一诏令充分反映了

---

① 《宋会要辑稿》职官一五之二〇至二一。
② 《宋会要辑稿》刑法一之五九至六〇。
③ 《宋史》卷一六五《职官志五》,第3900页。
④ 《宋史》卷三四《孝宗本纪》,第639页。

南宋司法审判的精神。鞫谳分司制度的制定和实施是宋代对中国古代法制建设的一大贡献。

南宋对审判活动慎之又慎，唯恐有冤假错案发生，制定了缜密的覆审制度，一旦犯人翻供不服，案子必须移至另一审讯机构重新审理，宋人谓之"翻异别勘"。"国朝之法，狱成而罪人以冤告者，则改命他郡之有司而鞫焉。鞫止于三而同焉，而罪人犹以冤告也，亦不听。"①亦即犯人翻供不服，移司重审。移司重审最初可以允许三次。然在南宋实际审判活动中，移司覆审次数逐渐放宽到三次以上。乾道七年（1171），孝宗曾下诏云："诸路见勘公事，内有五次以上翻异人，仰提刑司躬亲前去审，具案闻奏。如仍前翻异，即根勘着实情节，取旨施行。内有合移送大理寺者，即差人管押赴阙。"②诏书提到移司别勘可达五次以上，表明南宋的翻异别勘制度在北宋基础上得到了进一步的完善，司法审判更为慎重。如案件情况复杂，移司别推的次数可不受限制，几乎达到了不计成本的境地。淳熙年间，南康军有民妇阿梁与他人合谋杀夫之案，前后审理历九年之久，"节次翻异，凡十差官勘鞫"。至淳熙十四年，又差江东提刑耿延年亲自审讯。耿延年奏云："九年之狱，十官之勘，不为不详矣"，最后以疑狱奏裁，贷死。③　这一案件前后十次翻供，十次重审，其间耗费的巨大司法成本，令人叹为观止。这一案例折射出南宋司法审判的慎重。值得一提的是，翻异别勘制是包括了日常审判过程中一般案件的覆审而非特指死刑案的覆审。我们将此与前朝的唐代作一比较。在唐代，只有死刑案才允许覆审三至五次。唐制："诸决大辟罪，在京者行决之司五覆奏，在外府，刑部三覆奏。"④唐代在外府实行三覆奏，仅仅是针对死刑大案而言的，一般案件并不在此三覆奏之列。两相比较，不难看出宋代对一般案件的审判也是极其慎重的。

南宋立法，恐民有冤情无处申诉，许民越诉，制定了详细的越诉制度，这

---

① 杨万里：《诚斋集》卷八九《千虑策·刑法上》，四部丛刊本。
② 《宋会要辑稿》刑法三之八六。
③ 《宋会要辑稿》刑法六之四〇至四一。
④ 杜佑：《通典》卷一六八《刑法》，中华书局 2003 年点校本，第 4349 页。

在中国法制史上也颇具特色。宋人云:"士大夫治小民之狱者,纵小民妄诉,虽虚妄灼然,亦不反坐,甚而听其蓦越,几于搂揽生事矣。"①许小民越诉,即使诉错了也不予治罪。宋统治者能做到这点,难能可贵,这在中国法制史上是不多见的。《清明集》载一争业上诉案,"县断既不伏而经府,府断又不伏而陈词,反复嚣讼,首尾四年",仍未结案。为此法官感叹说:"何健讼如此!"②《清明集》还载有一案,上诉人"自县而州,自州而监司,自监司而省部,滚滚二十余年,词讼始绝"。③这是因了南宋的越诉法对当事人权益的重视,才会出现平民百姓坚持不懈地上诉现象。也正是有了越诉法的保护,"天下未闻有因诉吏而坐罪者,明知其带虚不坐,明知其健讼亦不坐,盖诉吏犹诉贼失物,终无反坐也"。④这在一定程度上保护了百姓的民事诉讼权,它对于伸张正义,缓解社会矛盾,起到了很好的作用。

南宋的死刑覆奏制别具一格。为了提高司法效率但又不至于草率行事,南宋将死刑的审判执行权一分为二:案情确凿,犯罪事实清晰,量刑无疑问的死刑案件交由地方审判、覆核和执行;反之,案情有疑问和量刑有困难的案件,则上报朝廷覆核裁断。后者谓之"疑案奏裁"制。南宋死刑覆奏、执行制有着合理的内核,它降低了司法成本,提高了审判效率。这一制度的实施,是以严密的司法程序和系列司法制度如回避制、鞫谳分司制、翻异别勘制等为基础的。

上述制度无不凸显出宋代程序法的进步性和合理性。良好的程序法是法律得以准确、公正实施的重要保证。南宋程序法的严密与详备在中国法制史上具有积极的意义。

自宋太祖命人制定折杖法,定为五刑笞、杖、徒、流的代用刑后,宋历朝统治者视之为祖宗成制,莫之能改,并进一步发展和完善了刺配、编管等附加刑。随着南宋社会的发展,附加刑的适用范围也越来越广,发展到后来,

① 王栐:《燕翼诒谋录》卷四,中华书局1981年点校本,第33页。
② 《名公书判清明集》(以下简称《清明集》)卷六《兄弟争业》,第173页。
③ 《清明集》卷十三《挟仇妄诉欺凌孤寡》,第504页。
④ 《清明集》卷十二《治豪横惩吏奸自是两事》,第460页。

南宋的附加刑重于主刑,呈现出轻者愈轻,重者愈重的状态,从而形成了南宋刑法的一个特色。南宋刑罚的实施过程,是一个刑罚向两极分化发展的过程,这与南宋广泛运用从刑并逐渐加重从刑的国策密切相关。

南宋的刑法在实施过程中,总的来说,是比较宽松的,这从南宋《名公书判清明集》判词中可以得到印证。这与北宋以来宽和的人文氛围和重人命的法制思想有着密切关联。传世的《庆元条法事类》所载《出入罪》法条,对失入死刑犯的法官惩处非常详备,但法律却没有对失出的死刑犯作相应的具体规定。其所反映的重杀慎罚的司法理念非常清晰,"与其杀不辜,宁失不经",宁可失出一个杀人犯,而不愿错杀一个不当处死的人。这种宽和的司法精神,有利于南宋社会的全面发展。

南宋在刑事法律制度方面创立了不少影响后世法制的举措。郑兴裔创制的《检验格目》,进一步完善了司法检验制度。宋慈撰写的《洗冤集录》,代表了南宋法医学所取得的伟大成就。这对后来的元、明、清诸王朝的法制均产生了积极影响。

唐末五代以来,社会经历了剧烈的动荡,门阀士族彻底瓦解,良贱制受到强烈冲击。在唐宋社会变革过程中,阶级结构获得了调整,官僚贵族的法定特权有所削弱,商人法定地位得到提高,奴婢、佃客人身依附关系大大减弱。在经历了一个较长的变化过程后,到了南宋,原先的法定"贱民"最终作为享有法律关系主体资格的国家"编户齐民"登上了历史舞台。人力、女使与雇主之间是一种同居的经济关系,而非人身依附关系,其良人的身份受到法律保护。雇佣制、租佃制普遍确立起来。雇佣关系中的工匠和劳役制下的工匠地位发生了突破性的变化。雇主与工匠双方自愿以契约形式确定雇佣关系,契约规定了双方的权利和义务,使雇主与雇工在契约关系中处于比较平等的地位。南宋时的佃客,较之唐代的部曲地位有了明显的提高,享有了更多的平等、自由的权利。在农民人身依附关系减弱以后,地主阶级企图以契约关系,借助古老的宗法主义外壳,重建对农民的控制。契约关系被赋予了双重作用:雇主通过契约,在一定的期限内可以有限地支配受雇者;而受雇者则通过契约规定的权利,来维护自己的合法权益和自由民身份。

　　上述变化,展现出南宋是中国古代社会中唯一没有法定贱民的朝代,同时也透视出南宋时社会成员法定地位向平等方向前进的趋势。这在中国古代社会发展史上,也是空前绝后的,是社会文明前进中的一个重要表现。

　　南宋是商品经济快速发展的时期,因而调整民事关系的法律在北宋的基础上得到了进一步发展。

　　南宋私有制空前发展,维护私有权的法律也随之更加详密周备。南宋禁止盗典卖共有田产,严禁官府侵占民田,保护逃田业主的追夺权,制定了周密的保护孤幼财产的"检校"法和调整债权债务关系的法律。

　　南宋又是一个契约关系空前发达的历史时期,契约关系已经完全覆盖社会日常生活的方方面面。不仅在买卖、租赁、典当、借贷、雇佣、寄托、承揽等领域中广立契约,而且在赊卖赊买、预约订购、委托经营中,亦以契约形式建立起信用关系。与之相适应,形成了比较完整的契约法律制度,例如田宅出典,普遍使用官印契约标准合同文本,并制定了严格的投税印契法令,这在中国民事法律制度史上有着重要意义。

　　南宋的典当制获得高度发展,相应的有关调整典当关系的法律也非常发达。为维护典权人的利益,南宋严禁重叠典当。典权人在对典产拥有使用权的同时,亦可将典产出租,也可以典产设定担保,或转让典权。典主对典产享有贴典就买的优先权。南宋十分重视对出典人回赎权的维护。为防止在典产回赎中引发词讼,南宋对赎价的交付时限及赎金种类亦作了明确规定。

　　此外,南宋财产继承法也发生了许多重要变化,不仅宗祧继承与遗产继承分离,而且遗产继承成为独立的继承内容。由此南宋继承人的范围、继承原则、继承权的取得与丧失、遗产的分割、继承形式等方面都发生了深刻变化,使南宋继承法显现出新的时代特征,尤其是绝户的女子继承权的扩大,成为南宋户绝继承法的一个鲜明特色。

　　随着南宋私有制的发展、商品经济的繁荣、社会关系的变化、私权观念的深化,人们的主体意识、维权意识渐渐高涨起来,由此推动了民众运用法律维护自身的权益。讼学在南宋得以快速发展。具有务实精神的宋代士大夫,不仅承认了民众维护自身权益而兴讼的合理性,而且把传统的"无讼"理念转化为"息讼"理念,创建了更切合实际的"息讼"方法。

南宋官员在司法实践中形成了天理、国法、人情一体化理论,将情、理、法结合并用,使情、理、法的内涵更加丰富多彩,完善了清明的执法艺术,在司法审判中发挥了重要作用。由此把儒家传统的"德主刑辅"原则推向理论与实践相结合的新阶段,使南宋法律中的伦理法色彩更为浓重,司法运行呈现出新的时代特色。这些执法理念,对后世的法律发展也产生了深远影响。

南宋有位史臣曾就法制论说道:"维持国家,在乎法守,国家之守在人,固有上立法而上自不守者,有前人立法而后人不守者,有上欲守法而下不能守者,有下欲守法而上不容其守者,徇情牵制,则以私意败法;随事变更,则以用例弃法;命令不一,则以无信玩法;束吏弗严,则以舞文害法;威断不立,则以姑息废法。甚哉,守法之不可不谨也!"①这段言语体现出统治集团对立法和守法的重视,可以视作南宋统治集团的法治基本理念。正是基于这种理念,南宋的法制能够在继承北宋法制基础之上,于各个方面都不断有所完善和发展。徐道邻云,北宋皇帝大都知道尊重法律和爱护法律,形成了优良传统。"南渡之后,经过高宗、孝宗两代的不断努力,这个传统,依然又继续健康发展,一直到元人渡江而止。"②我以为这个论断是符合史实的。纵观南宋法制史,虽有许许多多的弊病和腐败现象,然而整体说来仍是值得称道的,在中国法制发展史上无疑有着重要地位。

南宋的法律制度有力地保障了社会秩序,促进了社会的发展和进步,使当时的中国成为世界上为数不多的文明最发达的国家之一。

---

① 《宋会要辑稿》帝系一一之一一。
② 徐道邻:《宋朝的县级司法》,载徐氏著《中国法制史论集》,志文出版社 1975 年版,第149 页。

第一章　南宋的法律体系

　　南宋的法律体系是在继承唐、北宋法律体系基础上发展演变而成的,在中国法制史上,别具特色。南宋法律体系主要由律、敕、令、格、式、例组成,律沿用了北宋制定的《宋刑统》,敕、令、格、式则继承了北宋元丰以来的法典形式,为敕令格式的统编。

　　宋对立法十分重视,每一次大规模立法,通常都由宰相提举,并经过相应的立法程序。宋规定:"诸事应立法,若敕、令、格、式文有未便应改,不具利害申尚书省或枢密院,而辄画旨创立若冲革者,以违制论。即诏敕不经三省,官司受而施行者。罪亦如之。"①这一立法程序有利于法的权威性伸张和维护。孝宗时兵部侍郎刘孝韪奏言:"乞自今凡立一法一令,虽经其他有司详议,谓为可行,亦许令敕局照应,于见行条法有无抵牾,及有无未尽未便处,逐一条具,申明合如何增损,不得只缘元降指挥便行修入。庶几立法之始究见本末,免致行之未几又复冲改。"②孝宗采纳了这一建议。这对于提高立法质量,避免重复修法,具有重要指导意义。

---

① 《庆元条法事类》卷一六《诏敕条制·名例敕》,黑龙江人民出版社 2002 年点校本,第333 页。
② 《宋会要辑稿》职官四之五〇。

第一节　南宋历朝敕令格式的修纂

南宋初,因战火的洗劫,北宋制定的法典法规大部分亡佚而失传,当时的情景是"自渡江以来,官司文籍散落,无从稽考。乃有司省已(记)之说,凡所与夺,尽出胥吏,其间未免以私意增损,舞文出入"。为此,臣僚建议:"望下省部诸司,各令合干吏人将所省已(记)条例攒类成册,奏闻施行。"于是高宗诏"六曹百司疾速条具申尚书省"。① 此后,高宗于绍兴元年(1131)又诏:"百司进呈条册,候降到颁行,各具册抄录送刑部,仍逐季具有无冲改、续降关报。如有差漏,及违慢不报,即依旧制,人吏杖一百。"②绍兴三年,从臣僚所请,高宗复诏令"百司各将已省记条例与合为永格续降指挥,先委本处当职官吏精加看详,置册,分门编纂,申纳朝廷"。③ 其后诸司编类到省记条令,并从敕令所详定,取旨颁降。在新的法典体系未建立之际,南宋初的司法活动中,省记条令扮演着重要角色,"朝廷在江左,典籍散亡殆尽,省、曹、台、阁皆令老吏记忆旧事,按以为法,谓之省记条"。④ 以至于"旧法往例,尽用省记,轻重予夺,惟意所出"。⑤

南宋政府在不得不行用省记条令的同时,大量参用保存下来的北宋仁宗时的一部法典《嘉祐编敕》。建炎三年(1129)四月,高宗敕云:"自今并遵用嘉祐条法,内拟断刑名,嘉祐与见行条制轻重不等,并从轻;赏格即听从重。其官制所掌事务格目及役法等,有引用窒碍,或该载未尽事件,并令有司条具以闻。"⑥此外,"其一司一路一州一县、在京、海行及嘉祐所不该载,如免役、重禄、茶盐、香矾、六曹通用等事,并合依见行条法。若事干军政边防

---

① 《宋会要辑稿》刑法一之三四。
② 《宋会要辑稿》刑法一之三四。
③ 《宋会要辑稿》刑法一之三四。
④ 《鸡肋篇》卷中,丛书集成本。
⑤ 叶适:《水心别集》卷一四《吏胥》,光绪八年(1882)瑞安孙氏刻本。
⑥ 《宋会要辑稿》刑法一之三三。

机密漏泄,听探情理深重,并修书未成间,《嘉祐敕》与见行条法相照引用,室碍者,并合取自朝廷指挥。"①南宋初,旧法和省记条令成为当时执法的重要依据。此后,随着政局的逐步稳定,南宋政府立法步骤加快,新法典渐次颁布,最终取代省记条令,建立起完整的法律体系。

南宋法典分为普通法和特别法。普通法又称海行法、海行敕令格式,适用于全国范围,"敕令格式谓之海行,盖天下可行之义也";②特别法仅适用于特定的地区和部门,如一州一县敕、一司一务敕。

一、普通法法典的修纂

绍兴元年,敕令所将《嘉祐敕》与《政和敕》对修,并参酌政和二年七月一日以后至建炎四年六月终续降散敕,修成南宋第一部普通法法典《绍兴重修敕令格式》。其中《敕》十二卷、《令》五十卷、《格》三十卷,《式》三十卷,《目录》一十六卷。此外尚有《申明刑统》及《随敕申明》三卷,《政和二年以后赦书德音》一十五卷,《看详》六百零四卷。《绍兴重修敕令格式》,是在北宋灭亡,国家法典文书大部分毁于战火的情况下修纂的,主要以北宋嘉祐法与政和法"对修"而成。③ 从某种意义上说,它实际上是北宋法典的翻版。

《绍兴重修敕令格式》修纂十分仓促,存在不少问题。绍兴二年八月,臣僚言:"自颁降《绍兴新书》之后,恐官司申请创立条禁或增重刑名,寖失祖宗立法之意。乞令有司,如遇臣僚续有申请,并检会昨用嘉祐法参酌修书元降指挥,参照修立施行。"④此建议获得了高宗的允准。绍兴三年九月,权刑部侍郎兼详定一司敕令章谊建言:"朝廷比修《绍兴敕令格式》,简编浩博,众议纷纭,书务速成,论靡专决,去取之间,不无舛错。厥今颁在有司州县权行,渐见抵牾。欲承疑遵用,则众听惑而不孚。欲因事申明,则法屡变而难守。望诏监司郡守与夫承用官司,参考祖宗之旧典,摭《新书》之阙遗,悉随所见,

① 《宋会要辑稿》刑法一之三三。
② 赵升:《朝野类要》卷四《海行》,中华书局2007年点校本,第87页。
③ 《宋会要辑稿》刑法一之三五。
④ 《宋会要辑稿》刑法一之三五。

条具以闻。然后命官审订,删去讹谬,著为定法。"此建言被朝廷采纳。① 各地监司照此规定去做,新法典的修纂由此完善起来。

到绍兴六年,刑部员外郎周三畏言:"国家昨以承平日久,因事增创,遂有一司一路一州一县、海行敕令格式,与律法《刑统》兼行,已是详尽。又或法所不载,则律有举明议罪之文,而敕有比附定刑之制,可谓纤悉备具。乞自今除朝廷因事修立一时指挥外,自余一切,悉遵见行成宪。"②至此,南宋法典体系已初具规模,此后的南宋法律在此基础之上得以进一步开拓。

乾道六年(1170),尚书右仆射虞允文言:"昨将绍兴敕与嘉祐敕,及建炎四年十月以后至乾道四年终续降指挥逐一参酌删削,今已成书,《敕》一十二卷,《令》五十卷,《格》三十卷,《式》三十卷,《目录》一百二十二卷,《存留照用指挥》二卷,缮写进呈。乞冠以《乾道重修敕令格式》为名。"孝宗诏依,仍于八年正月一日颁行。③《乾道重修敕令格式》以《绍兴重修敕令格式》为基础修订而成,共"增损元文五百七十四条,带修创立者三百六十一,全删旧文八十三,存留照用者百二十有八"。④《乾道敕令格式》的修纂体例是比较成熟的,此后,淳熙、庆元、淳祐年间修纂的《淳熙敕令格式》、《庆元敕令格式》、《淳祐敕令格式》,大致皆承循《乾道敕令格式》体例而成。

淳熙三年(1176),宋又以《乾道重修敕令格式》"编削未尽,多有抵牾,诏刊修"。第二年书成,计一百四十八卷,参知政事李彦颖上之,"诏以《淳熙重修敕令格式》为名"。⑤

淳熙七年,敕令所修成《百司省记法》,孝宗诏以《淳熙重修百司法》为名。此前,大理寺直兼敕令所删定官李大理曾建言:"渡江以来,官司文籍散逸,多出于老吏一时省记。今以百司计之,总一百七十余处。其间有略举事端,泛为臆说,如所谓不记是何月日指挥,不记何人申请者,不可胜数。四五

---

① 《宋会要辑稿》刑法一之三五。
② 《宋会要辑稿》刑法一之三七。
③ 《宋会要辑稿》刑法一之四八。
④ 楼钥:《攻媿集》卷八八《敷文阁学士宣奉大夫致仕赠特进汪公(大猷)行状》,四部丛刊本。
⑤ 王应麟辑:《玉海》卷六六《乾道敕令格式》,江苏古籍出版社、上海书店1987年影印本;《宋会要辑稿》刑法一之五一。

十年来,老胥猾吏凭籍此书,并缘为奸,盖非一日。"①由于官司文书典籍散逸,多出于老吏一时省记,为了规范省记,宋廷命有司制定了统一的《百司省记法》。

在南宋法典修纂史上,南宋前期是法律体系重建的重要阶段。李心传曾就南宋前期法典的修纂作过统计,他说:"至绍兴元年秋,(张)守等始以《绍兴重修敕令格式》及《申明》、《看详》等总七百六卷上之。自是迄于三十年之秋,敕局所修之书又一千八百六十三卷,通海行法为二千六百二十卷有奇。……自乾道以后,新修之书又为三千一百二十五卷,而一路别法已修者一千二百余卷不预焉。"②乾道六年以后新修之书的截止期,根据李心传自己的注文,是到淳熙十一年。这个时间段并不算很长,前后约十四年,短短的十四年间,南宋修纂的法典达四千三百多卷,取得了丰硕的立法成果。

庆元二年(1196),以乾道五年至庆元元年终,"续降旨挥得数万事,参酌淳熙旧法五千八百条,删修为书"。庆元四年修纂成《庆元敕令格式》二百六十六卷。③

淳祐二年,宋又修成《淳祐重修敕令格式》。④

宋从北宋《大中祥符编敕》起,每部编敕条款都在千条以上。到南宋《淳熙敕令格式》,有五千余条。⑤ 南宋的敕令格式每部都超过了一百卷。敕令格式内容极其丰富,包括刑事、行政、民事、经济、宗教和少数民族事务等方面,规范十分详备。《绍兴敕令格式》有十六卷目录,但到了乾道六年(1170)修纂的《乾道敕令格式》,目录达一百二十二卷,时"会萃法令至二万二千有奇,烦复者刊,踳驳者正"。⑥ 我们知道,唐开元二十五年(737)立法时,"共

① 《宋会要辑稿》刑法一之五二。
② 李心传:《建炎以来朝野杂记》(以下简称《朝野杂记》)乙集卷五《炎兴以来敕局废置》,中华书局2006年点校本,第592—593页。
③ 《玉海》卷六六《庆元重修敕令格式》。
④ 《宋史全文》卷三三,宋理宗淳祐二年正月庚戌条,黑龙江人民出版社2005年点校本,第2244页。
⑤ 《宋会要辑稿》刑法一之五二。
⑥ 《玉海》卷六六《乾道敕令格式》。

加删辑旧格式律令及敕,总七千二十六条"。① 南宋乾道立法删辑的法令条款数量是唐开元二十五年立法的三倍。删辑的法令条款数量以及目录卷数的大量增加,必定引起法典篇目数量的增加。为了便于法官检索查找有关条款,在修纂体例上有必要进行改革。此后,宋修纂的《淳熙敕令格式》、《庆元敕令格式》、《淳祐敕令格式》,目录都有一百二十二卷之多。上述删辑的法律条款数量以及目录数量的增加,归根结底,是社会发展变化引起的。从现存南宋宁宗时修纂的《庆元条法事类》来看,《庆元敕令格式》篇目远远超出了北宋神宗时修纂的《元丰敕令格式》。据陈振孙《直斋书录解题》和现存的残本《庆元条法事类》所载,宁宗庆元四年(1198)所修《庆元敕令格式》,其中《庆元敕》有十二卷,仍仿《唐律》分十二门。

《庆元令》五十卷,至少有三十七门,分为《官品》、《职制》、《田》、《文书》、《仓库》、《公用》、《军器》、《杂》、《旧》、《军防》、《驿》、《仪制》、《关市》、《赏》、《吏卒》、《荐举》、《进贡》、《给赐》、《断狱》、《考课》、《营缮》、《厩牧》、《捕亡》、《选试》、《假宁》、《赋役》、《祀》、《辞讼》、《辇运》、《户》、《时》、《服制》、《道释》、《河渠》、《封赠》、《理欠》、《场务》、《疾医》等门。

《庆元格》三十卷,至少有十六门,分《赏》、《给赐》、《吏卒》、《考课》、《杂》、《驿》、《辇运》、《假宁》、《荐举》、《封赠》、《服制》、《选试》、《断狱》、《军防》、《田》、《道释》等门。

《庆元式》三十卷,至少有十八门,分《文书》、《考课》、《职制》、《断狱》、《杂》、《荐举》、《封赠》、《选试》、《赏》、《仓库》、《场务》、《理欠》、《给赐》、《赋役》、《道释》、《户》、《服制》、《厩牧》等门。

新敕令格式修成后至下一个法典修订之前,皇帝还常常根据有司或大臣的奏请,陆续发布一些诏敕,对社会发生的大小事件做出处理,或制定新的规则,修改已定之法,宋谓之"续降指挥"。绍兴十一年,臣僚言:"自绍兴修法成书之后,十年之间,或因州郡申请,或因臣僚建明,创立条禁,增减刑名,冲改不一,是为续降指挥。乞令监司委属官,州委司法,县委主簿,各将

---

① 王溥:《唐会要》卷三九《定格令》,上海古籍出版社 2006 年版,第 822 页。

被受续降指挥依敕分门编类成书。仍于绍兴法中应冲改条内,分明贴出'照某年月日续降冲改指挥',长吏再行照对,不得漏落。"高宗"诏依"。① 这是要求各地将法典实施后朝廷陆续颁布的续降指挥分类编纂成册,作为临时性的法律参照执行。赵升《朝野类要》卷四《续降》云:

> 法所不载,或异同而谓利便者,自修法之后,每有续降指挥,则刑部编录成册,春秋二仲颁降,内外遵守,一面行用。若果可行,则将来修法日增文改创也。

续降指挥又称"散敕"。早在北宋元丰八年(1141),就制定了散敕半年一修,定期集中颁布的制度。时刑部规定:"敕、令、格、式有更造,春秋都省付下者,并先下条,并准式雕印,限四月、十月颁毕。"②续降散敕,是对已定法律的修正和补充。把续降散敕分类编撰,所谓类当是指敕、令、格、式四种类别。换句话说,春秋颁布的散敕是整个常法的变通,不仅仅是刑法敕的变通。元丰以后编敕是指分类统修的敕、令、格、式。春秋两季制定、颁降散敕,既可以对不适用的现行法及时进行更正,又保持了法律的相对稳定。绍兴四年,刑部奏言:"建炎四年七月一日以后至绍兴三年十二月终海行续降指挥,昨缘本部遗火不存,已下湖、温州抄录到续降指挥,见行编类,镂版颁降。其绍兴四年正月一日以后续降指挥,合依旧法,春秋编类,颁降施行。"③不过这种春秋两季颁降的散敕,仅具临时效力。在经过一定时期的试行,经实践的检验,数年之后,通过立法程序,才能修纂为正式的法典。

绍兴十三年,尚书刑部员外郎李景山言:"绍兴重修法令,成书颁行甫及一纪矣。然其间或亲颁诏旨,裁定刑名,或因修别条冲改不用,虽皆已得指挥,见行遵用,而敕令格式仍旧未改,诚恐奸吏得以舞文。望诏有司,将见颁敕令格式参定改正,别行颁印。"高宗诏令敕令所增修颁降。④ 这是针对《绍兴敕令格式》颁布实施十年后,那些在实践中被冲改的法律所作的总结性的

① 《宋会要辑稿》刑法一之三八。
② 《长编》卷三五九,元丰八年八月丙寅条,第8579页。
③ 《宋会要辑稿》刑法一之三六。
④ 《宋会要辑稿》刑法一之三八。

修订措施,也为下一次法典的修订创造了条件。

淳熙四年(1177)《淳熙敕令格式》颁布后,权刑部侍郎兼详定一司敕令所王秬言:"本所重修海行《敕令格式》,已至乾道四年终。今乞将乾道五年以后续降指挥,令本所详定修削,每三年一次编类,申朝廷审覆颁降。"孝宗从之。① 这一史料表明法典修订后,对于此后陆续颁布的散敕仍需定期加以整理颁布。

法典的修纂,是将旧法连同皇帝颁布的散敕加以删修而成的。盖皇帝"前后指挥行下,殆非一事,或有旧法不能尽,续降参照者;或有旧法文不甚明,而续降因事重出者;或有旧法元不该载,后因事立为成法者;或有旧法本自可用,而续降不必行者;或有一时权宜措置,而后不可引为帝用者。交互之际,出入之间,诚恐未免有抵牾而相参差者,或删而去,或存而留,使著为成书,定为成法"。② 淳熙十一年,臣僚奏云:

> 《绍兴敕》节文,诸因事呼万岁者,徒二年,其不因事者杖一百。绍兴五年刑部看详,乞将因事到官,实负冤仰(抑),官司欲加刑禁,避怕一时锻炼辄呼者,依不因事法。《乾道敕》于"不因事者杖一百"之下,注云"虽因事到官,实负冤仰(抑),避免刑禁而辄呼者同"。研究前项看详及补注,其于裁酌轻重,切当事情。今《淳熙重定敕》止云"诸辄呼万岁者,徒二年",所有《绍兴敕》及刑部看详二项,悉皆删者,不复区别。乞下敕令所,遵用旧法及已看详事理施行。③

这份奏言陈述了"辄呼万岁者"的法律惩处条款沿革变化,提到了法典《绍兴敕》、《乾道敕》、《淳熙重定敕》,从中我们可看出法典修纂活动中旧法与新法的继承与扬弃的关系。

法典颁布后,因社会新问题的产生而需要修改时,宋政府采取的是对冲修正相应的条款原则。绍兴十一年,臣僚言:"自绍兴修法成书之后,十年之

---

① 《宋会要辑稿》刑法一之四九。
② 《宋会要辑稿》刑法一之五六。
③ 《宋会要辑稿》刑法一之五三至五四。

间,或因州郡申请,或因臣僚建明,创立条禁,增减刑名,冲改不一,是为续降指挥。乞令监司委属官,州委司法,县委主簿,各将被受续降指挥依敕分门编类成书。仍于绍兴法中应冲改条内分明贴出'照某年月日续降冲改指挥',长吏再行照对,不得漏落。"①高宗诏依。即对不适应的部分条款予以冲改。

法令一旦制定后,具有相对稳定性,通常要隔一段较长时间才能重新立法。在新法典制定颁布之前,如个别条款需要调整,往往采用临时添加冲改方式进行。如绍熙五年(1194),礼部、太常寺言:"伏睹皇帝御名,并同音计一十八字,扩、廓、郭……乞下刑部、国子监,于《文书式》并《韵略》内添入,从礼部行下都进奏院,颁降回避。"②这一奏言,被高宗允准。礼部、太常寺所言《文书式》,是南宋一部法典。宋代避讳制度十分严格,对于皇帝的御名,在日常文书中必须回避使用,具有很强的时效性。因此宋采用添加入《法典》方式执行,而不必等到下一次立法再修入法典。

二、特别法法典的修纂

除了普通法外,南宋还修纂了大量的特别法。绍兴元年,高宗诏:"吏部条法,最为急务,令敕令所限一月先次镂板"。接着又诏令"以广东转运司录到元丰、元祐吏部条法,与吏部七司省记到元丰、崇宁看详,政和重修格式,及大圣七年以后案例至绍兴三年七月二十四日续降指挥条册,参酌修立,依限颁降。"有关部门奉命相继修纂成尚书左右、侍郎左右、司勋、司封、考功等条法。敕令所奏言:"前项条法,虽已申纳尚书省,缘七司条法所系非轻,自来凡有成书,并经圣览,方始颁行"。高宗诏令"缮写投进"。③

同年,尚书右仆射、同中书门下平章事朱胜非等上《吏部敕》五册、《令》四十一册、《格》三十二册、《式》八册、《申明》一十七册、《目录》八十一册、《看详司勋获盗推赏刑部例》三册、《勋臣职位姓名》一册,共一百八十八册。

---

① 《宋会要辑稿》刑法一之三八。
② 《宋会要辑稿》刑法二之一二六。
③ 《宋会要辑稿》刑法一之三六。

高宗诏自绍兴四年正月一日颁行,仍以《绍兴重修尚书吏部敕令格式》及《绍兴通用敕令格式》为名。

绍兴十年,尚书右仆射、同中书门下平章事、提举详定一司敕令秦桧等上《在京通用敕》十二卷、《令》二十六卷、《格》八卷、《式》二卷、《目录》七卷、《申明》十二卷。高宗诏自绍兴十一年正月一日颁行,仍以《绍兴重修在京通用敕令格式》为名。关于此法典修纂背景,史载:

> 先是,绍兴六年六月一日,大理正张柄言:"伏见国家修复旧章,以幸天下,如绍兴新书,系将嘉祐、政和敕参酌成书,其于常法之外增立条制并一切删去。以至兵火后来省记到一司专法,尽经左右司及敕令所逐一参酌详定,然后引用。惟是《大观在京通用》至今依旧遵守,兼内有已经冲改不该引用之文,尚载典册,颁之郡县百司及车驾监幸之所在,于观听实为未允。乞送修立官司,逐一看详删削。"

于是高宗诏令详定一司敕令所重别删修颁降。敕令所言:"欲乞将《崇宁在京通用条法》,自崇、观后来至绍兴八年六月终应受续降指挥,修为绍兴新书。检会一司专法内,又各厘正在京通用并大理寺又有崇宁续附在京法。缘昨来所得圣旨内未曾有前项厘正、续附二件条法名色。"高宗令编写修入,至是上之。①

绍兴十二年,秦桧等又上《六曹通用敕》一卷、《令》三卷、《格》一卷、《式》一卷、《目录》六卷;《寺监通用敕》一卷、《令》二卷、《格》一卷、《式》一卷、《目录》五卷;《库务通用敕》一卷、《令》二卷、《目录》四卷;《六曹寺监通用敕》一卷、《令》二卷、《格》一卷、《式》一卷、《目录》五卷;《六曹寺监库务通用敕》一卷、《令》一卷、《格》一卷、《目录》三卷;《寺监库务通用敕》一卷、《令》一卷、《目录》二卷、《申明》四卷。高宗诏自绍兴十三年四月一日颁行,仍以"绍兴重修"为名。②

绍兴十三年,秦桧等上《绍兴重修国子监敕》一卷、《令》三卷、《格》三

---

① 《宋会要辑稿》刑法一之三八至三九。
② 《宋会要辑稿》刑法一之三九。

卷、《目录》七卷;《太学敕》一卷、《令》三卷、《格》一卷、《式》二卷、《目录》七卷;《武学敕》一卷、《令》二卷、《格》一卷、《式》一卷、《目录》五卷;《律学敕》一卷、《令》二卷、《格》一卷、《式》一卷、《目录》五卷;《小学令格》一卷、《目录》一卷、《监学申明》七卷、《修书指挥》一卷。

十七年,秦桧等又上《常平免役敕》五卷、《目录》二卷;《令》二十卷、《目录》六卷;《格》三卷、《目录》一卷;《式》五卷、《目录》一卷;《申明》六卷、《厘析条》三卷、《对修令》一卷、《修书指挥》一卷。高宗"诏自来年三月一日颁降,仍以《绍兴重修常平免役敕令格式》为名"。①

十九年,秦桧等上《吏部七司》和《七司通判续降》,共二百五十六卷,另《目录》三卷,《修书指挥》一卷。"其事干有司及一司一路一州等指挥,并行厘出,分为二十七卷。所有专为一名或一事一时申请,不该条入七司条法者,并作别编一百四十八卷,共四百三十五卷"。高宗诏以《绍兴看详编类吏部续降》为名。②

同年,干办行在诸军粮料院王珏言:"窃以茶盐之法,祖宗成宪,非不详备,然岁月寖久,积弊滋深。盖缘州郡申明,或因都省批送,或因陈献,或因海行,并皆随事设宜,画时颁降。比自建炎之后来未编集,例多断阙……无复参照,往往州县所引专法,间是一时省记,因此黠吏舞文,得以轻重其手。望下敕令所取应系茶盐文字并续降画一见行条法,看详编定。"于是敕令所言:"寻下诸处抄录到《元丰江湖淮浙路盐法》,并元丰修书后来应干茶盐续降指挥八千七百三十件,今将见行遵用条法,逐一看详,分门编类。"③至二十一年,秦桧等上《盐法敕》一卷、《令》一卷、《格》一卷、《式》一卷、《目录》一卷;《续降指挥》一百三十卷、《目录》二十卷;《茶法敕令格式》并《目录》共一卷;《续降指挥》八十八卷、《目录》一十五卷。此盐法乃以《绍兴编类江湖淮浙京西路盐法》为名;茶法以《绍兴编类江湖淮浙福建广南京西路茶法》为名。

---

① 《宋会要辑稿》刑法一之四一。
② 《宋会要辑稿》刑法一之四一。
③ 《宋会要辑稿》刑法一之四二。

二十三年,详定一司敕令所上《大宗正司敕》十卷、《令》四十卷、《格》十六卷、《式》五卷、《申明》十卷、《目录》五卷。这是关于宗室管理的法典。

《宋会要辑稿》刑法一之四四载:

> (绍兴二十六年)敕令所言:"科举取士,一宗条令尽载贡举法,系自崇宁元年七月修立,经今五十余年,其间冲改及增立名件不少,前后所降申明,州县多不齐备。欲将上件《崇宁贡举条法》逐一取索,重修施行。"从之。

高宗遂命宰相万俟卨为提举,户部侍郎王侯为详定官,修纂成《绍兴重修贡举敕令格式》,其中《御试贡举敕》一卷、《令》三卷、《式》一卷、《目录》一卷、《申明》一卷;《省试贡举敕》一卷、《令》一卷、《式》一卷、《目录》一卷、《申明》一卷;《府监发解敕》一卷、《令》一卷、《式》一卷、《目录》一卷、《申明》一卷;《御试省试府监发解通用敕》一卷、《令》一卷、《格》一卷、《式》一卷、《目录》一卷;《省试府监发解通用敕》一卷、《令》二卷、《格》一卷、《式》一卷、《目录》二卷;《内外通用贡举敕》二卷、《令》五卷、《格》三卷、《式》一卷、《目录》四卷、《申明》二卷;《厘正省曹寺监内外诸司等法》三卷;《修书指挥》一卷。

乾道九年(1173),右丞相梁克家、参知政事曾怀上《乾道重修逐省院敕令格式》,内《中书门下敕》二卷、《令》二十二卷、《格》十三卷、《式》一卷、《申明》一卷;《尚书省敕》二卷、《令》七卷、《格》二卷、《式》三卷、《申明》二卷;《枢密院敕》四卷、《令》二十四卷、《格》十六卷、《申明》二卷;《三省通用敕》一卷、《令》五卷、《格》一卷、《式》一卷、《申明》一卷;《三省枢密院通用敕》二卷、《令》三卷、《格》一卷、《式》一卷、《申明》三卷;《目录》二十卷,并元修《看详意义》五百册。

淳熙二年,参知政事龚茂良等上《吏部七司法》三百卷,孝宗诏以《淳熙重修尚书敕令格式申明》为名。南宋初期的吏部七司法自绍兴以降共经历三次修纂。第一部所收法条、诏敕起于天圣七年以后,绍兴三年七月终成书,目曰《吏部七司法》。第二部自建炎二年八月,至绍兴十五年六月终成书,目曰《新吏部七司法》。第三部自绍兴三年四月,至三十年七月成书,目曰《参附吏部七司法》。①

开禧元年(1205)五月,南宋修成《开禧重修尚书吏部七司敕令格式申明》。

南宋特别法法典的修纂是在旧的法典基础上参酌新颁布的皇帝诏敕,删除抵牾重复,将具有普适性的内容修定为可以永久实施的法律。嘉泰二年(1202),臣僚言:

> 《吏部七司法》自孝庙令敕局删修,凡有建立,间出御笔裁处,无非参酌为经久可行之典。成书既上,又令编成总类,以便参照。至今已二十八年矣。自淳熙初元积至今日,凡臣僚申请建议续降,不知其数,涉岁既久,吏得并缘为奸。其所欲行,则援引随至;无所诣嘱,则多为沮抑。盖岁久不曾参酌去取,编入成书,则其弊必至于此也。乞令吏部疾速编集二十八年续降指挥,置册缴申朝廷,行下敕局,公共看详,去其抵牾重复,而定其可以永久遵行者。毋得轻易变动祖宗旧法,以至宽纵生弊。庶几一代成法,灿若日星,昭示无穷。②

修纂的法典中无疑亦有新创立的条款。嘉泰四年(1204),户部侍郎王遵、刑部侍郎周珌等言:"恭奉指挥,参修《吏部七司条法》,已将淳熙二年正月一日以后续降指挥四千四百余件,参酌一部旧法三千二百余条,可以附入旧法者,就旧法本条删润,元无旧法,则创行修立。"③原无旧法之处,便是增创新立之条。

从上述法典的修纂情况来看,南宋特别法法典的数量极为庞大,已超出了北宋所修特别法。这些特别法与前述普通法共同构成了南宋的法律体系。叶适曾对南宋法律体系的周备详密感叹道:"细者愈细,密者愈密,摇手举足辄有法禁。"④

---

① 《宋会要辑稿》刑法一之五〇。
② 《宋会要辑稿》刑法一之五八。
③ 《宋会要辑稿刑法》一之五九。
④ 叶适:《水心先生文集》卷三《法度总论二》,四部丛刊本。

第二节 例的修纂

一、例的产生

法律制定后,随着社会的不断发展,常无法应付层出不穷的案情,已定的法律不可能巨细无遗地详列条款,由此产生了比附定刑的适用原则。法官在判案过程中,如果检不出可适用的法律条款来定罪的话,可以依据犯人所犯罪,援引以往类似的案例作参考,自由裁量。对此,宋人云:"定而不易者,谓之法,法不能尽者,存乎人。"①在宋代,前事既创,后便援引以为例。在宋代文献里,常可见到"至今沿以为例"、"自是以为例"的记载。② 当例积累多了以后,往往会前后矛盾,容易发生混乱。宋政府为此不定期对所行例进行整理删修,编纂成册,供有司使用。

二、例的编纂及其适用原则

宋代例主要分两种:行政方面的条例和刑罚方面的断例。条例和断例有时可通称例。北宋梁焘云:"今中书门下外省编修条例,六曹、寺、监之事也;编修敕令,刑部之事也。"③梁焘从立法角度说明了条例的行政法属性。

例的编修,出现于北宋,最初是以类编次,比较简单。随着例的数量的增加,断例编修活动不断举行,断例的编修体例逐渐完善起来。绍兴二十六年,御史中丞汤鹏举言:

> 三尺之法,天下之所通用也。四海九洲,万邦黎献,知法之所载而已,安知百司庶府之有例乎? 例之所传,乃老奸宿赃秘而藏之,用以附

---

① 《系年要录》卷一九九,绍兴三十二年夏四月壬申条,第 3 册,第 856 页。
② 《长编》卷一九九,嘉祐八年十月癸未条,第 4829 页;《长编》卷一九九,嘉祐八年十一月甲寅条,第 4832 页。
③ 《长编》卷四三二,元祐四年八月乙丑条,第 10436 页。

下罔上，欺或世俗，舞文弄法，贪饕货赂而已。望诏吏部、刑部条具合用之例，修入见行之法，以为中兴成宪。后敕令所详定官王师心言：据刑、寺具到《崇宁绍兴刑名疑难断例》，并昨大理寺看详，本寺少卿元衮申明《刑名疑难条例》，乞本所一就编修。①

高宗采纳了汤鹏举的意见。根据需要，宋常用"著为例"之方式制定例，如熙宁七年（1074），审刑院详议官贾士彦"乞差官以熙宁以来得旨改例为断，或自定夺，或因比附办定结公案，堪为典型者编为例"。② 熙宁八年，右龙武军大将军、均州团练使赵宗制卒，中书拟赠华州观察使、华阴侯。神宗手诏："宗室名连'宗'字者皆太祖、太宗诸王之后，方今于皇家最为行尊属近，比岁沦亡相继，存者无几，送终之典，理宜加厚。可赠彰化军留后、北海郡公，著为例。"③这两件事例从一个侧面反映了宋代例的修纂源流。

至绍兴三十年（1160），宰相兼提举一司敕令所陈康伯等修成《刑部断例》二十二卷，其中《名例》、《卫禁》共二卷，《职制》、《户婚》、《厩库》、《擅兴》共一卷，《贼盗》三卷，《斗讼》七卷，《诈伪》一卷，《杂例》一卷，《捕亡》三卷，《断狱》二卷，《目录》一卷，《修书指挥》一卷。高宗"诏下刑寺遵守，以《绍兴编修刑名疑难断例》为名"。④ 断例的修纂体例依《律》分十二门编撰，门类的分法与《律》是一致的，于此可见断例的刑法属性。

乾道元年（1165），权刑部侍郎方滋言："乞将绍兴正月一日以后至目今刑寺断过狱案，于内选取情实可悯之类，应得祖宗条法奏裁名件，即编类成书，及将敕令所修进断例更加参酌。"孝宗从之。⑤ 第二年，方滋进《乾道新编特旨断例》七十卷，计五百四十七件，其中《名例》三卷、《卫禁》一卷、《职制》三卷、《户婚》一卷、《厩库》二卷、《擅兴》一卷、《贼盗》十卷、《斗讼》十九卷、《诈伪》四卷、《杂例》四卷、《捕亡》十卷、《断狱》六卷、《目录》四卷、《修书指

---

① 《宋会要辑稿》刑法一之四六。
② 《长编》卷二五四，熙宁七年六月乙未条，第6217页。
③ 《长编》卷二六七，熙宁八年八月戊戌条，第6547页。
④ 《宋会要辑稿》刑法一之四六。
⑤ 《宋会要辑稿》刑法一之四七。

挥》一卷、《参用指挥》一卷,共分为十二门。所谓"特旨断例",是南宋皇帝对天下所奏疑难案的裁决成例,经法司立法,加以整理修纂而成,对司法活动具有重要指导作用。

淳熙四年(1177),南宋又修成《淳熙新编特旨断例》,共有四百二十件断例。开禧二年修纂有《开禧刑名断例》。①

然而断例并非颁下州县,而是颁给刑部、大理寺行用的。南宋臣僚云:"窃详编类(断例)之意,盖为刑部进拟案,引用案例,高下用情,轻重失当。"②换言之,断例是供刑部、大理寺参考引用的,如有疑难案件,可引断例作为判案依据。《淳熙新编特旨断例》修成后,孝宗曾诏将《淳熙新编特旨断例》连同旧断例,"并令左右司拘收掌管。今后刑寺断案,别无疑虑,依条申省取旨裁断外,如有情犯可疑,合引例拟断事件,具申尚书省参照施行"③。宋制规定,凡狱案有疑虑,常法不能判定者,必须申报大理寺断,刑部覆核,再报宰相乃至皇帝裁决。但是宰相和皇帝对众多的刑罚条款,不可能件件都熟悉。为防止同罪异罚,出现失出失入现象,宋把过去所判过的案例加以整理,将其中具有普遍指导意义的断例编纂成册,作为司法机构判案的参考。大理寺、刑部据上奏案情检出其中合适的断例,一并奏上,供宰相和皇帝裁决。淳熙四年,孝宗曾诏"刑部将拟断案状,照自来体例依条拟定特旨申尚书省,仍抄录断例"④。说的就是刑部使用以往断例来判案的例子。

宋人云:"夫例者,出格法之所不该,"⑤"法所不载,故用例以相参,则事不失轻重耳。"⑥南宋的刑部员外郎周三畏说:"国家昨以承平日久,因事增创,遂有一司一路一州一县、海行敕令格式,与律法《刑统》兼行,已是详尽。又或法所不载,则律有举明议罪之文,而敕有比附定刑之制,可谓纤悉备

---

① 《续编两朝纲目备要》卷八,中华书局1996年点校本,第151页。
② 《宋会要辑稿》刑法一之四七。
③ 《宋会要辑稿》刑法一之五一。
④ 《宋会要辑稿》职官一五之二五。
⑤ 《宋会要辑稿》职官七九之六。
⑥ 《宋会要辑稿》刑法二之六九。

具。"①所言"比附定刑",包含了引例断罪。

以断例为判决依据的疑难刑事案件,通常须经刑部等审核乃至皇帝的批准才能生效。绍兴四年(1134),宣州有一案,被害人叶全三盗檀偕钱,"偕令耕夫阮授、阮捷杀全三等五人,弃尸水中。当斩。尸不经验,奏裁"。原案以证据不足,上奏朝廷。大理寺援引以往断例判檀偕免死决杖。援引的断例为"绍兴民俞富因捕盗而并斩盗妻"案,当时法官以"富与盗别无私仇,情实可悯"上奏。刑部审核后提出异议,御史台亦奉命"看详定夺"。结果大理寺被指援引断例不当而受到处罚。②

例是判案先例,宋对例的引用有严格的规定,即当常法有可用的条文时,不可弃常法而用断例,不能用例来妨碍律令常法的适用。绍兴元年二月,御史中丞勾龙如渊言:

> 有司用例之害有四,大略以胥吏私自记录,并缘有奸。乞将官司应干行过旧例,委官搜检,并行架阁。并吏人私记录者,重立罪赏,限十日首纳烧毁。仍饬有司,今后一切以法令从事。而诉事之人敢辄引例者,官员徒一年,百姓杖一百。③

高宗诏"敕令所取索百司行过旧例删修取旨"。是年闰十月,左正言辛次膺又上奏:

> 近有废法而用例者,且以二事言之。故侍从、执政之家用致仕遗表恩泽,乃援例而补异姓者,特奏名进士及以恩例补文学之人,不候赦恩,乃援例而参部者。且事或无条,乃可用例,事既有条,何名为例? 一例既开,一法遂废。望今后凡有正条,不许用例。④

辛次膺强调常法有明确规定的,不得另引例。绍兴七年,左司员外郎楼炤言:"用例以破条,甚非法守之义。此而不革,法将废矣。望饬中外官司,自

---

① 《宋会要辑稿》刑法一之三七。
② 《系年要录》卷七二,绍兴四年正月戊午条,第2册,第28—29页。
③ 《宋会要辑稿》刑法一之三七至三八。
④ 《宋会要辑稿》刑法一之三七。

今恪守成法,无得轻议冲改,及已有明文者不得用例。"①绍兴二十五年,有臣僚奏言:

> 文昌,政事之本。今户部之婚田、礼部之科举、兵部之御军、工部之营缮,以至诸寺监一司专法之外,窃意无条而用例者尚多有之。欲望深诏大臣董正治官,悉令有司子细编类,条具合用之例,修入见行之法。一有隐匿之弊,重寘典宪。

上述臣僚的奏言反映了例的局限性及其适用过程中出现的弊病。不过南宋例的法律效力,是被限制在一定的范围内。乾道元年(1165),孝宗诏:

> 法令禁奸,理宜画一。比年以来,旁缘出入,引例为弊,殊失刑政之中。应今后犯罪者,有司并据情理直引条法定断,更不奏裁,内刑名有疑,令刑部、大理寺看详,指定闻奏,永为常法。仍行下诸路遵守施行,其刑部大理寺引见用例册,令封锁架阁更不引用。仰刑部遍牒诸州,大字出榜晓谕。②

这几乎是断绝例的适用。绍熙二年(1191),有臣僚言:

> ……臣以为凡有陈乞申请,倘于法诚有所不及,于例诚有所不可废者,乞下敕令所详酌审订,参照前后,委无抵牾,则著为定法,然后施行。如有不可,即与画断,自后更不许引用。如是,则所行者,皆法也,非例也。彼为吏者虽欲任情以出入,弄智而重轻,有不可得,奸弊自然浸消。举天下一之于通行之法,岂不明白坦易而可守也?③

臣僚要求朝廷整肃现行之例,将其可行者修入常法之中。建议被光宗采纳。

上述两则史料可视作宋政府对例的态度。宋代的断例是一种断案通例。它在常法无正条时,可以引用断罪,从而具有法的性质和效力,是常法的补充形式。

---

① 《宋会要辑稿》刑法一之三七。
② 《宋会要辑稿》职官二四之二七一。
③ 《宋会要辑稿》刑法一之五五。

第三节　条法事类的编纂

北宋自神宗改革法典修纂体例后,将以往综合性的编敕分成敕、令、格、式四种形式修纂,合称"敕令格式"。敕、令、格、式四种法律形式是彼此分开制定的,其体例不尽相同。敕,依法律分为十二篇目,篇目之下不再分类目;令则以所规范的事项为篇目,篇目之下也不再分类目,格和式亦如此。这一法典修纂体例为南宋所继承。随着南宋社会政治经济的发展,法典修纂达到了一个新的高潮,南宋政府颁布的各种法典卷帙浩繁,给司法官检法判案带来诸多不便。在此背景之下,产生了一种新的编纂体例的法典——条法事类。

一、条法事类体编纂的缘起

条法事类体的法典,最早创于唐开元二十五年(737),当时纂有《格式律令事类》四十卷,其修纂体例为"以类相从,便于省览"。① 此后直至整个北宋时期再也不见有这种体例的法典问世。到了南宋孝宗时,这一状况才被打破,诞生了宋代第一部普通法性质的条法事类。《宋史全文》卷二六下淳熙六年(1179)二月癸卯条载:

> (孝宗)曰:"朕欲将见行条法令敕令所分门编类,如律与《刑统》、敕令格式及续降指挥,每事皆聚于一处,开卷则尽见之,庶使胥吏不得舞文。"赵雄等奏:"士大夫少有精于法者,临时检阅,多为吏辈所欺。今若分门编类,则遇事悉见,吏不能欺。陛下智周万物,俯念及此,创为一书,所补非小。"乃诏敕令所将见行敕令格式、申明,体仿《吏部七司条法总类》,随事分门修纂,别为一书。若数事共条,即随门厘入,仍冠以《淳熙条法事类》为名。

---

① 《唐会要》卷三九《定格令》,上海古籍出版社 2006 年点校本,第 822 页。

于是赵雄等奉诏将《淳熙敕令格式》及所附《申明》,仿《吏部七司条法总类》(关于此法典,后面将要详述),随事分门修撰,修成《淳熙条法事类》四百二十卷。《淳熙条法事类》是以普通法《淳熙敕令格式》为基础,模仿《吏部七司条法总类》体例修纂而成,其将敕、令、格、式"随事分门"编纂,即以事项分门,门类下再分细目。"每事皆聚于一处,开卷则尽见之",易于检索法条,胥吏不得营私舞弊,大大方便了司法官办案。淳熙之后,南宋分别于宁宗嘉泰二年(1202)、淳祐十一年(1251)又修有《庆元条法事类》和《淳祐条法事类》。这些都属于普通法。此外宋还纂有特别法性质的条法事类,如《淳熙吏部条法总类》、《嘉定吏部条法总类》、《景定吏部条法总类》。以下以传世的普通法《庆元条法事类》和特别法《吏部条法总类》为例分述之。

二、《庆元条法事类》

《庆元条法事类》,又名《嘉泰条法事类》,八十卷,宰相谢深甫提举修撰。宁宗于嘉泰元年(1201)诏编《庆元条法事类》,翌年书成。《庆元条法事类》是宋代的一部综合性法律汇编,据传世的残本来看,它包括了刑事法、民事法、行政法、经济法,内容极为丰富。两宋典章制度多赖其记载,是研究南宋法制史乃至中国古代法律制度史的重要典籍。[1]

宋代条法事类是以敕令格式为本加以分门编类修撰的,而敕令格式修撰体例为"本是一敕,条理数事者,各以类分取",[2]"事并出则分从其类"。[3]即以法律规范的属性分类编撰。《庆元条法事类》体例则以事目为经,将现行条法分门编类,"每事皆聚载于一处,开卷则尽见之"。[4] 每一门类之外相近而可适用的法律条款,则以"旁照法"形式附载于后,参照执行。如《庆元

---

① 关于《庆元条法事类》研究成果,参见王德毅:《关于〈庆元条法事类〉》,载《食货》复刊第六卷第五期,1976 年;[日]中嶋敏:《〈庆元条法事类〉解题》、《〈庆元条法事类〉诸本源流小考》,载《东洋史学论集——宋代史研究とその周边》,汲古书院 1988 年版;臧杰斌:《〈庆元条法事类〉文献考略》,载《中外法律史新探》,科学出版社 1994 年版;孔学:《〈庆元条法事类〉研究》,载《史学月刊》2000 年第 2 期。

② 《长编》卷四三,咸平元年十二月丙午条,第 922 页。

③ 韩琦:《安阳集》卷二七《进〈嘉祐编敕〉表》,影印文渊阁《四库全书》本。

④ 《宋史全文》卷二十六下,淳熙六年二月癸卯条,第 1834 页。

条法事类》卷三十《经总制》于敕令格式后的旁照法附载了一条厩库敕，一条名例敕、一条名例申明。这些法律条款虽非直接针对"经总制"所作的规定，但与"经总制"却是有关联的，可以参照执行。

《庆元条法事类》以事目为经，把一百二十二卷《庆元敕令格式》和十二卷《申明》分门别类，重新加以组合而成。《玉海》卷六六载：《庆元敕令格式》以乾道五年正月至庆元二年十二月终续颁诏敕"数万事"，参照有五千八百条的《淳熙敕令格式》修订而成。据《淳熙敕令格式》修成的《淳熙条法事类》有四百二十卷，而《庆元条法事类》有四百三十七卷，因此，《庆元条法事类》总条数当在五千八百条以上。本书原有四百三十七别门，现存一百八十八别门，只占原书的百分之四十三。据统计，今残本《庆元条法事类》共有敕文一千一百零七条，其中复文二百二十条；令文二千零六四条，复文二百八十三条；申明二百六十条。① 这是由于有些法律条款一款能调整多项事宜，故在不同的门类分载以至重复。

关于《庆元条法事类》的卷数，有四百三十七卷、一百卷和八十卷等多种记载。② 王应麟《玉海》卷六六载："《庆元条法事类》四百三十七卷，《书目》云八十卷。"《宋史·艺文志三》和《直斋书录解题》均作八十卷。《玉海》卷六六《淳熙条法事类》云："（《淳熙条法事类》）四百二十卷，为总门三十三、别门四百二十"。所谓"别门"，即总门之下的类目，如今传本《庆元条法事类》卷八十《杂门》下有《博戏财物》、《出举债负》、《阑遗》、《毁失官私物》、《采伐山林》、《失火》、《烧舍宅财物》、《诸色犯奸》和《杂犯》九个别门。《淳熙条法事类》别门计四百二十，卷数亦四百二十，实际上是以别门一门为一卷计算的。我们再看宋代最后一部条法事类《淳祐条法事类》的卷数与别门的关系，《宋史》卷四三《理宗本纪》淳祐十一年四月丁未条云："进《淳祐条法事类》凡四百三十篇。"所云四百三十篇，参照《淳熙条法事类》四百二十别门体例，当是四百三十别门。《宋史全文》卷三四淳祐十一年四月己亥条：

---

① 参见［日］川村康：《庆元条法事类与と宋代の法典》，载滋贺秀三编《中国法制史（基本资料的研究）》，东京大学出版会 1993 年版，第 331 页。

② 臧杰斌：《〈庆元条法事类〉文献考略》，载《中外法律史新探》，科学出版社 1994 版。

"郑清之等上敕令所《淳祐条法事类》四百三十卷。"可知《淳祐条法事类》也是以一别门为一卷。据上述《淳熙条法事类》和《淳祐条法事类》两例,可以推断,《庆元条法事类》四百三十七卷者,是以一别门为一卷计算的,而八十卷者,则一卷中包含若干别门。四百三十七卷本和八十卷本只是分卷方法上的不同,在整体上并无多和少的差别。据宋代文献记载,宋时流行四百三十七卷本和八十卷本两种。

从传世的《庆元条法事类》来看,凡是敕令格式正文都不系年月,然附录的《随敕申明》却是系年月的。《庆元条法事类》卷四《官品杂压·随敕申明》载:

> 绍兴二年闰四月二日敕:诸头项分遣在诸州守戍官兵并余统兵官等,元系朝廷遣使依将副序位,止是军中或将帅差委,与州都监序位,其余使臣,与监当、部队将序位。本所看详上件指挥,系为遣统兵官屯戍,与所在州官序位事理,虽难以立为永法,今权行存留照用。

同书卷三十《钱会中半·随敕申明》:

> 乾道八年三月十三日三省、枢密院札子:户部奏乞不系屯军去处,起发折帛钱,九分见钱一分会子;其屯驻军马去处,以钱、会中半交收,亦以中半发纳省部。庶得会子流转,不致军入折阅。奉圣旨"依"。

这两条随敕申明,前一申明是讲绍兴二年敕文,系针对个别事例所下达的,不能立为永法。后一申明为孝宗皇帝对枢密院奏折的批示,也是一件敕文。它们附在《庆元条法事类》逐卷之末,不入正文,作为附录文件,供法官参考。这两件敕文都有一个特点,即基本上保持原敕形式,立法官未予改动,并且都有具体的颁降时间。这与唐代格后敕的修纂体例相同,显然是承袭了唐制。

南宋法典与北宋法典有着不可分割的继承关系。《庆元条法事类》虽修于南宋,但其法源,却可以上溯到北宋。此书卷三六《库务门·承买场务·场务令》第一条:"诸承买官监酒务量添钱(以熙宁四年为额)随买价纳,其见在物并估钱给。"此法令条款的注文云承买官监酒务量添钱以"熙宁四年为额"，表明《庆元条法事类》的这条法令的法源可以追溯到神宗时期。又同书卷七五《编配流役·断狱敕》第二条："诸重役或钱监兵级犯配，除沙门岛与广南若远恶州外，并勒充本指挥下名。其不可存留者，配他处重役及别监。"这条敕文源于北宋哲宗《元祐敕》。《宋会要辑稿》刑法四之三〇载："（元祐六年八月二十三日）沧州言：'按《元祐敕》，钱监及重役军人合配者，除沙门岛及远恶处依本条外，余并勒充本指挥下名，其不可存留者，即配别监及它处重役州司。看详上条系以广南为轻，重役为重，遂不配行。今重法地分，重役军人多是累曾作贼劫，令徒伴聚在一处，易为结集，复行强盗。其告捕人为见其依旧只在本营，或别重役处，地里相去不远，往往惧其仇害，不敢告捕。欲令于上条'沙门岛'字下，特行添入'广南'二字。从之。"①又《庆元条法事类》卷三《避名称·职制令》："诸命官不得容人过称官名。"这一令文至迟在北宋政和时就制定了。《宋会要辑稿》刑法二之七五载："《政和职制令》：诸命官不得容人过称官名。"又卷三六《场务·场务令》："诸酒务兵士专充踏曲酿造役使，依格，本州选刺厢军充清务指挥，本营寄收，"据《宋会要辑稿》食货二〇之一三载，此令乃政和四年十月户部修立。

《庆元条法事类》所载法令，并非全是当时所行用的。例如卷四七《拘催税租·杂格》内列有开封府、大名府、开德府、太原府缴纳二税的时限。在制定《庆元条法事类》时，这些地区都早已不在宋政权的控制之下，杂格内的这些内容是徒有其名而无法实施的。又卷七五《编配流移·断狱令》规定重罪犯人刺配沙门岛，可是沙门岛当时位于金朝所控制的地区，这一法令也根本无法实施。实际上这仅作为一种刑罚等级的计量单位，供法官量刑比折之用。

不过，从研究的角度来说，即使有些条款当时已不行用，但在宋朝历史上曾经实施过，仍然反映了宋代的法律制度。早在宋初制定《宋刑统》时，就存在这一现象，法典修撰官们把历史上出现过而当时已不用的法律收进了《宋刑统》，如卷十九《贼盗律》强盗窃盗门：

---

① 《长编》卷四六四，元祐六年八月庚戌条，第11087页。

准唐建中三年三月十四日敕节文,自今以后,捉获窃盗,赃满三匹
以上者,并集众决杀。

准建隆三年二月十一日敕节文,起今后犯窃盗,赃满五贯文足陌,
处死。不满五贯文,决脊杖二十,配役三年。不满三贯文,决脊杖二十,
配役二年。不满二贯文,决脊杖十八,配役一年。一贯文以下,量罪科
决。其随身并女仆偷盗本主财物,赃满十贯文足陌,处死。不满十贯
文,决脊杖二十,配役三年。不满七贯文,决脊杖二十,配役二年。不满
五贯文,决脊杖十八,配役一年。不满三贯文,决臀杖二十。

这里,《宋刑统》所附两条敕文,一是唐建中三年(782)的,一是宋建隆三年
(962)的,前者规定窃盗赃满三匹以上者处死,后者规定赃满五贯方得处死,
五贯约合绢五匹。① 两者的量刑标准不同。根据后敕合破前法的司法原则,
法官在量刑定罪时,自然以后者为标准。从法典修纂源流来看,《宋刑统》是
在《大周刑统》基础上编撰成的,而《大周刑统》主要以唐《大中刑法统类》为
蓝本修改而成。换句话说,《宋刑统》承袭了唐朝法典修纂法。上述建中三
年敕虽非宋现行法,但法典修纂人员却将它们保留在法典内,无疑是为了留
备参考的,待以后修纂新法典时,立法官可据以参考修改。《庆元条法事类》
中不用之法的存在,表明宋代法典完全承袭了唐以来的修纂传统。

《庆元条法事类》修纂后,至淳祐十一年(1251),宋又修撰过另一部条法
事类。《宋史》卷一九九《刑法志》曰:"淳祐二年四月,敕令所上其书,名《淳
祐敕令格式》。十一年,又取庆元法与淳祐新书删润。其间修改者百四十
条,创入者四百条,增入者五十条,删去者十七条,为四百三十卷。"此所谓
"四百三十卷"书,即《淳祐条法事类》。《宋史全文》卷三四淳祐十一年四月
己亥条云:"郑清之等上敕令所《淳祐条法事类》四百三十卷。""淳祐新书"
乃《淳祐敕令格式》的别称,南宋目录学家陈振孙说:"国朝自建隆以来,世有

---

① 《长编》卷十八太平兴国二年六月己未条载:"江南西路转运司言:'诸州蚕桑少而金价颇
低……绢上等,旧匹一千,今请估一千三百。'"按:"旧匹一千"言绢一匹值一贯。太平兴国
二年距建隆三年,仅十五年,绢价相差不会太大。

编敕,每更修定,号为'新书'。"①这部条法事类以《庆元条法事类》和《淳祐敕令格式》为蓝本删修而成,其修纂体例与《庆元条法事类》相同。

三、《景定吏部条法总类》

上述《庆元条法事类》、《淳祐条法事类》都属于普通法。除此外,宋还修纂有特别法性质的条法事类。在《淳熙条法事类》形成之前,作为特别法的《吏部七司条法总类》(又名《吏部条法总类》)已经先行一步修成,开了宋代条法汇编体法典之先河。《宋会要辑稿》刑法一之五〇载:

> 淳熙二年十一月,有诏:敕令所将吏部见行改官、奏荐、磨勘、差注等条法指挥分明(门)编类,别删投进。若一条该载二事以上,即随门类厘析具入,乃冠以《吏部条法总类》为名。

这里所谓"指挥"就是诏敕。敕令所将吏部在行法律连同相关的诏敕分类编纂。淳熙三年三月,参知政事龚茂良等上《吏部条法总类》四十卷。其书"为类六十八,为门三十"。② 此即历史上的《淳熙吏部条法总类》。南宋时期修纂过多部《吏部条法总类》。

《永乐大典》卷一四六二〇至一四六二九收有宋《吏部条法》,共计九卷(中间缺卷一四六二三),从其体例内容看,其实就是南宋的《吏部条法总类》,确切地说,其书名应是《景定吏部条法总类》。二十世纪,罗振玉辑《吉石盦丛书》,收录了此书中的二卷,并认为此书"非淳熙、嘉定二书,乃景定以后续修者"。③ 今人刘笃才先生对此书进行了整理点校,④并撰有《宋〈吏部条法〉考略》一文。⑤ 然刘氏却把"吏部条法"与"吏部条法总类"等同起来。其实《吏部条法》与《吏部条法总类》在法典编纂体例上是大不一样的。

---

① 陈振孙:《直斋书录解题》卷七,上海古籍出版社1987年版,第224页。
② 《玉海》卷六六《淳熙吏部条法总类》。
③ 罗振玉:《吏部条法・跋》,《吉石盦丛书》第4集,民国上虞罗氏影印本。
④ 《吏部条法》整理点校本,见杨一凡田涛主编:《中国珍稀法律典籍续编》第2册,黑龙江人民出版社2002年版。
⑤ 刘氏文载于《法学研究》2001年第1期。

所谓《吏部条法》是指《吏部敕令格式》,"条法"者,法令之通称。绍兴三年(1133),敕令所进言:"奉诏将嘉祐与政和条制对修成书。……除已将嘉祐、政和条法,参照先次删修外,缘其间有情犯重而刑名轻,或立功轻而推赏重者,乞从本所随事损益,参酌拟修。"①敕令所所言"嘉祐、政和条法",很明显是指嘉祐、政和法律而言,因北宋并没有修纂过"条法事类"体和"条法总类"体的法典。隆兴元年(1163),孝宗曾诏"有司所行事件,并遵依祖宗条法及绍兴三十一年十二月十七日指挥,更不得引例及称疑似,取自朝廷指挥"。②"祖宗条法"乃祖宗法之通称。《吏部条法》通常是按敕、令、格、式四种形式分类编纂的,如绍兴三年,宰相朱胜非等"上《吏部敕》五册,《令》四十一册,《格》三十二册,《式》八册,《申明》十七册"。③吏部敕、令、格、式四种法律形式连同申明合起来通称"吏部条法"。刘时举《续宋中兴编年资治通鉴》卷六载:绍兴二十九年正月"诏修《吏部七司条法》"。至绍兴三十年八月,"诏修《吏部敕令格式》书成,陈康伯上之"。《吏部敕令格式》就是《吏部七司条法》,两者可以换称,指的是同一部法典。

关于绍兴修《吏部七司条法》,绍兴二十九年时权刑部侍郎兼详定一司敕令黄祖辞曾建言:"见修《吏部七司条法》,欲将旧来条法与今事体不同者,立为参附,参照施行。"④至绍兴三十年八月,"尚书右仆射、提举详定一司敕令陈康伯上《参附吏部敕令格式》七十卷"。⑤这是采纳黄祖辞建言后,南宋修纂的《吏部七司条法》。从黄祖辞建言看,南宋人确实是把《吏部敕令格式》称作《吏部七司条法》的。

开禧元年(1205),权礼部尚书丁常任等言:"参修《吏部七司条法》,今来成书,乞以《开禧重修尚书吏部七司敕令格式申明》为名。"宁宗从之。⑥丁常任参修的《吏部七司条法》成书后并没有以《开禧吏部条法总类》为名,而

---

① 《宋会要辑稿》刑法一之三四。
② 《宋会要辑稿》帝系一一之六。
③ 《宋会要辑稿》刑法一之三六页。
④ 《系年要录》卷一八一绍兴二十九年正月甲申条,第3册,第557页。
⑤ 《系年要录》卷一八二,绍兴三十年八月丙辰条,第3册,第643页。
⑥ 《宋会要辑稿》刑法一之五九。

是称《开禧重修吏部七司敕令格式申明》。这一例证也表明《吏部七司条法》就是《吏部七司敕令格式申明》，其与《吏部条法总类》的体例并不相同。

《吏部条法总类》是以《吏部敕令格式》及《申明》为母本，"随事分门"，重新编纂而成。其体例"每事皆聚于一处"，依次分列敕、令、格、申明，"开卷则尽见之"，省却翻阅之劳。《宋史》卷一五八《选举志》载曰：

> 孝宗时，吏部尚书蔡洸以改官、奏荐、磨勘、差注等条法分门编类，名《吏部条法总类》。

吏部尚书蔡洸是在改官、奏荐、磨勘、差注等条法（按：即法令）基础上修纂成《吏部条法总类》。《吏部条法总类》实际上是《吏部敕令格式》及《申明》的分类汇编，并增加了一些新的立法成果。

宋代历史上曾修纂过多部《吏部条法总类》，第一部修成于孝宗淳熙三年（1176），史载"参知政事龚茂良等上《吏部条法总类》四十卷"。① 嘉定六年（1213），宋又修成第二部，名曰《嘉定吏部条法总类》，计五十卷，有一百一十四册。② 陈振孙《直斋书录解题》卷七《嘉定吏部条法总类》曰：

> 嘉定中，以《开禧重修七司法》并庆元海行法、在京通用法、大宗正司法参定，凡改正四百六十余条。视《淳熙总类》增多十卷，七年二月颁行。

其所云"《开禧重修七司法》"，即成书于开禧元年（1205）的《开禧重修尚书吏部七司敕令格式申明》。所谓《七司法》，"盖尚左、尚右、侍左、侍右、司勋、司封、考功通用之条令。"③ 即吏部尚书左选、尚书右选、侍郎左选、侍郎右选、司勋、司封、考功七司之法。"庆元海行法"是指庆元四年（1198）成书的《庆元敕令格式》。宋人称全国通行的普通法为"海行法"，故称《庆元敕令格式》为"庆元海行法"。"在京通用法"乃绍兴十年所修，全称当为《绍兴重修在京通用敕令格式》，其中《绍兴在京通用敕》有十二卷，《绍兴在京通用令》

---

① 《宋会要辑稿》刑法一之五〇。
② 《玉海》卷六六《嘉定吏部条法总类》。
③ 《宋会要辑稿》刑法一之五八。

二十六卷,《绍兴在京通用格》八卷,《绍兴在京通用申明》十二卷。① "大宗正司法"为绍兴二十三年修,全称为《大宗正司敕令格式申明》,其中《大宗正司敕》十卷,《大宗正司令》四十卷,《大宗正司格》十六卷,《大宗正司式》五卷,《大宗正司申明》十卷。② 据陈振孙记载,《嘉定吏部条法总类》是以《开禧重修尚书吏部七司敕令格式申明》、《庆元敕令格式》、《绍兴重修在京通用敕令格式》和《大宗正司敕令格式申明》为本删修而成。其中既有一司特别法,又有全国通行的普通法及在京通用的特别法。可见《嘉定吏部条法总类》的修纂以吏部七司法为主干,兼采普通法。

在今传《永乐大典》本《吏部条法》中,我们可找到《在京通用令》③和《大宗正司令》。④《大宗正司令》原本不属于尚书吏部系统法,只是在修纂《嘉定吏部条法总类》时才吸纳入的。这表明今《永乐大典》本《吏部条法》与《嘉定吏部条法总类》有着渊源和继承关系,同时也说明《永乐大典》本《吏部条法》实即《吏部条法总类》。

在南宋后期,作为全国通用的普通法的敕令格式,曾修纂过两部,分别是《庆元敕令格式》和《淳祐敕令格式》。在这两部法典基础上,南宋又分类汇编成《庆元条法事类》和《淳祐条法事类》。至于《吏部敕令格式》,自开禧元年(1205)制定《开禧重修吏部七司敕令格式申明》后,过了五十余年,直到理宗宝祐五年(1257)才再次重修。史载宝祐五年闰四月,"程元凤等上进《编修吏部七司条法》"。⑤ 需要强调的是,此《编修吏部七司条法》乃《吏部敕令格式》,而非《吏部条法总类》。南宋后期,虽国力衰微,但南宋政权仍很重视国家法典修纂,从没有停止过敕令格式的修纂,即使在南宋末期的咸淳六年(1270),我们仍可看到"以陈宗礼、赵顺孙兼权参知政事,依旧同提举编

---

① 《宋会要辑稿》刑法一之三八。
② 《宋会要辑稿》刑法一之四二、《宋史》卷二〇四《艺文志》,中华书局 1977 年点校本,第 5145 页。按:此书,《宋史》卷二〇四《艺文志》连同目录作八十一卷。
③ 《吏部条法·荐举门》,黑龙江人民出版社 2002 年点校本,第 249 页。
④ 《吏部条法·磨勘门》,第 369 页。
⑤ 《宋史全文》卷三五,理宗宝祐五年闰四月戊戌条,第 2336 页。

修敕令"这样的记载。① 此时距宋亡仅剩九年的时间。

《永乐大典》本《吏部条法》收有《淳祐令》、《淳祐格》，并在磨勘门《尚书左选考功通用申明》中收有景定四年(1263)七月空日尚书省札子。此外，在荐举门《淳祐格》下注有"景定重定"文字。关于"景定重定"注文，还出现在改官门《侍郎左选格》下及《尚书考功令》令文末。这表明今传本《吏部条法》曾用《淳祐令》和《淳祐格》参修过，并在理宗景定年间重新修订过。景定共有五年，理宗于景定五年十月去世。从此书载有景定四年七月空日尚书省札子来看，重定时间当定在景定四年七月后至五年十二月之间。《宋史全文》卷三六理宗景定三年七月辛巳条载："诏敕令所重修《吏部七司条法》。"②景定重修《吏部七司条法》，后来是否成书，史书未有明言。不过从今《永乐大典》本《吏部条法》磨勘门《尚书左选考功通用申明》收载景定四年七月空日尚书省札子，以及改官门《侍郎左选申明》收载景定元年五月七日都省批状来看，景定所修《吏部七司条法》后来是完成并颁布了的。

从今本《吏部条法》中所载"景定重定"注文分析，景定年间对《吏部条法总类》有过重新修订的立法活动。明代杨士奇等编明政府藏书书目《文渊阁书目》卷一四《政书》载："《开禧吏部七司法》一部二十册，阙。《庆元条法事类》一部三十册，阙。《景定条总类》一部二十册，阙。"所谓《景定条总类》当为《景定条法总类》之误。明代叶盛《菉竹堂书目》卷五《政书》正作"《景定条法总类》"。此《景定条法总类》即《景定吏部条法总类》。换句话说，景定年间确有重定《吏部条法总类》之立法活动，并最后形成了法典文本《景定吏部条法总类》。景定重定的《吏部条法总类》是在《嘉定吏部条法总类》基础上，吸收了景定年间重修的《吏部七司敕令格式申明》修成的。这就是我们今天看到的永乐大典本《吏部条法》。

在特别法法典中常常会涉及普通法内容。关于这两者之间的关系，《宋会要辑稿》刑法一之五九至六〇有一段史料颇能说明问题：

---

① 《宋史》卷四六《度宗纪》，第906页。
② 《宋史》卷四五《理宗纪》载"诏重修《吏部七司条法》"，第882页。

嘉定六年,刑部尚书李大性言:"《庆元名例敕》避亲一法,该载甚明,自可遵守。《庆元断狱令》所称鞫狱与罪人有亲嫌应避者,此法止为断狱设。盖刑狱事重,被差之官稍有亲嫌,便合回避,与诠曹避亲之法不同。昨修纂《吏部总类通用令》,除去《名例敕》内避亲条法,却将庆元《断狱令》鞫狱条收入,以此吏部循习,每遇州县官避亲及退阙、换阙之际,或引用断狱亲嫌法,抵牾分明。兼《断狱令》引兼(嫌)之项,如曾相荐举,亦合回避。使此法在吏部用以避亲,则监司郡守凡荐举之人皆当引去。以此见得止为鞫狱差官。所有昨来以《断狱令》误入《吏部总类》一节,当行改正。照得当来编类之时,吏部元有避嫌条令,却无引嫌名色,故牵引《断狱令》文编入。欲将元参修《吏部总类》法亲嫌门内删去《断狱令》,所有《名例敕》却行编入。"从之。①

从李大性的奏言得知,由于普通法中有一些通行法令具有普适性,例如亲嫌法,同样也适用于吏部差注制度,因而被收入特别法《吏部条法总类》参照执行。

第四节　法律适用原则

南宋在行的法律形式有多种,它们之间的关系如何处理? 法律如何适用? 以下分述之。

关于南宋敕、令、格、式的性质,朱熹有一个注解,他说:"某事合当如何,这谓之'令'。如某功得几等赏,某罪得几等罚,这谓之'格'。凡事有个样子,如今家保状之类,这谓之'式'。某事当如何断,某事当如何行,这谓之'敕'。今人呼'敕令格式'。"②大致说来,律和敕是刑法;令是制度性法律规范,与刑罚无关;格和式都是细则性的法律规范,其中格是用于比照和衡量

---

① 《宋会要辑稿》刑法一之五九至六〇。
② 《朱子语类》卷一二八《法制》,朱杰人、严佐之、刘永翔主编:《朱子全书》,上海古籍出版社、安徽教育出版社 2002 年版,第 18 册,第 4015—4016 页。

政务的标准性规范,式是关于政府机关公文的程式规范。敕、令、格、式以及律是南宋法的主体,它们的综合运用,便是法律的实施过程。南宋理宗绍定元年(1228),平江府发生一件学田案,平江府司据法司检呈的法律条款作出了裁断。法司检呈的条款如下:

> 律:诸盗耕种公私田者,壹亩以下笞三十,五亩加壹等,过杖壹伯,拾亩加壹等,罪止徒壹年半。荒田减一等,强者各加壹等,苗子归官主(下条苗子准此)。

> 律:诸妄认公私田若盗贸卖者,壹亩以下笞五十,五亩加壹等,过杖壹伯,拾亩加壹等,罪止徒二年。

> 敕:诸盗耕种及贸易官田(泥田、沙田、逃田,退复田同。官荒田虽不籍系亦是),各论如律。冒占官宅者,计所赁,坐赃论,罪止杖壹伯(盗耕种官荒田、沙田罪止准此)。并许人告。

> 令:诸盗耕种及贸易官田(泥田、沙田、逃田,退复田同),若冒占官宅,欺隐税租赁直者,并追理,积年虽多,至拾年止,贫乏不能全纳者,每年理二分,自首者免。虽应召人佃赁,仍给首者。

> 格:诸色人,告获盗耕种及贸易官田者(泥田、沙田、逃田,退复田同),准价给五分。

> 令:诸应备赏而无应受之人者,理没官。①

从上述法司检呈的条款来看,律、敕、令、格构成了南宋法律体系的主干,是司法审判量刑的主要法律依据。需指出的是,除上述法律形式外,宋法还应包含式和例。

宋太祖建隆四年(963,同年改元"乾德"),制定颁布了宋代第一部法典《重详定刑统》,简称《宋刑统》,三十卷。《宋刑统》以《唐律》十二篇为主干,每篇之下,根据律文调整对象的性质,依条序将律文分成若干门类,或一条一门,或数条一门,每门立一目。《宋刑统》因其全文承袭了唐律,因此又被

---

① (民国)《江苏省通志稿》金石一五《给复学田公牒》,《宋代石刻文献全编》,北京图书馆出版社 2003 年版,第 2 册,第 339 页。

称作律。《宋刑统》虽修定于宋初,条款随着社会的发展屡屡被修改,从而发生变化,然整个两宋时期,律始终是作为基本大法而存在的,起着任何其他法律不可替代的作用。宋代大量修纂敕,对律进行补充修改,敕律并行不悖,就法律形式而言,律从未被敕所取代。《宋刑统》制定后,终宋之世,《宋刑统》始终是宋代通行的法典,并没有失去它的法律地位,而敕仅优于律首先适用而已。

《名公书判清明集》载有大量南宋司法实践中的诉讼判词,其中法官引律断案的例子比比皆是。如卷八《叔父谋吞并幼侄财产》判词,引斗讼律:"诸斗以兵刃斫射人,不着者杖一百"。卷九《婚嫁皆违条法》判词,引户婚律:"诸和娶人妻及嫁之者,各徒二年,即夫自嫁者亦同,仍两离之"。卷十《弟妇与伯成奸且逐其男女盗卖其田业》判词,引杂律:"诸奸缌麻已上亲之妻者,徒三年"。卷一二《豪横》判词,引斗讼律:"诸殴兄者,徒二年半,叔父加一等"。卷一四《霸渡》判词,引贼盗律:"诸本以他故殴击人,因而夺其财物者,计赃以强盗论"。

南宋咸淳九年(1273),起居舍人高斯得在奏章中云:"今之《刑统》……宽严适中,本朝用之,刑清民服,国寿箕翼。"①咸淳九年距宋亡仅六年时间。这条材料明确告诉我们,《宋刑统》在宋末的最后几年里仍在行用,在司法活动中扮演着重要角色。

上述种种实例充分说明,《宋刑统》制定颁布后,虽然条款屡经订正修改,且修改之处甚多,但直到宋末,其仍然是宋代的通行法典,为法官量刑判案所引用。

在宋代,统治者大量修纂敕典来弥补《宋刑统》的不足。敕与律都是在行的法律形式,两者并行不悖,敕从未取代过律。敕典的法渊源于皇帝诏敕。而皇帝的诏敕在中国专制主义集权统治体制下,具有最高法律效力,可以破律,制约律的实施。因此,在司法实践中,敕典优于律典而首先适用,自然成为一项基本原则。

---

① 杨士奇等:《历代名臣奏议》卷二一七《慎刑》,影印文渊阁《四库全书》本。

《宋刑统》卷三十《断狱律·断罪引律令格式》载:

> 准唐长兴二年八月十一日敕节文,今后凡有刑狱,宜据所犯罪名,须具引律、令、格、式,逐色有无正文,然后检详后敕,须是名目条件同,即以后敕定罪。后敕内无正条,即以律文定罪。律、格及后敕内并无正条,即比附定刑,亦先自后敕为比。

这条敕节文所规定的敕优于律而首先适用的司法原则,自《宋刑统》颁布实施起,就成为宋代的定制,终宋之世,循而不变。北宋天圣七年(1029),宋仁宗诏:"吏受赇,自今毋用荫。"①所谓"荫",指的是《宋刑统》卷二《名例律》中的规定:七品以上官之祖父母、父母、兄弟、姐妹、妻、子孙犯流以下罪可以用荫赎罪。仁宗以诏敕形式更改了律的这一规定,凡是受赇犯法之吏,不能用荫赎罪。宋仁宗这条诏敕,后来被修入敕典,享有优先适用的效力,司法官此后再碰到吏受赇案件,毫无疑问,将首先适用这一敕文而不再用律的原先规定。当然,《宋刑统》内没有更改过的律仍然具有普遍的法律效力。

宋徽宗时的法典《政和敕令格式》规定:"诸律、《刑统》疏议及建隆以来敕降,与敕令格式兼行,文意相妨者,从敕令格式。"②南宋著名史学家李心传曰:"国初,但有《刑统》,谓之'律'。后有敕令格式,与律并行,若不同,则从敕令格式。"③曾出任过地方司法官的朱熹也曾云:"今世断狱只是敕,敕中无,方用律。"④南宋绍兴十一年(1141),民族英雄岳飞父子被赵构、秦桧之流以"莫须有"之罪陷害下狱,大理寺的判决书是这样写的:

> 律:临军征讨,稽期三日,斩,及指斥乘舆,情理切害者,斩。系罪重,其岳飞合于斩刑私罪上定断,合决重杖处死。……
>
> 敕:传报朝廷机密事,流二千五百里,配千里,不以荫论赦。……
>
> 律:官五品,犯流以下减一等,其岳云合比加役流私罪断。官减外,

---

① 《长编》卷一〇七,天圣七年三月乙丑条,第2502页。

② 《宋会要辑稿》刑法一之二八。

③ 《朝野杂记》甲集卷四《淳熙事类》,中华书局2000年点校本,第111页。

④ 《朱子语类》卷一二八《法制》,《朱子全书》,上海古籍出版社2002年版,第18册,第4014页。

徒三年,追一官,罚铜二十斤入官,勒停。①

大理寺的判决,遵循的正是敕、律并用,敕、律若不同,则从敕的司法原则。按律:漏泄传报朝廷机密事当判以绞刑,②但敕典已将此律的刑罚改为流二千五百里,并配千里,③处罚与律不同,是以大理寺用敕而不用律。除此外,凡敕典中没有相应规定的,则尽引律文定罪。

南宋重要法典《庆元条法事类》规定,司法官在量刑判案时必须"具引元用敕、律"④,"诸敕、令无例者从律(原注:谓如见血为伤,强者加二等,加者不加入死之类),律无例者及例不同者,从敕、令"。⑤ 规定再一次重申了《宋刑统》早就规定了的敕优于律首先适用的司法原则。同时也表明,律并没有被敕所取代,在敕令没有相应条款规定的情况下,法官仍须引律来断案。法律还规定,"诸断罪无正条者,比附定刑,虑不中者,奏裁"。⑥ 所谓"虑不中者",是指法官对案件的判决有疑问而无把握。这时,须将案件裁决权交给中央。对于新旧法交替过程中出现的案件,由于从案发到审理判决有一个过程,因而产生从新法还是从旧法的问题。南宋司法原则是:"诸犯罪未发及已发未论决而改法者,法重,听依犯时;法轻,从轻法。即应事已用旧法理断者,不得用新法追改"。⑦ 换言之,实行的是从轻惩处的原则。

南宋修纂的敕令格式中只有敕依旧是律的补充和修正,这可以从以下几个例子中找到证据。其一,敕依《唐律》十二篇分门,篇目结构相同。其二,敕对律进行补充,凡律中已列有的刑罚条款,敕典中不再重复刊载。如《庆元敕令格式·职制敕》载:"诸被受三省、枢密院、省、台、寺、监指挥相度

---

① 《系年要录》卷一四三,绍兴十一年十二月癸丑条注,第 3 册,第 6 页。

② 《宋刑统》卷九《职制律》,第 154 页。

③ 《庆元条法事类》卷八《职制门·漏泄传报》,第 145 页。按此条款至迟绍兴十一年就修改定了。

④ 《庆元条法事类》卷七三《刑狱门·推驳》赏式注,第 758 页。

⑤ 《庆元条法事类》卷七三《刑狱门·检断》,第 741 页。按:《庆元条法事类》系据《庆元敕令格式》汇编而成。而《庆元敕令格式》承袭了《绍兴敕令格式》的部分内容。

⑥ 《庆元条法事类》卷七三《检断·断狱敕》,第 741 页。

⑦ 《庆元条法事类》卷七三《检断·断狱敕》,第 741 页。

定夺,若会同取索而违限者,论如官文书稽程律。"①又同书《杂敕》:"诸因奸而过失杀伤人者,论如因盗过失律。"②这两条敕文就有关法律参照《唐律》作了补充规定。至于敕文中提到的"官文书稽程律"和"因盗过失律"具体刑罚条款,分别见载于《宋刑统》中的《职制律》和《贼盗律》,《庆元敕令格式》内则略而不载。其三,反过来,敕典中凡予以纠正过的律,其刑名条款则载之,如漏泄传报朝廷机密大事罪,《宋刑统》卷九《职制律》规定处以绞刑,而《庆元敕令格式》改为流二千五百里,配千里。③ 后者对前者进行了修改,因此《庆元敕令格式》刊载了这一刑罚条款。

下面将《庆元条法事类》卷二九《榷禁门·私铸钱》所载《庆元敕令格式》有关条文摘引对照如下:

> 杂敕:诸私铸者绞。……
>
> 赏令:诸给赏者,以犯人财产充。无或不足者,以官钱支。即获私铸钱,如事状明白,当日以官钱借支。……
>
> 赏格:……诸色人获私铸钱,未成,钱一百五十贯;已成,钱三百贯。……
>
> 赏式:保明命官任满获私铸钱酬赏状:
>
> 某处
>
> 勘会某官姓名,昨于某年月日到任,至某年月日替罢。任内有获到私铸钱,依条折除失觉火数外,有亲获火数,合该推赏。寻行取会,并是诣实,
>
> 谨具如后:
>
> ……
>
> 右谨件如前。勘会某官姓名,准令、格该某酬奖。保明并是诣实。

谨录奏闻,伏候

敕旨

年　月　日　依常式

---

① 《庆元条法事类》卷八《职制门·定夺体量》,第 142 页。
② 《庆元条法事类》卷八〇《杂门·诸色犯奸》,第 920 页。
③ 《庆元条法事类》卷八《职制门·漏泄传报》,第 145 页。

从上引敕、令、格、式可以看出:敕规定了私铸钱罪的刑罚条款,令规定了酬赏检举者的方式,格规定了酬赏的等级标准,式规定了酬赏报告的体例写法。敕、令、格、式之间既有联系又有区别。

南宋未经修纂的诏敕,又称"散敕"。新法典修纂时所收皇帝诏敕,有一个截止期的限定。在新法典修纂颁布后,对于截止期后的散敕以及陆续颁布的新诏敕,宋规定仍然可以引用。淳熙十年(1183),详定一司敕令所删定官莫叔光言:"《淳熙新书》所修者,止于乾道四年,其乾道五年正月以后至淳熙七年六月以前,所降指挥,并未铨次。今因淳熙命书之名,莫敢引用。乞申饬四方,使考首篇所载指挥,明知续降不曾冲改,新书所已修者,自以条法为断;新书所未入者,自据指挥而行。"①此建议被孝宗所采纳。这里所谓"指挥",指的就是散敕。

嘉定八年(1215),吏部尚书兼详定敕令官李大性等言:

> 《庆元海行敕令格式》一书,先来用淳熙海行法并乾道五年以后至庆元二年终续降指挥删修成书,即是庆元二年十二月以前但干海行指挥,其可行者已于此书该载。又《开禧吏部七司法》一书,先来用淳熙吏部法并淳熙十年以后至嘉泰四年十月终续降指挥删修成书,即是嘉泰四年十月以前但干吏部指挥,其可行者已于此书该载,凡是不合修者,并行删去。品式具备,昭著日呈,是宜有司一意遵守。……所有海行指挥,在庆元二年十二月终以前,吏部指挥在嘉泰四年十月终以前,凡新书所不该载者,并不合引用。其修书以后再有续降指挥,却合作后敕遵用施行。②

从上述两位臣僚的奏言可知,南宋法典与未经修纂的散敕之间的适用原则为:对于修法时截止期内未收的散敕不得今后行用,截止期外的散敕及新颁诏敕是可以行用的。

皇帝是统治阶级的最高权力代表。皇帝颁布的诏敕具有最高法律效

---

① 《宋会要辑稿》刑法一之五三。
② 《宋会要辑稿》刑法一之六〇。

力,可以破律,制约律的实施。皇帝根据统治的需要,随时颁布诏敕来维护阶级利益。因此,诏敕又具有很强的现实性和灵活性。宋代统治阶级吸取了前代的立法经验,因时制宜,采取灵活措施,一方面保留了《宋刑统》的法典形式,将其中仍旧适用的律作为基本大法,继续沿用;另一方面不定期地把陆续颁布的、与法律有关的单项散敕加以整理,经过立法程序,将适宜普遍使用的部分修成敕典,对《宋刑统》及其他常法中不适用的内容作局部修改,或者补其不足,以便及时地把统治阶级的意志和利益法律化,用以调节社会矛盾,解决新问题。

第二章 南宋的刑事法律制度

第一节 主要罪名

南宋法律规定的罪名,在沿袭北宋法律的基础上作了进一步扩充。除《宋刑统》所载之罪外,《庆元条法事类》还列有不少罪名。据该法典卷一三《理赏》所载,这些罪名计有:

> 奸细罪、强盗罪、窃盗罪、发冢罪、放火罪、劫罪、私铸钱罪、诱略贩卖人口与溪洞蕃夷罪、蕃商船舶载人入化外罪、溪洞蕃夷在化内略诱收买人口罪、故决盗决堤堰罪、伪造度牒紫衣师号罪、伪造交钞并公据罪、诈冒首级求功赏罪、重禄公人因职事受乞罪、诈欺借便买卖有剩利罪、赊欠放债收息罪、部送人故纵已决编配人逃亡罪、诸军管辖人及曹司私收他处兵级罪、冒承逃亡名额请给罪、给散捕取虫蝗谷而减克私有罪、私造禁兵器罪、修合堕胎药及买卖罪。

南宋的罪名不胜枚举,是对唐以来罪名的补充,也是宋代繁杂的政治经济各领域社会矛盾在法律上的集中反映。

南宋将罪名划分为"正犯"与"杂犯"两大类。关于正犯,《庆元条法事类》卷一六《赦降·名例赦》规定曰:

称"劫、谋、故、斗杀"者,谓正犯。即以邪法药物与人服食,及为人合药题疏、针刺,故不如本方;造厌魅符书咒诅,并谓欲以疾苦人;或故令畜产及猛兽杀伤人;或故屏去人服用饮食之物;或脯肉有毒,故与人食;或有所规避,将本宗或缌麻以上亲遗弃;或诬告人死罪;或诈陷人;或捕罪人已就拘执,别挟仇恨若有所规避而谋杀;或尊长犯死罪被囚禁,不遣雇倩,及辞未穷尽而杀;或故入人死罪;或挟情托法;或故为惨毒各致杀人者,皆同正犯。

南宋政府将对社会危害较大的一些犯罪划为正犯,除此之外的罪行称为杂犯。同上书卷七三《检断·随敕申明》载:

元祐七年七月六日尚书省札子:检会《编敕》,诸赦降称"劫、谋、故、斗杀正犯",所载详备,其不载者,即系杂犯。缘以斗杀以故杀论,并斗殴误杀旁人等,既非《编敕》与正犯同,即系杂犯,不得便引律文"以"者与真犯同定断。

此虽为北宋的规定,但被《庆元条法事类》所沿用,应是南宋在行之法。南宋对正犯的惩罚是较重的,一般的大赦不能豁免正犯罪行,而杂犯的刑罚相对要轻。例如绍兴三年,高宗"诏诸缘宣谕所按发置狱,除正犯人外并放"。[1]这是将正犯与杂犯区别对待的实例。

正犯与杂犯的划分及其处置,是南宋制定罪名与刑罚的重要依据之一。以下就南宋主要罪名摘要分述之。

一、十恶

十恶是十种被统治阶级视作重大罪行的通称。《宋刑统》卷一《名例律》疏议曰:"五刑之中,十恶尤切,亏损名教,毁裂冠冕,特标篇首,以为明诫。其数甚恶者,事类有十,故称'十恶'。"其分别是:谋反、谋大逆、谋叛、恶逆、不道、大不恭、不孝、不睦、不义、内乱。

---

[1]　《系年要录》卷六四,绍兴三年四月戊申条,第1册,第840页。

谋反，"谓谋危社稷"，即图谋危害帝王，推翻国家政权。法律规定，谋反者处斩，父子年十六以上皆绞；十五以下及母女妻妾、子妻妾、祖孙、兄弟、姊妹及部曲没官为奴。资财、田宅并没官。

谋大逆，"谓谋毁宗庙、山陵及宫阙"，即图谋毁坏皇帝家庙、祖墓和宫殿。法律规定，谋大逆者处斩，父子年十六以上皆绞；十五以下及母女妻妾、子妻妾、祖孙、兄弟、姊妹及部曲没官为奴。资财、田宅并没官。

谋叛，"谓谋背国从伪"，即图谋背叛国家，投往敌国或伪政权。法律规定，谋叛者处绞，已付诸行动者处斩，妻子流二千里；若率众百人以上者，父母、妻子流三千里。

恶逆，"谓殴及谋杀祖父母、父母，杀伯叔父母、姑、兄、姊、外祖父母、夫、夫之祖父母、父母者"。法律规定，谋杀期亲尊长、外祖父母、夫、夫之祖父母、父母者，皆斩；谋杀缌麻以上尊长者，流二千里，已伤者绞，已杀者斩；殴祖父母、父母者处斩。

不道，"谓杀一家非死罪三人，支解人，造畜蛊毒、厌魅"。《宋刑统》卷一《名例》疏议对此解释云："安忍残贼，背违正道，故曰'不道'。"法律规定，诸杀一家非死罪三人及支解人者，皆斩，妻子流二千里。造畜蛊毒及教令者，处绞。造畜蛊毒、厌魅欲以杀人者，各以谋杀论减二等。宋法："诸谋杀人者，徒三年。已伤者绞，已杀者斩。"①即造畜蛊毒、厌魅欲以杀人，处徒二年。

大不恭，"谓盗大祀神御之物、乘舆服御物；盗及伪造御宝；合和御药，误不如本方及封题误；若造御膳，误犯食禁；御幸舟船，误不牢固；指斥乘舆，情理切害及对捍制使，而无人臣之礼"，即对帝王不恭敬的言行举止。此罪涉及多项内容，法律对此有不同等级的惩处规定：盗大祀神御之物及乘舆服御物者，流二千五百里；盗御宝者绞；伪造御宝者斩；合和御药，误不如本方及封题误者，处绞；造御膳，误犯食禁者绞；御幸舟船，误不牢固者绞；指斥乘舆，情理切害者斩；对捍制使而无人臣之礼者处绞。

不孝，"谓告言、诅詈祖父母、父母，及祖父母、父母在，别籍异财，若供养

---

① 《宋刑统》卷一七《贼盗律·谋杀》，第275页。

有阙;居父母丧,身自嫁娶,若作乐、释服从吉;闻祖父母、父母丧,匿不举哀,诈称祖父母、父母死"。《宋刑统》卷一《名例》疏议曰:"善事父母曰孝,既有违反,是名'不孝'。"法律规定,骂祖父母、父母者绞,殴者斩,过失杀者流三千里,伤者徒三年;告祖父母、父母者绞;祖父母、父母在而子孙别籍异财者,徒三年;居父母丧,身自嫁娶,徒三年;父母死应解官而不解者,徒二年半;诈称祖父母、父母、夫死,徒三年;闻父母丧,匿不举哀者,流二千里。

不睦,"谓谋杀及卖缌麻以上亲,殴告夫及大功以上尊长、小功尊属",指亲族之间的相犯行为。法律规定,谋杀缌麻以上尊长者流二千里,已伤者绞,已杀者皆斩;尊长谋杀卑幼者,各依故杀罪减二等,处徒三年,已伤者减一等,处流三千里,已杀者,处绞。略卖期亲以下卑幼为奴婢者,并同斗殴杀法,徒三年;和卖者减一等,徒二年半。妻殴打丈夫,徒一年,告丈夫,徒二年。

不义,"谓杀本属府主、刺史、县令、见受业师,吏卒杀本部五品以上官长;及闻夫丧匿不举哀,若作乐、释服从吉及改嫁"。《宋刑统》卷一《名例》疏议曰"礼之所遵,遵其义也。……背义乖仁,故曰'不义'。"法律规定,谋杀制使、本属府主、刺史、县令,及吏卒谋杀本部五品以上官长者,流二千里,已伤者绞,已杀者皆斩。妻子闻夫之丧,匿不举哀者,流二千里。

内乱,"谓奸小功以上亲、父祖妾,及与和者",指违反伦理纲常的乱伦性行为。法律规定,奸父祖妾、伯叔母、姑、姊妹、子孙之妇、兄弟之女者,绞;奸从祖、祖母姑、从祖伯叔母姑、从父姊妹、从母及兄弟妻、兄弟子妻等小功以上亲,处流二千里,强者绞。

《宋刑统》所列十恶仍然是南宋统治阶级重惩的对象。绍兴元年,秦桧因党争之因唆使言者论监察御史娄寅亮"宣和中父死于贼,匿不举丧",高宗诏"大理寺劾治"。① 而"父母丧匿不举哀"正是十恶之第七项"不孝"罪的重要内容。宋对上述十恶大罪,在量刑上加重惩处。

---

① 《系年要录》卷五〇,绍兴元年十二月辛巳条,第1册,第681页。

二、侵犯官私财产罪

侵犯官私财产罪可分为强盗罪、窃盗罪。

（一）强盗罪

强盗罪，《宋刑统》曰："谓以威力而取其财，或先强后盗，先盗后强等。若与人药酒及食，使狂乱而取其财亦是"。①"诸强盗得财徒三年，二贯五百文流三千里。二贯五百文加一等，十贯绞，即罪至流，皆配千里。"②南宋强盗罪分为持仗与不持仗两种。"仗谓兵器、杵棒之属"③。陈傅良云："持仗强盗赃满五贯，合决重杖处死，设若不以木担为仗，即计赃须满十贯，方得死罪。"④即强盗不持仗赃满十贯，持仗赃满五贯，皆处死。持仗与不持仗强盗罪的量刑相差一半。

乾道六年（1170）孝宗曾颁布过"强盗六项指挥"，"应强盗赃满，内为首、及下手伤人，若下手放火，或因而行奸，或杀人加功，并已曾贷命再犯之人，已上六项并依旧法处断，余听依刑名疑虑奏裁。"⑤所谓"六项"，是指对社会危害较大的强盗首要分子、伤人、放火、强奸、杀人帮凶、贷死再犯六种人。"如犯杀人六项，即处以死刑"。⑥淳熙十三年（1186）宋进一步规定：除了犯强盗罪的六种人以外，其他人曾抢劫两次以上，虽是从犯，"亦合依旧法处断"。⑦凡"六项犯者，依法处断，非此而但得财，惟再犯者死"。⑧再犯者，不分首从，皆处绞刑。至庆元二年（1196）再作调整。刑部言：

> 臣僚札子，乞将强盗除贷命再犯依元项指挥处断外，并强盗已经断配，再犯两次以上，照淳熙十三年二月六日已降指挥施行，余并照元项

---

① 《宋刑统》卷一九《贼盗律·强盗窃盗》，第 300 页。
② 《宋会要辑稿》食货四五之一〇。
③ 《宋刑统》卷七《卫禁律》，第 116 页。
④ 陈傅良：《止斋先生文集》卷二一《缴奏刑部、大理寺邹大为断案状》，四部丛刊本。
⑤ 《宋会要辑稿》刑法一之五七至一之五八。
⑥ 蔡戡：《定斋集》卷三《乞禁止沿边作过人札子》，丛书集成本。
⑦ 《宋会要辑稿》刑法一之五八；《钦定续通典》卷一〇九《刑》，万有文库本。
⑧ 《攻媿集》卷八八《汪大猷行状》。

指挥拟断。本部措置,除曾犯强盗断配(谓非贷命者),再犯行劫两次以上,自依已降指挥处断外,其初犯百姓行劫,欲增作四次以上,谓未曾事发者,方许照应淳熙十三年指挥施行。如不及今来所增次数,即听依乾道六年三月二十五日指挥施行。从之。①

此次调整将百姓初犯行劫未曾事发者,其次数增至四次以上才予处死。

(二) 窃盗罪

窃盗罪,《宋刑统》曰:"窃盗人财,谓潜形隐面而取。"②据南宋《庆元贼盗敕》载:"诸窃盗得财,杖六十,四百文杖七十,四百文加一等,二贯徒一年,二贯加一等,过徒三年,三贯加一等,二十贯配本州。"③南宋窃盗罪亦分为持仗与不持仗两种。南宋后期持仗窃盗罪,"不得财,杖一百,五贯徒一年,五贯配本城"。④ 与《庆元条法事类》所载相比较,窃盗罪量刑有所变化。

南宋为了加强某些地区的治安,还制定了区域性重法。绍兴四年,吏部员外郎赵霈奏言:

> 辇毂之下,弹压是先,惟昔天府法令特严,若强盗不得财而配千里,窃盗满一贯而徒一年之类是也。比来行朝盗贼尚多,乞行下三省,参酌开封府旧法,遇有盗犯之人,乞不以常法断罪。⑤

时临安已成为南宋事实上的都城,是全国政治中心,治安问题尤为紧迫。赵霈所请,转至刑部审议,刑部"勘当如所请"。于是在临安府犯强、窃盗罪,受到的刑罚惩处要比他处为重。

三、侵犯人身安全罪

南宋侵犯人身安全罪,基本继承北宋之规定,分为侵害人命罪、伤害人

---

① 《宋会要辑稿》刑法一之五七。
② 《宋刑统》卷一九《贼盗律·强盗窃盗》,第303页。
③ 《庆元条法事类》卷九《馈送·旁照法·贼盗敕》,第170页。
④ 《清明集》卷一四《严四为争渡钱溺死饶十四》,中华书局2002年版,第556页。按:此条判词未注明作者,不知作于何时。
⑤ 《系年要录》卷七五,绍兴四年四月癸卯条,第2册,第62页。

身罪和奸淫罪。

侵害人命罪,《宋刑统》将其区分为:谋杀、故杀、斗杀、误杀、戏杀、过失杀六种。因谋杀造成被害人受伤的,处以绞刑;被害人死亡的,处斩刑。故杀,造成被害人死亡的,处斩。斗杀、误杀,造成被害人死亡的处绞。戏杀、过失杀,根据情节处流以下刑。

伤害人身罪主要是因斗殴造成对他人的伤害。根据情节和后果,对犯人处以笞四十以上乃至流罪之刑。

宋承唐律,刑事伤人案实施保辜法。保辜法是界定侵害人命罪的重要方法。其主要内容为在被伤害人伤情未能确定之前,设定一定期限,期满后,根据被伤害人的实际存亡状态,决定侵害人的法律责任。《宋刑统》卷二一《斗讼律》:

> 诸保辜者,手足殴伤人限十日,以他物殴伤人者二十日,以刃及汤火伤人者三十日,折跌支体及破骨者五十日(殴、伤不相须。余条殴伤及杀伤各准此)。限内死者,各依杀人论。其在限外,即虽在限内,以他故死者,各依本殴伤法(他故,谓别增余患而死者)。

法律规定伤人者,视具体情况将保辜期限分为十日、二十日、三十日、五十日四种,如在限期内被害人死亡的,侵害人以杀人罪论;限外死亡,或虽在限内,然以其他原因间接死亡者,以斗殴法论处。南宋法律仍沿用唐以来的保辜法。朱熹云:"今法中有'保辜'二字。"[1]又朱熹的漳州《约束榜》云:"今立限约束,自截日为始,应诸县有人户已诉未获,盗贼限一月,斗殴折伤连保辜通五十日,婚田之类限两月,须管结绝。"[2]其中也提到了保辜法之期限。范浚《香溪集》卷二二载:

> (范溶)在澶州,囚有殴妇人伤甚者,墨曹以破骨限辜,既四十九日,而妇人死。公曰:"法,破骨限日以五十,而创伤辜不逾月。今四十九

① 《朱子语类》卷一三五《历代二》,《朱子全书》第18册,第4209页。
② 朱熹:《晦庵先生朱文公文集》卷一○○,朱杰人、严佐之、刘永翔主编:《朱子全书》第25册,上海古籍出版社、安徽教育出版社2002年版,第4630页。

矣,脱不破骨,得无冤乎? 生固不容剔肌以辨,其人死且腐,骨可验也。"
验之实止创伤,遂以逾月论。囚得不死。①

这件案子说的是,有一罪犯殴伤人,起初法官以伤及骨头保辜,时限为五十
天。但被殴伤人于第四十九天死亡,殴伤人者罪责难脱。范溶却认为一般
创伤辜限一月,现被殴伤人至四十九天乃死,假如未损伤骨头而以伤及骨头
保辜论罪,那就冤枉了案件被诉人。正好被殴伤者已死,得以"剔肌以辨"。
结果实未伤骨。此案最终以一般创伤罪论处,被诉人免死。

　　绍兴十九年(1149),建康府驻扎御前选锋军使臣张横,殴击百姓马皋,
马皋在保辜限内身死,张横"法当绞"。② 这也是一件以保辜法来确定杀害人
罪的事例。

　　理宗时饶州有一刑案,朱超等击伤程七五,程七五被击伤后,过两日身
死。法官判词云:"辜限有二十日,越两日而死,无足怪者。"③最终判朱超以
杀人罪而非殴伤人罪。

　　史浚任新昌知县时,有一殴伤人案,"保辜限日未满而殂者,吏坐殴者以
重辟"。时史浚经过仔细调查,"已知伤者能遨游于市,饮啗自若,偶以宿疾
发而毙,再讯如所闻"。④ 此案当事人死因并非遭殴伤致死,而是原有旧疾发
作而亡。史浚用心办案,纠正了一起死刑错案。

　　又泉州有一吴净党案,吴氏因醉酒殴打许应遂,"伤重,于辜限内身死",
结果以无杀心,作奏案处理。⑤ 郑克《折狱龟鉴》卷四《马宗元》载一案例云:
"马宗元待制少时,父麟殴人被系,守辜而伤者死。将抵法,宗元推所殴时在
限外四刻,因诉与郡,得原父罪。"刻是古人的计时单位,唐宋时期规定一天
一夜分为一百刻。《宋刑统》卷六《名例律·杂条》曰:"诸称日者,以百刻
计。"这是一起严格以法条规定的辜限日期来定性的案子。即使是在辜限的

---

① 范浚:《香溪集》卷二二《右朝请郎致仕范溶墓志铭》,丛书集成本。
② 《宋会要辑稿》刑法六之三〇。
③ 《后村先生大全集》卷一九二《饶州州院推勘朱超等为趣死程七五事》,四部丛刊本。
④ 《攻媿集》卷一〇五《朝请大夫史君墓志铭》。
⑤ 《攻媿集》卷二七《缴泉州吴净党罪案》。

同一天之内,也可以刻来细分,以确定限内限外。马宗元之父马麟,保辜因四刻之差,而得以免死罪。对此案,郑克评曰:"辜限计日,而日以百刻计之,死在限外者,不坐殴杀之罪而坐殴伤之罪。法无久近之异也。虽止四刻,亦是限外,有司议法,自当如此。"

南宋的奸淫罪在沿用唐和北宋法律的基础上进一步充实了内容,有强奸未遂和已遂、奸军人妻及奸淫幼女罪的惩处规定。《庆元条法事类》卷八十《杂敕》集中规定了奸淫罪,主要内容如下:

诸强奸者,流三千里,刺配远恶州,未成,刺配五百里。强奸罪区分为已遂与未遂,前者流三千里,并配隶远恶州;后者,流三千里,配隶五百里。女子十岁以下,虽和奸(非暴力奸污),亦以强奸论处。

凡奸者,先强后和奸,男从强奸法处置,女减和奸一等。

对于因强奸而伤人者,因盗而强奸者,皆处以绞刑。因盗而强奸者,遇朝廷大赦,及因盗强奸未遂犯,流三千里,另附加配千里刑。

因和奸而过失杀伤人者,"论如因盗过失律",①杖六十至一百不等,即因强奸而过失杀伤人者,"以故杀伤论"。律,故杀人者,斩;故伤人者,视伤情杖七十至徒一年。②

官府公人及军人与他们的监临官家属和奸者,绞,未成,配千里;如系强奸者,斩,未成配广南。和奸者,妇女减一等。

奸军人妻者,未成,"本营兵级配邻州本城,本营家人邻州编管"。奸出外执行军务的禁军军属者,"加凡奸二等"。如果上述军人家属犯奸者,"许邻人告"。南宋军制与唐府兵制不同,实行招募制,军员数量十分庞大,家属往往同营居住,由此发生大量奸淫案。反映到刑法上,增加了奸淫军属的罪名。

奴仆奸雇主,被奸者为品官之家,如系和奸,绞,未成配千里,强奸者,

---

① 按:《宋刑统》卷二〇《贼盗律》:"诸因盗而过失杀伤人者,以斗杀伤论,至死者加役流。"第311页。卷二一《斗讼律》:"诸斗殴人者,笞四十。伤及以他物殴人者,杖六十。伤及拔发方寸以上,杖八十。若血从耳目出,及内损吐血者,各加二等。"第324页。

② 《宋刑统》卷二一《斗讼律》,第325页。

斩,未成配广南;被奸者为平民之家,如系和奸,"加凡人三等",并同时科以配五百里之附加刑,未成,则配邻州,强奸者,绞,未成,配三千里;奸雇主之亲,视亲之远近,分别科以相应的刑罚。

旧奴仆奸雇主者,被奸者为品官之家,加凡人相奸罪二等;被奸者为平民之家,则加一等。佃客奸地主,"各加二等"。以上妇女及旧主与奴婢奸者,"各以凡论"。

奸父、祖奴婢,徒三年。如奴婢非父、祖"所幸者",杖一百。强奸曾经为父、祖生子的奴婢,以奸父、祖妾论,"罪至死者奏裁"。奸别房及异居亲奴婢,以奸凡人论;奸"别房非所幸者",杖八十。

义子奸养父母之家尊长,"并依相殴加等法,妇女以凡奸论"。

奸淫未遂者,减已遂罪一等,"诱谲者,杖八十"。妇女非所愿者,"止坐男子"。

此外宋对一些情节恶劣的诱骗行奸罪则从重惩处。南宋末期的咸淳年间,有一户浙江人寓居江西,雇佣了一尼姑教其女刺绣。后其女突然怀孕了。在父母的究问下,其女诉曰"尼也"。原来"尼与同寝,常言夫妇咸恒事,时偶心动。尼曰:'妾有二形,逢阳则女,逢阴则男。'揣之,则俨然男子也。遂数与合"。女之父母遂向官报案。尼姑不服,检验其身,查不出证据,案子一时无法决断。后有一接生婆建议说,可命此人仰卧,用盐肉水浸涂其阴部,令犬舔之,"则其阴中必露出形,如龟头出壳"。法官如法验之,果然如接生婆所说的那样,原形毕露。结果尼姑被处死。① 这是一件奸淫罪,罪犯为两性人,作案手段具有极大的隐蔽性和危害性,因此量刑远重于一般的奸淫罪,被处以极刑。

南宋奸淫罪与唐和北宋罪名相比较,法律条款显得更为周密而详备,这从一个侧面反映了南宋法律的进一步完善和健全。

---

① 胡文炳原著,陈重业主编:《〈折狱龟鉴补〉译注》卷二《阴阳尼奸》,北京大学出版社 2006 年版,第 191—192 页。

四、官吏职务犯罪

官吏职务犯罪主要指贪赃罪。徐元瑞《吏学指南》释赃罪曰："犯赃滥致罪者",指以非法手段占取官私财物的犯法行为。"赃罪正名,其数有六,谓受财枉法、不枉法、受所监临、强盗、窃盗并坐赃"。① 前面三条可谓之官吏贪赃罪。南宋贪赃罪可区分为监临主守自盗、监临主司受财枉法和监临主司不枉法乞取罪。

监临主守自盗罪,南宋沿用唐律但有所变化。《庆元贼盗敕》:"诸监临主守自盗,及盗所监临财物,罪至流,配本州,三十五匹绞。"②南宋监守自盗罪与唐比较,增加了配隶刑。

监临主司受财枉法罪,此罪又以监临主司有无俸禄为轻重,有俸禄者,赃二十匹绞;无俸禄者,赃二十五匹绞。凡流罪以上,附加配隶本城之刑。③但不枉法受财者,处罚从轻。宋规定:因公事"率敛人钱物入己,无所枉曲者",以不枉法论,过五十匹者,"奏取敕裁"。④

监临主司不枉法乞取罪,此罪为官吏利用职务之便主动向他人索取不应有的财物,但因不涉及曲法为非,故量刑较轻。《庆元职制敕》:"诸监临主司,受及乞取所监临赃百匹,命官,奏裁,余配本城。"⑤

绍兴二十六年(1156),高宗诏令:"见任官于所部私役工匠营造己物者,依律计庸,准盗论。"⑥这一规定将官员借职务之便非法役使工匠,为己牟利者,作为贪赃罪,总计用工数额,折算劳动力价值,予以量刑治罪。

南宋对贪赃罪的惩处十分严厉,规定"守贰县令,以民事抵罪者,不复任以亲民"。⑦ 所言以民事抵罪包括"侵渔百姓以抵赃私者",犯罪官吏叙复

① 《宋刑统》卷二六《杂律》,第406页。
② 《庆元条法事类》卷九《馈送·旁照法·贼盗敕》,第170页。
③ 《庆元条法事类》卷三七《给纳·旁照法·职制敕》,第597页。
④ 《宋刑统》卷一一《职制律》,第182页。
⑤ 《庆元条法事类》卷九《馈送·旁照法·职制敕》,第171页。
⑥ 《系年要录》卷一七五,绍兴二十六年闰十月癸丑条,第3册,第469页。
⑦ 《系年要录》卷一五六,绍兴十七年三月甲申条,第3册,第181—182页。

后,不得再任亲民官。绍兴三十二年,有臣僚言:"祖宗时,赃罪削籍配流者,虽会赦,不许放还叙用。近睹登极赦,应命官除名、追降官资及勒停并永不收叙人,并与叙元官,甚失祖宗痛绳赃吏之意。乞自今官吏尝经勘断犯入己赃,并不许收叙。如有已放行收叙者,即为改正。"这一奏言为宋廷所采纳。①

南宋各级官府,除了国家正式的官员外,尚有众多的吏人,吏人一般无官品,他们与官员一起共同组成了庞大的统治队伍。为了加强吏治,打击利用职务之便贪污盗窃的行为,宋代还制定了针对胥吏的仓法。北宋元祐元年(1086)规定,京城刑狱机构"所差狱子取受,依重禄法"。② 这些狱子亦给重禄,如有贪赃行为,自然依仓法重惩。此后这一制度进一步扩大到地方。《淳熙三山志》卷一四《州县役人》载:"政和三年,(福州)狱子给重禄,两院狱子各六人,节级一人,半年替;当直司狱子四人,一季替"。自政和三年以来,福州地区狱子实施仓法。此制为南宋沿用,领取重禄之人犯法,依重禄法惩处。

五、妨害国家管理秩序罪

妨害国家管理秩序罪主要为私自生产和买卖盐、茶、酒、矾罪,销金罪。

宋代盐、茶、酒、矾等物品实行国家专卖制度,严禁私人生产买卖。这些物品,宋代谓之"榷货"。《庆元名例敕》云:"诸称'禁物'者,榷货同;称'榷货'者,谓盐、矾、茶、乳香、酒、曲、铜、铅、锡、铜矿、镕石。"③从绍兴三年始,"天下茶、盐皆用重法"。④《绍兴敕》规定:"私有盐,一斤徒一年,三百斤配本城,煎炼者一两比二两。"⑤绍兴三年六月规定"诸路私煎、盗卖盐,并依通州已得科罪","不以多少,杖脊配岭南,虽赦不宥"。⑥ 同年十月,南宋又对此法作了修改:"自今犯私盐,并依《绍兴敕》断罪。如亭户、非亭户煎盐与私

---

① 《系年录》卷二〇〇,绍兴三十二年十一月乙卯条,第3册,第891页。

② 《长编》卷三九一,元祐元年十一月丙寅条,第9512页。

③ 《庆元条法事类》卷二八《榷货总法》,第380页.

④ 《系年要录》卷七一,绍兴三年十二月己丑条,第2册,第20页。

⑤ 《系年要录》卷六九,绍兴三年十月壬辰条,第2册,第4页。

⑥ 《系年要录》卷六六,绍兴三年六月辛丑条,第1册,第859页。

贩,及军人聚集百姓,依籍军兵声势私贩、本犯不至徒者,配邻州,若罪至徒,即配千里,如系流罪即刺配广南。"①绍兴八年,又规定"犯私盐人,除流配依本法外,徒以下并令众五日"。② 令众犹示众也。这是对犯私盐量少不至重罪者的补充惩处法,从而加重了对犯私盐罪的威慑力。与此同时,南宋还规定"停藏、接引"私盐者,"并与犯人一等科罪"。③ 至庆元制定的《庆元敕》,私有盐的法律条款又作了调整,规定云:"诸私有盐,一两笞四十,二斤加一等,二十斤徒一年,二十斤加一等,三百斤配本城。……其人户卖一斤笞二十,二十斤加一等,二百斤徒一年,二百斤加一等,罪止徒三年。"④与《绍兴敕》相比,私有盐及买卖罪的量刑有所减轻。这可能同南宋初政权刚刚建立,亟须用重法以稳定秩序有关。

除盐外,茶、矾亦为专卖品,禁止私自生产。《庆元敕》载:"诸私有茶,二两笞四十,四斤加一等,四十斤徒一年,四十斤加一等,六百斤不刺面配本城。""诸私有及煎炼白矾并依盐法,私有土矾、绿矾、青胆矾,一斤笞四十,十斤加一等,百斤徒一年,百斤加一等,千斤不刺面配本城"⑤。

南宋时期,走私赎盐、茶、酒、矾现象十分严重,扰乱了国家经济秩序,因此宋政府制定了一系列严刑峻法来维持国家专卖制度。

销金罪。北宋庆历二年曾制定过禁销金之法,仁宗"诏有司申明前后条约,禁以销金、贴金、缕金、间金、戗金、圈金、剔金、陷金、明金、泥金、楞金、背金、阑金、盘金、织金、线金、捻金为服饰。自宫庭始,民庶犯者必致之法。"⑥南宋时,民间以销金为服饰,相互攀比,沿袭成风,奢侈之风渐涨。这一风气在战事紧张,财用不足的情况下,对社会经济造成了不利影响。高宗为此下旨云:"民间以销金为服饰,绍兴敕内虽有立定断罪,其小儿妇人自合一体禁

---

① 《系年要录》卷六九,绍兴三年十月壬辰条,第2册,第4页。
② 《系年要录》卷一二三,绍兴八年十一月乙酉条,第2册,第659页。
③ 《系年要录》卷五一,绍兴二年正月戊午条,第1册,第689页。
④ 《庆元条法事类》卷二八《茶盐矾·卫禁敕》,第386页。
⑤ 《庆元条法事类》卷二八《茶盐矾·卫禁敕》,第386页。
⑥ 《长编》卷一三六,庆历二年五月戊辰条,第3270页。

止。诏申明行下,如有违犯之人,并依敕条断罪。仍令尚书省出榜晓谕。"①
绍兴二十七年(1157),宋立销金罪法如下:

> 今后不得采捕翡翠并造作铺翠、销金为首饰、衣服,及造贴金、缕
> 金、间金、圈金、剔金、陷金、解金、明金、泥金、楞金、背金、影金、盘金、织
> 金、线金、铺蒙金、描金、捻金线、真金纸。应以金泥为妆饰之类,若令人
> 制造,及为人造作并买卖及服用之人,并徒二年,赏钱三百贯,许诸色人
> 告。妇人并夫同坐,无夫者坐家长,命官妇,申奏取旨。仍并下诸路州
> 军严行禁止,每季检举,巡捕官、当职官常切觉察。如违,仰监司按劾。②

销金罪的设置,对于抑制奢侈之风,缓解财政压力,多少起了一些积极
作用。

六、危害公共安全罪

南宋的危害公共安全罪,在《宋刑统》内规定得十分详细。此外宋代敕
令格式中亦有规定。为维护政权,宋设置了种种危害公共安全罪,予以严
惩。南宋甚至制定了私造纸甲罪。绍兴二年(1132),中书言:"东南州县乡
兵多因私置纸甲,而啸聚作过。《熙宁编敕》令有若私造纸甲五领者绞。乞
著为令。"③此建议被高宗采纳。宋代对军队及武器装备的控制十分严厉,虽
说纸甲并非用金属制成,然亦属军器装备之类,自然为宋代统治者所重视,
私造达到五领者便处以死刑。以下主要就南宋故意纵火焚毁官私屋宅财物
罪和传、习妖教罪作一叙述。

(一)故意纵火焚毁官私屋宅财物罪

《庆元条法事类》卷八十《烧舍宅财物》详细规定了故意纵火焚毁官私屋
宅财物罪名:

1. 故意烧毁官粮草罪。《庆元杂敕》:"诸故烧官粮草、钱帛、军器、防城

---

① 《宋会要辑稿》刑法二之一一五。
② 《宋会要辑稿》刑法二之一一七。
③ 《系年要录》卷五七,绍兴二年八月辛丑条,第1册,第761页。

官物并敌棚、楼橹及仓库屋宇者,绞;谋而未行或已烧未然者,各减一等,及死罪从并配广南,流罪从配千里。在缘边、次边者,皆斩,谋而未行或已烧未然者,皆当行处斩。已然而专副及看守、巡防人失觉察者,杖一百。若缘边、次边,计已烧之直五十贯以上者,加二等,监官各减一等,擅离地分致故烧者,各加二等。"此法律分三个层次:纵火行为已成者绞,从犯配隶广南;未成者减一等罪,处流三千里,从犯配隶千里;在边境地区者加重惩处,已成,斩,未成,奏裁,得到朝廷批准后,决重杖处死。①有关责任人未尽责而致所管辖粮草被毁,也要承担法律责任。

2. 故意烧毁黄河埽岸罪。《庆元杂敕》:"诸故烧黄河埽岸并物料场,依烧粮草法;非向著处,依烧积聚财物法。监专、巡防人失觉察者,各杖一百,非向著处,杖七十,擅离地分致烧者,各加三等。"黄河的防护是件大事,凡纵火焚毁黄河防护建筑物,依故意焚烧官粮草法治罪,处以绞刑。有关责任人未觉察而失职者,得承担相应的法律责任。

3. 故意烧毁官酒、曲、茶等物罪。《庆元杂敕》:"诸故烧官酒、曲、茶、盐、香、矾、宝货,流三千里,配广南;谋而未行或已烧未然者,各减一等,及流罪从并配千里。已然,而专副及看守、巡防人失觉察者,杖八十,监官减等,擅离地分致故烧者,各加二等。"故烧官酒、曲、茶等财物,除判主刑流三千里外,还要附加配广南州军刑,未成者减一等处罚。

4. 故意烧毁他人宅屋罪。《庆元杂敕》:"诸故烧有人居止之室者,绞;无人居止舍宅若积聚财物,依'烧私家舍宅财物律',死罪从及为首而罪不至死,各配千里,从者配邻州;非积聚财物,及积聚草木之类,计赃准盗论加二等;非积聚草木之类,计赃准盗论。已烧未然者,各减一等。即到致延烧者,各依故烧法。死罪非杀人者,奏裁,应配千里者配五百里,应配邻州者配本州。以上杀人者,以故杀伤论。"此罪又细分为烧有人居住屋、积聚财物的无人居住屋、积聚草木之类的无人居住屋和一般屋舍四种。前者处以绞刑,其

---

① 按:关于"当行处斩",《宋会要辑稿》食货四五之一二载宋《名例敕》:"诸称'当行处斩'者,奏裁,得旨依者,决重杖处死"。

次依"烧私家舍宅财物"律判徒三年刑,①第三种犯罪行为计赃比照盗罪加二等论处,第四种行为计赃以盗罪论处。

5. 故意烧毁家人及有服亲族宅屋罪。《庆元杂敕》:"诸故烧祖父母、父母居止之室,虽未然,从殴法。烧异居缌麻以上亲居止之室及财物、草木之类,犯尊长,以凡论;犯卑幼,缌麻、小功,减凡人一等;大功、期亲,各递减一等。同居者,各减异居二等。若同居卑幼故烧己宅财物、草木之类者,加'私辄用财律'二等。已上烧有人居止之室者,虽同居,依异居故烧法。其故烧卑幼之室而知有尊长几人在内,各依犯尊长几人法。"此法规定,故烧祖父母、父母居住屋,依殴祖父母、父母罪论处,斩。② 故烧亲族屋室及财物等罪分六等:如系缌麻以上亲长辈,以凡人犯法论处;系缌麻、小功亲小辈,减一等;系大功、期亲小辈,各递减凡人犯法一等;故烧同居者,减异居二等论处;同居小辈故烧己宅财物者,计所烧财物,比照"私辄用财律"加二等论罪。③如故烧小辈屋室,但知有长辈在内,依犯长辈法惩处。

6. 故意烧毁有人乘坐的车船罪。此罪比照故烧有人居住屋舍法论处。《杂敕》:"诸故烧有人居止船、车、箄筏,依有人居止之室法。"有人乘坐的车船与有人居住的屋舍一样,都受到法律保护,故烧毁者,依法予以惩处。

7. 因烧田野致延烧国有山林罪。《庆元杂敕》:"诸因烧田野致延烧系官山林者,杖一百,故烧者,奏裁,并许人告。其州县官司及地分公人失察觉,杖六十。"因烧田野致延烧国有山林者,判杖一百。故烧者,上奏朝廷取裁。

故意纵火焚毁官私屋宅财物的行为,严重危害民众生命和官私财产,宋惩处十分严厉。此外还有失火延烧官私仓宅法。绍兴四年(1134),高宗诏:"临安府失火延烧官私仓宅及三百间以上,正犯人作情重法轻奏裁;芦草竹板屋三间比一间,五百间以上取旨。"④南宋还规定凡故烧舍宅等财物者,允

---

① 《宋刑统》卷二七《杂律》:"诸故烧官府廨舍,及私家舍宅财物者,徒三年。"第436页。
② 《宋刑统》卷二二《斗讼律》:"诸骂祖父母、父母者绞,殴者斩,过失杀者流三里,伤者徒三年。"第349页。
③ 《宋刑统》卷一二《户婚律》:"诸同居卑幼私辄用财者,十匹笞十,十匹加一等,罪止杖一百。"第196页。
④ 《系年要录》卷七四,绍兴四年三月戊寅条,第2册,第53页。

许他人告发和抓捕。

(二)传、习妖教罪

南宋政府将民间尊奉的摩尼教视为妖教,禁止百姓传习。摩尼教原创于波斯,后传入中国。北宋末,方腊曾利用摩尼教组织发动起义。当时摩尼教称作"吃菜事魔"。绍兴二年(1132),枢密院言:

> 宣和间,温、台村民多学妖法,号吃菜事魔。鼓惑众听,劫持州县。朝廷遣兵荡平之后,专立法禁,非不严切。访闻日近又有奸猾改易名称,结集社会,或名白衣礼佛会,及假天兵,号迎神会,千百成群,夜聚晓散,传习妖教,州县坐视,全不觉察。

高宗遂诏令浙东安抚使司、提刑司以及温州、台州守臣"疾速措置收捉,为首鼓众之人依条断遣。今后遵依见行条法,各先具已措置事状以闻"。① 在统治者看来,传习"吃菜事魔"对宋政权造成严重威胁,必须禁止。

绍兴三年,南宋政府"申严收捕徽、严、衢州传受魔法人"②。然而"吃菜事魔立法太重",未能收到应有效果。绍兴九年,"遂立非传习妖教,除为首者依条处断,其非徒侣而被诳诱不曾传受他人者,各杖一百断罪",③"为首人决配远恶州军,徒党编管"。④ 南宋政府将传、习摩尼教者区分为首犯和从犯,从重打击首犯。

绍兴十二年,高宗又诏:"吃菜事魔,夜聚晓散、传习妖教、情涉不顺者,及非传习妖教,止吃菜事魔,并许诸色人或徒中告首,获者依诸色人推赏,其本罪并同原首。自今指挥下日,令州县多出印榜晓谕,限两月出首,依法原罪。限满不首,许诸色人告如前。及令州县每季检举,于要会处置立粉壁,大字书写,仍令提刑司责据州县有无吃菜事魔人,月具奏闻。"⑤这种大张旗鼓的宣传,反映了南宋统治阶级对摩尼教的镇压不遗余力。吴雨岩在《名公

---

① 《宋会要辑稿》刑法二之一一一。
② 《宋会要辑稿》刑法二之一一一。
③ 《宋会要辑稿》刑法二之一一二。
④ 《宋会要辑稿》刑法二之一三〇。
⑤ 《宋会要辑稿》刑法二之一一三。

书判清明集》一件关于传习事魔案子的判词中写道："既吃菜,既鼓众,便非魔教亦不可,况既系魔教乎? 若不扫除,则女不从父从夫而从妖,生男不拜父拜母而拜魔王,灭天理,绝人伦。"①传习摩尼教被视作是极为严重的罪行。南宋法律规定:"吃菜事魔,夜聚晓散,传习妖教者,绞,从者配三千里,不以赦降原减。"②

七、诬告罪

故意捏造事实,以莫须有的罪名举告他人,一经查实,即构成诬告罪。

《宋刑统》规定:"诸诬告谋反及大逆者,斩;从者绞。"③这是对诬告重大罪的处置。由于诬告性质极为恶劣,故惩处十分严厉。对于诬告一般犯罪行为,法律规定:

> 诸诬告人者,各反坐。即纠弹之官,挟私弹事不实者,亦如之(原注:反坐致罪准前人入罪法。至死而前人未决者,听减一等。其本应加杖及赎者,止依杖、赎法。即诬官人及有荫者依常律)。④

对于诬告者,根据诬告罪的性质及其轻重实施反坐法。

在日常司法活动中,"州县捕获盗贼,狱吏往往教导,使广引豪富之人,指为窝藏,至有一家被盗,邻里骚然,贼情未得而胥吏之家赂赂充牣"。针对这种状况,绍兴三十二年(1162)八月,孝宗即位后诏令:"自今除紧切干证外,不得泛滥追呼。如违,许被扰人越诉,及反坐吏人以藏匿之罪。"⑤

庆元四年(1195),有臣僚言:"乞行下诸路监司、州县,如有告诉事干人命,并须实系被害之家血属,其所诉事理,证据分明,方许追勘。倘涉诬罔,须与反坐。其诈称被盗放火之人,如正贼败获,究证得实,曾将平人诬罔骚

---

①　《清明集》卷十四《痛治传习事魔等人》,第537页。

②　《清明集》卷十四《莲堂传习妖教》,第535页。按:"不以赦降原减"后有"二等"二字,疑为衍文。

③　《宋刑统》卷二三《斗讼律》,第361页。

④　《宋刑统》卷二三《斗讼律》,第361页。

⑤　《宋会要辑稿》刑法三之八三。

扰,必坐以(反)坐。其他诬告之事,罪当反坐者,并须从条断治。"①这一建
议被朝廷采纳。

宋州县之间,狱讼繁多。许多不法之徒,"交相表里,窥伺善良。始则搜
剔疑似,钤制恐胁,诈取财物,继以巧饰虚词,公形诉牍。州县类多不察,与
之受理,根连株逮,锻炼非辜。加以贪劾之吏,利其资财,抄估籍没,肆其惨
毒。间有得直者,固已家破产亡,而所诵告讦之人未尝反坐,不过科以不应
为、不干已之罪而已"。为此,南宋政府"申严告讦之禁。官吏有敢故纵违犯
者,重寘典宪,其告讦之人,照条反坐"。②

第二节　刑罚体系

南宋的刑罚以《宋刑统》规定的五刑制度为基础,结合折杖法,通常采用
在主刑笞、杖、徒、流刑基础上附加配隶、编管等从刑的方法,实施对犯人的
刑事惩处。

一、折杖法

论述南宋刑罚体系,不能不提折杖法。折杖法制定于北宋初期的乾德
元年(963),其主要内容为:

> 凡流刑四:加役流,杖二十,配役三年;流三千里,杖二十,配役一
> 年;二千五百里,杖十八,配役一年;二千里,杖十七,配役一年。徒刑
> 五:徒三年,杖二十;二年半,杖十八;二年,杖十七,一年半,杖十五;一
> 年,杖十三。杖刑五:杖一百,为杖二十;九十,为十八;八十,为十七;七
> 十,为十五;六十,为十三。笞刑五:笞五十,为笞十;四十、三十,为八;
> 二十、一十,为七。……流罪决讫,役一年;加役流决讫,役三年。徒罪

---

① 《宋会要辑稿》刑法三之三八。
② 《宋会要辑稿》刑法三之三九至四〇。

决而不役。徒、流皆背受,笞、杖皆臀受。①

宋在执行刑罚时,实施折杖法,折杖法作为代用刑,替代五刑中的笞、杖、徒、流。② 流罪决杖后,就地服役,无需流放边远场所;徒罪决杖后即放,不再服苦役;杖、笞刑得减决杖数。折杖法以统一的刑具击打规定的部位。南宋校书郎罗点言:

> 逮我艺祖,一洗五代之苛,犹以隋制为重。于是悉易以决,为流、徒、杖、笞之法,名存实改。自加役流至流二千里,其刑四,并决脊杖、配役有差。……自徒三年至徒一年,其刑有五,并决脊杖有差,而尽免其徒役之年。自杖一百至六十,自笞五十至十,其刑各五,悉易以臀杖而减其数,如杖一百,止决二十,减其八十之数是也。由杖九十以下至于笞十,悉从末减。③

罗点所说决脊杖、臀杖,就是五刑之本刑行刑时实施的折杖法,以替代流、徒、杖、笞刑。

《庆元条法事类》卷八十《毁失官私物·杂敕》云:"诸辄毁坼官桥者,徒二年,配五百里。"毁桥之犯人的二年徒刑在执行时依折杖法折成脊杖十五,决讫,再刺面配隶五百里牢城。决脊杖十五自然也就成了徒二年的代用刑。折杖法之杖刑是主刑笞、杖、徒、流刑的代用刑,而刺面、配隶五百里牢城则是附加刑。

杖刑的行决数决定于它所替代的主刑的轻重。建炎四年(1130)百姓郑甄、陆寅伪造官印,大理寺判"合于流二千里私罪上定断"。经皇帝覆核,判以"决脊杖十七,送五百里外编管"。④ 依折杖法,决脊杖十七正是流二千里罪本刑折杖后的杖刑,编管五百里则是据案情附加的从刑。

编管刑与配隶刑合称编配。编配刑不是主刑,而是作为附加刑实施的。

---

① 《长编》卷四,乾德元年三月癸酉条,第87—88页。
② 关于折杖法的代用刑之性质,参见薛梅卿:《〈宋刑统〉研究》,法律出版社1997年版,第181—205页;薛梅卿、赵晓耕主编:《两宋法制通论》,法律出版社2002年版,第38页。
③ 马端临:《文献通考》卷一六八《刑考七》,中华书局1986年版,第1461页。
④ 《宋会要辑稿》刑法六之二六。

《庆元条法事类》卷七四《老疾犯罪·断狱敕》：

> 诸残疾(原注:谓如瘤肿久远不堪医治者)犯徒、流有妨受杖,当职
> 官验实,依折杖法从杖罪决之(原注:应编配、居作、勒停、还俗之类各尽
> 本法)。

这一断狱敕对犯罪的残疾人从两个层面作了刑罚规定:一是所犯徒、流主刑
降从杖罪处置;二是编配等附加刑仍旧依原法执行。其中所云居作刑虽不
是附加刑,但却是流刑原来所包含的,执行折杖法后,不能免除。《庆元卫禁
敕》:"诸将铜钱入海船者,杖八十,一贯杖一百,三贯杖一百、编管五百里;五
贯徒一年,从者杖一百。"①此条法律规定携带铜钱入海船,携带一贯与携带
三贯的犯人之主刑皆杖一百,所不同的是,携带三贯的犯人附加了从刑编管
五百里,以示区别。

整个南宋时期始终都是以死、流、徒、杖、笞五刑为主刑,视罪之轻重再
附加以从刑。刑罚的实施从未越出五刑的基本法度。

北宋折杖法到徽宗时曾有过两次变化,一次发生在大观二年(1108),
《文献通考》卷一六七《刑考六》载:

> (大观)二年,更定笞法,自今并以小杖行决,笞十为五,二十为七,
> 三十为八,四十为十五,五十为二十,不以大杖比折,永为定制。

此次修改,规定笞罪的行刑刑具不再用常行官杖,代之以原先用来决微罪的
小杖。比折的杖数也与先前不同。虽然比折后的平均杖数增加了,但因小
杖的体积小于常行官杖,所以刑罚实际上并不见重。另一次变化发生在政
和八年(1118),宋徽宗再次下诏更改折杖法:

> ……杖、笞改而为小折大,以迄于今,未之能改。世治乱不同,则刑
> 重轻亦异。今天下承平日久,囹圄数空,当缓刑省罚……除徒三年、杖
> 一百外,可依下项:徒二年半、杖九十,可十七下;徒二年、杖八十,可十
> 五下;徒一年半、杖七十,可十三下;徒一年、杖六十,可十二下;笞五十,

---

① 《庆元条法事类》卷二九《铜钱下海》,第415页。

可十下；笞四十，可八下；笞三十，可七下；笞二十，可六下；笞十，可五下。①

这条诏书就徒、杖、笞刑的折杖比数作了部分调整。史称此为"递减法"。②折杖法经政和八年修改后，流、徒、杖、笞刑的行决杖数减少了，至于用刑刑具、受刑部位并未改变，以小杖决笞刑，击打臀部；以官杖决杖、徒、流刑，击打背部。

　　除了宋徽宗时期的几次修改外，折杖法另还有一些变化。据南宋制定的《庆元条法事类》卷七三《决遣》断狱式载，小杖"长止四尺，上阔六分，厚四分，下径四分。"小杖体积比乾德元年（963）时所定小杖要小。《庆元条法事类》虽制定于南宋宁宗时，但其中的许多条款却是沿用北宋的。因此小杖尺寸有可能早在北宋时就更改了。判流罪并附加配罪从刑的犯人，以及犯流罪的妇女，一并决脊杖二十、配诸军。不再区分杖十七和杖十八刑等。同时，废除了原本就地服役一年或三年的规定。③北宋徽宗时规定以小杖取代常行官杖，成为笞罪的行刑工具。决杖数至十下为止，击打部位仍沿旧制不变，杖罪折杖仍以常行官杖击打臀部。这个规定到南宋执行起来发生了变化，改用小杖行决杖罪，以替代官杖行刑，结果杖数不变，刑具改小了。④

　　南宋还出现了以竹篦代大杖行刑的现象。《名公书判清明集》卷一一《引试》判语曰："（吴敏中）文理粗通，故与免受大杖，改决竹篦二十。"同卷《士人以诡嘱受财》："余子能决竹篦二十，以代大杖，仍编管五百里。"此外尚有"从轻决竹篦十五"、"决竹篦十下罢"、"决竹篦二十，编管一千里"等案例。⑤决竹篦数计有十下、十二下、十五下、二十下、三十下等多种等级。与政和八年（1118，同年改元重和）颁布的折杖法中的笞、杖刑完全不同。宋折杖法规定：

---

① 《宋大诏令集》卷二〇二《除徒三年杖一百立判杖数诏》，中华书局 1997 年版，第 752 页。
② 《宋史》卷二〇〇《刑法二》，第 4993 页。
③ 《庆元条法事类》卷七五《编配流役·名例敕》，第 779 页。
④ 参见戴建国：《宋代刑法史研究》，上海人民出版社 2008 年版，第 175—177 页。
⑤ 《清明集》卷一二《讼师官鬼》，第 474 页；卷一二《士人教唆词讼把持县官》，第 478 页；卷一三《哗鬼讼师》，第 482 页。

常行官杖长三尺五寸,大头阔不过二寸,厚及小头径不过九分。小杖不过四尺五寸,大头径六分,小头径五分……,讯杖如旧制。①

宋折杖法规定的几种刑具皆为木制。《名公书判清明集》所反映的竹篦是竹制的刑具,与木制刑具小杖当无关系,因而可知其为又一种刑具。《文献通考》卷一六七《刑考六》载:南宋乾道四年(1168)臣僚言:"杖、笞之制,著令具存,轻重大小之制,不得以私意易也。……凡守令与掌行刑狱之官,并令依法制大小杖。"所言刑具没有提及竹篦。据《庆元条法事类》卷七十三载,南宋时法定刑具仅笞与杖两种,并无竹篦。又谢维新《古今合璧事类备要》外集卷一八《刑法门》载《名例敕》:"笞一十决笞五下,二十笞六下,三十笞七下,四十笞八下,五十笞十下,并放。杖六十臀杖十二,七十臀杖十三,八十臀杖十五,九十臀杖十七,一百臀杖二十,并放。"宋修敕令格式,以"刑名为敕"。② 宋修敕,"自名例以下至断狱凡十有二门"。③《古今合璧事类备要》成书于宝祐五年(1257)。书中摘录的所谓《名例敕》,当是修于南宋淳祐二年(1242)的法典《淳祐敕令格式》之一部分。决笞五下至十下,是指决小杖,其中也没有关于竹篦刑具的规定。因此可以判断,竹篦乃是非法定刑具,大约流行于南宋后期。"决小杖"和"决竹篦"作为两种刑罚在同一时期是并存的。小杖与竹篦作为刑具都在通用之列。从判词看,竹篦代大杖行刑,也是从轻发落,与小杖代大杖有着相似的作用。但两者比较起来,以竹篦行刑显然要比小杖行刑轻。

此外,南宋在折杖的杖数上也发生了变化。《名公书判清明集》卷一四《妖教·莲堂传习妖教》载法官判词有"决脊杖五十,刺面配二千里州军牢城",同卷《宁乡段七八起立怪祠》载判词"段七八脊杖五十,刺配武冈军"。折杖法并无决脊杖五十之制。因此从这两条记载以及前述以小杖、竹篦替代大杖行刑的情况来看,南宋地方法官在具体执行刑罚时,带有罪刑擅断主义倾向,并不完全严格按照刑法的条款量刑定罪。

---

① 《长编》卷四,乾德元年三月癸酉条,第88页。
② 《玉海》卷六六《元丰编敕》,江苏古籍出版社、上海书店影印本,第1261页。
③ 《长编》卷三四四,元丰七年三月乙巳条注,第8254页。

二、主刑

南宋五刑分为死刑、流刑、徒刑、杖刑和笞刑。

（一）死刑

南宋死刑有多种法定执行方法，分斩首、绞杀、凌迟、杖杀、腰斩。

凌迟适用于重大案犯的刑罚，五代以来已施行之。赵与时云："律文，罪虽甚重，不过绞、斩而已。凌迟一条，五季方有之，至今俗称为法外云。"①此刑不见于《宋刑统》，而是规定在编敕之中。继承北宋编敕的《庆元条法事类》，将凌迟列为死刑之一。② 南宋时对于杀人祭鬼者，"不分首从，并行凌迟处斩"。③ 凌迟之刑极为残酷，虽为法定刑，但其实施，通常得由朝廷批准，有关司法机构不能擅自行之。

杖杀。南宋仍承唐、北宋制实行杖杀制。唐后期，刑罚有"痛杖一顿"法，为后来重杖处死法的出台开了先河。《宋刑统》卷一《名例律》："准建中三年（782）八月二十七日敕节文，其十恶中恶逆以上四等罪，请准律用刑，其余应合处绞、斩刑，自今以后，并请决重杖一顿处死，以代极法。"换言之，除恶逆以上四等罪外，凡应处绞、斩刑者，宋并以重杖处死方式替代之。④

绍兴元年（1131），越州勘到军人黄德、陆青、周立、徐青、傅青、吴城，百姓苗贵持杖劫盗前酒库人员李成等差出买柴船，杀死四口，各合凌迟处斩。所杀之人，尸不经验，疑虑奏裁。高宗诏"黄德依断凌迟处斩，周立、陆青、苗贵并特处斩，徐青、傅青、吴城并决重杖处死"。⑤

南宋通常所谓"处死"、"处斩"，一般指杖杀。南宋后期的《名例敕》规定："诸称'当行处斩'者，奏裁，得旨依者，决重杖处死"。⑥ 绍兴十二年，高

---

① 赵与时：《宾退录》卷八，学海类编本。
② 《庆元条法事类》卷七三《断狱式》，第 746 页。
③ 《清明集》卷一四《行下本路禁约杀人祭鬼》，第 546 页。
④ 关于重杖处死法，参见［日］川村康：《南宋杖杀考》，载《东洋文化研究所纪要》第 120 册，东京大学，1993 年。
⑤ 《宋会要辑稿》刑法五之三二。按：傅青原误作傅青。
⑥ 《宋会要辑稿》食货四五之一二。按：此《名例敕》，出于《纲运令格》，有学者认为是《庆元条法事类》的遗文。

宗诏令伪福国长公主李善静"决重杖处死"。① 孝宗淳熙时,陈傅良有一奏状云:"按,法寺称其鄢大为准条为绞刑上定断,合决重杖处死。"②度宗咸淳七年(1271),黄震有一奏札云:"照对本州五月初六日恭准使牒,结断陈王孙被死将黄勇重杖处死事。"③以上材料说明在实际司法活动中,南宋是实行杖杀制的。

(二)流刑

流刑是将犯人强行流放到远处服役的刑罚。南宋流刑执行时,实施折杖法:流二千里,杖脊十七;流二千五百里,杖脊十八;流三千里,杖脊二十;加役流,杖脊二十。三流俱配役一年,加役流配役三年。折杖行刑后,就地配役,不再远流。服役年满即放。流刑在执行时,被折杖法折去了流徙的内容,因此五刑之流刑在实际实施中已不具"流徙"之性质。

流刑犯常常还附加有编管、移乡等刑罚,这时流刑所含配役之刑则移至编管、移乡处执行。④ 流刑折杖后的配役刑与配隶之刑的区别还在于犯人不必隶军籍,亦即不属配军之列。

(三)徒刑

徒刑分五等:徒一年、一年半、二年、二年半、三年。徒刑执行时通常予以折杖行刑,分别杖脊十二、十三、十五、十七。杖后即放,不再服役。徒刑犯人情重者,往往还科以配隶、编管等附加刑。

(四)杖刑

南宋杖刑分五等:杖六十、七十、八十、九十、一百。杖刑折杖后,分别杖臀十二、十三、十五、十七。杖刑犯人有时也附加配隶、编管、令众等刑。

(五)笞刑

宋笞刑分五等:笞十、二十、三十、四十、五十。笞刑折杖,笞十,折小杖五;笞二十,折小杖六;笞三十,折小杖七;笞四十,折小杖八;笞五十,折小

---

① 《建炎以来系年要录》卷一四六,绍兴十二年九月甲寅条,第3册,第50页。
② 《止斋先生文集》卷二一《缴奏刑部大理寺鄢大为断案状》。
③ 黄震:《黄氏日钞》卷七五《申提刑司乞免黄勇死罪状》,影印文渊阁《四库全书》本。
④ 详见《庆元条法事类》卷七五《编配流移》目、《移乡》目,第778、782页。

杖十。

三、从刑

从刑即主刑之外的附加刑。南宋刑法广泛运用从刑。从刑最主要的有配隶刑和编管刑,通常适用于重罪犯。

(一)配隶

宋配隶刑是指将犯人遣送到指定场所服劳役并将犯人隶属于军籍的刑罚。其又分为刺面配隶和不刺面配隶两种刑,刺面配隶必须在犯人脸上刺文字符号。

刺配之法创始于五代后晋。宋朝将其与折杖法结合起来,作为死刑的宽贷刑。"国初加杖,用贷死罪,其后科禁浸密,刺配日增"。① 南宋常以于主刑后附加配隶刑的方法来惩处重罪犯人。如法律规定"传报漏泄朝廷机密事,流二千五百里,配千里"。② "配千里",即刺配千里。这条法律所言流二千五百里,是本刑,配千里是附加刑。刑法实际执行时,本刑流二千五百里折成杖脊十八,并不真流,附加刑配千里才是真流。从这一角度而言,宋配隶刑之"配"有时又称"流"。

通常服流刑本刑中的苦役犯人,不需隶军籍。而配隶犯则是隶于军籍的,"凡应配役者傅军籍,用重典者黥其面。会赦,则有司上其罪状,情轻者,纵之;重者,终身不释"。③ 宋代文献所称配军,指的就是配隶。《庆元断狱式》:"配军:刺面若干,某人,余人依此;不刺面若干。"④又《庆元名例敕》曰:

> 不指定军名者,配牢城;称"本城"者,谓诸军住营诸色人住家之所(原注:本州无牢城、本城,即配邻州牢城或本城)。其兵级已系厢军者,配牢城,已系牢城而应配本州若本城者,配本州或邻州重役,无重役,即

---

① 《文献通考》卷一六八《刑考七》,第 1461 页。
② 《系年要录》卷一四三,绍兴十一年十二月癸巳条注,第 3 册,第 6 页。
③ 《宋史》卷二〇一《刑法三》,第 5015 页。
④ 《庆元条法事类》卷七五《编配流役》,第 785 页。

配邻州牢城(原注:应配邻州或五百里本城者,准此)。①

不刺面配,也要隶于厢军。绍熙三年(1192),前监文思院上界常良孙盗金银,光宗诏"贷命,追毁出身以来文字,除名勒停,永不收叙,免真决,不刺面配万安军牢城收管"。②

宋法规定:"诸称配者,刺面。"③刺面配简称"配",一般情况下,配系单指刺面配。如果系不刺面配,通常会在规定中予以说明。南宋后期的《贼盗敕》规定:"诸梢工盗本船所运官物者,依主守法,徒罪勒充牵驾,流罪配五百里。本船军人及和雇人盗者,减一等,流罪军人配本州,和雇人不刺面配本城。"④所云"流罪军人配本州"的"配",即刺配之意。而和雇人不刺面配,所以法律作了说明,以示区分。

南宋刺字,通常在犯人脸上刺具体的文字。淳熙七年(1180)孝宗诏强盗贷命人"并为额上刺'强盗'二字,余字分刺两脸"。⑤ 淳熙八年又诏:"自今强盗人贷命,并配隶广东摧锋军……禁军重役,专听部辖人役使,刺字以某军或某州重役为文,仍随罪犯轻重酌地里远近分配。"⑥此外,亦有刺标记符号的。南宋时法官翁浩堂判词云"照得朱千三原系犯盗刺环人"。⑦ 所刺"环"即是一种圆形标记。南宋有专门从事刺字的针笔匠。南宋时吉州有一案,诉某人用药水擦去刺字痕迹,法官以针笔匠查验,"面上无字迹,有针笔匠责验状讫"。⑧

刺配与折杖法结合,作为死刑的代用刑实施,是一种很严厉的刑事制裁。洪迈说:"国朝之制,减死一等及胥吏兵卒配徒者,涅其面而刺之,本以示辱。"⑨同时它又作为从刑附加于杖、徒、流主刑,在犯人脸上刺字或刺其他

---

① 《庆元条法事类》卷七五《编配流役》,第779页。
② 《宋会要辑稿》刑法六之四二。
③ 《庆元条法事类》卷七五《编配流役·名例敕》,第779页。
④ 《宋会要辑稿》食货四五之一〇。
⑤ 《宋会要辑稿》刑法四之五六。
⑥ 《宋会要辑稿》刑法四之五五。
⑦ 《清明集》卷一三《妄论人据母夺妹事》,第499页。
⑧ 《黄氏日钞》卷七六《抚州兼江西提举申御史台吉州郭刘吉妄诉陈成状》。
⑨ 洪迈:《容斋随笔》续笔卷五《唐虞象刑》,中华书局2005年版,第278页。

记号。犯人"一经刺环,瘢痕永无可去之理,所犯出于一时,不得已而被罪,至于终身不雪"。①

配隶分成若干等级,据载,孝宗时分十四等,分别为:不刺面配、刺面配本州本城、刺面配本州牢城、配邻州、五百里、千里、一千五百里、二千里、二千五百里、三千里、广南州军、远恶州军、海外州军、永不放还者。② 永不放还者通常为重大罪犯。

犯人配隶的地理远近,是以罪犯居住地为基点计算起始点,根据罪行轻重决定地理远近。《庆元断狱令》云:

> 诸编配计地里者,以住家之所,诸军以住营之所,各不得过里数三百里(原注:三百里内无州者,配以次最近州)。应配本州及本城者,在京配近京州;应配邻州者,缘边、次边,配近里州。即再犯者,仍计元住或见住之所,从一远编配。③

宋《断狱令》明确规定以居住地为计算起始点编配犯人。对于大多数犯人来说,他们是居住在原籍乡里的。但犯人居住地可能是犯人原籍,也可能是犯人移居他乡的居住地,例如官员在外任官期间的居住地,或商人在外经商的居住地。因此起始点通常是犯人的原籍地。宋还有一项法令规定曰:

> 诸犯死罪非十恶及持仗强盗、谋杀、故杀人已杀,而祖父母、父母老疾应侍,家无期亲成丁者,奏裁。犯配沙门岛、远恶州及广南,并配千里;五百里以上,配邻州;邻州,配本州。应移乡者,移邻州。④

为了便于犯人照料年迈有病的祖父母、父母,从儒家伦理道德的孝悌观出发而制定此法令,所谓邻州,应是相对于罪犯的父母居住地而言的。据此可知

---

① 胡太初:《昼帘绪论》用刑篇第十二,丛书集成本。
② 《文献通考》卷一六八《刑考七》,第1460—1461页。按:第三等刺面配本州牢城,原文作"本州"。《庆元条法事类》卷七五《编配流移·名例敕》云:"诸称配者,刺面,不指定军名者,配牢城。"据补。
③ 《庆元条法事类》卷七五《编配流移》,第780—781页。
④ 《庆元条法事类》卷七五《侍丁·名例敕》,第790页。

编配通常以罪犯的原籍地为计算起始点。以下是据部分实际案例制成的刺配等级与主刑的关系表。

表一:宋代刺配等级与主刑关系表

主刑	刺配等级	资料出处
(徒罪)脊杖十二	刺配本城　邻州　五百里	《清明集》卷一三、一四
(徒罪)脊杖十五	刺配邻州　五百里　一千里　二千里	《清明集》卷一一、一二、一四
(徒罪)脊杖十七	刺配五百里　一千里	《清明集》卷一三、一四
(徒罪)脊杖二十	刺配本城　一千里	《清明集》卷一二
(流罪)脊杖二十	刺配二千里　三千里　广南州军	《清明集》卷一一、一四
(贷死)脊杖二十	刺配二千里　三千里	《清明集》卷一四
(贷死)脊杖二十	刺配海外州军	《宋会要辑稿》刑法六之三九

上述统计表明代表主刑的折杖刑数量的多寡,与刺配没有必然的联系。杖刑数是依据犯人所犯的主刑罪定的,而刺配的地理远近是根据犯罪情节的轻重等具体情况而定的,与五刑罪之刑等通常成正比。

配隶人遇朝廷恩赦,可依量移法从远处移徙近乡之地,即犯人配隶一定年限后可以移放。南宋法律规定:"诸盗诈乞买及受买放停兵级、刺面人公凭者,以违制论。"①配隶人依法放还乡里,称"放停",由官府发给公凭。放停公凭是禁止买卖的。

(二)编管

编管是一种将犯人强制遣送远地,并将其置于约束监管状态下的刑罚。例如绍兴十一年(1141),在韩世忠请求下,高宗允许汀州编管人范滂"免监管,令赴贬所"。②高宗曾诏云:"吉阳军编管人曹泳令本军常切拘管讥察,不得令出城及宾客书问往来,仍月具存在申尚书省。"③可见编管人是受到监管的。编管刑的适用范围十分广泛。《断狱令》规定:

① 《庆元条法事类》卷一七《质卖·捕亡敕》,第374页。
② 《系年要录》卷一四〇,绍兴十一年五月丙寅条,第2册,第877页。
③ 《系年要录》卷一七九,绍兴二十八年四月甲寅条,第3册,第530页。

诸责降、安置及编配、羁管人,所在州常切检察,无令出城及致走
失。仍每季具姓名申尚书省。①

编管犯人登记在专门的籍册,被限制在州府某个区域内,而不是关押在
诸如牢狱之类的狭小屋舍内。绍兴十一年(1141)岳飞被害后,其子岳霖、岳
震及其妻室皆羁管于惠州,"拘置兵马都监厅之后僧寺墙角土室内,兄弟对
榻,仅足容身,饮食出入,唯都监是听"。② 这一例子只是说明岳飞的家属如
何受非法迫害,并不能说明法律规定编管人是要被关押在囚室内的。胡铨
于绍兴十二年被除名,编管新州。十八年,"新州守臣张棣讦铨与客唱酬,谤
讪怨望,移谪吉阳军"。③ 编管犯人胡铨可以与客人唱酬往还,可证编管犯人
并不是关押在牢房内的。

编管人行动虽受限制,但按规定不加囚禁。编管人"于法止许月赴长吏
厅呈验",④"长吏月一验视"。⑤ 对于编管人永不放还者,凡在编管地满六
年,"给公凭,从户口例附籍"。⑥ 即可在当地附籍,只能在当地居住活动,不
得随便出走他处,"即已附籍而逃至不许往州县者,依移乡人逃亡法"治罪。

编管人与配隶刑不同,并不隶于厢军而是另行管辖,罪等轻于配隶刑。
绍兴二十四年(1154),高宗曾诏曰:"诸路州军如有编管之人愿充厢军者
听。"⑦编管既不隶军籍,也无须刺面。"宋法,不文面而流者,谓之编管"。⑧
由于编管刑要把犯人强制流徙远地,与流刑之本刑十分相似,故南宋文献
中,编管亦称流。朱熹说:"本朝自徒以下罪轻。古时流罪不刺面,只如今白
面编管样。"⑨不过值得注意的是,编管不属于五刑之流刑,是一种附加刑,两
者是有区别的。

---

① 《庆元条法事类》卷七五《编配流役》,第782页。
② 洪迈:《夷坚志》丙志卷一五《岳侍郎换骨》,中华书局2006年版,第496页。
③ 《宋史》卷三七四《胡铨传》,第11583页。
④ 《宋会要辑稿》刑法四之四七。
⑤ 《宋史》卷三一《高宗八》,第577页。
⑥ 《庆元条法事类》卷七五《编配流役·户令》,第784页。
⑦ 《宋会要辑稿》刑法四之四八。
⑧ 徐元瑞:《吏学指南》,浙江古籍出版社1988年版,第79页。
⑨ 《朱子语类》卷七九《吕刑》,《朱子全书》第17册,第2729页。

编管刑以地理远近分为编管邻州、五百里、千里、二千里若干等级。其量刑幅度视罪行情节轻重而定。以下是据部分案例制成的编管等级与主刑的关系表：

表二：宋代编管等级与主刑关系表

主刑	编管等级	资料出处
杖八十（折臀杖十五）	编管邻州	《清明集》卷一三
杖一百（折臀杖二十）	编管邻州　五百里	《清明集》卷一三
（徒罪）脊杖十二	编管邻州　五百里　一千里	《清明集》卷一二、一三、一四
（徒罪）脊杖十三	编管五百里	《清明集》卷一三
（徒罪）脊杖十五	编管五百里　一千里　二千里	《清明集》卷一一、一三
（流罪）脊杖十七	编管五百里	《宋会要辑搞》刑法六之二六
（徒罪）脊杖十七	编管邻州　五百里	《清明集》卷一二
（贷死刑）脊杖二十	编管二千里	《宋会要辑搞》刑法六之四〇

南宋袁说友曰："臣窃见本府遵承旧降指挥，凡盗贼累犯，其人桀黠难制与已断逐而复回者，项筒永远拘锁外，县日给粮食。辇毂之下，诚不为过，惟是积日既久，拘囚数多，岁岁增数，无由可脱。目今本府拘锁已及九十七人，若永久拘囚，不复再见天日，罪故可嫉，情亦可悯。在法，羁管、编管各有年限，盖未尝终其身而拘囚也。"①袁说友的奏言主要是针对编管人而非配隶人。所谓"项筒永远拘锁"，只是朝廷根据当时的情况所作的一时措施，并不是法律的正式规定。法律规定是"羁管、编管各有年限，盖未尝终其身而拘囚也"。编管人除特殊身份及永不放还者外，被管制若干年后依法即可恢复自由。犯人可在当地落户，成为当地居民，亦可移居他处。宋规定"愿于他州附籍者，许牒送，仍责厢耆邻人常知所在，官司不得追扰呈集。有故欲往他州者，告官，量给近限，听往。即不得牒送及往本贯厢（相）邻及近边州，遇

---

① 袁说友：《东塘集》卷一〇《天府措置拘锁人札子》，影印文渊阁《四库全书》本。

恩亦不得移放。缘坐人亡殁,家属听从便。"①

在某种情况下,犯人罪虽重,但可豁免编管等附加刑。《庆元条法事类》卷七五《编配流移·名例敕》:"诸罪应减等或为从,若反坐、罪之、坐之、与同罪、准枉法、准盗论者,不在编配之例。"徐元瑞《吏学指南·字类》曰:"罪有相连谓之坐。"换句话说,因连坐而得罪者,以及法律本条无规定而以比附定罪者,倘若是减等处罚,则决主刑,不再附加配隶、编管刑。例如《庆元户婚敕》载:"诸州县吏人、乡书手、专、斗揽纳税租而受乞财物者,加受乞监临罪三等,杖罪,邻州编管;徒以上,配本州,许人告。家人犯者,减二等坐之。"②假设某官吏受乞财物八匹,依《职制律》规定监临罪徒一年,再加三等处罚,即为徒二年半,③并配隶本州牢城。如果其子也参与了同样的受乞活动,依敕规定,属连坐罪,减二等,即判主刑杖九十,而编管刑则予免除。

值得注意的是,编管人中有些系皇帝特旨编管的,则不适用常法。黄榦《勉斋集》卷三三《张日新诉庄武离间母子》记云:"庄武元系得旨编管人,州郡不敢自专"。此庄武乃皇帝特旨编管,属于要犯,地方不得随便处置。

(三)其他从刑

南宋从刑除了主要的配隶、编管刑外,尚有羁管、居住、安置、移乡等种类。

1.羁管。羁管刑与编管类似。"羁管,谓寄留以养也",④但刑罚等级轻于编管。《庆元条法事类》卷七五《编配流役·断狱式》载《编配人籍册》,其中登载犯人的次序是从重至轻,依次为刺面配、不刺面配、编管、羁管。对于羁管人的处罚与编管人一样,只是等级上有差别而已。绍兴二十三年(1153),高宗诏书曾曰:"编管、羁管人在诸州军者,于法止许月赴长吏厅呈验。访闻比来多不用法,囚禁琐闭甚于配隶。可令遵守成宪。"⑤可知羁管犯人的行动也是受约束的。羁管人永不放还者如羁管满六年,与编管人一样,

---

①　《庆元条法事类》卷七五《编配流役·户令》,第782页。
②　《庆元条法事类》卷四七《揽纳税租》,第625页。
③　《宋刑统》卷一一《职制律·受所监临赃》,第178页。
④　《吏学指南》,第100页。
⑤　《宋会要辑稿》刑法四之四七。

也可在当地落户,成为当地居民,但行动仍受一些限制。①

宋法规定,编管、羁管人有的可量移放还,有的永不量移放还。

2. 居住、安置。居住、安置主要适用于责降官员。居住刑等轻于安置,安置轻于编管。绍兴二十六年,御史台奏言:

> 去年十月以后,因言章及告讦编置、居住人曹泳(吉阳军)、莫伋(化州)、王洧(南恩州)、王肇(高州)、汪召锡(容州)、陆升之(雷州)、张常先(循州)、康与之(钦州)、徐樗(高州)、王会(循州)、雍端行(宾州)、林东(英州)、郑炜(雷州,已上并编管)、吕愿中(封州安置)、王曦(建昌军)、曹云(柳州,已上并居住),未见申到贬所。乞令所在州押发,稽留者抵罪。②

从此奏言可知编管、安置、居住,为不同等级的处罚。"国朝故事,应左降官,虽曾任宰相,而未复职名,犹是谪籍,既系有罪之人,固无自便之理。"③居住、安置官员都是左降官,皆系有罪,行动受到限制。④

3. 移乡。移乡是将犯人强制"迁徙别州县居住"。⑤ 移乡,在唐律被视同主刑(流刑之轻者),⑥本为免死之刑:"诸杀人应死会赦免者,移乡千里外。"⑦在南宋,移乡作为一个刑种,其惩罚力度小于配隶刑。朱熹曰:"移乡谓之流,犹为近之。"⑧此说概括了移乡要流徙远地的特征。犯人移乡若干年后,逢皇帝赦令可放还。移乡人情轻者十年,稍重者十五年,重者二十年,遇赦,给公凭放从便。⑨

《庆元捕亡敕》规定:"诸移乡人逃亡,第一度杖六十,每度递加一等,第

---

① 《庆元条法事类》卷七五《编配流役·户令》,第782页。

② 《系年要录》卷一七三,绍兴二十六年六月甲戌条,第3册,第432—433页。

③ 《长编》四二四,元祐四年三月己亥条,第10261页。

④ 关于居住、安置刑,参见苗书梅:《南宋官员选任和管理制度》。

⑤ 《长编》卷四四九,元祐五年十月丁未条,第10794页。

⑥ 戴炎辉:《中国法制史》,三民书局1986年版,第103页。

⑦ 《唐律疏议》卷一八《贼盗律》,中华书局1993年版,第341页。

⑧ 《晦庵先生朱文公文集》卷四二《答吴晦叔》,《朱子全书》第22册,第1913页。

⑨ 《庆元条法事类》卷七五《移乡·断狱令》,第778页。

五度不刺面配移乡处本城。"①宋对移乡人的监控依然是严密的。犯流罪并附加移乡法时,流罪经折杖后,其居作役"役于移乡之所"。② 如移乡人家有祖父母、父母年老多病,无人照顾,可不必远移,只移邻州。应放者,由官府发给公凭。

4. 令众。令众犹如示众,是次于编管、羁管的刑罚。南宋法律规定:"诸以杂言为词曲,或以蕃乐紊乱正声者,各杖一百,许人告,令众五日。"③绍兴禁铸造贩卖鍮石、铜器法规定,违犯禁令者,"一两杖一百,一斤加一等,令众三日,配本城"。④ 令众是要戴枷具的,《清明集》载一法官判词曰:"熊幼杖一百,枷项令众,候犯人替。"⑤同书又一判词云:"(陈念三)从轻杖一百,枷项本州,其四县各令众五日。"⑥

令众法有时也可单独实施。《庆元条法事类》云:"诸博戏赌财物并停止出九和合者,各令众五日。"⑦

5. 士人永不得应举。不得应举之罚,是专对士子制定的处罚。在科举制大发展,读而优则仕的时代,读书的士子被剥夺应举的资格,无疑是一项重大的处罚。其中又区分为两种限制,一是士人不得参加科考。孝宗隆兴元年(1163)诏:"应令人代名及为人冒名赴省者,各计所受财依条外,并永不得应举。"⑧《晦庵先生朱文公文集》卷一○○《劝谕榜》载:

> 劝谕遭丧之家,及时安葬,不得停丧在家及攒寄寺院。其有日前停寄棺柩灰函,并限一月安葬。切不须斋僧供佛,广设威仪,但只随家丰俭,早令亡人入土。如违,依条科杖一百,官员不得注官,士人不得应举。

---

① 《庆元条法事类》卷七五《移乡·捕亡敕》,第774页。
② 《庆元条法事类》卷七五《移乡·断狱令》,第778页。
③ 《庆元条法事类》卷八○《杂犯·杂敕》,第925页。
④ 《宋会要辑稿》刑法二之一四九。
⑤ 《清明集》卷一四《赌博·自首博人支给一半赏钱》,第533页。
⑥ 《清明集》卷一二《惩教讼》,第480页。
⑦ 《庆元条法事类》卷八○《博戏财物·杂敕》,第900页。
⑧ 《文献通考》卷三二《选举考五》,第300页。

二是士人即使已中第者，不得接受选用和举荐做官，如绍兴九年，常州宜兴县进士吴师古犯罪，送袁州编管，"永不得应举"。①

士人不得应举，与官员不得注官一样，都是附加于主刑杖一百的从刑。

6. 僧道还俗。将僧尼道士还俗，剥夺其原有身份，是针专对僧人、道士制定的法律。绍兴十一年，大理寺对岳飞冤案的牵连者僧泽一的判词云："僧泽一合流三千里，私罪断，合决脊杖二十，本处居住一年，役满日放，仍合下本处，照僧人犯私罪流还俗条施行。情重，奏裁。"②僧泽一是个僧人，令其还俗即属附加刑。南宋修撰的《庆元条法事类》卷七四《比罪·名例敕》规定："僧道还俗，本罪杖以下（原注：虽无本罪同），各比徒一年。"法律是把僧道还俗作为一项刑事处罚对待的。

总体上说，南宋从刑的运用范围越来越广，其刑罚等级也日趋细密，并呈加重趋势。仅刺配之法，至孝宗淳熙时，"凡五百七十条"。③南宋主刑刑罚趋轻弱化，从刑的适用却逐渐地重于主刑，科条繁密，呈现出轻者愈轻，重者愈重的状态。南宋刑罚的实施过程，是一个刑罚向两极分化发展的过程，这与南宋广泛运用从刑并逐渐加重从刑的国策密切相关。

第三节　刑罚执行制度

罪犯一旦被判刑定案，就进入刑罚执行程序。宋代除斩刑必须等到秋冬季节执行外，通常立即实施刑罚。

一、主刑之执行

宋规定徒罪以上重罪刑罚，执行时长官必须亲临现场，以示慎重。如犯人身有疮病，不便行刑，则"长吏躬亲勒当行人验定注籍，责保知在，以时检

---

① 《系年要录》卷一二六，绍兴九年二月乙亥条，第 2 册，第 719—720 页。
② 《朝野杂记》乙集卷一二《杂事·岳少保诬证断案》，第 704 页。
③ 《文献通考》卷一六八《刑考七》，第 1461 页。

举",待创伤愈合后,追上行决。① 杖以下轻罪,由幕职官监督执行。王栐说:
"今州郡杖罪悉委职幕官,而徒罪必自监决,帅府则以徒罪委通判。圣朝谨
严于用刑,盖以人命为重也。"②

关于死刑执行,《庆元断狱令》规定:

> 诸决大辟皆于市,遣他官同所勘官吏监决,量差人护送。仍先令长
> 吏集当职官,引囚亲行审问乡贯、年甲、姓名来历,别无不同,给酒食,听
> 亲戚辞诀,示以犯状。(原注:六品以上官犯非恶逆以上者,听乘车。)不
> 得窒塞口耳,蒙蔽面目及喧呼奔逼。仍以未、申二时行刑,不得别加伤
> 害。经宿,听亲故收瘗。无亲故者,差职员。③

死刑的执行是件大事,是以法律规定十分详备。宋曾发生因执行法官
未依据有关规定执行刑罚而误决人致死之例,如抚州法官误将本该放免的
陈四以当做死刑犯人陈四闲处死。两人姓名仅一字相异。泉州也发生过误
决之事,法官将合决配之人陈翁进误作合决重杖犯陈进哥处死。④ 上述引囚
亲问年甲、姓名等规定,是防止错杀犯人的重要措施。

宋代还规定节日期间不决死罪。决大辟罪犯当日,本处官府不得举乐。

笞、杖、徒、流刑执行时,都依法折成杖刑,击打犯人臀部或脊背。关于
行刑杖具,《绍兴令》规定:"诸狱具,当职官依式检校,枷以干木为之,长者以
轻重刻式其上,不得留节目,亦不得钉饰及加筋胶之类,仍用火印,从长官
给。"⑤《庆元断狱式》规定了杖具的具体轻重、长短尺寸,"杖:重一十五两,
长止三尺五寸,上阔二寸,厚九分,下径九分。笞:长止四尺,上阔六分,厚四
分,下径四分"。南宋时期的衡,一两约当今 40 克,杖具重当今 600 克;南宋
一尺的长度约当今 30.7 厘米,杖长当今 107.45 厘米。⑥

---

① 《庆元条法事类》卷七三《决遣·断狱令》,第 744 页。
② 王栐:《燕翼诒谋录》卷三,中华书局 1997 年点校本,第 24 页。
③ 《庆元条法事类》卷七三《决遣》,第 745 页。
④ 《宋会要辑稿》刑法四之八三。
⑤ 《宋会要辑稿》刑法刑法六之七八。
⑥ 按:关于南宋衡的重量及尺的长度,取自郭正忠的考证成果。参见郭正忠:《三至十四世纪
中国的权衡度量》,中国社会科学出版社 2008 年版,第 180、243—244 页。

执行官吏须依法执行刑罚。《庆元断狱敕》规定:"诸官司行决不如法(原注:谓用绳、核等窒塞其口,或于鼓面抨砸,及用棍棒、藤条捶决,并以荆棒、竹篦之类杖背者),及杖疮未损而重叠行决者,各以违制论。"①严禁被杖后创伤未愈之前再行决杖。理宗时,刘克庄任江南东路提刑,曾就太平府推司五日内重复行杖,"湿疮上鞭挞"犯人,做出严厉处罚:"推司决脊杖十五,编管健康府。"②法律还规定"遇夜不得行杖"。③ 如执行官违判而故增杖数者,将受杖一百之惩处,"徒、流罪,徒一年,入罪重者,各加所入罪一等,以故致死,各减斗杀罪三等。即所增杖数过二十,及于杖上增以他物者,各加二等"。如具体行杖人违法"暗加杖数,及于杖上增以他物故为惨毒者,徒二年,意在规求或情涉仇嫌,若决徒、流罪者,配本州。以故致死者,依故杀法,仍奏裁"。对于那些本该奏裁待命的死罪犯,如执行官违法"辄决者,流二千里"。④

执行法还规定夏季时期须避开中午高温时段,于早晚天气凉爽时进行,"遇暑月(原注:谓五月至七月终),早,辰时前;晚,酉时后,方听行决(原注:事繁州县,早,巳时前;晚,申时后)"。⑤ 对于杖以下轻罪犯人,已结正而有疮病妨决者,长吏躬亲勒当行人验定注籍,责保知在,以时检举,损日追决。或罪人小有疮肿,不妨受杖,及殴伤人杖以下罪,被殴人不愿保辜者,当职官审验论决。

有些犯人想出种种办法以规避刑罚,宋规定"即有所避而故自毁伤成疮病者,听留禁,损日行决。若以'万岁'字文刺身体(原注:字虽不同,意涉乘舆者,亦是),其在受杖处者,增改讫论决如法"。⑥

---

① 《庆元条法事类》卷七三《决遣》,第 743 页。
② 《后村先生大全集》卷一九二《太平府通判申追司理院承勘僧可谅身死推吏事》,四部丛刊本。
③ 《宋会要辑稿》刑法三之八八。
④ 《庆元条法事类》卷七三《决遣》,第 743 页。
⑤ 《庆元条法事类》卷七三《决遣·断狱令》,第 744 页。
⑥ 《庆元条法事类》卷七三《决遣·断狱令》,第 744—745 页。

二、从刑之执行

犯人处配隶刑,如是刺配,须在犯人脸上刺文字符号。南宋绍兴十年(1140)发生的刘遇僧伪称皇侄案,经审讯,判刘遇僧决脊杖二十,刺配琼州牢城。执行刺刑时,"针笔人执笔不敢下手,既而刺字既细小;杖直李浚执杖不敢决,既而轻拂掠之,皮亦不伤"。① 所谓"针笔人",即执行刺字的行刑吏人,"杖直"是决杖之吏。

在执行中常常出现令他人替代罪犯受刑的现象。为此,法律规定:"诸诈令人代受杖及代之者,各杖一百,本犯徒以(上),加所避罪二等;代之者,止以犯人本罪为坐,罪止徒二年。令人代编配、移乡、居作(原注:已居作而权令代役者非),及代之者,各依比徒、流法。缌麻以上亲代之者,减三等。以上未决,各减二等(原注:代配未刺面,编管、移乡、不刺面人未至所隶处,居作人入役者,与未决同)。其犯人本罪虽会赦及自首,不免,许人告。"②

配隶犯由军队的士兵押送至配隶场所。宋采取逐州交替押送犯人法。"诸军及公人部送罪人者,逐州交替,不得减数,仍检察来人,有不至者,报元差官司"。③ 南宋制定有相应的押送制度:"诸应部送罪人,逐州专委职官一员同兵官主管,常切预差禁军二十人,籍定姓名,在营祗备,遇有押到罪人,依次差拨,即时交替,不得越过。"④配广南远恶州军或海外州军的重罪犯人,则实行逐路交替押送法,即将犯人"逐路传递,押至路首州军交替"。⑤ 配广南及海外州军,路途遥远,如逐州交替押送,交接程序过多,容易发生犯人逃跑现象,故定为逐路传递押送。

押送罪犯,不得私自逗留不行,因故停留者,必须申报所至官司知晓。此外,配隶犯的档案材料也必须送交犯人隶属州,由隶属州法司审核后报本

---

① 徐梦莘:《三朝北盟会编》(以下简称《会编》)卷一九九,绍兴十年二月条,上海古籍出版社1987年版,第1438页。
② 《庆元条法事类》卷七三《出入罪》,第754页。
③ 《庆元条法事类》卷七五《部送罪人·吏卒令》,第792页。
④ 《庆元条法事类》卷七五《部送罪人·吏卒令》,第792页。
⑤ 《庆元条法事类》卷七五《部送罪人·随敕申明》,第795页。

路提点刑狱司。关于此,《庆元断狱令》载:"诸编配人,备录年甲、犯状……实封递报所隶州,置簿录元牒,仍付法司看详。有不当者,受讫具奏。若无不当,即连元牒申提点刑狱司,送检法官详覆。其应拣选移放者,以簿照验。"① 押解途中,罪犯死亡而无亲属者,"官为殡瘗标识,仍移文本属,告示家人般取"。② 淳熙八年(1181),孝宗有一敕文详细规定了押送罪人的规章制度,规定如下:

> 敕:刑部状,今后强盗贷命人,遇断下,自本部排千字文号,每名给行程历一道,开具部送条法指挥,随断敕行下。候到本州,将犯人断配讫如法锢身,依条差人防送,所过州军,限一日差人交替,仍批上到发日时,当职官印押讫催发前去(原注:其罪人在路或有病患,即申官司,州委兵官,县委巡、尉交管医治。候瘥安,即时发遣前去,仍批行程历照会)。所有逐州发遣罪人及诸处收管罪人日,并即时申刑部。其行程历,仰收管罪人去处缴申本部,驱磨有无稽滞,申三省、枢密院。奉圣旨"依"。令逐路帅守及提点刑狱官每季开具有无走逸人数,缴申刑部,置籍稽考,申三省、枢密院,将违戾当职官吏取旨重作施行。③

此法规定,凡强盗被判贷死者,刑部登记排号,发给行程历,开具有关押送的法律条款,与裁决敕书一同颁下。判决书送达州军后,将犯人依折杖法执行刑罚,并差人押送犯人至配隶场所。押送者所过州军,限期一日,差人交接,并于行程历上注明到达和离开州军的时间,主管官员签押盖印,催促押送者上路。如有犯人患病,报告官府,委派官员找人医治,病愈即继续上路。有关官府须于行程历上注明治病情况。所有遣送和收管罪人的州军都要及时把情况上报刑部。行程历由最后收管罪人的州军负责缴申刑部,刑部审核押送途中有无滞留,然后报三省、枢密院。各地方帅守和提点刑狱官每季度向刑部报告一次有无犯人逃逸情况。有违反者严加惩处。这一制度应当说

---

① 《庆元条法事类》卷七五《编配流移》,第781页。
② 《庆元条法事类》卷七五《部送罪人·断狱令》,第794页。
③ 《庆元条法事类》卷七五《部送罪人·随敕申明》,第796页。

是相当周密详备的。

建炎二年(1128)，因受战争影响，道路不通。高宗诏诸路州刺配罪人断遣讫，"权送本处重役营分收管。俟道路通快(畅)日遣行"。① 刺配罪人本该押送远处厢军营服役，因道路受阻，暂时改为就地服役。

配隶犯除配厢军外，还可配隶衙前、官营手工业及诸司务。配隶衙前，即配在衙门服苦役。宋还将重犯罪人刺配屯驻军服重役，绍兴十九年(1149)，规定将一些犯人刺配池州、鄂州、建康府都统制军下服重役。并刺"配州府屯驻军重役"字，防止罪犯逃亡。② 淳熙八年(1181)，又规定刺配诸军重役犯人"仍随罪犯轻重酌地里远近分配……候及五年，无过犯，与免重役。如敢逃走，依军法施行。"③绍熙五年(1194)，又定为免重役之罪犯"改刺充本州牢城收管。"④配重役军成为配隶刑的一项内容。《庆元条法事类》载：

> 配军，刺面若干，某人年若干，系某处某色目人，今犯某事，从某罪断配某州牢城，或本城，或某处重役军分。⑤

纵观南宋刺配重役法，盖因犯人"情理深重，所以配充重役"，⑥以便用严厉的军法监管重犯罪人，亦含有用繁重的劳役惩处犯人之意。

宋法，刺配州军者，盖指州军之牢城，即配隶犯人被拘于厢军牢城营房内。《庆元名例敕》："诸称配者，刺面，不指定军名者，配牢城。"⑦嘉泰四年(1204)，臣僚言："两淮编置之人，多因渡淮作过，遂丽三尺，械颈系足，锁闭牢城，听其死而后已。岂不可悯。欲将诸州所收过淮编置罪人，特令分刺屯

---

① 《系年要录》卷一五，建炎二年四月丁卯条，第1册，第244页。
② 《宋会要辑稿》刑法四之四七。
③ 《宋会要辑稿》刑法四之五五。按：此法又见真德秀：《西山文集》卷九《申枢密院措置军政状》，唯"五年无过犯"，误作"三年无过犯"。
④ 《宋会要辑稿》刑法四之六一。
⑤ 《庆元条法事类》卷七五《编配流役》载《编配人籍册》，第786页。
⑥ 《宋会要辑稿》刑法四之六一。
⑦ 《庆元条法事类》卷七五《编配流役》，第779页。

驻诸军,各使自效。"①梅应发《开庆四明续志》卷四《厢院》:"本府旧无厢院,附之牢城。牢城,古之圜土,囚有滨死而获宥者,则縻于是,不得与齐民齿。齐民有讼于有司,两造未备,无亲若故可保识,则寄之厢,以防窜逸。乃与城旦之囚伍杂处。"又同卷《兵马司》载:"开庆元年(1259)七月,大使丞相既修两狱,因念牢城损圮尤甚,乃拨钱四千五百七十五贯二百文,米八硕六斗八升,并为葺治,囚者便焉。"上述牢城指的是犯人居住的场所。胡石壁在给下属官员的一份指令中说:"当职今月二十五日亲诣厢牢,点视屋宇,见得颓败卑隘,上漏下湿,不可以居。……惟昔周官司寇,以圜土教罪民,凡害人者,置于其间而施职事焉。……苦其心志,劳其筋骨,饿其体肤,动心忍性,增益其所不能,将复反于中国,齿之于平民也,岂遽俾之就死地哉! 今敝陋如此,燥湿寒暑,无所乎避,是使罪止流窜,法不当死之人,野处穴居,竟至殒命,反不若受极刑速死之为愈也。"②胡石壁云厢牢是用来安置已决流配犯人的。

　　细绎上述材料,所谓牢城,乃是服苦役的囚犯拘管之场所。厢牢即厢军牢城,有专人看管,防止逃亡。犯人拘管于厢军牢城,白天依法服苦役,夜晚统一宿于固定的牢城中。牢城为军事编制单位。宋太宗太平兴国七年(982)的一份诏书曰:"应诸道州府犯徒、流罪人等,并配隶所在牢城禁锢。"③禁锢即拘管也,不使之自由。对于编管人,宋文献中有"编管邻州,牢固拘管"之语,④"牢固拘管"是强调对编管人严加看管之意。

　　洪迈云:"国朝之制,减死一等及胥吏兵卒配徒者,涅其面而刺之……久而益多,每郡牢城营,其额常溢,殆至十余万,凶盗处之恬然。盖习熟而无所耻也。"⑤建炎二年(1128),有臣僚奏言:"建炎元年五月一日赦书内,应编配、移乡人并不移放者,并放逐便。且如秦州兵士该赦者,几及百人,元系隶牢城指挥收管钤制,严于它军,仅免作过。今一旦尽给公据,放令逐便,乃为游手,散处城市,小则剽窃,大或啸聚,为患不细。欲权勾收公据寄官,依旧

① 《宋会要辑稿》刑法四之六四。
② 《清明集》卷一一《葺治厢牢》,第440页。
③ 《宋会要辑稿》刑法四之二。
④ 《清明集》卷一四《捕放生池鱼倒祝圣亭》,第524页。
⑤ 《容斋随笔》续笔卷五《唐虞象刑》,中华书局2005年点校本,第278页。

月给钱粮,本营居住……"①梁克家《淳熙三山志》卷一八《兵防类》:"牢城指挥,以待有罪配隶之人"。所言牢城指挥,是指厢军编置单位而言。淳熙四年(1177),孝宗诏云:"广南东、西路重行修葺牢城营,其有阙处,即行创造,尽收管配隶人在营著役。"②嘉定二年(1209),罗日愿谋反,被处死刑,其从属人员徐济等人并杖脊刺配土牢。③ 从这些记载看,牢城、牢城营、土牢都是一个意思,是指隶属于厢军,用来安置配隶犯人的场所,不是监狱,与用来羁押待审的犯罪嫌疑人的牢狱并无关系。

罪犯配隶外州者,通常配至州一级,即配于设在州的厢军牢城,而不下县。

宋法规定配隶犯人可以携家眷同往流配之所。配隶犯人因病、残可放停归乡。

编管、羁管人和移乡人被押送至指定州军场所后,不得随意迁徙,行动受到监管和约束,若有逃亡,即需申报上级官府。宋《元符令》规定:责降安置、编管、羁管人,所在州"令常觉察,不得放出城"。④ 高宗曾诏云:"吉阳军编管人曹泳令本军常切拘管讥察,不得令出城及宾客书问往来,仍月具存在申尚书省。"⑤编管永不放还者,如果已在编管州附籍,则只能在当地居住活动,"即已附籍而逃至不许往州县者,依移乡人逃亡法"治罪。⑥ 对于编管人,长官须时时掌握其行踪,防止其逃逸。犯人逃出州县管辖的区域,有关负有"知其所在"责任的官员要受处罚。

宋执行法还规定,凡应令众者农历五月至七月的暑季和十一月至一月的寒季可以豁免。

此外,宋代刑罚执行还有赎刑制度。关于赎刑,南宋宁宗时的法规载:

---

① 《宋会要辑稿》刑法四之四一。
② 《宋会要辑稿》刑法四之五四。
③ 《续编两朝纲目备要》卷一二,嘉定二年五月戊戌条,中华书局1995年点校本,第760页。
④ 黄以周等辑补:《续资治通鉴长编拾补》卷二〇,崇宁元年十二月丙寅条,中华书局2004年点校本,第725页。
⑤ 《系年要录》卷一七九,绍兴二十八年四月甲寅条,第3册,第530页。
⑥ 《庆元条法事类》卷七五《部送罪人·旁照法》,第799页。

"诸犯罪情轻杖以下,听以赎论。"①汇载南宋诉讼判词的《名公书判清明集》也记有此赎法的具体案例。② 赎刑的适用范围仅限于杖以下罪。至于杖以上罪的赎罪法只适用于一些特殊案犯,如老幼残疾不胜科决者,徒流罪可以"准律收赎"。③ 太学和武学的上舍、内舍生,犯公罪徒刑也可赎。④ 属于"议"、"请"、"减"之类的皇亲贵族,九品以上官员犯流以下罪可以赎罪。不过诸爵及勋官不在赎罪之例。⑤ 此外,朝廷命官可以纳官赎他人罪。南宋绍兴四年(1134),川陕宣抚副使吴玠纳官赎责授单州团练副使刘子羽罪。其奏曰:"臣纳前件官,少赎子羽之罪,使量移近地,得以自新。"⑥

---

① 《庆元条法事类》卷七六《当赎门》,第 817 页。
② 《清明集》卷四《户婚门·吴盟诉吴锡卖田》,第 100—101 页。
③ 《宋会要辑稿》刑法五之一八。
④ 《庆元条法事类》卷七六《当赎门》,第 817 页。
⑤ 《庆元条法事类》卷七六《当赎门》,第 811 页。
⑥ 《系年要录》卷八三,绍兴四年十二月戊戌条,第 2 册,第 164 页。

第三章　南宋的民事法律制度

民事法律制度,是指调整和维护私有财产关系和人身关系的法律规范。其内容包括民事法律关系主体、维护财产所有权关系、调整债权债务关系及婚姻家庭关系等方面的法规。在现代的法律中简称"民法",亦称为"私法"。中国古代并没有"民法"这一名词概念,但中国历史法律文献中的田宅、户婚、钱债、契约、继承等方面的法令都属于这一方面的内容。而民法的发展,则是随着私有制和商品经济的发展而不断丰富和完善的。在这一方面,两宋时期尤为突出。南宋时调整民事关系的法律是在北宋的基础上发展变化形成的,因此南宋时的民事法更加详备。这是本章所要探讨的主要内容。

第一节　民事法律关系主体

民事法律关系主体,是指社会成员在民事法律关系中依法享有权利和承担义务的参与者。在中国古代社会中,无论是以血缘关系确立的尊卑等级,还是以法律形式确立的贵贱有等、良贱有别,或是从职业上划分的士、农、工、商,都是历代统治者从不同的角度,"为每个阶级确定了在国家中的特殊法律地位"①。而这种不同的法律地位,则使不同社会成员在法律关系

---

① 《列宁全集》第六卷《俄国社会民主党的土地纲领》,人民出版社 1960 年版,第 93 页注。

中享有不同的权利和义务,尤其唐律中的"贱民"则是被剥夺了权利主体资格的社会群体。而在唐宋社会变革过程中,这一社会结构则发生了深刻变化。

一、唐宋社会变革中阶级结构的变化

在中国古代社会中,各种贵族和各级官僚历来是享有各种法定特权的统治阶级的核心力量,而各级地主和广大农民则是统治阶级存在的社会基础。虽然地主和农民并无特权,但历来是有独立户籍和享有民事权利主体资格的法定平民,这是历代不曾变化的一个法定原则。而以"行商坐贾"为业的广大工商业者,在"重农抑商"的社会氛围中,虽然经济上很富有,但其社会地位受到诸多限制,在唐律中不仅为其别立"市籍",称为"杂类",而且不准入仕为官,限制社会交往,其"末业"身份也受到世人的鄙视,社会地位远不如平民,可以说是一个权利主体资格不健全的社会群体。

在唐代社会关系中,还有一个隶属于官府的"官户"和"杂户",隶属于官僚地主私家的部曲、客女和奴婢。而这个群体,则是没有独立户籍、没有独立人格、没有人身自由而依附于主家的法定"贱民"阶层,唐律中称:"奴婢贱人,律比畜产"①。虽然唐代法律不准主家私自杀伤"贱人",但主家对奴婢贱人可以买卖、转让、赠与、奴役和处罚。所以说唐代的法定"贱民"是一个不具有独立人格权和权利能力的社会群体。这个群体的大量存在,是唐代社会成员法定地位不平等的突出表现。而这个社会群体法定地位的提高,则是社会文明进步的一个重要标志。

唐中期以后,随着均田制的破坏和土地私有制的大量出现,门阀世族的消亡和庶族地主的兴起,以人身依附关系为特征的庄园农奴制开始削弱,租佃契约关系逐渐兴盛。至宋代,由于商品经济的高度发展,契约关系的发达,使各阶层社会成员的法律地位发生了重大变化。

(一)官僚法定特权的削弱

在宋初的立法中,虽然承袭了唐律中有关维护官僚的各种特权法,但从

---

① 刘俊文点校,《唐律疏议》卷六《官户部曲官私奴婢有犯》,中华书局 1993 年版,第 132 页。

南宋官僚士大夫享受特权的状况来看,除了恩荫特权之外,在诸多方面都受到一定程度的限制。如对官员的占田,不仅规定了限额①,而且禁止地方官在任所购置田宅,不准在职官员购买和承佃官田,承包官场坊,违者"杖一百,诈隐者,加一等"②;在和买与和籴中,不分限额内外,"将官户及权势之家并与平民一等科纳"③;在差役中,亦不分官户与民户,一概轮差,虽然准许官户雇人代役,但官户的免役特权已不存在了。同时严禁官员放贷取息,经商牟利,与部民为婚,在任职处寄居等。对品官的种种禁约和限制,使南宋品官的传统特权大为削弱。

(二)商人法定地位的提高

南宋商品经济的高度发展,商品交换的繁荣昌盛,不仅商业在社会经济中的地位越来越重要,而且商人队伍亦成为一股经济实力很强的社会力量。因此,南宋士大夫对商业在社会经济结构中的地位和商人在商品交换中作用的认识也发生了新的变化。如叶适在批判重农抑商传统观念时讲:"抑末厚本,非正论也"④;陈耆卿则认为,士农工商,"皆百姓之本业"⑤。黄震亦讲:国家四民,各有一业,"同是一等齐民"⑥。由此可以看出,在南宋士大夫的视野中,商业和商人的社会作用与士农处于同等的地位。正是基于这一认识,南宋商人和其他市民一样被编入坊郭户的户籍,成为国家的编户齐民。

南宋商人社会地位提高的主要表现:一是在服制上,打破了"只著白衣"而别于士庶的限制,不仅可以穿紫色,而且乘马可以用漆鞍,这是南宋商人身份变化的重要标志。二是在"取士不问家世","所交不限士庶"的社会环境中,工商子弟享有参与科举考试的权利,从而为商人参与政治活动和改换

① 谢深甫撰,戴建国点校:《庆元条法事类》卷四八《科敷·田格》,黑龙江人民出版 2002 年版,第 668—669 页。
② 《宋会要辑稿》食货二六之二九。
③ 《系年要录》卷一七三,绍兴二十六年六月壬子条,第 3 册,第 441 页。
④ 叶适:《习学记言》卷一九《平准书》,影印文渊阁《四库全书》本。
⑤ 陈耆卿:《嘉定赤城志》卷三七《重本业》,《宋元方志丛书》本,中华书局 1990 年版。
⑥ 《黄氏日钞》卷七八《又晓谕假手代笔榜》,影印文渊阁《四库全书》本。

门庭提供了诸多机遇和途径。三是商人的权益受到法律的广泛保护,如南宋法律明确规定:凡商舶兴贩,场务故扣留者,杖一百,"留滞三日加一等,罪止徒二年"①;凡客旅贩谷米,"其经由官司如敢非理骚扰阻节,许客人经尚书省越诉"②;"诸私置税场,邀阻商旅者,徒一年,所收税钱坐赃论,仍许越诉。"③这些法律规定固然是为了保证商品流通和商税来源,但亦维护了商人的合法权益,尤其准许受害人越级诉讼,这是以前任何朝代商人所享受不到的权利,也是南宋商人社会地位提高的表现。

(三)法定"贱民"向"编户齐民"的变迁

唐代的法定"贱民",主要指依附于官府的"官户"和"杂户",依附于私家的"部曲"、"客女"和"奴婢"。这个社会群体,都是没有独立户籍,没有人身自由,没有权利主体资格的社会阶层。由于"奴婢、部曲身系于主"④,所以"奴婢贱人,律比畜产"⑤。虽在唐律《户令》中有"放奴婢为良及部曲、客女者,并听之"的规定,但这种放贱为良,皆须"由家长给手书,长子以下连署,仍经本属申牒除附"⑥。所以主家自动放免"贱人"为良人是极为有限的。而至两宋时,这种情况却发生了根本性的变化。

1.在南宋的户籍编制中,无论民户原来有无户籍,是平民还是贱民,一律登记在国家的统一户籍中,由此使唐代依附主家的法定"贱民"皆成为拥有独立户籍的国家"编户齐民"⑦。所谓编户,即是编入国家户籍的人户;齐民即谓平等画一的良民。据《史记集解》如淳的解释:"齐等,无有贵贱,故谓之齐民。犹今言'平民'矣。"⑧可见两宋时的"编户齐民",即是法定的国家平民。

---

① 《庆元条法事类》卷三六《商税》,第547页。
② 《宋会要辑稿》刑法二之一〇二。
③ 《庆元条法事类》卷三六《商税》,第548页。
④ 《唐律疏议》卷一七《亲属为人杀私和》,第334页。
⑤ 《唐律疏议》卷六《官户、部曲、官私奴婢有犯》,第132页。
⑥ 《唐律疏议》卷一二《放部曲奴婢还压》,第239页。
⑦ 江少虞:《宋朝事实类苑》卷一五《司马温公》,上海古籍出版社1981年版,第184页。
⑧ 司马迁:《史记》卷三〇《平准书》,中华书局1982年版,第1417页。

2. 由于南宋"无从坐没入官为奴婢之法"①，也没有世袭为奴和买卖奴婢的制度，所以南宋既没有依附于官府的官户、杂户，也没有依附于私家的部曲、客女、奴婢等贱民阶层。而在主家从事杂役的人，皆是因"贫无所养，而有男女僦佣于人"②的良家子女。

3. 在两宋的户等划分中，以居住地不同，将人户分为乡村户和坊郭户；以政治身份不同，将人户分为官户与民户；以有无财产，将人户分为主户与客户；以财产的多少，将人户分为上户与下户。但无论如何划分户等，这些拥有独立户籍的人户，都是享有法律关系主体资格的国家"编户齐民"。

从唐宋社会变革中社会结构的变化来看，不仅官僚贵族法定特权有所削弱，商人法定地位得到提高，而且使传统的法定"贱民"从社会最底层解放出来，一跃而成为国家平民。这些变化，不仅展现出南宋是中国古代社会中唯一没有法定贱民的朝代，而且也透视出南宋时社会成员法定地位向平等方向前进的趋势。

二、雇佣契约关系中展现的平等趋向

英国学者梅因曾讲："所有进步社会的运动，是一个从身份到契约的运动"③。即任何社会的进步表现，都是一个从身份等级向契约平等关系转化的过程。而中国古代一直是一个典型的身份等级社会，既有以礼制确认和维护的宗法等级，也有以法律确认和维护的官僚等级，正是这些森严的等级，使不同的社会成员处于不平等的地位，由此使官僚贵族享有各种特权，而使广大贱民丧失了应有的人格和权利。

契约则是当事人双方确定权利和义务的协议书，而且是立约双方共同意思的表示。尤其在雇佣契约订立时，立约双方皆是以独立人格、平等身份、自愿协商确定的，既无身份高低之分，亦无任何强制性。即使是契约关系确立之后，立约双方所形成的也是一种暂时结合的经济关系，既无强制性

---

① 方回：《续古今考》卷三六《酒浆笾醢醯盐幂奄女奚》，影印文渊阁《四库全书》本。
② 《蔡襄集》卷九《乞戒励安抚使书》，上海古籍出版社1996年版，第395页。
③ ［英］梅因：《古代法》，商务印书馆1997年版，第97页。

的人身依附,也无劳役剥削,而且受雇人拥有较多的人身自由。因此在契约关系中展现出更多的平等与自由精神,这是人身依附关系中不可能有的人权现象。所以说从身份到契约的变化,是社会文明进步的一个重要标志。

人的平等是雇佣契约的前提。劳动力的社会化是雇佣契约关系发展的基础,没有广泛的自由劳动者,就难以实现雇佣契约的制度化。在这一方面,南宋时已具备了充分的条件。从劳动力资源来看,不仅唐代的贱民转化为国家平民之后成为自由劳动者,而且破产的农民和流民也大量流入城镇靠出卖劳动力为生,这就为雇佣契约的实现提供了充足的劳动力。从社会需求来看,由于商品经济的发展,雇佣劳动需求范围的扩大,在官私工商业生产和经营及私人家庭劳动中,普遍采用了雇佣契约形式。而这种以订立雇佣契约,确立雇期和雇值,期满即可各从己便的情况①,南宋时尤为突出。但由于各类雇佣关系的状况不同,雇工在受雇期间的地位也不一样。

(一)临时性雇工的状况

南宋时的乡村下户,虽然有田可耕,由于收成无余,而"负贩、佣工,以谋朝夕之赢者,比比皆是"②。"客户则全无立锥,惟藉佣雇,朝夕奔波,不能营三餐之饱。"③所以说南宋时乡村下户和客户在租佃官私土地外,以佣工补贴生活的情况比较普遍,但这种佣工多是临时性的短工。

南宋时的一些地区也出现了固定的劳动力市场。如在临安则"有一等专是诸行借工卖伎人会聚行老处,谓之市头"④,实际上这是在行老处等候出卖劳动力的人。又如四川"邛州村民,日趋成都府小东郭桥上卖工,凡有钱者,皆可雇其充使,令担负也"⑤。这是乡村多余劳动力投向城市劳动力市场的典型表现。但这种雇工多是临时性的,如官员、士人等"欲出路还乡,上官赴任,游学,亦有出陆行老,顾倩脚夫、脚从,承揽在途服役。"⑥这种雇佣都是

---

① 吴自牧:《梦粱录》卷一六,丛书集成本。
② 王柏:《鲁斋集》卷七《社仓利害书》,影印文渊阁《四库全书》本。
③ 陈淳:《北溪大全集》卷四四《上庄大卿论鬻盐》,影印文渊阁《四库全书》本。
④ 灌圃耐得翁:《都城纪胜》,台湾文海出版社 1979 影印本,第 73 页。
⑤ 《湖海新闻夷坚续志》前集卷二《幻术为盗》,中华书局 1986 年版。
⑥ 《梦粱录》卷一九《雇觅人力》。丛书集成本。

单项任务的临时性雇佣。

南宋时,无论是临时性的搬运工,还是短期的锄田客,或是季节性茶园工,由于都是以口头形式确立的临时性雇佣关系,所以雇工与雇主之间比较平等,不仅雇工在受雇时可以讨价还价,而且来去也比较自由。如临川市民王明,雇吴六种植菜园累岁,在吴六力辞去时,王明"留之不可"。① 这说明南宋时雇工拥有离主的自主权。从陆游的"佣耕食于我,客主同爨炊"②也可以看出,南宋临时性雇工与雇主之间是一种比较平等的关系。

(二)官私工商业中雇工的地位

唐代官营手工业中的生产者,主要是劳役工匠和依附于官府的伎作户(官工匠)。而南宋时官营手工业生产中的劳动者,除了厢兵之外主要采取了雇募民匠,尤其是专业技术比较强的生产部门,普遍采用雇募形式。虽在民匠的雇募中有"差雇"与"和雇"之别,但皆非无偿劳役。所谓"差雇",则是官府根据需要,按匠籍对民匠进行征调,虽非出于工匠的自愿,但由于官府支给一定的雇值,因此"人皆乐赴其役"③。而对专业技艺要求较高的工匠,南宋官府亦采取了"和雇"的方式,即在官府与工匠双方自愿的基础上,"彼此和同","事迄即遣"④。而工匠的雇值则是根据本人技术高低、熟练程度、劳动量大小,分等计算支付,一般高于差雇工匠。官府为了雇到"手高人匠",对有专门技艺工匠,"支给钱米反胜于民间雇倩工钱",因此这类工匠"则欢乐而往"⑤。这反映了南宋对技术人才的重视。在《庆元条法事类》中,还对官营手工业中雇募工匠规定了休假日,每年的假期总计有六十天左右,而对特殊工种还规定了特别的休假制度⑥。显然这是唐代劳役工匠所享受不到的待遇。由此看来,雇佣关系中的工匠与劳役制下工匠的地位发生了突破性的变化。

---

① 洪迈:《夷坚支志甲》卷五《灌园吴六》,中华书局 2006 年版,第 752 页。
② 陆游:《剑南诗稿》卷四八《弊庐》,影印文渊阁《四库全书》本。
③ 梅应发:《开庆四明志》卷六《作院》,中华书局 1990 年《宋元方志丛刊》本,第 5996 页。
④ 《宋会要辑稿》刑法二之四七。
⑤ 《梦粱录》卷一三《团行》。
⑥ 《庆元条法事类》卷一一《给假》,第 211 页。

　　南宋私营工商业的发展,生产规模的扩大,需要雇募大批工匠和劳动力才能完成生产任务,因此南宋民间的雇工数量也大量增加。而各类业主所需工匠,则是由不同行业的作头或行老按匠籍向雇主推荐①,由雇主与工匠双方商议,自愿签订雇佣契约,确定雇值和雇期实现的。这种以契约形式确定的雇佣关系,既是雇主和雇工双方真实意义上的自愿和雇,也在契约中规定了双方的权利和义务,使雇主与雇工在契约关系中处于比较平等的地位。正是这种平等关系,也刺激了工匠的生产兴趣,促进了南宋民营工商业的发展。

　　(三)人力、女使法律地位的提高

　　所谓奴仆,是指在主人家从事杂役的人。唐代的官奴仆,皆是没入官府的重罪人的男女家属;私家奴仆,多是由主人买卖而来。无论是官奴仆还是私奴仆,都是丧失人身自由和权利而被无偿役使的男女。而南宋时期,私家所用奴仆,皆是“僦佣于人”的平民子女。葛洪讲:“今之所谓奴婢者,概本良家,既非乞类之本卑,又非刑辟之收坐,不幸迫于兵荒,陷身于此”②。罗愿也讲:“今世所云奴婢,一概本出良家,或迫于饥寒,或遭诱略,因此终身为贱,诚可矜怜。”③正因南宋奴仆出身于良家,这就决定了唐宋奴仆不同的社会地位。

　　虽然葛洪、罗愿仍将受雇于私家的杂役人称之为奴婢,但在南宋的法律中并无奴婢之名,而是男杂役人称为人力,女杂役人称为女使。这一法定名称的出现和广泛使用,不止是名称的改变,而是对雇佣而来的人力、女使与买卖而来的奴婢贱人之间认识的转变。这一转变,亦是身份等级差别缩小,主仆名分淡化的反映。

　　南宋私家雇佣人力和女使,亦是经由“行老”、“牙婆”介绍,通过订立契约,确定雇值和雇期实现的。所以南宋法律明确规定:“诸于人力、女使、佃

①　《梦粱录》卷一六《茶肆》。
②　《涉史随笔》之《汉高帝诏免奴婢自卖者为庶人》,丛书集成本。
③　罗愿:《罗鄂州小集》卷五《鄂州到任五事劄子》,影印文渊阁《四库全书》本。

客称主者,谓同居应有财分者"①。即人力、女使与雇主之间是一种同居的经济关系,而非人身依附关系。因此,人力和女使在雇佣中,其良人的身份一直受到法律的保护。

1. 严禁非法强雇人力、女使。南宋时,为维护正常的雇佣关系和良人的合法权益,严禁强雇良人为人力、女使。如《庆元条法事类》中规定:"诸以债负质当人口(虚立人力、女使雇佣契同),杖一百,人放逐便,钱物不追,情重者奏裁。"②从这项规定来看,南宋对债权人利用债负强雇人力、女使的限制是很严格的,违者要追究其刑事责任。

但南宋强雇人力、女使的情况并不少见:一是官吏利用职权强雇部民,如县尉黄友,因强雇三名部民女为女使,因此受到"勘杖一百,押出本路界"的处罚。中介人潘牙人、程牙婆,也因此受到"各从杖八十"的制裁③。二是债主强勒负债之家男女为人力、女使的情况也时有发生。如宋孝宗时,"湖南人户少欠客人盐钱,辄取折人男女充奴婢"④。虽然被强制充奴婢的男女并非是无偿役使,但因不是自愿建立的雇佣关系而受到法律的严格禁止。三是诸蕃商把中国人"雇为人力、女使将入蕃者,徒一年"⑤。这些规定,显然加强了对人力、女使人身权的维护。

2. 禁止雇主违契役使人力、女使。南宋时,为防止主家违契役使被雇人力和女使,对雇期亦规定了限制,"在法,雇人为婢,限止十年。其限内转雇者,年限、价钱各应通计。"⑥这项规定表明,不允许雇主无限期或永久占有和役使奴仆。

南宋私家所雇人力和女使,在契约规定的雇期届满之后,或还家,或续订雇契,或改雇于他人,主要取决于人力、女使本人,主家无权强制。袁采讲:"以人之妻为婢,年满而送还其夫;以人之女为婢,年满而送还其父母;以

---

① 《庆元条法事类》卷八〇《诸色犯奸》,第923页。
② 《庆元条法事类》卷八〇《出举债负》,第902页。
③ 《清明集》卷九《时官贩生口碍法》,第357页。
④ 《宋会要辑稿》食货二七之一五。
⑤ 《庆元条法事类》卷七八《蕃蛮出入》,第865页。
⑥ 《罗鄂州小集》卷五《鄂州到任五事札子》。

他乡之人为婢,年满而送归其乡。"①如弋阳丫头岩农夫受雇于漆公镇,服侍颜二郎"凡三岁,辞归父家"②。高疎寮女婢"银花年限已满",而自动表示愿"一意奉侍","遂约以每年与钱百千,以代加年之直"③。这说明南宋的人力、女使在契约届满后的去留是比较自由的。但雇主"隐落原雇之由,径作牙家自卖,别起年限,多取价钱"④的情况也不少见。据绍兴三十一年(1161)知临安府赵子潚讲:"近来品官之家典雇女使,避免立定年限,将来父母取认,多是文约内妄作奶婆或养娘房下养女,其实为主家作奴婢役使,终身为妾,永无出期,情实可悯。"⑤袁采亦讲,"以人之妻女为婢,年满有不还其夫而擅嫁他人,有不还其父母而擅与嫁人,皆兴讼之端。"⑥对此,南宋时亦立法禁,其规定:品官之家典雇女使,如妄作养女立契,"其雇主并引领牙保人,并依律不应为从杖八十科罪,钱不追,人还主,仍许被雇之家陈首。"⑦此项规定表明,南宋时对侵犯女使自主权的处罚是比较严格的。但在雇佣活动的实际中,这种现象一直是禁而不止,所以在宋宁宗时,罗愿亦提出了类似的建议。

3.不许雇主私自惩罚人力、女使。南宋时,为维护人力、女使的人身权,不许主家私自惩治奴仆。袁采讲:奴仆有犯及逃亡者,"宜送之于官依法治之,不可私自鞭挞"⑧。《庆元条法事类》中规定:"主殴人力、女使,有愆犯因决罚邂逅致死,若遇恩,品官、民庶之家并合作杂犯。"⑨而且强调非理死亡的奴仆,雇主必须告官"即时检视"⑩,并允许死者的亲属经官控告。虽然南宋时对主家殴杀奴仆的处罚轻于北宋,但奴仆在受雇期间死亡而亲属控告者

---

① 《袁氏世范》卷三《雇女使年满当送还》,天津古籍出版1995年版。
② 《夷坚三志壬》卷一〇《颜邦直二郎》,第1542页。
③ 周密:《癸辛杂识》别集下《银花》,中华书局1988年版,第273页。
④ 《罗鄂州小集》卷五《鄂州到任五事札子》。
⑤ 《宋会要辑稿》刑法二之一五五。
⑥ 《袁氏世范》卷三《雇女使年满当送还》。
⑦ 《宋会要辑稿》刑法二之一五五。
⑧ 《袁氏世范》卷三《玩很仆婢宜善遣》。
⑨ 《庆元条法事类》卷一六《赦降》,第343页。
⑩ 《文献通考》卷一一《户口考二》,第120页。

明显增多。既有"婢仆不幸婴病以卒,而父母、兄弟、姑姨、叔伯必把为奇货。群凑雇主之门,争攫珍贝者"①。亦有"见人家女使病死,则曰原系本家转雇,恐有连累。见人家仆死,则曰系是本家亲族,不曾走报"②。借机入词,乞取钱物。如女使张惜儿受主人训斥后自缢,不干己之人则经州县告奸,使主家"俱就图圄"③。在这些事例中,虽有趁火打掠之徒,亦有飞笔诬蔑穷民之词,但从中也可以看出南宋是不许主家随意惩治奴仆的,违者要追究雇主的法律责任。由此亦反映了南宋时对奴仆生命权的保护。

4. 人力、女使法定权利的扩大。唐代私家"奴婢既同资财,即合由主处分"④。所以在主家有罪时,以主家财产籍没入官。而南宋的人力和女使,由于系雇佣而来的良家子女,所以在主家犯罪籍没财产时不在没官之限。如绍兴末年医官王继先因罪被籍没家中财产时,"还良家子为奴婢者凡百余人"⑤。这说明具有独立人格权的人力和女使,即使受雇佣期间,也不再为主家犯罪承担连带法律责任。这亦是人力、女使人身权扩大的表现。

南宋人力、女使法定权利扩大的另一个表现,是在一定范围内有了控告主人的权利。如南宋初规定,凡在金兵南侵之际趁机吞并官物"出限不纳之家,许诸色人并本家人力、女使经府陈告,以所藏之物三分之一估价充赏,其人力、女使即时令逐取便"⑥。在其他赦书中也多有此类规定。宋孝宗淳熙五年(1178)六月亦诏:沿边州县客人,凡辄以耕牛、战马、茶叶等私贩过北界与金人交易者,"并依兴贩军须物断罪。许诸色人告捕……人力、女使告首者,并与免罪,与依诸色人告捕支赏"⑦。南宋时因奴仆控告而主人受到处罚的官员也不少见,如建炎初年,延康殿学士高伸落职,左金吾卫大将军高述降职,皆是因根括犒军金银"为婢所告"⑧引起的。又如绍兴二十七年

----

① 《北溪大全集》卷一四七《上傅寺丞论民间利病六条》。
② 《清明集》卷一三《骗乞》,第 518 页。
③ 《清明集》卷一三《自撰大辟之狱》,第 491 页。
④ 《唐律疏议》卷一四《杂户官户与良人为婚》,第 270 页。
⑤ 《宋史》卷四七〇《王继先传》,第 13688 页。
⑥ 《靖康要录》卷一〇,台湾文海出版社 1979 年影印本,第 869 页。
⑦ 《宋会要辑稿》刑法二之一一九。
⑧ 《系年要录》卷一,建炎元年二月壬辰条,第 1 册,第 23 页。

(1157)阁门祗侯王彦昇,因"不毁销金服饰"为女使所告而被"贬秩二等"①。从以上情况来看,南宋人力、女使的法律地位与唐代的"奴婢贱人"相比,已发生了质的变化。

三、租佃契约关系中佃客法律地位的变化

南宋时的佃客,既有无地的客户,也有地少人多难以为生的贫民下户。这个劳动群体,主要靠租种地主土地和官田为生。但因其都是国家的编户齐民,而且租佃土地是通过明立契约实现的,与地主之间只是一各暂时结合的经济关系,所以广大佃客的法律地位较之唐代的部曲有了明显的提高,享有了更多的平等、自由的权利。

(一)佃客自由权的扩大

在南宋的租佃契约关系中,由于"租户自系良民"②,与主户同是国家编户齐民,所以佃客只要依契按时向地主交纳地租之外,地主并不得干预佃客的生产与生活,在契约规定的租期届满之后,佃客即可与地主商量去留,即佃客拥有退佃或换佃的自由权。如宋孝宗时规定:请佃官荒田的客户,如"不愿开耕,即许退佃"③;如果"佃户无力耕种不令退免,各徒二年"④。这是维护佃客租种自由权的规定。

南宋佃客在租佃关系存在期间,亦有自由支配自己时间的权利。或利用暇时经商,或受他人临时佣雇,皆不受任何限制。如绍兴年间,乐平新进乡农民陈五"为翟氏佃仆,每以暇时受他人佣雇,负担远适"⑤。宋孝宗淳熙年间,台州仙居人郑四客"为林通判家佃户。后稍有储羡,或出入贩贸纱帛海物。"⑥这种在租佃关系存续期间,佃客或经商、或受他人佣雇的情况,是南宋佃客人身自由权扩大的重要表现。

---

① 《系年要录》卷一七七,绍兴二十七年八月甲辰条,第3册,第2930页。
② 《黄氏日钞》卷七〇《申提刑司乞免一路巡尉理索状》。
③ 《文献通考》卷五《田赋考五》,第64页。
④ 《宋会要辑稿》职官五八之二四。
⑤ 《夷坚支志癸》卷五《神游西湖》,第1259页。
⑥ 《夷坚支志景》卷五《郑四客》,第919页。

　　(二)维护佃客基本权益的法律

　　南宋官田和地主私田的耕种,亦是靠佃客租种实现的。所以南宋士大夫在谈佃客与田主的关系时,一直强调佃客是地主生存之基。袁采讲:"人家耕种出于佃人之力",只有对佃客"视之爱之,不啻骨肉",才能"悉籍其力",保我"衣食之源"①。正是基于这一认识,南宋初王之道提出,凡是在兵火之时,艰难之际,田主对本家佃客不予收养存恤,致使"徙乡易主,以就口食"者,事后地主"虽有契券,州县不得受理"②。胡宏亦讲:如果田主"不知保爱客户",甚至挠虐奴役,"惟恐去之不速者","官当戒斥主户,不受其诉"③。即因主户不存恤客户而致违契逃移者,客户不承担违契责任,官府亦不承认田主契约的法律效力。在遇到水旱等自然灾害时,佃客亦可到官府诉灾和请求减免税租,如宋孝宗隆兴元年(1163)规定:"灾伤之田既放苗税,所有私租亦合依例放免,若田主依田催理,许租户越诉"④。

　　在官田的租佃和承买中,客户不仅拥有优先权,而且在承买中享有减价和延期付款的优惠。如绍兴五年(1135)在出售官庄时规定:"佃赁及三十年已上,即于价钱上以十分为率与减二分,价钱限六十日送纳。"⑤其后此类诏令还很多,说明在南宋的官田出卖中,客户一直受优惠。官府此类举措的目的在于扩大主户,增加国家赋税来源,但在客观上为客户获得土地提供了机遇,这是唐代部曲所不敢想像的权利。

　　为保护佃客的合法权益,南宋初不仅下令田主"不得擅自增加租课"⑥,而且规定"民户典卖田地,毋得以佃户姓名私为关约,随契分付。得业者,亦毋得勒令耕佃。如违,许越诉"⑦。显然是保护客户的自主权。

　　在南宋的赈灾恤民中,无论是平价以粜,还是贷以种食,或是直接赈给,

---

①　《袁氏世范》卷三《存恤佃客》。
②　王之道:《相山集》卷二二《乞止取佃客札子》,影印文渊阁《四库全书》本。
③　胡宏:《五峰集》卷二《与刘信叔书》,影印文渊阁《四库全书》本。
④　《宋会要辑稿》食货六三之二一。
⑤　《宋会要辑稿》食货六一之七。
⑥　《宋会要辑稿》食货六九之一一。
⑦　《系年要录》卷一六四,绍兴二十三年六月庚午条,第3册,第307页。

皆"无分于主客户"①。如孝宗淳熙十六年(1189)三月,专门诏令濠州支椿管米五千石,"赈贷本府去年被水土着及归正主客户"②。这说明南宋官府在赈贷中对主户与客户是同等对待的。这亦是南宋客户法定社会地位提高的表现。

(三)保护佃客人身权的法律

佃客能否自主参与民事活动,是权利主体资格的重要表现。在南宋的租佃活动中,一直强调遵守"自愿请佃"的原则,既不准强勒耕佃,更不许将佃客随田转让。在佃客与田主因欠租引起矛盾时,官府一直强调田主依法"经官陈论"③,"官为理索"④。即不准田主私自处罚佃客,如果主家不经官司而强牵佃客财物,或虚立人力雇契没入男女为奴仆,则要以"敕科罪"⑤。佃客在契约规定的义务之外,有权拒绝田主其他要求。绍兴六年(1136)规定:淮南官田除依契立定租课,其余不得收纳,"或敢违戾,并许百姓越诉,官吏重寘于法。"⑥即允许佃客以越诉对抗官私田主的无理要求和契外克剥。这些保护佃客权益的法律规定,说明南宋佃客亦有自由参与民事活动的权利主体资格。

佃客的生命权是其人身权的核心。如果生命安全得不到保障,也就无人身权和主体资格可言。在这一方面,北宋前期曾有主殴佃客致死皆抵死而"无减等之例",元丰之后"始减一等,配邻州"。至南宋初则"又减一等,止配本城。并其同居被殴至死,亦用此法"⑦。显然佃客的生命权在逐步下降。但此项量刑标准与《唐律》中的"诸主殴部曲至死者,徒一年;故杀者,加一等;其有愆犯决罚致死,及过失杀者,各勿论"⑧的规定相比,对地主的处罚还是加重了。从南宋佃客与唐代部曲的命运相比,佃客的地位还是提高了。

---

① 《宋史》卷一七八《食货六》,第4335页。
② 《宋会要辑稿》食货六八之八九。
③ 《晦庵先生朱文公文集》卷一〇〇《劝农文》,四部丛刊本。
④ 《庆元条法事类》卷八〇《出举债负》,第903页。
⑤ 《系年要录》卷一六四,绍兴二十三年六月庚午条,第3册,第307页。
⑥ 《宋会要辑稿》食货九之二六。
⑦ 《系年要录》卷七五,绍兴四年夏四月丙午条,第2册,第64页。
⑧ 《唐律疏议》卷二四《主殴部曲死》,第406页。

南宋时的佃客虽是国家的编户齐民,而且是与田主形成的契约租佃关系,但由于经济发展不平衡,在以庄园农奴制仍然占主导地位的夔州、利州路等经济落后地区,佃客的实际地位仍与农奴无异,人身隶属关系还很强,力役剥削亦很重。即使是经济发达的东部地区的佃客,在南宋后期亦出现了"小民之无田,假田于富人;得田而无以为耕,借资于富人;岁时有急,求于富人;其甚者,庸作奴婢,归于富人"①。甚至"地客生男,便供役使,若有女子,便为婢使,或为妻妾"。②此时的地主豪强,不仅通过租佃契约和借贷契约把佃客束缚在自己的土地上,而且把经济力量转化为超经济的强制力,使"一切差役,皆出佃户之家"。甚至有些"主户生杀,视佃户不若草芥。"③由此可见,南宋后期客户的人身权利已与农奴制下的部曲没有太多的区别。

在唐宋社会变革中,由于法定"贱民"向国家编户齐民的转化,使两宋时的平民阶层超常扩大,这既体现出社会关系及社会生产力发展的需求水平,亦折射出社会发展的趋向。而从身份到契约的发展,则使法定的客户、雇工、人力、女使与田主和雇主之间形成了暂时的经济关系,虽然这种变化不可能使客户与田主,雇工与业主,人力、女使与雇主实现真正的平等,但在中国古代社会发展史上,也是空前绝后的,是社会文明前进中的一个重要表现。正是这些变化,改变了南宋民事法律关系主体的社会结构,亦呈现出追求平等的精神。

第二节 财产所有权关系法

财产所有权,是指民事权利主体享有的具有经济利益的权利。主要是所有人对所有物具有占有、使用、收益和处分的权利。随着私有财产关系的发展,使所有权关系更加复杂,因此调整和维护财产权关系的法律更加详

---

① 《水心别集》卷二《民事下》。
② 《元典章》卷五七《禁典雇》,光绪三十四年(1908)沈家本刻本。
③ 《元典章》卷四二《刑部·杀奴婢倡佃》。

备,由此形成了财产所有权法。

在中国古代的财产界定中,凡可移动的有体物,皆称为财物,即现代所谓的动产;凡是不可移徙的田宅及定着物,皆称产业,即现代所谓的不动产。财产属于私人的,则称私财或私物;属于国家的,则称官财或官物;属于团体的,则称共财或共物。由于动产具有可移徙性特征,在法律上则重视其实际控制,凡私自移徙他人财物,使其离绝本处而支配者,则构成盗窃罪。而不动产由于具有不可移动的特征,在法律上重视其利益侵害,虽在刑法上设有盗耕、妄认、盗卖等罪名,但由于这些行为都不会使不动产本身发生变化,所以法律只着重对利益侵害的处罚。

在南宋的财产关系中,由于私有财产关系的高度发展,商品经济关系的发达,契约关系的盛行,使以不动产为主的财产权关系更加复杂化。而各种不同类型的财产所有权在典卖、租佃、抵押中不断分化和相互转化,致使财产权关系发生了多样性变化。因此,南宋时调整和维护财产权关系的法律也更加详备。

一、财产所有权的表现形态

在南宋财产关系中,由于所有权主体不同,财产有国有、共有和私有之别,而且不同类型的财产所有权又表现出多种形式。

（一）国有财产的表现形式

南宋时的国有财产,主要指属于国家所有的官田宅、山林、河流、湖泊、矿产及官营场坊等。而官田则是其主要资产,因其来源和职能不同,又表现为多种形态。

1.官庄。南宋的官庄是官田的主要部分,既有北宋时已创置的官田,亦有因灾伤战火出现的无主田、抛荒田、逃户田、户绝田等没官田所立官庄。如绍兴七年(1137)将"无主逃田拨充官庄"[①];其后又多次"辟田以广官庄"[②];宋孝宗隆兴元年(1163)指挥:"淮州县营田、官庄,将州县系官空闲田

---

① 《宋会要辑稿》食货二之一九。
② 《宋会要辑稿》食货六之一四。

土并无主逃田,并行拘籍见数,每县以十庄为率,每五顷为一庄,召客户结甲耕种。"①可见南宋官庄作为官田的一种形式,主要来源于各种没官的私田。

2. 职田。是一种用于官吏职务补贴的官田,其来源是"以官庄及远年逃亡田充","随官而给"②,但官吏对职田只有使用及收益权,而且这种收益权,亦随着离任而消失。

3. 学田。是指由官府划拨用作赡学的官田。南宋时,"上自太学,下至郡县学,莫不教且养"③。即官府划拨的学田是各级学校经费的主要来源。而学田则是官田的一种存在形态。

从南宋官田产的属性和来源来看,官庄、荒田、涂田、山林等,是由官府管理和支配的官田;职田、学田则是由官员个人或学校经营和收益的官田;没官田则是南宋官田的主要来源。而南宋法定没官田产范围的扩大,则是南宋由私田产向官田产转化的突出特征。

(二)共有财产的表现形式

南宋共有财产,主要指同居共财大家庭的共产,宗族社团的公产,寺院经济实体等团体财产。

1. 家庭共有财产。是指父祖子孙同居共财大家庭中的共有财产。在这样的家庭中,家长则是家庭共有财产的代表,对家中财产拥有管理和处分权,其他家庭成员虽然都是共有财产的有份人,但未经尊长许可,不得擅自处分财产。即使尊长亡殁之后,如果有份人欲行典卖共有财产,也必须"兄弟共同成契"④。如"典卖众分田宅私辄费用者,准分法追还,令元典卖人还价。"⑤而在共产分析时,"妻家所得之财,不在分限。"⑥这是维护家庭共产的法定原则。

2. 宗族公共财产。是指以宗族社团为主体的产业。南宋时,随着商品

---

① 《宋会要辑稿》食货三之一〇。
② 《宋史》卷一七二《职田》,第4145页。
③ 洪咨夔:《平斋文集》卷七《镇江府学田记》,影印文渊阁《四库全书》本。
④ 《清明集》卷九《母在兄弟有分》,第301页。
⑤ 《清明集》卷四《漕司送许德裕等争田事》,第118页。
⑥ 《清明集》卷五《妻财置业不系分》,第140页。

经济的发展,具有一定独立财产、拥有管理机构、既有名号、亦有规矩的社团组织开始出现。如宗族祭祀祖先的祭田,族人进行祭祀活动的宗庙祠堂,宗族共同的坟地墓田等,无论是由全体族众抽分合置,还是由族人凑钱合约共置,或是将户绝田产改为祠田或墓田,都是族人的共同财产。而这些族产,既是独立的经济实体,也以宗族团体的名义参与民事活动,所以说祭田是南宋最普遍的一种共同财产。

南宋最典型的社团财产,是赡养贫困族人的"义田"、赈济族人的"义仓"、教养本族子弟的"义学田"和"义学舍",收容族人的"义宅"等,这是南宋士大夫仿效范仲淹置义庄而兴起的义举。有族中官僚地主个人置田兴办者,如向子湮"置义庄以赡宗族贫者"。① 吴奎"以钱二千万买田北海,号曰义庄,以酬亲戚朋友之贫乏者"②。亦有族中数家富室共同出资合置义庄者,如通判沈换在本族倡导兴办义田,"乐助者甚众",得田几百亩③。也有将遗产立为义庄者。南宋的义田,无论是个人购置,还是多人募集,或是遗产拨充,都不是捐献给个人而是属于族众的共同财产。南宋祭田、义田的增多,是集体共有财产扩大的突出表现。

3. 寺院所有财产。南宋时的一些寺院,不仅广占土地,而且兼营工商业,亦放贷取息,实际上也是一个经济实体。尤其是一些著名的寺院,不仅占田之多非常惊人,而且获取田产的渠道也多种多样。如上天竺寺,从高宗至度宗,仅皇帝赐田多达 168 顷④。宋理宗淳祐年间,赏赐临安显慈集庆教寺田"万八千二百有奇",山林"万七千九十有奇"⑤。其数量之大是少见的。亦有官员个人对寺院的捐赠和施舍,如光宗绍熙元年(1190)直秘阁张镃将"镇江府本家庄田六千三百余亩"施舍于庆寿慈云禅寺⑥。更多的官吏则是

① 汪应辰:《文定集》卷二一《徽猷阁直学右大中大夫向公墓志铭》,影印文渊阁《四库全书》本。
② 刘颁:《彭城集》卷三七《吴公墓志铭》,影印文渊阁《四库全书》本。
③ 袁燮:《絜斋集》卷一四《通判沈公行状》,丛书集成本。
④ 游彪:《宋代寺院经济史稿》,河北大学出版社 2003 年版,第 76 页。
⑤ 胡敬:《淳祐临安志辑逸》卷二,武林掌故丛编本。
⑥ 《宋会要辑稿》道释二之一五。

捐赠十数亩至数百亩不等①。贫民下户亦有为取得寺院的庇护而将仅有的小块土地捐施于寺院再佃种者。

南宋寺院亦有包佃官田而转租取利,诱惑善男信女捐赠钱财垦荒,也是其扩田的重要表现形式。而寺院凭借雄厚的经济实力大量购置田产,亦是获取土地的重要途径。虽然南宋有"寺观不许典卖田宅法"②,但寺院典买田地的事例并不少。如宋宁宗庆元三年(1197),资寿禅寺一次买田达"一千八百五十四亩"③之多,而一次买几亩、几十亩的寺院则更为普遍。寺院在扩田过程中,亦不乏对民田的巧取豪夺。而地处荒僻之地或深山幽谷之中的小寺院,只能僧道自己动手"开山田以足食"④。而没有大寺院的光彩和经济实力。

(三)私有财产的表现形式

南宋私有财产的拥有者,都是法定的主户。在乡间,官户、地主、自耕农,则是田宅、谷帛、牛具、桑柘的拥有者;富商大贾皆以金钱以藏之;工矿经营者则以冶炼、盐酒、纺织为业;城市中亦有广置屋舍、起造塌坊,以租赁为业者。仅此而言,南宋时私有财产的存在形式是多种多样的。

南宋以土地为主的不动产私有权的取得,在合法继承和分家析产之外,主要是通过垦荒和买卖而来。南宋时亦推行鼓励垦荒政策,凡有能力开垦荒田,并依法向国家交纳税租,不仅受到奖励,而且得到优惠。这一政策,既可满足广大下户扩充土地的欲望,也顺应了有力无地客户获得土地的要求,为他们有机会上升为主户创造了条件。这是以前朝代少有的状况。但是这项政策也为豪强形势之家包占荒田、侵占民田、围湖造田等不法行为开了方便之门。此类情况在南宋比比皆是。⑤

南宋时的田宅,亦以商品形式进入流通领域,因此,田宅买卖亦成为获取所有权的主要途径,尤其是土地买卖与豪强兼并的结合,进一步加速了土

---

①　《后村先生大全集》卷九三《荐福院方氏祠堂》,四部丛刊本。
②　《江湖长翁集》卷二四《罪言》,影印文渊阁《四库全书》本。
③　《北碉集》卷三《资寿寺永桩记》,影印文渊阁《四库全书》本。
④　《补续高僧传》卷一〇《法恭传》。
⑤　参见郭东旭:《宋代法制研究》,河北大学出版社2000年版,第481—482页。

地所有权转移的步伐。而在田产买卖中,挟势强买则是官僚豪强通常采用的手段。如"养家宰相"汤思退,一次就勒买石邦哲"千亩之田"①。浙东安抚司方云异在通州,"强市民田三十余顷,驱归业之民与之耕种"②。这种情况在南宋权贵中并非个别。而一般豪强地主及不法之民,或乘人之急,贱买其田;或诱骗昏愚不肖者破家荡产,借机夺其田产;或伪造、涂改典卖契书而侵吞其田。这种情况在南宋时更为普遍。

南宋对动产所有权的取得,亦有明确的立法。除对买卖、赠予、继承等有详备的立法外,对无主物的先占、遗失物的处理、漂流物的分割、宿藏物的处分、蓄悉物的归属、添附物的处置等原始取得,在《庆元条法事类》中都有详备的法律规定③,为确认和维护动产私有权关系奠定了基础。

二、财产所有权分化的主要表现

财产权从其功能来看,有用益物权和担保物权,但其核心权利则是所有权。而南宋的所有权,又因租佃关系、永佃权关系及典权关系、抵押关系、质权关系的盛行,使所有权发生了分化。因此调整和维护新的权利关系的法律也发生了突出变化。

(一)租佃关系中土地所有权的分化

土地所有权,是所有权人对土地占有、使用、收益和处分的绝对权利。南宋时的各类地主,虽然占有大量土地,但他们却"以躬耕稼为耻"④。因此无不把土地出租给无地农民耕种。这种以土地使用权换取佃种者的地租,则成为地主的"衣食之源"。而各种类型的官田也以这种经营形式获取地租,成为官府财政收入的一部分。这说明,南宋时的大土地所有者已经认识到,"支配农民的租赋,远比支配他们的人身重要很多"⑤。而这种租佃关系则是以契约形式确立的。虽然这种租佃形式并没有改变田产的所有权关

---

① 《系年要录》卷一八七,绍兴三十年二月丙午条,第3册,第671页。
② 《系年要录》卷一七三,绍兴二十六年六月壬午条,第3册,第434页。
③ 《庆元条法事类》卷八〇《阙遗》,第906—907页。
④ 《文定集》卷一二《书陶靖节及二苏先生和劝农诗示郑元制》。
⑤ 恩格斯:《德国古代的历史和语言》,人民出版社1957年版,第148页。

系,但却使土地的所有权与使用权分离,而且使用权亦成为一种独立的用益物权。

在南宋官府出租官田和各种抛荒田中,往往被豪绅、官吏、秀才等人侵冒占佃。这些占佃大量田地的人不可能自己耕种,而是在包佃之后再转租于他人耕种,而自己从转租中获取利益。这些占佃者实际上成为租佃关系中的二地主。这种占佃和转租的出现,又使"佃"与"种"分开,从而使土地形成了所有者(田主)、占佃者(佃主)、租种者(佃种人)三层权利关系①,而所有权、占有权、使用权成为各自独立存在的权利形态。这是南宋租佃关系发展促使所有权关系变化出现的新特征。

(二)永佃权的发展与佃权的有偿转让

永佃权是租佃关系中以永远租种所有权人土地为特征的权利,较之普遍租佃权具有更牢固、更稳定的特征,在法律上是一种强有力的地面权。

永佃权在北宋时已大量存在,但仅是一种约定俗成的传统,缺乏法律上的确认。至南宋,始有专门的法律规定:凡佃户承佃荒闲土地满三年后,可"与充己业,许行典卖"②。如佃种者"本人身故,许子孙接续承佃,并依人户承佃条法"佃种③。即佃户的永佃权既可典押、买卖,亦可子孙继承,而且法律承认这种行为的合法性。陆九渊在讲抚州金溪县屯田官庄的情况时说:江西系省屯田召纳佃户租种,父祖相传,父死子继,"岁月浸久,民又相与贸易,谓之资陪,厥价与税田相若,著令亦许其承佃。明有资陪之文,使之立契字,输牙税,盖无异于税田……历时既久,展转贸易,佃此田者,不复有当时给佃之人。"④可见在江西的屯田中,永佃权不仅可以展转贸易,而且规定了"立契字,输牙税"的法定程序,和田宅买卖并无区别。而这种交易之风并不限于江西屯田中,在其他地区官田和私田的租佃中,"互相划佃"⑤、"随价佃

---

① 周密:《齐东野语》卷一七《景定行公田》,中华书局 1983 年版,第 313 页。
② 《系年要录》卷一七二,绍兴二十六年三月己巳条,第 3 册,第 420 页。
③ 《宋会要辑稿》食货六三之二〇九。
④ 《象山集》卷八《与苏宰第二首》,影印文渊阁《四库全书》本。
⑤ 《宋会要辑稿》食货五之二六。

田"及"酬价交佃"①的情况亦大量存在。在永佃权的转让中,之所以出现"酬价"、"随价"和"资陪",是因为原佃主对"已成永业","有如己业"的佃田花费了工力,改良了耕种条件,乃至建造了屋舍,种植了树木,所以新佃主要取得佃种权,就必须向原佃主支付一定的补偿费用及佃田上添附物的价值。永佃权人虽然对土地没有所有权,但法律允许佃权人对佃田的占有权和使用权进行有偿转让,这说明永佃权人对佃田使用权的处分已有实质性的意义,这是南宋租佃关系高度发展一个重要特征。

(三)所有权在担保中设定的权利形式

南宋发达的商品经济使以田产为核心的所有权转移十分频繁,"贫富无定势,田宅无定主"②已成为南宋经济变化的一种常态。不仅土地所有权通过土地买卖频繁转移,而且土地的租佃权、占佃权、使用权亦通过"划佃"、"夺佃"、"有偿转让"独立转移。而土地所有权亦在流通过程中被分割为多种权利形式。

1.典权。典权是因典当质押而发生的用益物权。南宋时,多将典与卖合称为典卖,而典卖者亦对典产保留着所有权和回赎权,实际上这只是一种暂时的典当,并无"卖"的实质意义。从南宋典当的大量事例来看,典是业主以自己田宅的使用权向钱主换取典价,以典产收益代当典价利息的一种法律行为。由此而言,典权实际上是对田宅使用权的有限让渡。由于典产具有独立转移的特征,所以南宋时对典产的让渡规定了与田宅买卖同样的程序,制定了维护和调整典权人与出典人双方权利和义务的严密法律。

2.抵当权。南宋时的"抵当"亦是一种抵押形式,但与北宋时的"倚当"不同。"倚当"则是出当人将抵押物交付钱主使用,近似于典权,但对代当物的收益只限于约定利息的数额而非全部,付息后的多余部分仍归出当人所有。而南宋的"抵当",并不向钱主交付抵当物,只是将表明抵当物的上手契交付钱主,以表明抵当权的成立。据吴革讲:凡私立文契,"约日剋期,还钱取契"者"其为抵当";而抵当者"则得钱人必未肯当时离业,用钱人亦未敢当

---

① 罗愿:《罗鄂州小集》卷五《鄂州到任五事札子》。
② 《袁氏世范》卷三《治家》。

时过税"①。"今既不曾受税,不曾管业,所以不曾收谷,其为抵当,而非正典明矣"②。从吴革判案中所言可知,抵当则是业主既不离业,也不过税,即抵当田产仍有原业主占有、使用,承担国家税赋,在约定时间到期时"还钱取契"。由此而言,南宋的抵当类似于抵押担保中的"契押",不转移抵押物的占有和使用,这是抵当与倚当的最大区别。但在约期已过而抵当人不能清偿债负时,抵当权人可以收管抵当田产代当利息,出押人亦可通过增借改抵当为典当。

南宋田宅使用权在担保中设定的典权和抵当权,亦是财产所有权分化的重要表现。

三、维护所有权转移法的详备

南宋时对财产所有权的转移亦采取了不干预政策,而对转移过程的管理却有详备的法律规定,尤其在田产买卖中,不仅规定了严格程序,而且进一步规范化。

(一)亲邻法的调整

田宅典卖"先问亲邻"早已有之。郑克说:"卖田问邻,成券会邻,古法也。"③对此,南宋《庆元重修田令》中进一步作了界定:"诸典卖田宅,四邻所至有本宗缌麻以上亲者,以帐取问,有别户田隔间者,并其间隔古来沟河及众户往来道路之类者,不为邻。"④胡颖在谈《亲邻之法》时亦讲:"在法,所谓应问所亲邻者,止是问本宗有服纪亲之有邻至者。如有亲而无邻,与有邻而无亲,皆不在问限。"⑤凡"诸典卖田宅满三年,而诉以应问邻而不问者,不得受理。"⑥南宋亲邻法的这些调整,明显是提高了业主在典卖田宅中的自主权,使亲邻的先买权受到一定限制。

① 《清明集》卷六《以卖为抵当而取赎》,第168页。
② 《清明集》卷六《抵当不交业》,第167页。
③ 《折狱龟鉴校释》卷六,复旦大学出版社1988年版,第304页。
④ 《清明集》卷九《有亲有邻在三年内者方可执赎》,第309页。
⑤ 《清明集》卷九《亲邻之法》,第309页。
⑥ 《清明集》卷九《有亲有邻在三年内者方可执赎》,第309页。

（二）契纸制度的规范化

南宋出典田宅"皆为合同契"，已是"天下所通行，常人所共晓"①的事情。但由于出典田宅盛行的需要，南宋既制定"标准契约"，又行"官板契纸"，由官府统一印卖。李元弼讲：州县典卖田宅"镇耆庄宅牙人，根据置籍各给手把历，遇有典卖田产，即时抄上立契月日、钱数，逐句具典卖数申县，乞催印契"②。由于官板契纸初由"县典自掌"印造，"往往多数空印，私自出卖，将纳到税钱，上下通同盗用，是致每有论诉。"因此，绍兴五年（1135）三月，两浙转运副使吴革提出：典卖田宅契书，"欲委逐州通判用厚纸立千字文为号印造，约度县分大小，用钱多寡，每月给付。诸县置柜封记，遇人户赴县买契，当官给付。"③其后亦有类似指挥。南宋官板契纸的推行，进一步促进了田宅典卖契书的规范化，对减少田宅争讼亦具有积极意义。

（三）过税离业的制度化

在南宋的田产典卖中，为防止"出产人户虚有抱纳"④，造成产去税存，制定了严格的随田过税法。其规定：凡典卖田宅，原产税赋，色役钱数，只有"当日于簿内对注开收讫，方许印契"⑤。"如不先经过割，即不许人户投税"⑥。凡已印给官契者，"限一季许赴县自陈推受批簿，若限外不首，许元卖绝人论诉，将所买田产给还元业人，其价钱不追"⑦。凡未过割税赋的契约，如"异时论诉到官，富豪得产之家虽有契书，即不凭据受理"⑧。可见南宋对典卖田产中即时割税的法律之严格。

"离业"则是田产所有权转移实现的最终体现。所以南宋时法律亦规定

---

① 《清明集》卷五《典卖园屋既无契据难以取赎》，第149页。按：据《清明集》卷九《妄执亲邻》（第310页），南宋仅典田使用合同契，断卖田不用合同契。又传世的八张南宋断卖田契皆非合同契亦可作佐证（参见戴建国《南宋徽州地契试析》，汪汉卿等主编《继承与创新——中国法律史学的世纪回顾与展望》，法律出版社2001年版，第475页）。

② 《作邑自箴》卷三《处事》，四部丛刊本。

③ 《宋会要辑稿》食货三五之六。

④ 《宋会要辑稿》食货六一之六六。

⑤ 《宋会要辑稿》食货六一之六四。

⑥ 《宋会要辑稿》食货六一之六七。

⑦ 《宋会要辑稿》食货六一之六五。

⑧ 《宋会要辑稿》食货六一之六七。

田宅典卖原业主必须"离业"，即原业主必须向钱主交付典卖田宅的占有。宋宁宗嘉定时吴革讲："在法，诸典卖田宅并须离业。又诸典卖田宅投印收税者，即当官推割，开收税租。必依此法，而后为典卖之正。"①"又准法：应交易田宅，并要离业，虽割零典买，亦不得自佃赁。"②由此而言，田宅典卖订立契约并不意味着所有权转移的完成，只有过割税赋，原业主交业，钱主才真正取得田宅的所有权。所以说割税、离业是所有权转移的必经程序和有力证明。

（四）投税印契的法律化

南宋民间田宅、舟船、骡马交易，"人户合给牙契税钱，每交易一十贯，纳正税钱一贯"③。即契税高达 10% 。但并不包括"契纸本钱、勘合钱、朱墨头子钱……用印钱、得产人钱"④等。宋理宗淳祐九年（1249）又规定了"诸州纳牙契钱，上州百万，中州八十万，下州四十万"⑤的牙契税指标，而州县官吏为了完成这项任务，则根据人户物力大小，"科配预借空契纸，候有交易，许将所给空纸就官书填，名为预借牙契钱"⑥。由此造成南宋的契税越来越重，致使"州县人户典卖田宅，其文契多是出限不曾经官投税"⑦，而"私立草契，领钱交业"⑧的情况更为突出。

南宋时为限制交易中不投税行为，亦订立自首与告赏之法。南宋初曾规定："今日以前典卖田宅、马牛之类违限印契合纳倍税者，限百日许自陈，特予蠲免。"⑨绍兴十五年（1145）又规定："人户典卖田宅投税请契，已降指挥宽立信限，通计不得过一百八十日。如违限，许人告首，将业没官。"⑩宋孝

---

① 《清明集》卷六《抵当不交业》，第 167 页。
② 《清明集》卷四《游成讼游洪父抵当田产》，第 104 页。
③ 《宋会要辑稿》食货三五之一五。
④ 《宋会要辑稿》食货三五之一八。
⑤ 俞文豹：《吹剑录外集》，影印文渊阁《四库全书》本。
⑥ 《庆元条法事类》卷四八《随敕申明》，第 669 页。
⑦ 《宋会要辑稿》食货七〇之一四〇。
⑧ 《宋会要辑稿》食货六一之六四。
⑨ 《宋会要辑稿》食货七〇之一三九。
⑩ 《宋会要辑稿》食货三五之八。

宗乾道九年(1173)亦诏:"自今降指挥到日,出榜立限一月,自行陈首,与免罪赏;自投状日,限一季送纳税钱。如限满不首,许元典卖及诸色人陈告,其物产以一半给告人充赏,余一半没官。"①其后此类指挥屡有降下。这些诏令,反映了南宋对契税的重视。但由于契税苛重,法虽严、令虽繁,并没有收到应有的效果。

南宋的典卖契约,凡经官投税印押者,谓之红契;凡私立草契交易者,谓之白契。只有经官印押的红契,才是钱主取得财产所有权的合法凭证。吴革讲:"官司理断交易,且当以赤契为主"②,"必自有官印干照可凭"。③ 可见南宋的"印契"不仅是官府承认钱主取得所有权的合法依据,也是理断交易争讼的主要证据,亦是区分契约是否合法和判断契约有无法律效力的根据。而对没有经官印押的白契,凡民间"赍执白契因事到官,不问出限,并不收使,据数投纳入官"④。尤其是"只作空头契书,却以白纸写单帐于前"⑤的白契,官府皆严惩。由此不难看出,南宋完全否定了白契在交易争讼中的合法性和法律效力。

四、调整典当关系法的发达

南宋是一个典当制高度发展的历史时期,因此调整典当关系的法律也更加发达。

在南宋典当关系的设定中,由于典产的实际使用权需要转移,所以规定了与田产买卖相同的法定程序,"在法:典田宅者,皆为合同契"⑥;又法:"人户出典田宅,依条有正契,有合同契,钱业主各执其一,照证收赎"⑦。而且出典人必须离业,契书必须过税印押。只有依照此法办理转移手续的典权,才

---

① 《宋会要辑稿》食货七〇之一五一。
② 《清明集》卷六《以卖为抵当而取赎》,第169页。
③ 《清明集》卷六《执同分赎屋地》,第166页。
④ 《宋会要辑稿》食货七〇之一四一。
⑤ 《清明集》卷四《高七一状诉陈庆占田》,第103页。
⑥ 《清明集》卷五《典卖园屋既无契据难以取赎》,第149页。
⑦ 《宋会要辑稿》食货六一之六四。

是合法的典当,才能受到法律的保护。在典当关系中,因典权人已向出典人支付了典价而不再向业主支付租金;因出典人以典产的收益充当典价利息而不再向钱主支付典价利息。这是典当关系存在的基础。南宋时为维护典当关系人之间的权利和义务,亦制定了详备的法律。

(一)维护典权人权益的法律表现

南宋时为维护典权人的利益,严禁重叠典当,即不准一物两典。在法:"诸以己田宅重叠典卖者,杖一百,牙保知情与同罪。"①以此防止因出典人一物两典而危害典权人的权益。

典权人在对典产拥有使用权的同时,亦可将典产出租,也可以典产设定担保,或转让典权。但在典产的使用和管理过程中,如果故意或过失使典产遭到毁坏,典主则要承担赔偿责任。

在出典人无力回赎,或自动放弃典产的回赎权时,典主对典产享有贴典就买的优先权。即只要典主补足原典价与绝卖时之间的差额,重新订立"绝产断卖文契",经官"批印收税",典主就取得了典产的完整所有权。

(二)维护出典人权益的法律表现

在南宋的典当关系中,由于出典人以典产的使用权作为代当责任,所以不再承担人的代当责任。因此,在典产因天灾或兵火遭受到破坏时,典主不得向出典人索取新的典物。

由于出典人对典产仍然保留着所有权,所以在出典期间,只要与典主的使用权不相抵触,出典人仍然可以用典产设定抵当权。

南宋尤其重视对出典人回赎权的维护。如绍兴二年(1132)诏:"应人户典过田产,如于入务限内年限已满,备到元钱收赎,别无交互不明,并许收赎。如有词诉,亦许官司受理,余依条施行。"②又法:"诸典卖田产年限已满,业主于务限前收赎,而典主故作迁延占据者,杖一百",并"勒令日下交钱退业"③。可见维护业主回赎权的法律是相当严格的。

---

① 《清明集》卷九《重叠》,第302页。
② 《宋会要辑稿》刑法三之四六。
③ 《清明集》卷九《典主迁延入务》,第318页。

在业主无力回赎时,即使回赎期限已过,典主亦不得对典产随意处分,如欲售卖,亦须告官,会同原业主共同出售,售价在还清原典价之后的多余部分,则要给还原业主。

(三)调整典产纠纷的法律

南宋时为防止在典产回赎中引发词讼,对赎价的交付时限及赎金种类亦作了明确规定。"在法:交易钱止有一百二十日限。"①即回赎典产的价钱要在典契届满120日内交付典主。如果"初交易元是见钱者,以见钱赎;元是官会者,以官会赎;元是钱、会中半者,以中半赎。"②以防因旧会的减落而引发争讼。

南宋虽然"典赎之法,昭如日星"③,但豪右形势之家多有为富不仁,在典当中,设奸使计,坐困小民,以此而致富。有的"百端推托","使典田之家终无赎回之日"④;有的本是抵当而"作典契立文"⑤;有的"因立契抵当,径作正行交易投税,便欲认为己物"⑥;亦有同时立抵当与正典二契,"用其一而匿其一,遂执典契以认业"⑦。这些奸巧欺诈行为,都受到官府的惩治,或将假契当厅毁抹,或以违法论处,或"以虚妄之罪"勘杖一百。

南宋的典赎法,既维护典权人的利益,而更突出的是保护出典人的权益,由此显示出南宋典赎法保护弱势群体的倾向。这是中国古代民事关系中少有的法律现象。

五、维护所有权法的严密

南宋私有制的发展,私有关系的多样化,使维护私有权的法律也更加详密。

---

① 《清明集》卷九《妄执亲邻》,第310页。
② 《清明集》卷九《典买田业合照当来交易或见钱或钱会中半收赎》,第311页。
③ 《清明集》卷九《揩改契书占据不肯还赎》,第314页。
④ 《清明集》卷九《典主迁延入务》,第317页。
⑤ 《清明集》卷四《游成讼游洪父抵当田产》,第104页。
⑥ 《清明集》卷六《以卖为抵当而取赎》,第168页。
⑦ 《清明集》卷六《倚当》,第170页。

（一）禁止盗典卖共有田产

南宋不动产所有权及使用权的转移,主要是依法典卖和租佃,而盗典卖则是一种违法行为,尤其是盗典卖同居家庭中的共有田产,既是对家长权威的侵害,也是对家庭财产共有人利益的侵犯,因此南宋以法严加禁止。"在法:盗典卖田业者,杖一百,赃重者准盗论,牙保知情与同罪"。① 而知情典买者,"照违法交易条,钱没官,业还主"。② 由此可见,南宋时惩治盗典卖的法律仍是很严格的。又规定:"诸祖父母、父母已亡,而典卖众分田宅私辄费用者,准分法追还,令元典卖人还价"。③ 如系"诸同居卑幼,私辄典卖田地,在五年内者,听尊长理诉"。④ 这些规定,显然是维护共有财产合法权利人的权益。

南宋盗典卖田产的事例很多,因此而受到惩罚者亦不乏其例。如方仲乙因赌博输钱七百余贯,而将未分产业"私立田契及生钱文约",实属违法典卖,因此翁甫判决"方仲乙照条勘杖一百,追钱没官"。⑤ 又如林镕"虚立死人契字,盗卖莫通判产税",亦被法官韩竹坡判决勘杖一百,鉴还钱,田归主⑥。再如余自强出继后盗卖本生家田业,亦受到"杖八十,并监纳苗钱入官",业还本生母管佃的处罚⑦。又有建阳县梁回老,瞒昧尊长,盗卖共帐之业,而龚承直明知系未分之业,而仍买诱梁回老等立契,显系盗卖盗买,"自合照条,钱没官,业还主"。⑧ 南宋此类案例很多,盗卖者无不因此而受到惩罚。从对此类案件的处理来看,南宋维护所有权的法律是比较严格的。

（二）严禁官府侵占民田

财产私有权是权利人独有的权利,任何人不得擅自侵犯。南宋时,如果官吏擅自侵占民田,受害人亦有请求返还的诉讼权。如台州临海县百姓杨

---

① 《清明集》卷五《从兄盗卖已死弟田业》,第145页。
② 《清明集》卷九《母在与兄弟有分》,第301页。
③ 《清明集》卷四《漕司送许德裕等争田事》,第118页。
④ 《清明集》卷六《叔侄争》再判,第190页。
⑤ 《清明集》卷九《业未分而私立契盗卖》,第303—304页。
⑥ 《清明集》卷六《伪冒交易》,第173页。
⑦ 《清明集》卷九《出继子卖本生位业》,第298页。
⑧ 《清明集》卷九《共帐园业不应典卖》,第300页。

呆状告"前任知县胡芳,假借名目冒请安居益等七十户桑地事"①,即是典型一例。特别是有祖坟的田地,即使是已经绝卖,相关人仍有赎回的权利。南宋法规定:凡典卖田宅,"若墓田,虽在限外,听有分人理认,钱、业各还主"。②范应铃对墓田法解释说:"以墓田者,其意在祖宗","然以亲邻者,其意在产业","今舍墓田而主亲邻,是重其所轻,而轻其所重,殊乖法意"。③ 可见南宋保护墓田所有权的法理是"意在祖宗"。

南宋对私田维护加强的表现,是严禁官府侵占私田。南宋经常将荒闲田地置为屯田、营田招人户佃种,为防止州军乘机侵占民田,多次降诏申严禁令。如绍兴三年(1133)诏永州营屯田时,"不得侵占有主民田土"④。绍兴二十九年(1159)知谭州魏民臣曾建议:凡民户无力耕种的田地,请令人户实封投状承买,则受到户部的驳斥:"田产既系人户已业,缘非冒占官产,即无条法许行出卖"。⑤ 可见南宋民户的私田,即使是无力耕种的荒田,也不允许官府私自处分。宋孝宗淳熙十年(1183)在诏令襄阳府设置屯田时,亦令选择"未施工力,见今抛荒去处"。凡"人户见请佃已施工力,开垦到熟田,尽行给付"⑥,不得占为屯田。为防止地方官在措置屯田时强占民田,朝廷还专门遣官前往考察,发现侵占民间田土,及时处理解决⑦。

南宋的没官荒田、户绝田,是私田转化为官田的主要表现,而严禁官府强占民户私田,是保护私有权的突出表现。由此说明,南宋维护私有权的意识在法律上也有了突破性的发展。

(三)保护逃田业主的追夺权

南宋因灾伤、战火致使人户弃田逃亡的情况很普遍,由此造成的逃田也很多,为使逃田业主的所有权不被侵害,维护逃田的法律亦很详密。

---

① 《筠溪集》卷六《勘当徐公裕状》,影印文渊阁《四库全书》本。
② 《清明集》卷九《禁步内如非己业只不得再安坟墓起造垦种听从其便》,第 323 页。
③ 《清明集》卷四《漕司送下互争田产》,第 121 页。
④ 《宋会要辑稿》食货六三之九四。
⑤ 《宋会要辑稿》食货六三之二〇七。
⑥ 《宋会要辑稿》食货六三之五五。
⑦ 《宋会要辑稿》食货六三之一三九。

1. 检勘逃户田土。检勘逃田，即定期或不定期对逃亡业主的田产进行检查核实，以防其他人趁机侵占。对此《庆元条法事类》中有明确规定：凡有税租户逃亡者，"州县各置籍，开具乡村坊郭户名、事因、年月、田产顷亩、应输官物数，候归请日销注。""县限三日，令、佐亲诣检视。覆检讫，其帐限六十日申州"。①

2. 临时安置，以待业主归业。在州县清查逃田之后，为不使逃田荒闲，或暂令无田人佃种，或置屯田招诱人户耕种，待业主还乡归认。这既为业主保护了田产，也使逃田尽其利，亦为官府增加租税。如绍兴二年（1132）将江都天承县逃田置营田，分拨诸军趁时耕种，"候有人户归业"。② 绍兴六年（1136）湖南民户流移甚多，亦令营田司暂时耕种，"如将来有人户归业，及户绝有人识认请佃，即时给还"。③

3. 规定了田主归业的年限。南宋初期为恢复农业生产，促使抛荒田主尽快复业，绍兴二年（1132）镇抚使陈规提出"限二年识认"，由于人户流移远方，道路梗塞，依工部建议，逃田归认期定为三年④。绍兴三年（1133）规定："田主归业自种，在五年内者，听依已布种法，见佃人收毕交割。五年外不归业者，听见佃人为主"。⑤ 绍兴五年（1135）又规定："限外元主识认，或照验明白，即许自踏逐荒田指射以为已业；如是五年内归业，即许佃人画时交还，不得执占。已种者，候收成了给还，已施行者，量出工力钱还佃人"。⑥ 随着农业生产的恢复和社会的稳定，逃田业主的归认期限又恢复到北宋时的十年之限。

4. 保护逃田主归业的措施。南宋时，为保障归业田主的权益不受损害，亦采取了补救措施。其一，凡因兵火亡失契书者，允许经官补办。绍兴二年（1132）规定："曾被兵火亡失契书业人，许经所属陈状，本县行下，本保邻人

---

① 《庆元条法事类》卷四七《阁免税租》，第630页。
② 《宋会要辑稿》食货六三之八七。
③ 《宋会要辑稿》食货六三之一〇五。
④ 《宋会要辑稿》食货六三之八八。
⑤ 《宋会要辑稿》食货六三之九四。
⑥ 《宋会要辑稿》食货六三之九七。

依寔供证,即出户帖付之。邻人邀阻不为依寔勘会及县吏不即给帖,并许业人越诉,其合干人重真典宪"。① 宋孝宗隆兴二年(1164)德音,凡"民户抛弃田产,亡失契书之人,仰申所属陈乞,官为审验,给据管业,不得容令合干人邀阻作弊"。② 其二,规定了认业的处理原则。南宋初,逃田或临时招人耕种,虽规定人户归业"亦合给还"③,但由于多被官府设置为屯田与营田,逃田多在兵屯田内,故"有元地主归业,令州县验实,许归业人别行指射邻近荒闲田土,依数拨还充已业"。④ 但如归业地主执意要原地,"即据官庄所占水陆顷亩,令本县依占数别踏逐官庄,却令地主耕种,候亦作熟田收成了日,两相对换交割。"⑤绍兴二十一年(1142)对原业主补偿归田的工本费亦做了规定:"民识认营田者,亩赏开耕工本五千五百",并诏"诸道仿此"。⑥ 宋孝宗隆兴二年(1164)又规定:"如有归业之人,执到契照识认田业,于系官空闲田比对田色高下,依契拨还"。⑦ 此后,除了墓田依式给还外,其余"并许元地主于未开垦官庄及应空闲田土内,依数指射拨还"。⑧

南宋对逃田主归业的处理措施,无论是对逃田的检验、临时处置和规定田主归业年限,还是为逃田主归业采取的补救措施,都展现出南宋对原业主私有权保护的深化程度,从而使所有权具有了追及权的法律效力。

(四)保护孤幼财产的"检校"法

"所谓检校者,盖身亡男孤幼,官为检校财物,度所须,给之孤幼,责付亲戚可托者抚养,候年及格,官尽给还,此法也。"⑨检校孤幼财产作为一项保护无行为能力人合法权益的法律制度,在北宋时已形成,南宋时则有了进一步发展。

---

① 《宋会要辑稿》食货七〇之一三九。
② 《宋会要辑稿》食货六一之六七。
③ 《宋会要辑稿》食货六三之九〇。
④ 《宋会要辑稿》食货六三之一〇二。
⑤ 《宋会要辑稿》食货六三之一〇九。
⑥ 《宋会要辑稿》食货六三之一一八注。
⑦ 《宋会要辑稿》食货六一之六七。
⑧ 《宋会要辑稿》食货六三之一〇九。
⑨ 《清明集》卷七《不当检校而求检校》,第228页。

南宋时,不仅形势户侵欺检校孤幼财产,而且"官司侵用,暨至年及,往往占吝,多不给还"①。因此,又对侵吞孤幼财产规定了惩罚条款。据胡颖在判案中所引,"准敕:诸身死有财产者,男女孤幼,厢耆、邻人不申官抄籍者,杖八十。因致侵欺规隐者,加二等"②。又准敕,"辄支用已检校财产者,论如擅支朝廷封桩钱物法,徒二年"③。叶岩峰在判案中亦引敕条,"准敕:州县不应检校辄检校者,许越诉。此又关防过用法者也"④。《庆元条法事类》中也规定:"不应检校辄检校,……具职位姓名取旨责罚。"⑤南宋时的这些检校孤幼财产的立法,更突出表现了法律对私有权维护的深化程度。

南宋对检校法的执行也是很严格的,如胡颖在审理叔父谋吞幼侄财产一案中,不仅将"李细二十三决脊杖十五,编管五百里",而且将孤幼李文孜送入府学,"委请一老成士友,俾之随分教导,并视其衣服饮食,加意以长育之。其一户产业,并从官司检校,逐年租课,府学钱粮,官与之拘榷,以充束脩服食之费,有余则附籍收管,候成丁日给还"⑥胡颖对孤幼李文孜一案件的处理,充分体现了保护孤幼的法意和人文情结。又如韩似斋在审理《房长论侧室父包并物业》中讲:"检校"是为保护孤幼财产而设,"当职于孤幼之词讼,犹不敢苟,务当人情,合法理,绝后患"⑦。由此说明,南宋地方官对保护孤幼权益的重视,亦取得了明显的效果。

六、损害赔偿法的特征

赔偿是指因行为人的侵权、违约等行为使他人受到损害而给予的一种经济补偿,也是对行为责任人的一种经济制裁,亦是保护所有权的重要方法。赔偿作为制裁和补偿的经济形式,是伴随着私有制的生产而出现,基于

---

① 《宋会要辑稿》食货六一之六七。
② 《清明集》卷八《叔父谋吞并幼侄财产》,第286页。
③ 《清明集》卷八《侵用已检校财产论如擅支朝廷封桩物法》,第281页。
④ 《清明集》卷七《不当检校而求检校》,第228页。
⑤ 《庆元条法事类》卷三六《给还寄库钱物》,第561页。
⑥ 《清明集》卷八《叔父谋吞并幼侄财产》,第286页。
⑦ 《清明集》卷七《房长论侧室父包并物业》,第233页。

损害后果而产生,随着经济关系的发展而变化。中国古代的损害赔偿制在先秦时已经出现,但作为法定形式至唐宋时才趋于完备。

现代的赔偿法,包括侵权赔偿、违约赔偿、国家赔偿和精神赔偿四个方面的内容。但在中国古代的赔偿中,主要表现在侵权赔偿和违约赔偿两个方面,即使是比较发达的唐宋赔偿法中,也没有国家对个人的赔偿,更没有精神赔偿的规定,而私人对国家的赔偿,则是南宋赔偿法的主要内容和突出特征。

(一)损害官物赔偿法的详备

在南宋官物的管理、运输、买纳、征税等不同领域中,凡对官物造成损害的行为,都有不同的赔偿规定。

1.在官物管理中,如"诸官物安置不如法,暴凉不以时致损败者",不仅要追究管理者的刑事责任,而且管理者要赔偿损失。凡损败官物"不应除破而擅除破者,干系人均备"。监临主守官吏故纵人盗官物,"而犯人偿不足者,勒均备"。"官物误支、失收者,干系人均备五分,余追理请纳人"赔偿。① 在封桩谷物管理中,因失时粜出而致损败,或粜出不及原价者,"计所亏,官吏均备"②。在官物交接中,凡帐历磨勘不如法而致官物失陷者,"元主守人及磨勘吏人均备"。③ 仅此可见,南宋官物管理中的赔偿法,不仅详密,而且突出赔偿实现的特征。

2.在官物运输中,为防止官吏借纲运之机"侵盗官物,恣为不法"④,绍兴五年(1135)规定:如赴行在粮料有欠,"令押人并船户同共认欠","以十分为率,令押纲官认二分,其船户管认八分"。如填纳不足,委司农寺"监勒押纲并干系船户"填纳。如仍不足,"勒令元牙保人拘收产业出卖发钱"。⑤ 这项规定,进一步强化了官物的赔偿实现。

3.在官物购买中,皆委官定验,如所买之物"巧伪湿恶,及正数不足",所

---

① 以上均引自《庆元条法事类》卷三二《理欠》,第510—518页。
② 《庆元条法事类》卷三一《封桩》,第478页。
③ 《庆元条法事类》卷三二《点磨隐陷》,第504页。
④ 《宋会要辑稿》食货四二之一。
⑤ 《宋会要辑稿》食货四三之二一。

亏钱数,"勒元买纳人依理欠分数,限六十日尽估卖财产备偿。不足,勒保人,亦限六十日填纳"。① 可见对官粮草购买中的损害赔偿亦有明确规定。

4. 在征收税务中,凡以物充商税而没官者,如"其物准钱不足,干系人备偿"。② 在催纳税租中,如在"责状外又有欠者,本州置簿,勒干系吏人、书手、私名人均备"。③ 虽然这些规定具有对干系人经济惩罚的色彩,但亦是保护官物免受损失的立法。

5. 杀伤损害官私畜产的赔偿法。官畜产亦是官财物的重要内容。为保护畜产免受损害,南宋亦制定了损害赔偿法。凡故意杀伤官私牛马者,在根据情节与后果追究行为人的刑事责任外,亦要"各偿所减价"④,即赔偿牲畜杀伤前的时值与死伤后价值的差价。而在寄养或租赁官牛中,无论是因灾伤还是因老病致官牛死亡,亦"仰令佃户陪偿"。⑤

南宋在上述官物损害赔偿之外,还有诸多方面的赔偿规定。如在军器制造中,凡所造军器不如法,"即勒作匠合干人估价,于逐人请给内陪偿"⑥;如新造军器灭裂,则"勒令陪还元用物料、工价"。⑦ 在文思院监造百官金银器物中,如有"欠折金银两数,即勒令元收掌官司合干人陪偿"。⑧ 如对收救流失官船及官物应赏者,"其赏责干系人均备"⑨。在《舍驿令》、《吏卒接送令》、《丧葬令》中,亦有赔偿的规定。

南宋对损害官物赔偿范围的广泛性,可以看出南宋维护国有财产的强化程度;从当事人"备偿"到"以保人财产均偿"及"知情干系人均备"⑩,更凸显了南宋对官物赔偿实现的发展趋势。

---

① 《庆元条法事类》卷三七《籴买粮草》,第576页。
② 《庆元条法事类》卷三六《商税》,第552页。
③ 《庆元条法事类》卷四八《簿帐欺弊》,第653页。
④ 《庆元条法事类》卷七九《杀畜产》,第890页。
⑤ 《宋会要辑稿》食货三之二。
⑥ 《宋会要辑稿》职官一六之一三。
⑦ 《宋会要辑稿》职官一六之一六。
⑧ 《宋会要辑稿》职官二九之三。
⑨ 《庆元条法事类》卷八○《阑遗》,第907页。
⑩ 《庆元条法事类》卷三六《受纳违法》,第563页。

（二）违约赔偿法的发展

南宋是一个契约关系空前发达的历史时期，以契约形式确立的各种经济关系，已成为民众生活的重要内容。南宋不仅在买卖、租赁、典当、借贷、雇佣、寄托、承揽等领域中广立契约，而且在赊卖赊买、预约订购、委托经营中，亦以契约形式建立起信用关系。在发达的契约关系中，为维护契约关系的正常运行和立约双方的正当权益，亦制定了违约赔偿的法律。

在违约赔偿和预约赔偿中，凡因立约的一方违犯约定或法律，致使另一方遭受损失，都要承担补偿责任。这是维护民事权益的一种形式。南宋对违约者普遍采取"各令备偿"及"保人代偿"的形式。而"保人代偿"则是在"欠者逃亡"或欠者财产偿纳已尽仍不足情况下的一种补救措施，但却是南宋违约赔偿中普遍适用的法定原则。如在田宅典卖中，如业主系盗典卖或重叠典卖，使钱主因此而遭受损害，业主则要承担赔偿责任，"犯人偿不足，知情牙保均备"。① 在租赁房屋中，如租赁人违约拖欠租金，由官府监督"填还累月赁钱"。② 在民间借贷契约关系中，"诸负债违契不偿，官为理索。欠者逃亡，保人代偿"。③ 在寄托关系中，"诸官司寄纳人户钱物而有损失者，并干系人备偿"。④ 南宋民事赔偿的规定与发达的契约关系相比，显然是薄弱的，但对违约者更多的是采取了刑事制裁手段，这是中国古代以刑事处理民事传统的延续。

纵观南宋赔偿的变化，其有三个突出特征：一是损害官物的赔偿法详于以前任何时代；二是保障赔偿实现的法定赔偿人的范围更为广泛；三是违约赔偿的法条明显增多。

---

① 《清明集》卷五《从兄盗卖已死弟田业》，第 145 页。
② 《清明集》卷六《占赁房》，第 196 页。
③ 《庆元条法事类》卷八〇《出举债负》，第 902 页。
④ 《庆元条法事类》卷三二《理欠令》，第 513 页。

第三节　债权债务关系法

　　债法是规范和调整债权与债务关系的法律,是一种规定特定当事人之间请求特定行为的民事法律关系。但是民法意义上的债与生活中债的概念不同,民法上的债不仅指因借贷所生之债,而且还包括因契约关系、侵权行为、不当得利、无因管理等法律事实所产生的人与人之间的权利和义务关系。所以说民法上债的概念远比社会生活中债的内涵广泛得多。

　　中国在西周时已出现了因借贷而产生的债。至秦朝,又将债分为官债和私债两种,凡因欠负国家赋税、违法被罚、损失公物等所发生的债称官债;凡私人之间因借贷和侵权所发生的债称私债。而债的产生和发展,则是随着私有制和商品经济的发展而发展的。

　　南宋在中国社会经济发展史上,是一个私有制和商品经济高度发展的历史时期,不仅因借贷关系发生的债权债务关系繁多,而且因契约关系、侵权行为、不当得利和无因管理等法律事实所生之债也极为广泛。因此,南宋规范和调整债权债务关系的法律也更加发达。

一、债的发生根源

　　南宋时产生债的原因很多,但比较突出的原因,集中在因借贷关系所生之债,因契约关系所生之债,因侵权行为所生之债等几个方面。尤其是契约关系所生之债,是南宋债权债务关系发达的突出表现。

　　(一)因借贷关系所生之债

　　借贷是中国古代发生债的最早形式,所以传统观念上的"借债还钱"主要是指因借贷而发生的债。随着私有制和商品经济的发展,有息借贷成为主要的借贷关系。

　　南宋时私有财产关系的高度发展,商品经济关系的发达,进一步推动了借贷关系的发展。不仅富商大贾、豪强地主设铺放贷,州县、寺院、军兵亦设抵当库、长生库质押贷钱,典贩取利,而且借贷活动遍及城乡,非常活跃。从南宋的借贷类型来看,有息借贷是主流,民间借贷最普遍;但也有官私之间的借贷和无息借贷。从借贷的性质来看,既有生活性借贷,亦有生产性借贷,也有经营性借贷;又有实物借贷,也有货币借贷。如此复杂、活跃的借贷活动,使借贷成为南宋民众经济生活的重要内容。

在南宋的民间借贷关系中,随着营利观念的深入人心,不仅"以物质钱"的借贷市场活跃,而且"人家有钱本,多是停塌解质,舟行往来兴贩,岂闲著钱买金在家顿放"!① 即人户有钱不再藏入家中,而是投入质库,借币生利。如临安府"富豪之家质库,城内外不下数十处,收解以千万计。"② 南宋时的质库不只从事放贷业务,而且还有寄存钱物业务,如绍兴年间李元佐带家童游麻姑山,童仆将一道士给银十两卖与市铺,"得钱二十二千。就寄铺中,时取以供衣食费"③。又如孙越之叔将钱存入铺库,作为孙越学习之费。④ 再如王彦谟之妻,在妙果寺"以典质取息自给"。⑤ 可见南宋以寄存形式吸纳民间闲散资金的情况也十分普遍,这种情况又具有民间融资的性质。而寺院的长生库亦参与这类活动,据宋宁宗嘉泰元年(1201)十二月六日臣僚讲:寺观之长生库,"鸠集富豪,合力同则,名曰斗纽者,在在皆是。尝以其则例言之,结十人以为局,高下资本,自五十万以至十万。大约以十年为期,每岁之穷,轮流出局。通所得之利,不啻倍蓰,而本则仍在"。⑥ 可见寺观不仅自己立库生息,而且还纠集富豪合资放贷,谋取数倍之利。在这些借贷关系中,钱主和借贷人之间则形成了债权和债务关系。

南宋大量交子、各种会子和现钱关子的涌现和广泛流通,则成为借贷人和债权人请求支付金钱的重要内容,这种信用货币进入借贷领域,亦成为南宋债法中的一个特色。

---

① 《三朝北盟会编》卷二九,靖康元年正月八日甲戌条,第214页。
② 《梦粱录》卷一三《铺席》。
③ 《夷坚支志》景卷一〇《李氏二童》,第959页。
④ 《黄氏日钞》卷九六《安抚显漠少卿孙公行状》。
⑤ 《夷坚支志》戊卷二《王彦谟妻》,第1062页。
⑥ 《宋会要辑稿》食货七〇之一〇二。

（二）因契约关系所生之债

契约是特定当事人之间自愿设定、变更、终止民事权利和义务关系的协议书，是南宋商品交易中的法定形式。由于契约作为确认合法交易的依据，在民间社会经济生活中广泛行用，所以南宋时以契约形式确立当事人权利和义务关系的协议种类最多，由此而发生的债权债务关系也最广泛。

1. 因典卖契约所生之债。在南宋的买卖和典当关系中，因有动产与不动产之分，有绝卖与活卖之别，在典卖中亦设定了不同的权利和义务。

在田宅买卖中，契约是所有权转移的证据。只要钱主依契支付田价，业主交产离业，依法过割税租，投税印契，则为合法交易。如交易违法，钱主与业主之间则产生了债权和债务关系，违法当事人要承担法律责任。而在田宅典当中，因业主转让的只是使用权而保留所有权，所以业主向钱主交付产业的使用权，并以典价依契按期回赎典产，由此亦在典当当事人之间形成了债权和债务关系。

在南宋的动产买卖中，按买卖的设定形式，又可分为即时买卖、预买订购、赊买赊卖等，也以契约形式规定了买卖双方的权利和义务，由此亦因买卖契约而在买卖双方之间产生了债权债务关系。

（1）即时买卖契约。南宋动产交易中要求立契的法定物品是牲畜、车船等大型生产资料。据李元弼讲："买卖牛马之类，所在乡仪，过却定钱，便付买主。牛畜口约试水草三两日，方立契券。"①宋孝宗乾道七年（1171）二月诏令中亦规定："其人户典卖舟船驴马，合纳牙契税钱，各有立定所收钱数，立契并限三十日印契。"②凡立契交易的重要生产资料，亦因契约关系而形成了债权债务关系。

（2）预买订购契约。南宋的一些建筑材料、纺织品、粮食及茶叶等物品的买卖中，出现了买方先支付定钱的预买订购契约。如谢知府宅在窑户杨

---

① 《作邑自箴》卷三《处事》。
② 《宋会要辑稿》食货三五之一三。

三十四处订购砖瓦时,即是订立"文约",预支部分定金的①。而在一些村落,亦常有"外县牙人在乡村收籴,其数颇多……独牙侩乃平立文字,私加钱于粜主,谓之暗点"。② 如宋孝宗淳熙元年(1174),常熟县富民张五三与"一客立约,籴米五百斛,价已定,又欲斗增二十钱,客不可,遂没其定议之值"③。这种预买订购契约,使预买预卖当事人之间也形成了一种债权债务关系。如买主悔约,则定金不追,如卖主悔约,则要加倍退还定金。

(3)赊买赊卖契约。在南宋商品交易活动中,卖主将货物先批发给客商、铺户,以约定日期进行结算的赊卖现象很普遍。这种赊卖货物最大的风险是赊买人到期不还价钱,因此南宋对赊卖立法比一般现钱交易更加严格。如淳熙十一年(1184)诏:"今后应赊买客人茶,其人见有父母兄长,并要同共书押文契,即仰监勒牙保均摊偿还。其余买盐货之人,亦一体施行"。④ 可见南宋赊卖赊买货物,不仅要订立契约,而且要父兄共同书契担保,如赊买人违契不还价钱,赊卖人可经官陈论,由官府监勒赊买人及其父兄、牙保等人均摊偿还价钱。这项规定,突出维护物主的合法权益。

2.因佃赁契约所生之债。佃赁契约是指田宅主将田产或房屋的使用权交付佃赁人占有、使用,而佃赁人向物主交付租金的协议书。在法律上,凡田园的租赁称佃,房屋、邸店、车船、牛马的租赁称赁。在南宋,无论是租佃还是租赁,都要依法订立契约。

(1)租佃契约。是无地或少地农民佃种私田或官田的协议书。此类契约中,既要写明田地类别、田地坐落、四至和亩数,租种年限,租课数量、租米质量、交租时间,也要明确违契责任。为维护正常的租佃契约关系,南宋对此多有法律规定。如绍兴二十五年(1155)规定:凡见佃人不愿承佃者,可"别行召人承佃"⑤;宋孝宗时亦规定:官田荒地佃户"不愿开耕,即许退佃",

---

① 黄榦:《勉斋集》卷三三《窑户杨三十四等论谢知府宅强买砖瓦》,影印文渊阁《四库全书》本。
② 《救荒活民书》卷中《劝分》,影印文渊阁《四库全书》本。
③ 《夷坚志补》卷七《直塘风雹》,第1609页。
④ 《宋会要辑稿》食货三一之二六。
⑤ 《宋会要辑稿》食货三之四。

如官府"强抑人户租佃",或"佃户无力耕种不令退免,各徒二年"①。此规定显然是维护佃农的租佃自主权。绍兴二十九年(1159)指挥又规定:田主"不得擅自增加租课"。② 宋孝宗隆兴元年(1163)又诏:"灾伤之田,既放苗税,所有私租,亦合依例放免,若田主依前催理,许租户越诉。"③这些规定亦是维护佃客的利益,但在田主与租佃人之间也因租佃契约产生了债权债务关系。

(2)房屋租赁契约。南宋商品经济的发展和商品流通的兴盛,为城市带来大量流动人口,不仅涌入城市的经商者需要房屋,而且官僚士人也以租舍而居,从而推动了房屋、邸店、车马、舟船业的发达。而在商业性租赁和民居租赁房屋中,亦是以租赁契约形式来确定租金、租期及双方权利和义务关系的。因此,南宋亦有维护租赁契约关系的法律。一是官府为房主追讨拖欠房租。如叶岩峰对黄清道拖欠陈成之房租案,则判令官府"监黄清道填还累月赁钱。如致再词,定逐出屋"④。二是严禁赁屋人擅自改造、拆毁所赁之屋。如"李茂森赁人店舍,不待文约之立,不取主人之命,而遽行撒旧造新",而被法官胡颖判以"专擅之罪"。⑤ 又如李广因拆毁赁屋,亦被叶岩峰判令"勘杖一百,监修"。⑥ 三是对承租人添造物的处理,采取了或拆移或补偿的自愿原则。由此可见,在房主与租赁人之间亦因租赁契约产生了债权债务关系。

(3)动产中的租赁契约。南宋动产的租赁,主要是交通用的车马、舟船,生产用的耕牛及大件农具。这类财物的租赁也要订立契约,确定租赁期限,租金数额及在租赁期间发生损害的赔偿责任。尤其对耕牛在租赁中发生死伤的赔偿责任规定的更详密严格。

3.因商事契约所生之债。南宋商品经济的高度发展,与之相适应的商事契约关系也更加发达。委托、寄托、承揽等契约的普遍化,则是南宋商事

---

① 《宋会要辑稿》职官五八之二四。
② 《宋会要辑稿》食货六九之一一。
③ 《宋会要辑稿》食货六三之二一。
④ 《清明集》卷六《占赁房花判》,第196页。
⑤ 《清明集》卷九《赁人屋而自起造》,第336页。
⑥ 《清明集》卷六《赁者析屋》,第197页。

契约关系发展的突出表现。

(1)委托契约。在南宋的商业经营活动中,以请人代为经营商事的委托形式也发展起来,由此使委托人与受委托人之间形成了一种委托契约关系。而这种委托关系,使委托人与受委托人之间也产生了债的关系。

从南宋的委托活动来看,有主家以货物委托"干仆"经销者。如"乐平明口人许德和,闻城下米麦价高,令干仆董德押一船出粜。既至,而价复增,德用沙砾拌和以与人,每一石又赢五升。不数日货尽,载钱回。"①董德的经营手段虽然鄙劣,但他受许德和委托销售米麦是明显的,而且也表明董德在销售中有一定的自主权。又有主家出资委托"干当人"代为经营者,如浙江有一富商,累资巨万,因年老不能贾,子弱不任贾,而"召仆者一人诲之贾事。贾视仆出入益信,尽付之"。②即委托干仆代为经营活动。又如"枣阳申师孟,以善商贩著干声于江湖间。富室裴氏访求得之,相与欢甚,付以本钱十万缗,听其所为。居三年,获息一倍,往输之主家。又益三十万缗,凡数岁,老裴死,归临安吊哭,仍还其资。裴子以十分之三与之,得银二万两,买舟西上。"③亦有以资委托"行钱"放贷者,据廉布讲:"凡富人以钱委人权其出入而取其半息,谓之行钱。富人视行钱如部曲也。"④又因南宋法律禁止官吏经商与民争利,而官吏利用"干人"代为经商的情况也很多。

南宋委托关系中的"干仆",并非普遍意义上的家仆,而是具有经营才干的人,所以说他们受主家委托代为经营,实际上是经营才干与经营资本的结合,由此使委托人与受委托人之间形成的是一种信托契约关系。而这种关系仍然是一种债权债务关系。

(2)寄托契约。寄托是指将财物托付给别人保管的行为。南宋时,"民间或有纷争未决之财,或有取赎未定之讼,孤幼检校未该年格,或盗贼赃物未辨主名,或亡商失货未有所归,或理遣督责未及元数,如是之类,则其财皆

---

① 《夷坚丁志》卷一九《许德和麦》,第 700 页。

② 韩元吉:《南涧甲乙稿》卷一七《贾说》,影印文渊阁《四库全书》本。

③ 《夷坚支志》辛卷八《申师孟银》,第 1446 页。

④ 《说郛》卷一一《清尊录》,上海古籍出版社 1989 年版,第 224 页。

寄于官,谓之寄库钱。"①这些寄存在官库的财物,虽然不立契约,但"合从本县给据"②,并令州县"别置簿历"③。所以说这种官库寄托也具有官营信托的性质。而且维护寄官财物的立法亦相当详备。但这是一种因财物权利而发生的法定寄库保管,并非是物主自愿行为的结果。

南宋的寄托契约关系,主要发生在民间商品流通过程中。尤其在商业发达的城市中,专门以受寄财物为业的邸店、堆垛场、塌坊等大量出现。如临安城外,富商大贾"于水次起造塌坊数十所,为屋数千间,专以假赁与市廊间铺席、宅舍及客旅寄藏物货,并运具等物。四面皆水,不惟可避风烛,亦可免偷盗,极为利便。盖置塌房家,月月取索假赁者管巡廊钱会,顾养人力,遇夜巡警,不致疏虞"④。由此可见,南宋民间商业活动中的这种寄托,不仅业务繁荣,而且是自愿有偿的寄托。而这种寄托关系,是通过客商与铺户订立寄托契约实现的,由此在客商与铺户之间亦形成了债权和债务关系。

在南宋的寄托关系中,以寄托人将寄托物交付受寄人保管,寄托契约关系始为成立;受寄人对寄托物不得使用和处分;寄托人在请求取走寄托物时,受寄人必须归还原寄托物;在寄托中如寄托物受到损坏,受寄人则要赔偿损失;寄托人必须按月向受寄人支付保管费和夜巡报酬,但不得随意增添房钱。这些规定,主要保护寄托人的财物免受损害。亦展现出南宋寄托契约的法律特征。

(3)承揽契约。在南宋商品经济的活动中,也出现了专门从事接受、承揽加工业务,"承揽在途服役"⑤,承揽代纳赋税业务,承揽运输业务的行业。

南宋经营包揽代纳赋税的人户称揽户。即税户将税物或货币交付揽户,另外支付一定酬金,由揽户代为完成纳税任务。由此,税户与揽户发生了委托与承揽的协议关系。但由于揽户在代纳过程中往往与收税官吏勾结,或以低劣物品充税物,或窜改税籍不去交纳,或以假钞代真币,从中渔

---

① 《庆元条法事类》卷三六《给还寄库物钱·随敕申明》,第 561 页。
② 《清明集》卷七《房长论侧室父包并物业》,第 233 页。
③ 《庆元条法事类》卷三六《给还寄库物钱·随敕申明》,第 561 页。
④ 《梦粱录》卷一九《塌房》,第 522 页。
⑤ 《梦粱录》卷一九《顾觅人力》,第 169—170 页。

利,使官私受弊。因此南宋严立法禁:"诸州县系公人揽纳税租者,杖八十。"①又"诸州县吏人、乡书手揽纳税租而受乞物者,加受乞监临罪三等,杖罪邻州编管,徒以上配本州。"②

南宋的商品流通中,亦出现了专门从事承揽运输业务的商人与民户,他们既承揽私货运输,亦承担官物的运输业务。尤其在官物运输中,由于"官船不足,又须和雇"民船③,为民船搬运官物提供了机遇。南宋在"招诱"承运人时规定,须是"家业直钱二千贯以上"④人户才能承担,而且要求承揽人必须"入户在官抵保"⑤,并在"拘收占基、契书入官抵拟讫,申付上供库"⑥始可承揽官物的运输业务。以此确保承揽人具有承担风险的能力。官府以托运人的身份选定承运人之后,再以契约形式确立双方的权利和义务。一是托运人将运输货物交付承运人,并根据货物多少和路途远近、风险大小,向承运人支付运途接济钱和"车丁钱"⑦。二是承运人按规定路线和时间如期运达指定地点,经收货人对货物验收无误,始为完成运输任务。三是如期而至者,"则支赏钱",误期后至者,则有罚钱;消损超过标准者,则从承运人抵押中赔偿。可见南宋承揽运输中双方权利和义务关系之明确。

(三)因侵权行为所生之债

侵权行为是指行为人因故意或过失侵害他人财产权和人身权的不法行为。由于依法受害人有请求致害人赔偿损失的权利,侵权行为人亦有赔偿受害人损失的义务,因此在受害人与致害行为人之间产生了一种债权债务关系,这也是南宋发生债的一个重要依据。

南宋时,根据侵权行为的性质和侵害程度的不同,对侵权行为的制裁亦有不同的规定,凡财产损害,皆令"备偿",重者要追究刑事责任;受害人接收

---

① 《庆元条法事类》卷四七《揽纳税租》,第625页。
② 《庆元条法事类》卷三二《点磨隐陷·旁照法》,第508页。
③ 《宋会要辑稿》食货二五之三二。
④ 《宋会要辑稿》食货二二之三一。
⑤ 《宋会要辑稿》食货二六之三三。
⑥ 《宋会要辑稿》食货二二之三一。
⑦ 《宋会要辑稿》食货二八之二九。

赔偿不得超出实际损害限度,超出者坐赃论。

南宋法律虽然非常重视对官物侵害的赔偿,但对私有财产的侵害亦严加禁止,尤其不准官府侵占民户私田,如绍兴二十九年(1159)户部讲:"田产既系人户己业,缘非冒占官产,即无条法许行出卖。"①而且多次申严官府"不得侵占有主民户田土"②。宋孝宗时,为防止地方官吏占夺民田,凡有奏请置屯田者,皆派官员调查核实,发现奏陈不实者,追究妄奏之罪③;凡损害人户私田者,"照契依数给还"④。并允许小民以诉讼请求权对抗不法官吏的侵权行为,如台州临海县百姓杨杲等状告"前任知县胡某假借名目,冒请安居益等七十户桑地事"即是典型一例⑤。宋宁宗嘉泰三年(1203)在赦文中又规定,凡乡间"豪横之人强占邻人田产,侵扰界至田亩……仰监司常切觉察,及行下所属州县重立赏榜,许被扰人越诉"⑥。尤其是对侵占私人墓地,毁伐墓地林木土石,不但要追改复原,而且对行为人还要处以杖一百的惩罚。

南宋对侵害动产的赔偿责任亦有明确规定:凡故意放火、决水使他人遭受损失者,行为人不仅要给予经济赔偿,亦要受刑事处罚,但误失者不偿;凡弃毁、亡失、误损官私器物,一律要赔偿;凡受寄畜产未尽管理责任而死亡者,要赔偿;畜产毁食官私庄稼等物,畜主要赔偿所毁食之物的时价。此类规定在《庆元条法事类》中都有敕令条文。

南宋时对人身侵害,在采取"保辜"制度的同时,亦要求行为人对受害人给付一定的经济赔偿。如《庆元条法事类》中规定:"诸伤损于人得罪应赎者,铜入被伤损之家。"⑦伤害较重需要追究刑事责任者,也不免除经济赔偿。而赔偿本身,就使加害人与被害人之间产生了债权债务关系。南宋法律亦禁止被害人有服亲与加害人私和,凡因私和而受财多者准盗论。但在南宋

---

① 《宋会要辑稿》食货六三之二〇七。
② 《宋会要辑稿》食货六三之九四至九五。
③ 《宋会要辑稿》食货六三之一三九。
④ 《宋会要辑稿》食货六三之二二二。
⑤ 《筠溪集》卷六《堪当徐公裕状》。
⑥ 《宋会要辑稿》食货六三之二二五。
⑦ 《庆元条法事类》卷七三《决遣·断狱令》,第745页。

民间往往被害人之家受财而私和,官府亦公然听许。

二、债的履行

债的履行,是指债务人根据法律或契约规定,清偿债的内容所规定的义务,使债务因得到清偿而消亡。如债务人没有履行债的义务,债权人则可以通过诉讼请求,强制债务人"备偿"。在南宋复杂的债权债务关系中,为维护债权债务关系的正常运转和债的有序履行,亦制定了调整债权债务关系、清偿债负的严密法律。

(一)调整债权债务关系的法定原则

南宋官府虽然对民间借贷契约的订立、期限、范围、形式并不限制,皆遵从当事人的约定和民间习惯,但对借贷利息、债务履行则有严格的限制和法定原则。

1. 借贷利率的限制。南宋时,为防止高利借贷引发各种社会矛盾,确保借贷的有序运行,绍兴二十三年(1153)诏:"民间所欠私债,还利过本者","依条除放"①。《庆元条法事类》中亦明确规定:"诸以财物出举者,每月取利不得过四分,积日虽多,不得过一倍。"②对此袁采也曾提出:"假贷取息贵得中","今若以中制论之,质库月息自二分至四分,赊钱月息自三分至五分"。③ 所谓"中制"是指平均利率而言。陈亮也认为,低息借贷是使贫富之间"有无相通,缓急相救"④的有效办法。由此看来,南宋法定利率的五分上限低于北宋的六分,而总利率一直控制在倍息之内。

2. 禁止钱谷准折。南宋民间的借贷中,"富室乘农民之急,贷以米谷,使之偿"⑤,"或始约缗钱而偿谷粟,始约粮稻而偿布缕"⑥的情况广为流行,而在折合换算中债主"又重取其利"。如宋孝宗初年,浙西岁欠民难食,"富有

① 《系年要录》卷一六五,绍兴二十三年秋七月己丑条,第3册,第310页。
② 《庆元条法事类》卷八〇《出举债负》,第903页。
③ 《袁世氏范》卷三《治家》。
④ 《龙川集》卷一六《普明寺长生谷记》,影印文渊阁《四库全书》本。
⑤ 《系年要录》卷一六一,绍兴二十年十二月丁巳条,第3册,第258页。
⑥ 《都官集》卷五《奉行青苗新法自劾奏状》,影印文渊阁《四库全书》本。

之家放米人立约,每米一斗,计钱五百,细民但救目前,不惜倍称之息。及至秋成,一斗不过百二三十,则率用米四斗,方枭得钱五百,以偿去年斗米之债。"①因此,宋孝宗乾道三年(1167)诏:"诸路州县约束人户,应今年生放借贷米谷,只备本色交还,取利不过五分,不得作本钱算息。"②其后在《庆元关市令》中亦明文规定:"元借米谷者,止还本色,每岁取利不得过五分,仍不得准折价钱。"③南宋立法严禁借贷中的钱谷准折,目的是控制债权人非法牟取暴利。

3. 严禁牟取复利。南宋时债主牟取复利的行为也很普遍,据真德秀讲:贫民"偿或未足,则又转息为本,因本生息。昔之千钱,俄而兼倍,昔之数百,俄而千钱。于是一岁所贷,至累载不能偿,已之所贷,子孙不能偿"④。所以南宋立法不仅严禁借贷中的复利,而且加重了对复利行为的处罚。《庆元条法事类》中规定:"诸以财物出举而回利为本者,杖六十;以威势殴缚取索,加故杀(疑为斗殴)罪三等。"⑤但南宋"以小量轻权贷与人,必用大器巨秤责偿"⑥的情况更为普遍。

4. 经营借贷不受"倍息"之限。南宋时,又把民间的消费借贷与经营借贷加以区别,而经营借贷的利率不仅低于法定利率,而且不受"一倍之限"。宋孝宗淳熙十四年(1187)六月尚书省批状中讲:"若甲出钱一百贯,雇倩乙开张质库,营运所收息钱虽过于本,其被雇倩之人系藉本因而营运,况系主家出本雇人,或凭倩开张质库及所收息利,既系外来诸色人将衣物、金银、匹帛抵当之数,其本尚在,比之径借取利过本者,事体不同,即不合与私债一例定断。"⑦如李四二从黄公才处领钱百千作质库,"约每岁纳息二分"⑧;又如

---

① 《宋会要辑稿》食货五八之五。
② 《宋会要辑稿》食货六八之六五。
③ 《庆元条法事类》卷八〇《出举债负》,第903页。
④ 《大学衍义》卷二七《格物致知之要四》,影印文渊阁《四库全书》本。
⑤ 《庆元条法事类》卷八〇《出举债负》,第902页。
⑥ 《铁围山丛谈》卷四,中华书局1997年版,第68页。
⑦ 《庆元条法事类》卷八〇《出举债负·申明》,第905页。
⑧ 《清明集》卷九《质库利息与私债不同》,第336页。

罗居汰从主家"节次共领过本钱一千一百贯,每岁收息一分柒厘半。"①由此可见,南宋经营借贷的利率低于民间通行的一般借贷利率,但积利却不受传统倍称之限。所以官府对经营借贷的争讼,都是本利"照条追理监还"。

（二）清偿债负的法定原则

南宋清偿债负的突出变化,表现在官府以法律形式对违契不偿者强制清偿给付,但对债权人的自力救助行为也加强了限制,所以在南宋的法律中,不再有债权人私行"牵制"财物和"役身折酬"的规定。

1. 违契债负,官为理索。南宋对民间因借贷契约所发生的债负,在规定"各令备偿"的同时,一直强调"告官司听断","经官陈论","官为理索"。在《庆元条法事类》中明确规定:"诸负债违契不偿,官为理索。欠者逃亡,保人代偿。""罪止杖一百"。"其收质者,过限不赎,听从私约"②。这是南宋官府催逼民间私债的法律依据。但其又规定,如果债务人"已无可责偿",官司免再监理;如是"欠人纳尽家资,已经官释放后别置到财产者,不在陈告之限"。③ 从这些规定看,南宋官府监理私债方法的变化是:一是加强了官府对私债的干预;二是强化了保人的代偿责任;三是强调债负的清偿给付;四是禁止无休止的追理。但在南宋追理私债的过程中,官吏往往阿从豪民,多有不问债负虚实,利息过倍,一切从严追理。如胡颖在审理罗友诚欠债案中,明知罗友诚一贫如洗,已无从所出,但仍然对违契无所偿的"罗友诚勘下杖一百,锢身押下县,监还未尽本钱五十四贯外,更监纳息钱一百贯足。"④此类事例南宋时并不少见,由此可知,"官为理索"中突出地表现出维护债权人利益的特征。

2. 禁止以物业准折债负。南宋时为稳定社会秩序和不影响农业生产,严禁债权人私自牵制债务人的财产抵当债负。《庆元条法事类》中规定:"诸以有利债负折当耕牛者,杖一百,牛还主。"⑤又法:"典卖田地,以有利债负准

---

① 《清明集》卷九《背主赖库本钱》,第 338 页。
② 《庆元条法事类》卷八〇《出举债负》,第 903 页。
③ 《庆元条法事类》卷三二《理欠》,第 514 页。
④ 《清明集》卷九《领库本钱人既贫斟酌监还》,第 335 页。
⑤ 《庆元条法事类》卷八〇《出举债负》,第 902 页。

折价钱者,业还主,钱不追。"①又准法:"应交易田宅,过三年而论有利债负准折,官司并不得受理。"②这些被禁止的清偿债负的规定,显然是为了保护债务人的基本权益,所以官府对因债负"逼令写下典契"或"准折产业以还"的偿债行为,都以违法论处。但在南宋的社会生活中,债务人因被债主夺田夺屋而流离失所者亦不乏其例。

3. 严禁以人身代当债负。严禁"役身折酬"之法在北宋时已有,南宋绍兴二十三年(1153)亦诏:"因有利债负,虚立人力雇契,敕科罪。"③其后在《庆元条法事类》中也有明确规定:"诸以债负质当人口(虚立人力、女使雇契同),杖一百,人放逐便,钱物不追。情重者奏裁。"④由此可见,南宋禁止以债务人代当债负的法律是很严格的。但在社会实务中,豪强凭借势力将债务人"抑勒以为地客"⑤者并不少见。如宋孝宗乾道时的敕文中讲:"豪右兼并之家,多因民户欠负私债,或挟怨嫌,恣行绁缚。至于锁闭,类若刑狱,动涉旬月。重违条禁,良善受弊。"⑥尤其是南宋中后期,此类违法逼债、役身代当债负的情况,可以说是屡见不鲜、屡禁不止。

三、债的担保

南宋时,为稳定社会经济秩序,维护债权人的权益,保证债权的清偿和债务的履行,在债的关系中设定了特别的保证责任,并以法律形式加以维护。随着南宋借贷关系和契约关系的发达,债的担保已相当普遍,担保形式亦多种多样。

(一)人的担保

北宋时,在借贷和商品交易中已出现了"三人相保","连保同借"的形式。南宋时,不仅对人的担保要求更严格,即必须具有一定物力的人才能充

---

① 《清明集》卷九《重叠》,第302页。
② 《清明集》卷四《游成讼游洪父抵当田产》,第104页。
③ 《系年要录》卷一六四,绍兴二十三年六月庚午条,第3册,第307页。
④ 《庆元条法事类》卷八〇《出举债负》,第902页。
⑤ 《宋会要辑稿》食货六九之六八。
⑥ 《宋会要》刑法二之一五七。

当担保人,而且要有三至五人担保才能签订买卖契约,尤其在赊买赊卖、预约订购中,人的担保责任更为突出。如宋孝宗淳熙十一年(1184)诏:"今后应赊买客人茶,其人见有父母兄长,并要同共书押文契。""其余买盐货之人,亦一体施行"。① 以此保证赊买人依契清偿价钱。在《庆元条法事类》中亦明确规定了担保人的代偿责任:"诸负债违契不偿,官为理索。欠者逃亡,保人代偿"。② "诸欠官物有欺弊者,尽估财产偿纳。不足,以保人财产均偿。"③至有因拖欠官钱在折纳没官财物不足时,亦由"干系人备偿"④。由此而言,"保人代偿"、"保人均偿"、"干系人备偿",是南宋保证债负清偿的主要形式。

在南宋商品交易的广大领域中,以说合交易收取报酬为职业的中介人已成为一个庞大的群体,他们在各个不同行业的交易活动中发挥着重要作用。南宋时,为稳定交易市场秩序,防止中介牙人在参与交易活动中违法乱纪,借机诈取,亦制定了约束牙人的"牙保法"。首先,规定"交易牙人须交状保三两名及递相结保",⑤而且是有一定经济实力之人,以便能够承担保证责任,所以南宋时的牙人多称"牙保"。其次,建立了牙人"身牌"制度,以防其在参与交易活动中欺诈交易当事人。再次,把中介牙人纳入承担交易保证责任的行列,使其成为法定的担保连带人,在盗典卖及重叠典卖等违法交易中,"牙保知情与同罪"⑥;"犯人偿不足,知情牙保均备"⑦;"监钱不足,照条监牙保人均备"。⑧ 中介牙人在交易中的法定担保责任,更突出了南宋人的担保中"支付保证"的特征。

(二)定金担保

定金是指订立契约时,为了证明契约的成立和保证契约的履行,在依契

① 《宋会要辑稿》食货三之二六。
② 《庆元条法事类》卷八〇《出举债负》,第903页。
③ 《庆元条法事类》卷三二《理欠令》,第512页。
④ 《庆元条法事类》卷三六《商税》,第552页。
⑤ 《作邑自箴》卷二《处事》,四部丛刊本。
⑥ 《清明集》卷九《重叠》,第302页。
⑦ 《清明集》卷五《从兄弟盗卖已死弟田业》,第145页。
⑧ 《清明集》卷九《母在与兄弟有分》,第302页。

约应给付的款项内预先给付对方一定数额的金钱或其他财物,南宋时称为"定钱"。南宋在粮食、茶叶、果品、花卉等物品的买卖中,预约订购买卖形式已相当发达。据黄榦讲:"世间交易,未有不前期借钱,以为定者","其买也,先期而与钱,其卖也,后期而取直"。① 如在四川彭州等地的茶叶预买中,"自来隔年留下客放定钱"②。这种"客放定钱",既是对预买契约的信用担保,也可解决茶农的资金困难。但在定金交付,预买契约签订后,来年无论行情如何变化,双方只能履行契约。如果预买方不履行契约,即会丧失已给付的定金;如果预卖方违约,则应加倍返还定金。这已成为商业惯例。如平江常熟县经销粮食的恶商张五三,在淳熙元年(1174)与"一客立约,籴米五百斛,价已定,又欲斗增二十钱,客不可,遂没其定议之值。"③虽然这是一个坐地粮商既违契又侵吞预购客商定金的事例,但反映出南宋预买订购中存在定金担保的事实。

(三)抵当担保

在南宋的抵押担保债负中,又出现了私立文契,"约日克期,还钱取契"④的抵当担保形式。据吴革在判例中讲:抵当者,"则得钱人必未肯当时离业,用钱人亦未敢当时过税"。⑤ "今既不曾受税,不曾管业,所以不曾收谷,其为抵当,而非正典明矣。"⑥从吴革所言可知,抵当则是一种业主既不转移抵当田产,也不办理过税手续,只是将表明不动产抵当物的上手契交付债权人的担保形式,而抵当人仍然占有和使用抵当物,并以设定抵当物的收益担保债务的支付,而收益的交付也只限于约定利息数额,收益的多余部分仍归出押人所有。在约定期限抵当人清偿债务后,即可取回抵当契书。由此可见,南宋的抵当,类似于抵押中的不过手押,在法律上称为"契押"。

在南宋的抵当关系中,有民户因向官府借贷或欠负官物而以田产设定

---

① 《勉斋集》卷三二《小帖子》。
② 《净德集》卷一《奏具置场买茶旋行出场远方不便事》,影印文渊阁《四库全书》本。
③ 《夷坚志补》卷七《直塘风雹》,第1609页。
④ 《清明集》卷六《以卖为抵当而取赎》,第168页。
⑤ 《清明集》卷六《以卖为抵当而取赎》,第168页。
⑥ 《清明集》卷六《抵当不交业》,第167页。

的抵当,亦有民间自行设定的抵当。绍兴四年(1134)九月十五日的赦文中,对以抵当田产收益偿还官府债务做了明确规定:"诸路衙前,因欠拘收抵当物产,在法许以子利偿欠,如依限纳足,却给元产,限外不足,犹许租佃"。①在民间抵当关系中,虽然抵当人不转移抵当物,但在契约中亦规定了抵当权人对抵当物的控制权,一是在抵当权设定之后,抵当人在没有清偿债务之前,不得随意处分抵当物;二是在债务人无力清偿债务而处分抵当物时,债权人拥有优先受偿的权利。这些约定,亦是为保证债权人利益的实现。

(四)质押担保

质押是债务人以动产设定的担保债权的抵押形式。南宋商品经济的发展,借贷活动的活跃,质押借贷也得到充分的发展。不仅民间有专门从事质押放贷业务的质库、典铺,官府有抵当库,寺院有长生库,而且军队中也"开置铺库,典质贩卖"。② 这些不同名称的质押机构,从事的都是以金银等物品为质押的贷钱取利活动。南宋时质押的物品主要是金银、珠宝、衣物、器具、牛马等财物,但严禁"质当人口"③,凡以生口、判书、官文书质当者,则要受到刑事处罚。④

南宋动产质押,亦是以订立当契而产生,以转移当物的占有而生效,以清偿借贷和回赎当物而消亡。在南宋的质押契约中,要写明当物品种、数量、当价、收取利息、回赎期限等,当主与出当人各执其一,以此作为出当人回赎当物的依据。如果出当人遗失了当契或当票,即使当物尚在,亦"无可赎之理"⑤,由此出当人丧失了当物的回赎权。

由于质当在法律上具有以当物代当借贷责任的效力,即出当人只以当物对债务负责,因此在借贷人不能依契清偿债务时,除特别约定之外,当主不得对当物私自使用和收益,或请求"牵制"借贷人的其他财物。当主亦对当物有收存、保管义务,如果当物在质当期间有减损或失灭,则要视原因决

① 《宋会要辑稿》食货五之二二。
② 《宋会要辑稿》食货六七之二。
③ 《庆元条法事类》卷八〇《出举债负》,第903页。
④ 《庆元条法事类》卷一七《质卖》,第374页。
⑤ 《清明集》卷五《典卖园屋既无契据难以取赎》,第149页。

定当主是否承担赔偿责任。如果在回赎期限内当主拒绝物主回赎，或故隐匿及费用当物，当主则要受处罚。如果出当人到期不能加息回赎，当主即可下架流当，当主即取得了当物的所有权。如果当主欲将当物出售，则须告官并与物主共同售卖，所售之价在清偿债负之外有余，则要还给物主。由此可见，南宋维护质当关系法律的详备。

四、债的消亡

债因履行而消亡是债的最主要、最正常、最普遍的自然解除形式。即债务人依照契约规定的主体、标的、时间、数量、质量、利息等内容进行全部清偿，使债权人的利益得到完全实现而自然消亡。但在南宋债的消亡中，亦有多种消亡的表现形态。

（一）债因责任免除而消亡

债的责任免除，主要是官府通过法令免除债务人的责任而实现的。如《庆元条法事类》中规定：凡理欠限满不足，"先估纳财产，次剋请受，不足，勒保人限三十日填纳。如未足，纳元抵当，又不足，虽在赦前数，亦停催，准上法保奏除放。"①又规定："诸欠无欺弊而身死者，除放；有欺弊应配及身死而财产已竭者，准此。"②这是除放官债的法律规定。宋光宗绍熙二年（1191）十一月敕文："有已经估籍家产偿还不足，依旧监系牙保等，牵联不已，可并除放。"③从以上规定而言，凡是经"放免"和"除放"的债负，债务人与债权人之间的债的关系也就不存在了。这是因官府干预而使债消亡的一个原因。

（二）债因法定时效而消亡

南宋债的法定时效期限是通过诉讼时效表现出来的。如"准法：诸理诉田宅，而契要不明，过二十年，钱主或业主死者，官司不得受理。"④又如典卖众分田宅"过十年，典卖人死，或已二十年，各不在论理之限"。⑤　又规定：

① 《庆元条法事类》卷三二《理欠令》，第513页。
② 《庆元条法事类》卷三二《理欠令》，第514页。
③ 《宋会要辑稿》食货三一之三〇。
④ 《清明集》卷四《王九诉伯王四占去田产》，第112页。
⑤ 《清明集》卷四《漕司送许德裕等争田事》，第118页。

"诸典买田宅经二十年,而诉典买不平者,不得受理。"①又"在法:诸典卖田地满三年,而诉以准折债负,并不得受理"。②又有"在法:已分财产满三年而诉不平,及满五年而诉无分违法者,各不得受理"。③"又遗嘱满十年而诉者,不得受理"。④"又令:诸典卖田宅满三年,而诉以应问邻而不问者,不得受理"。⑤这些"不得受理"和"不在论理之限"的规定,实际上债权人追究债务责任的最高限度,超过法定年限之后,债权人的权利因官府不受理而丧失,因此债权债务关系也就消灭了。

(三)债因恩赦而消亡

南宋时,为体恤民情,宽恤民力,稳定社会秩序,常有"蠲放公私逋负"的诏令降下。尤其在水旱灾伤之际,皇帝赦降放免债负的诏令最多。如绍兴二十三年(1153)七月,温州布衣万春在上言中提出:"乞将民间有利债负,还息与未还息,及本与未及本者,并与除放。"经有司看详之后称:"诸路民间私债还利过本者,已节次放至绍兴十七年",于是降诏:"将民间所欠私债还利过本者,并予依条除放"。⑥绍兴二十四年(1154)对旱伤地区,又令"依条检放公私欠债";绍兴二十六年(1156)又将绍兴二十二年以前的"民间欠私逋负,乞依欠官物已得指挥……并行除放"。⑦其后对民间债负亦屡有除放、放免之诏。如宋孝宗隆兴元年(1163)九月诏:"灾伤之田既放苗税,所有私租亦合依例放免。"⑧尤其是宋光宗《登极赦》中的规定:"凡民间所欠债负,不以久近多少,一切除放",致使有的债主"方出钱旬日,未得一息,而并本尽失之者"⑨。因招致士大夫的非议而改为"只偿本钱"。其后除放债负的恩赦之令屡降不断。南宋时无论是"一切除放",还是"放免债负",都使官私债负

---

① 《清明集》卷五《经二十年而诉典买不平不得受理》,第163页。
② 《清明集》卷六《以卖为抵当而取赎》,第169页。
③ 《清明集》卷一〇《兄弟论赖物业》,第373页。
④ 《清明集》卷五《侄与出继叔争业》,第136页。
⑤ 《清明集》卷九《有亲有邻在三年内者方可执赎》,第309页。
⑥ 《宋会要辑稿》食货六三之一一。
⑦ 《宋会要辑稿》食货六三之一二。
⑧ 《宋会要辑稿》食货六三之二一。
⑨ 《容斋随笔》三笔卷九《赦放债负》,吉林文史出版社1994年版,第412页。

因此而消亡,这亦是南宋债的消亡的一个特征。

第四节 婚姻家庭法

婚姻是一定社会制度确认的男女两性结合的形式,家庭是由婚姻关系、血缘关系和收养关系形成的同居共财的社会生活、生产和消费的组织形式。婚姻是产生家庭的基础,家庭是婚姻缔结的结果,所以保护和调整婚姻和家庭关系,是稳定社会秩序的基础。但婚姻与家庭又是随着经济的发展,社会的进步,观念的变化而不断变化的。因此,南宋时的婚姻家庭法也发生了突出变化。

一、婚姻法的变化

中国古代婚姻缔结的目的,在于"合二姓之好,上以事宗庙,下以继后世,故君子重之"。[①] 基于生儿育女、传宗接代、使祖宗血缘不断而缔结的婚姻,自然对婚姻当事人的意志和幸福并不重视,而父母尊长包办婚姻则成为缔结婚姻的常态。南宋时的婚姻关系虽然在诸多方面承袭了传统礼法,但在商品经济高度发展的冲击和影响下,在结婚、离婚、再婚等方面,亦发生了诸多新的变化。

(一)婚姻缔结法的变化

南宋婚姻关系缔结中,虽然依旧坚持一夫一妻多妾制的传统原则,聘娶婚、招婿婚的形式,婚姻关系成立的程序,但随着社会经济关系的变化,传统观念的更新,在婚姻关系缔结方面也发生了变化。

1.无"良贱不婚"之法。在南宋,由于社会成员皆是国家编户齐民,已无良贱之别,所以在南宋法律中亦无"良贱不婚"之法,而官司对良贱为婚亦不禁止。如李介翁之婢郑三娘,"不待其主之葬,以身出嫁宗子希珂"。[②] 这在

---

① 《礼记注疏》卷五〇《哀公问》,影印文渊阁《四库全书》本。
② 《清明集》卷七《官为区处》,第231页。

以前是不可想象的事情。虽然禁止州县官与部民交婚,禁止不同民族、不同国籍者通婚,对"人力奸主"、"佃客奸主"、"主与女使奸"规定了不同的处罚标准,但并没有规定佃客、人力、女使不许与其他良人为婚。这是南宋社会结构变化引起婚姻关系变化的突出表现。

2.定婚书的效力。南宋定婚的方式仍然是婚书、私约、聘财。所谓"婚书",即"男家致书礼请,女氏答书许讫";"私约",即双方私有约定;"聘财",即女方受纳男方的财礼。凡具备上述三条之一者,则视为定婚。"在法:许嫁女,已投婚书及有私约而辄悔者,杖六十,更许他人者,杖一百,已成者徒一年,女追归前夫。""虽无许婚之书,但受聘财亦是。"而且"聘财无多少之限"。① 从刘克庄判例中所引法律条文来看,南宋定婚一直坚持这些原则。而在定婚之后,双方均有成婚的义务,如辄悔约者,则要承担法律责任。

南宋婚约解除的法定条件主要有:一是自然解除,即在定婚后,如果男女一方死亡,已定婚约自然解除,财礼不追,生存一方亦可别娶或另嫁。二是法定解除,即定婚后,如果两家发生义绝之状,则依法强制解除婚约。三是"诸定婚无故三年不成婚者,听离";女方须"经官自陈改嫁,各还聘财"②;有故者,女方仍不得悔婚。四是定婚后,如女方再许他人,男方已不愿娶者,亦可解除婚约,但女方必须退还聘财。这些规定,既明确了婚约的效力,也是婚约解除的法定依据。

3.严禁典雇妻妾。南宋时,由于妇女社会地位的提高,不仅禁止买卖妻妾,而且严禁典雇妻妾。"在法,雇妻与人者,同和离法"。③ 翁甫引律文曰:"诸和娶人妻及嫁之者,各徒二年,即夫自嫁者亦同,仍两离之。"④而在南宋的司法实务中,官员对"和娶人妻及嫁之者"的处罚也相当严厉,如"叶四有妻阿邵,不能供养,自写立休书、钱领及画手模,将阿邵嫁与吕元五";"吕元五贪图阿邵为妻,令裴千七夫妻与杨万乙嗷诱叶四"写约;而阿邵身为叶四

---

① 《清明集》卷九《女家已回定帖而翻悔》,第346—347页。
② 《清明集》卷九《诸定婚无故三年不成婚者听离》,第349—350页。
③ 《清明集》卷一〇《官族雇妻》,第383页。
④ 《清明集》卷九《婚嫁皆违条法》,第352页。

妻,"遽委身于吕元五,惟恐改嫁之不速"。因此,法官翁甫依法将叶四、吕元
五、阿部"各勘杖一百,照条两离之。叶四、吕元五皆不得妻,阿邵断讫,责付
牙家别与召嫁"。其他参与人亦受到杖责①。

(二)离婚法的变化

在中国传统婚姻关系中,离婚的主动权一直控制在丈夫手里,而父母之
命亦是夫妻能否离婚的决定因素。但在南宋时的社会生活中,离婚的形式
远远超出了传统的"七出"范围,而且妇女主动提出离婚的事例明显增多,在
法律上也出现了不少新的规定。

1."义绝"强制离婚。"义绝"是指夫妻之间及夫妻与对方近亲之间发生
殴、杀、伤和奸时,法律强制男女双方离婚。此制始于唐代,但在南宋时仍然
沿用。如朱四之妻阿张"既讼其夫","又讼其舅","已失夫妇之义",故"杖
六十,听离"。②再如江滨臾"欲弃其妻,事出无名,遂诬以闺门暧昧之私",
使夫妇"情义有亏",合与听离。③南宋对故意造成"义绝"的当事人,不仅判
决离婚,而且还要进行刑事制裁。《庆元条法事类》中规定:如果故意"令妻
及子孙之妇,若女使为倡,并媒合与人奸者,虽未成,并离之(虽非媒合,知而
受财者同),女使放从便。"④

2.妇女法定离婚权的扩大。南宋妇女婚姻自主权扩大的一个重要表
现,是准许妇女离婚法条的增多。据法官在判例中所引,"在法:已成婚而移
乡编管,其妻愿离者听"。如卓五姐嫁林莘仲后,"林莘仲因事编管,而六年
并不通问,揆之于法,自合离婚"。⑤又法:凡妇女"被夫同居亲强奸,虽未成,
而妻愿离者,亦听"。⑥如胡千三戏谑子妇,虽未成奸,悖理已甚,法官蔡杭认
为,"阿吴固难再归其家"⑦,因此亦判决离婚。南宋新增允许妇女离婚的法

---

① 《清明集》卷九《婚嫁皆违条法》,第352页。
② 《清明集》卷一〇《妻背夫悖舅断罪听离》,第379页。
③ 《清明集》卷一〇《夫欲弃其妻诬以暧昧之事》,第379页。
④ 《庆元条法事类》卷八〇《诸色犯奸》,第923页。
⑤ 《清明集》卷九《已成婚而夫离乡编管者听离》,第353页。
⑥ 《庆元条法事类》卷八〇《诸色犯奸》,第922页。
⑦ 《清明集》卷九《将已嫁之女背后再嫁》,第343页。

条虽然不多,但也反映了妇女法定离婚权的扩大。而在社会实际生活中,因
"新台之丑"①,"河上之要"②,"暧昧之事"③,"兴成妇翁之讼"而依法判决
离婚者亦不少见。

3.妇女自主离婚权的表现。唐代已有夫妻因感情不相和谐而允许自愿
协议离婚的法律规定,南宋时两愿离婚的原因远远超出了夫妻感情不相和
谐的范围,而且由妇女主动提出离婚的事例更多。如绍兴时,四明曹秀才之
妻厉氏,因"与夫不相得,仳离而归"。④ 又如阿张为朱四妻已八年,后因朱四
"痴愚,欲相弃背"而兴讼。法官胡颖认为,阿张讼夫"已失夫妇之义",不宜
强合而"杖六十,听离"。⑤ 再如唐州比阳富人王八郎,"因与一倡绸缪",其
妻"执夫袂,走诣县",官府不仅判决准予离婚,而且"中分其资产"。⑥ 即妻
子对丈夫的不轨行为,既可告官离婚,亦可中分其财,而且得到官府的支持。
而在社会生活中,妇女主动提出离婚的原因远比法律规定多得多,从南宋大
量离婚事例来看,有因丈夫相貌丑陋而妻子"反目离婚"者,有因不堪丈夫打
骂而提出离婚者,有因丈夫病狂而兴讼离婚者,亦有因丈夫与人私通而告官
离婚者,也有因夫家贫而被尊长强行离婚者。从南宋妇女离婚原因来看,既
超出了"七出"、"义绝"、"和离"的法定形式,也打破了"守一而终"的传统礼
法,突出表现了南宋妇女婚姻自主权的明显扩大。

(三)再婚法的变化

妇女"从一而终",一直是儒家鼓吹的妇德,亦是汉代以后婚姻法的重要
内容,而旌表寡妇守节则是历代官府维护伦理的形式。至宋代,在商品经济
冲击下,随着义利观念的变化,务实精神的提高,对传统礼法的价值有了新
的认识,尤其强制寡妇"孤守空门",既"非人情","亦非久远计"。吕南公曾

---

① 《清明集》卷一〇《妻背夫悖舅断罪听离》,第 379 页。
② 《清明集》卷一〇《妇以恶名加其舅以图免罪》,第 387 页。
③ 《清明集》卷一〇《夫欲弃其妻诬以暧昧之事》,第 380 页。
④ 《谈薮》,《全宋笔记本》,大象出版社 2006 年版,第二编第四册,第 199 页。
⑤ 《清明集》卷一〇《妻背夫悖舅断罪听离》,第 379 页。
⑥ 《夷坚丙志》卷一四《王八郎》,第 484 页。

讲："饥肠雷鸣无可奈,礼法虽存何足赖"①,即填饱肚子远比空守礼法更重要。沈圭亦讲:"妇人以不再嫁为节,不若嫁之以全其节也。"②正是这种思想观念的变化,在北宋时已出现了"卖衣葬罢急谋嫁"的情况。南宋时不仅妇女改嫁的事例更为普遍,而且允许妇女再适的法条明显增多。

1.妇女再嫁自主权的表现。关于放宽妇女改嫁的法律,北宋时已有"女居父母及夫丧而贫乏不能自存,并听百日外嫁娶之法"。③ 南宋时则有了新的发展,"在法:夫出外三年不归者,其妻听改嫁"。④ 这项规定确立了外出不归者夫妻关系存续的时限。又"准律,诸居夫丧百日外,而贫乏不能存者,自陈改嫁"。⑤ 宋宁宗时又规定:"凡为客户身故而其妻愿改嫁者,听其自便。"⑥这些规定反映了南宋对妇女改嫁自主权的重视。

2.妇女再嫁的盛行。在南宋时期,自皇帝到士人,及至父母舅姑,对妇女的再嫁都表现出积极的支持态度,而且求娶再婚女的事例也很多,甚至有些士大夫为争娶孀妇而不顾节义。如黄岩县管氏二十四而寡,"有贵家争婚"⑦;魏了翁之女寡,谋再适人,"乡人以其兼二氏之撰,争欲得之"⑧。蒲田士人王孝曾之妻寡后,"里中慕其容德,争求娶"⑨。从士大夫求娶改嫁女,世人争娶再适女来看,寡妇在人们心目中并没有因结过婚降低身价,而且改嫁后的妇女,仍然受到儿女的尊敬。《庆元条法事类》中规定:"诸为嫡、继、慈、养母改嫁或归宗,及为长子之丧给假,并同齐衰期。"⑩实际上是鼓励人们对嫁母行孝道。

南宋时,亦有不少父母怜其女空守凄苦而"劝令改嫁",或夺而适人者。

---

① 吕南公:《灌园集》卷四,影印文渊阁《四库全书》本。
② 沈圭:《履园丛话》卷二三《杂记上》,笔记小说大观本。
③ 《长编》卷四八四,元祐八年六月壬戌条,第11514页。
④ 《勉斋集》卷三三《京宣义诉曾崇叟取妻归葬》。
⑤ 《清明集》卷一〇《妻已改适谋占前夫财物》,第378页。
⑥ 《宋会要辑稿》食货六九之六八。
⑦ (明)《万历黄岩县志》卷六《列女》,天一阁藏方志选刊本。
⑧ 《癸辛杂识》别集上《刘朔斋再取》,中华书局1988年版第244页。
⑨ 《后村先生大全集》卷一四九《李节妇墓志铭》。
⑩ 《庆元条法事类》卷一一《给假》,第212页。

如句容县王友筠之妻李氏,年二十一而寡,"父母劝令改嫁"①;黄岩县蔡原迪妻杜氏无子而寡,"母怜其年少,劝之改适"②由此亦可看出南宋人对寡妇守节尽礼并不重视,而这些再适者,又多进入"列女"的行列。

南宋时有些地方官不仅为妇女改嫁创造条件,而且依法维护妇女的改嫁自主权。如礼部尚书张存知蜀州时,曾为"男女孤嫠者"婚嫁,"无一人失所"③;伯振亦"为孤嫠男女婚嫁者数人"④,使富者有资自行改适,贫者官府资助改嫁。如胡颖对三易其夫的阿区案的审理中认为:阿区既已为李从龙之妻,"李从龙既死之后,或嫁或不嫁,惟阿区之所自择可也"⑤。前夫之弟不应以寡嫂改嫁而兴讼,故受到杖一百的处罚,由此维护了阿区再嫁的自主权。

3.再婚形式的创新。妇女再婚的传统形式亦是女嫁男娶。在北宋时已有寡妇在夫家招进后夫的再婚形式,"俚语谓之接脚"。南宋时妇女招进接脚夫的再婚形式更加盛行。寡妇招进接脚的原因很多,或因寡妇离去姑舅无依,或因子幼需要抚养,或因夫家财产关系等。蔡杭在书判中说:"在法,有接脚夫,盖为夫亡子幼,无人主家设也。"⑥如间绍死,寡妻阿张"奉姑阿叶命,纳胡喆为接脚夫,抚养孤幼"⑦。都昌王乙之妻吴氏无子而寡,事姑尽孝,"姑老且病目,怜吴孤贫,欲为招婿接脚,因以为义儿"⑧。寡妇通过招进接脚夫,既可以侍奉姑舅,抚养子女,又可以解决孤贫,增加劳动力,而且仍然享有户主权。这种寡妇再适的形式,既是南宋妇女改嫁自主权扩大的表现,也是社会下层劳动者再婚中务实精神的展现。

从上述法律规定和大量事例中可以看出,宋代妇女丧夫改嫁,离婚再适已相当普遍,并受到社会各阶层的支持和重视,而妇女本身对此亦不忌讳和

① (明)《弘治句容县志》卷六《节妇》,天一阁藏方志选刊本。
② (明)《万历黄岩县志》卷六《列女》,天一阁藏方志选刊本。
③ 《琬琰集》卷一一《张恭安公存墓志铭》。
④ 沈辽:《云巢编》卷一〇《伯少卿埋铭》,影印文渊阁《四库全书》本。
⑤ 《清明集》卷九《嫂嫁小叔入状》,第344页。
⑥ 《清明集》卷九《已出嫁母卖其子物业》,第296—297页。
⑦ 《清明集》卷六《争田业》,第177页。
⑧ 《夷坚志补》卷一《都昌吴孝妇》,第1554页。

自贱。这正是宋代妇女改嫁盛行的社会原因。

二、家庭法的详备

中国古代的家庭,是以婚姻、血缘和收养关系为基础组成的同居共财的社会组织形式,既是基层社会生产、生活、消费的共同体,也是国家赋役的承担者,亦是国家存在的社会基础。因此,历代统治者无不运用法律维护家庭秩序作为巩固政权和稳定社会的重要环节。南宋的家庭法,主要是指以法确认、调整和维护以家长为核心家庭成员之间的权利和义务,以此稳定家庭内部的和谐关系。

（一）确认亲子关系法的详备

所谓的亲子关系,主要指父母与子女之间的关系,包括以血缘关系生成的亲子关系,和因收养、抱养、立继等发生的养子关系。无论是由血缘形成的亲子关系,还是由法律确认的养子关系,父母与子女之间都有法定的权利和义务,违者都要受到法律的制裁。

1.以血缘生成的亲子关系。南宋在承袭前代亲子法的基础上,根据亲子关系的多样化,亦对维护亲子关系的法律进行调整,以确认和维护不同类型亲子在家庭中的地位。

（1）婚生子女。南宋时的婚生子女是指合法婚姻关系所生子女。但由于婚姻形式不同及子女出生时的状况不同,又有嫡子、庶子和遗腹子之别。凡妻生男女,谓之嫡子;妾生男女,谓之庶子;凡父亡时尚未出生的子女,谓之"遗腹子"。虽然名称不同,但与生父都是亲子关系,对家庭财产都有同样的均分权。如刘克庄讲:"遗腹之男,亦男也,周丙身后财产合作三分,遗腹子得二分,细乙娘得一分。如此分析,方合法意。"①由此可见,所有亲子对家庭的财产享有相同的权利。

（2）非婚生子女。是指婚外非法结合所生子女。在南宋的非婚生子女中,既有主幸婢所生,亦有因奸所生,也有"出妻弃妾"所生。无论何种原因

---

① 《清明集》卷八《女婿不应中分妻家财产》,第277—278 页。

所生子女,皆与生父有血缘关系,但因与生父别籍异居,故称为"别宅子"。这类亲子关系情况比较复杂,而且会引起诸多家庭矛盾,因此南宋法对此有严格规定:"诸别宅之子,其父死而无证据者,官司不许受理。"① 即无论何种原因的"别宅子",只要生父在日没有认领归宗者,或父死而无证据者,法律既不承认其亲子关系,也不许再行归宗认业。如以此兴讼者,则要受到法律制裁。所以袁采讲:"别宅子、遗腹子,宜及早收养教训,免致身后论讼。或已为愚下之人,方欲归宗,尤难处也。女亦然,或与杂滥之人私通,或婢妾因他事逐出,皆不可不于生前早有辨明,恐身后有求归宗而暗昧不明,子孙被其害者。"②

2.以法律确认的父子关系。此类父子关系,主要是指户绝之家为解决继嗣问题而设定的养父母与养子女关系。由于养子的种类和形式多样,情况复杂,所以南宋时调整此类父子关系的法律更加详备。

(1)抱养子。抱养子是无子孙之家为防户绝而抱养同宗小儿以为子,亦称"过继子"、"过房子"。南宋法律对抱养子有详细的规定:一是"诸无子孙,听养同宗昭穆相当为子孙,此法也"。③ 即所养子孙必须与养父母辈分相称;二是"其生前所养,须小于所养父之年齿,此隆兴敕也"。④ 三是"在法,为人后者不以嫡"。⑤ 即嫡长子不可为过继子。四是必须依"除附之法","此谓人家养同宗子,两户各有人户,甲户无子,养乙户之子以为子,则除乙户子名籍,而附之于甲户,所以谓之除附"。⑥ 即必须办理户籍转移手续,在法律上确立养子与养父母的亲子关系,养子终止与本生父母的身份关系,才是养父母家庭中的合法成员和合法继承人,其权益才受到法律的保护。

(2)收养子。收养子是指养异姓小儿为子,亦称"螟蛉子"。南宋法律对收养异姓为子孙亦有明确规定,"准法,异姓三岁以下,并听收养,即从其姓,

---

① 《清明集》卷八《别宅子·无证据》,第293页。
② 《袁氏世范》卷一《庶孽遗腹宜早辨》。
③ 《清明集》卷七《仓司拟笔》,第219页。
④ 《清明集》卷七《仓司拟笔》,第220页。
⑤ 《清明集》卷六《陆地归之官以息争竞》,第188页。
⑥ 《清明集》卷八《夫亡而有养子不得谓之户绝》,第273页。

听养子之家申官附籍,依亲子孙法。虽不经除附,而官司勘验得实者,依法"。① 又法,"诸遗弃子孙三岁以下收养,虽异姓亦如亲子孙法"。② 由此而言,凡收养异姓子孙,必须在在三岁以下,必须从养父之姓,并须申官附籍,才是合法的收养子孙。并规定:凡"已养得三岁以下之子,""不得谓之户绝",亦"不当求立",并"依亲子孙法"。但在特殊情况下,收养异姓子孙并不限于三岁以下,如南宋初的"明堂赦"中规定:凡"遭金人及贼寇杀虏遗弃下幼小,但十五岁以下,听行收养,即从其姓"。③ 其后又多次重申此项规定。南宋法律虽有许立异姓三岁以下之条,但往往因为族人"恶族类之非我"④而发生争讼。

(3)立继子。南宋孝宗淳熙指挥中说:"立继者,谓夫亡而妻在,其绝则其立也,当从其妻。"⑤胡颖在判词中亦讲:"在法,夫亡妻在者,从其妻,尊长与官司亦无抑勒之理。"⑥即在夫亡而妻在而无子孙的立继中,立继权主要在亡夫之妻。但所立之人,须是同宗昭穆相当者,而且"年齿亦合小于所养之母"。⑦ 立继子虽立于养父死亡之后,但因系养母所立,仍属"生前抱养,与亲生同",因此"立继者与子承父分法同,当尽举其产以与之"。⑧ 如本宗无可立之人,法律亦允许"取诸其妻家之裔",使之"亲亲以睦,而相依以生"。⑨凡合法的立继子孙,则与养母形成了法定的亲子关系,其继承权"与子承父分法同"。

(4)命继子。宋孝宗淳熙指挥中又说:"命继者,谓大妻俱亡,则其命也,当惟近亲尊长。"⑩敕令所看详云:"如生前未尝养子,夫妻俱亡,而近亲与之

---

① 《清明集》卷七《立继有据不为户绝》,第216页。
② 《清明集》卷七《已有养子不当求立》,第214页。
③ 《宋会要辑稿》食货六八之一二二。
④ 《清明集》卷八《父在立异姓父亡无遗还之条》,第245页。
⑤ 《清明集》卷八《命继与立继不同·再判》,第266页。
⑥ 《清明集》卷八《父在立异姓父亡无遗还之条》,第245页。
⑦ 《清明集》卷七《仓司拟笔》,第220页。
⑧ 《清明集》卷八《命继与立继不同·再判》,第266页。
⑨ 《清明集》卷八《治命不可动摇》,第269页。
⑩ 《清明集》卷八《命继与立继不同·再判》,第266页。

立议者,即名继绝。若夫妻虽亡,祖父母、父母见在而养孙,或夫亡妻在而养子,各不入继绝之色。"①由此看来,户绝之家的命继权主要由近亲尊长。但如果夫妻亡殁后其父母尚在而立养孙,则立孙之权则在祖父母。由于命继纯属顶立门户和继承香火,命继子与被继承人没有共同生活和尽赡养义务,所以在财产继承上并没有完整的继承权。

(5)义子。这是因恩义而产生的一种名分关系。南宋时因寡妇改嫁盛行,有"再嫁之妻将带前夫之子,就育后夫家者"②,由此在后夫与前夫子之间形成了名分上的父子关系。这类义子虽在就育期间成为义父家庭中的成员,由于"不易其姓",而且在其义父身亡之后,"自归本宗"③。所以说义子并没有亲子关系中的实质权利。但南宋时义子违法图谋义父财产的事例并不少见。

(6)入舍婿。南宋时,有女无男之家,为养老、补充劳动力和接续香火之计,往往招婿归家,由此使女婿成为岳父家中的一员。但南宋时的入舍婿已不再改姓换名。在这样的家庭中,由于入舍婿充当了家庭生活的主角,有的代替岳父承担国家赋役,有的"以妻家财物营运,增置财产"④,即在妻家的地位越来越重要。所以在绍兴三十一年(1161)据给事中黄祖舜看详规定:今后入舍婿如持有承产遗嘱,应与嗣子均分遗产⑤。由此入舍婿成为妻家的法定继承人之一。如吴革在处理蔡氏入舍婿与命继子分割财产时讲:"女乃其所亲出,婿又赘居年深,稽之条令,皆合均分。"因此将蔡氏家业、田地、山林,"以一半与所立之子,以一半与所赘之婿"。⑥ 但在司法理断中,法官偏于一端者并不少见。

3. 维护养子权益的法律规定。南宋时,维护养子合法权益亦有详细规

① 《清明集》卷七《仓司拟笔》,第220页。
② 《清明集》卷七《义子包并亲子财物》,第242页。
③ 《清明集》卷八《子随母嫁而归宗》,第275页。
④ 《清明集》卷七《立继有据不为户绝》,第216页。
⑤ 《宋会要辑稿》食货六一之六五。
⑥ 《清明集》卷七《探阄立嗣》,第206页。

定。"准令,诸养同宗昭穆相当子孙,而养祖父母、父母不许非理遣逐。"① 又
"准法,诸养子孙,而所养祖父、父亡,其祖母、母不许非理遣还"。② 刘克庄亦
讲:"现行条令,虽有夫亡从妻之法,亦有父在日所立不得遣逐之文。"③并规
定:养子孙"所养祖父母、父母俱亡,被论诉及自陈者,官司不得受理"。④ 南
宋《清明集》中亦有"父在立异姓,父亡无遣还之条","生前抱养外姓,殁后
难以动摇","先立已定,不当易之","后立者,不得前立者自置之田","诸户
绝而立继者,官司不应没入其业入学","夫亡而有养子,不得谓之户绝"等。
在这些争讼案件的审理中,都积极维护了养子的合法权益。而无男之家收
养、抱养、立继的目的,固然是为传宗祭祖,但更重要的是"为其生能养己,死
能葬己"。⑤ 因此,南宋法一直强调养子必须对养父母行赡养义务,如果"所
养子孙破荡家产,不能侍养,实有显过,官司审验得实,即听遣还"。⑥ 而南宋
养子中因此而被勒令归宗者并不少见。

(二)维护家庭关系法的变化

在中国古代家长制家庭中,由于家庭成员辈分的高低和性别之分而形
成了长尊幼卑、男尊女卑的不平等关系。国家法律亦根据家庭成员长幼尊
卑的不平等地位,规定了各自的权利和义务。尊长是家庭中权利的核心,不
仅在家庭中拥有组织生产和生活,对卑幼进行教令和主婚的权利,亦有向官
府申报户籍,承担赋役的义务。所以依法维护家长的权利,亦是南宋家庭法
的主要内容。

1.家长在家庭中权利的削弱。在家长制家庭中,家长对家庭财产拥有
支配权,对卑幼拥有教令权和主婚权。南宋维护家长权的法律虽在诸多方
面承袭了传统的规定,但在一些方面也发生了变化。如在教令权方面,法律
禁止尊长私自惩罚卑幼,如子孙不孝,强调送官依法惩治,显然尊长对卑幼

---

① 《清明集》卷七《出继子不肖勒令归宗》,第224页。
② 《清明集》卷八《父在立异姓父亡无遣还之条》,第245页。
③ 《后村先生大全集》卷一九二《德兴县董党诉立继事》。
④ 《清明集》卷七《立继有据不为户绝》,第216页。
⑤ 《清明集》卷八《出继不肖官勒归宗》,第276页。
⑥ 《清明集》卷八《叔父谋吞并幼侄财产》,第285—286页。

的惩治权受到限制。又如在主婚权方面,虽然仍旧强调"父母之命"是子女婚姻关系成立的重要原则,但子女的再婚权有所放松,而且对违律为婚者,独坐家长。在同居共财的家庭中,仍然维护家长对共有财产的管理和处分权,但南宋法律亦允许子孙拥有私财的存在,而且父母在子孙分家析产的情况也更为普遍。由此而言,南宋时家长在家庭中的专断权已有所削弱。

2. 妇女在家庭中权利的扩大。在"夫为妻纲"的传统家庭中,妻子虽有家长之名,但无充当家长之实。但在南宋时,由于妇女在劳动中已超出了家庭劳动的界限,其劳动具有了明显的社会属性。如江苏昆山乡村妇女在农事劳动中"与男子共其苦"①;湖南、江西"妇女习男事,往往力胜男子"②;而两广"男子弱而妇人强,男子多坐食于内,而妇人经营于外"。③ 这些地方的妇女在家庭中的话语权以至决定权自然就比较多。所以说,妇女在家庭中的权利是随着其经济地位的提高而不断扩大的。

而南宋时在夫亡妻在的家庭中,妇女不仅拥有户主权,亦对重大事情拥有裁决权。如法律规定:"诸户绝人有所生母同居者,财产并听为主。"④而在立继中则有立嗣权,即使"尊长与官司亦无抑勒之理"。⑤ 在这样的家庭中,无论是对子女的管教,还是无子而主嗣,或是招进入舍婿,还是招来接脚夫,皆由寡妻决定,即妇女享有家长的一切权利。尤其是对家庭财产的交易,凡未经女主"亲闻商量",或不以寡母为契首,皆为"违法交易"而受处罚。

在分家析产中,寡妻妾无男者亦可"承夫分"。据吴势卿讲:寡妻"未去一日,则可以一日承夫之分"。⑥ 在《双立母命之子与同宗之子》的判词中亦讲:"妻得承夫分财产,妻之财产也……岂近亲他人所得而可否之乎?"⑦由此可见,南宋对"妻承夫分"的代位继承权亦是严加维护的。

---

① (明)《嘉靖昆山县志》卷一《风俗》,天一阁藏方志选刊本。
② (明)《隆庆岳州府志》卷七《风俗》,天一阁藏方志选刊本。
③ 李光:《庄简集》卷一六《儋耳庙碑》,影印文渊阁《四库全书》本。
④ 《清明集》卷八《继绝子孙止得财产四分之一》,第251页。
⑤ 《清明集》卷八《父在立异姓父亡无遗还之条》,第245页。
⑥ 《清明集》卷八《检校婴幼财产》,第280页。
⑦ 《清明集》卷七《仓司拟笔》,第220页。

　　在同居共财的家庭中,妇女的私有财产亦受到法律的保护。据翁甫讲:"在法,妻家所得之财,不在分限。"①即妻家的随嫁财产则为妻之私有,在夫家析产时,不允许把私房财产作为共产进行分析。从南宋大量事例中可知,妇女的奁产嫁资的支配权和处分权一直掌握在妇女本人手中,即使挟嫁资改适或挟奁产归宗,也没有受到法律的限制。

　　3.卑幼维权意识的提高。在中国传统的家长制家庭中,卑幼对尊长是没有权利可言的。而法律更多的是规定了卑幼对尊长的服从及对不孝子孙的惩罚。但在南宋时,随着社会经济的发展和私有制的发达,卑幼维权意识的提高,亲情意识的淡薄,不仅"家丑不可外扬"的传统被打破,严禁卑幼控告尊长的法律限制也不复存在。因此,父子、母子、叔侄、兄弟相讼者大量出现。在《名公书判清明集》的判例中,就可以看出此类诉讼活动的活跃。在南宋的诉讼活动中,既有父母讼子不供养者(364)②,亦有子以"新台之事"讼其父者(388),妇讼翁舅"河上之要"者(387),又有卑幼产业为生父盗卖及"出继子因卖本生父母产业"而兴讼者(298)。而母子争业之讼更为突出,有出嫁母卖亲子物业而兴讼者(296),亦有亲子与继母争业之讼(365),又有继母与养子争业之讼(141),也有母子互诉立继家财者(360)。在叔侄之讼中,有叔诉侄盗卖田者(183),有叔讼侄侵占竹地者(189),有亲侄与出继叔争业者(135),亦有叔侄立契盗卖族侄田业者(308),叔父谋吞并幼侄财产致讼者(285),诸侄论索遗嘱钱者(291),又有"嫂讼其叔用意立继夺业"者(260),也有外甥与舅争屋之讼者(191)。南宋的兄弟争讼更为普遍,有为收赎典产而兴讼者(111),有因析产不平而兴讼者(366),有弟不恭,兄不友而讼者(371),亦有"兄弟侵夺之争"(369),有"兄弟论赖物业"之讼(373),又有"兄侵凌其弟"者(373),也有亲子与义子争业之讼(375)等。对于这些争讼,无论是父母讼子,还是子诉父母,无论是叔诉侄,还是侄诉叔父,无论是兄诉弟,还是弟讼兄,南宋官府都一一受理,认真审理,"平心处断"③。从南

① 《清明集》卷五《妻财置业不等分》,第140页。
② 此系《名公书判清明集》中华书局1987年版页码。
③ 《清明集》卷一〇《母子兄弟之讼当平心处断》,第361页。

宋士大夫对卑幼诉讼活动的态度来看,既表现了卑幼在家庭中维权意识的提高,也反映了卑幼的诉讼权得到官府的认可,这也是以前少有的司法现象。

(三)家庭共有财产分析法的发展

在以家长为核心的家庭中,家庭财产由家长管理和处分,卑幼不得自行使用和处理共有财产。南宋时亦对家庭共有财产依法加以维护。据《清明集》中讲:"淮法,父母在,不许别籍异财者,正欲均其贫富,养其孝弟而已。"①但在南宋的社会生活中,广大平民百姓并非严格遵守这些法令。在北宋末,江南就出现了"家产计其所有,父母生存,男女共议,私相分割为主,与父母均之"。② 南宋时这种情况更为普遍,据绍熙三年规定:"凡祖父母、父母愿为标拨而有照据者,合与行使。"③即承认父祖主持分产的合法性。所以子孙婚娶后与尊长别籍异财成为南宋社会中一个普遍现象。

在南宋的家产分析中,凡与父祖有血缘关系的子孙,不分嫡庶长幼、"遗腹子"、归宗的"别宅子",都是基本有份人,仍坚持"诸子均分"之法,亦有"子承父分"、"妻承夫分"之令。而在室女及在室姑姊妹,则属酌情给予有份人。据刘克庄讲:"在法,父母已亡,儿女分产,女合得男之半。"④并说田县丞身后财产,"依诸子均分之法,县丞二女合与珍郎共承父分,十分之中珍郎得五分,以五分均给二女。"⑤这里所指"女合得男之半",显然不是北宋时"姑姊妹在室者,减男聘财之半",而是指析产时男子应分家产的一半。这项新的家产分析原则,说明南宋时的在室女在家产分析中的地位有了突破性的提高。

南宋对舍居婿、义子等酌情给予有份人亦有法律规定。北宋时曾令"候分居日,比有分亲属给半"。⑥ 南宋初亦有入舍婿与继子中分妻家财产的事

---

① 《清明集》卷八《母在不应以亲生子与抱养子析产》,第279页。
② 《宋会要辑稿》刑法二之四九。
③ 《清明集》卷一〇《兄弟之讼》,第372页。
④ 《清明集》卷八《女婿不应中分妻家财产》,第277页。
⑤ 《后村先生大全集》卷一九三《建昌县刘氏诉立嗣事》。
⑥ 《长编》卷三三三,元丰六年春正月乙巳条,第8009页。

例。但随着酌情有份人析产标准的不断调整,南宋中期之后,酌情有份人法定标准在不断下降。如"在法,诸赘婿以妻家财物营运,增置财产,至户绝日,给赘婿三分"①。可见南宋法定酌情有份人在家产分析中应有份额明显低于北宋。

南宋法律不仅承认"同居共财"家庭成员拥有私财的合法性,而且进一步扩大了不准分析的私产范围。法律明确规定:"妻家所得之财,不在分限"②;蔡杭亦讲:"私房续置之产,与众各无干预。"③又有自备钱取赎之田,不在均分之数。这些法条,既是对共产家庭中私财的维护,亦反映了南宋对私有财产维护的深化程度。

南宋时,为防止因分家析产引发无限期的争讼,对分家析产的诉讼时效亦有明确规定:"在法,已分财产满三年而诉不平,及满五年而诉无分违法者,各不得受理。"④这亦是南宋家庭析产发展的重要表现。

三、财产继承法的发达

继承法作为维护私有权世代相传的法律制度,是以私有制为前提,以非常确定的财产关系为基础形成的。继承法之所以为历代统治者所重视,因为继承权与财产权紧密相连,使继承人拥有死者生前所有的权利。中国古代的继承制度,则是以宗祧继承为核心而兼及遗产继承。但随着私有制和商品经济的发展,调整私有权关系的法律不断完善,继承法的内容也在不断地发生变化。而在南宋时,不仅宗祧继承与遗产继承的分离,而且遗产继承成为独立的继承内容,由此使南宋继承人的范围、继承原则、继承权的取得与丧失、遗产的分割等方面,都发生了深刻变化,使南宋继承法呈现出新的时代特征。

（一）法定继承原则的发展

在南宋社会生活中,遗产继承与家产分析往往内容相同,所以在遗产继

---

① 《清明集》卷七《立继有据不为户绝》,第216页。
② 《清明集》卷五《妻财置业不等分》,第140页。
③ 《清明集》卷一〇《兄弟之争》,第367页。
④ 《清明集》卷一〇《兄弟论赖物业》,第373页。

承中亦有采取"诸子均分"的原则,即只要是父母在日承认的亲子,不分嫡庶、长幼、男女、遗腹子、别宅子,都是父母遗产的第一顺序继承人;而无子之家抱养的同宗昭穆相当过继子孙,依法收养的三岁以下异姓子孙,亦"依亲子孙法"①继承遗产;即使是夫亡妻在而由妻所立继子孙,也"与子承父分法同,当尽举其产以与之"。② 在没有血缘关系的家庭成员中,主要是入舍婿和随母嫁的义子或养子女。这些人虽然没有宗祧继承权,但他们由于同居年深,如果供养不缺,亦是遗产继承的法定有份人。而命继子,由于是由近亲尊长立于应继父母双亡之后,虽有延续香火的责任,但对所继父母没有尽赡养义务,所以在遗产继承上也只是法定的有份人,而不同于立继子孙的"尽举其产以与之"。由此可见,南宋遗产继承中,继承权是与供养义务紧密相连的,这是南宋遗产继承中的一个法定原则。

从南宋遗产的继承形式来看,除"诸子均分"之外,又有代位继承,即北宋时已出现的"子承父分"和"妻承夫分"。代位继承是指法定继承人先于被继承人死亡时,则由法定继承人的儿子代替父亲继承祖父遗产。而在夫亡寡妻无男的遗产继承中,寡妻亦可代替亡夫承继所应继承的遗产。这项规定,则使寡妻不因夫殁而丧失合法继承权。由于"子承父分"具有延续宗祧,保全家业之意,所以法律对"子承父分"的继承无任何附加条件和限制,皆依亲子法。而"妻承夫分"虽然可以承产为主,寡妻"未去一日,则可以一日承夫之分"。③ 但寡妻的代位继承则有严格的法律规定:一是寡妻只有无男者,才能"承夫分",或"同一子分";二是"在夫家守志者",如改嫁,则将所继承财产"皆应分人均分";三是为亡夫主嗣,即妻承夫分财产,是"立子而付之财产"④。由此而言,南宋"妻承夫分"的代位继承,仍然没有"子承父分"代位继承的实质性意义。为防止寡妻任意处分承受的夫分财产,亦以法律形式对此做了诸多限制,一是"诸寡妇无子孙,擅典卖田宅者杖一百,业还主,钱

---

① 《清明集》卷七《立继有据不为户绝》,第216页。
② 《清明集》卷八《命继与立继不同》再判,第266页。
③ 《清明集》卷八《检校婺幼财产》,第280页。
④ 《清明集》卷七《双立母命之子与同宗之子》,第220页。

主、牙保知情与同罪。"①二是不准挟带改嫁他人;三是不可随身归宗。即使寡妻在夫家守志而招来接脚夫者,亦不许"别立后夫为户"。"按户令:寡妇无子孙并同居无有分亲,召接脚夫者,前夫田宅经官籍记讫,权给,计直不得过五千贯,其妇人愿归后夫家及身死者,方依户绝法"。② 这些规定说明,寡妻虽有代承夫分之权,但对夫家财产没有任何处分权。这项权利设定的目的,在于鼓励寡妻"守节"而已。但在南宋的社会生活中,寡妻妾挟资改适者并不少见。

(二)遗嘱继承法的详备

遗嘱继承作为法律概念,在北宋时已有明确规定,而南宋的"绍兴指挥"中规定得更具体。袁采曾讲:"父祖有虑子孙争讼者,常预为遗嘱之文。"③"遗嘱之文,皆明贤之人为身后之虑,然亦须公平,乃可以保家。"④但由于遗嘱具有改变继承人的范围、顺序和遗产份额的效力,关系到继承人继承权的取得和丧失,而且会因此引起争讼,所以南宋时对立定遗嘱和遗嘱效力的立法尤为详备,这亦是南宋财产继承法的重要内容和新的表象。

1.遗嘱形式。从南宋文献资料中看,遗嘱的形式主要有口头遗嘱和书面遗嘱两种。口头遗嘱多是立遗嘱人因不识字或因病不能自书而采用的一种形式。如黄氏"忽然病患,面受遗嘱",令拨田充在室女嫁资⑤;又如杨训武因借出继幼子杨天常金银钱会五千余贯,"训武临终遗言",令拨田还债⑥。由于"口中之言,恐汗漫无足据"⑦而证明力较低,所以南宋官府更重视书面遗嘱。

书面遗嘱,"曰纸上之言"⑧。立遗嘱人或亲笔书写,或请人代笔,"常预

---

① 《清明集》卷九《鼓诱寡妇盗卖夫家业》,第304页。
② 《清明集》卷八《夫亡而有养子不得谓之户绝》,第273页。
③ 《袁氏世范》卷一《遗嘱文宜预为》。
④ 《袁氏世范》卷一《遗嘱公平维后患》。
⑤ 《清明集》卷九《已嫁妻欲据前夫屋业》,第354页。
⑥ 《清明集》卷五《侄与出继叔争业》,第135页。
⑦ 《清明集》卷七《立继有据不为户绝》,第216页。
⑧ 《清明集》卷七《立继有据不为户绝》,第216页。

为遗嘱之文"①。如接脚夫许文进,为防止日后义子许万三背母兴讼,在病重时"写下遗嘱,分付家事"②。特别是户绝之家,用遗书形式遗嘱财产和身后事情的事例更多。如曾千钧"亲书遗嘱,标拨税钱八百文与二女",并"经县印押"③;徐二无子,恐死后家业为异姓(义子)所攘,乃于淳祐二年(1242)手写遗嘱,将屋宇、园池给付亲妹与女,且约将来供应阿冯及了办后事④;郑应辰亦对亲生二女"各遗嘱田一百三十亩,库一座"⑤;柳景家业独厚,生子独幼,"知诸侄非可任托孤之责",故在死之日,"遂以四侄贫乏,各助十千,书之于纸,岁以为常"。⑥ 以上例可以看出,遗书是南宋遗嘱财产的主要形式。

2.有效遗嘱的法定标准。南宋时,为维护合法继承人的财产继承权,对立定遗嘱和遗嘱有无效力,亦有详细的法律规定。

一是遗嘱必须"证验分明"才具有法律效力。

二是立遗嘱必须是"诸财产无承分人,愿遗嘱与内外缌麻以上亲者,听自陈。则是有承分人不合遗嘱也"。⑦ 即立遗嘱不得无故剥夺合法继承人的继承权。

三是遗嘱必须是立遗嘱人神志清楚时真实意思的表示。凡是"临终乱命","互相反复"的遗嘱,或是迫于"悍妻黠妾"所立遗嘱,皆属无效遗嘱。

四是所立遗嘱"必须宗族无间言而后可"。凡"不由族众,不经官司之遗嘱","止合付之一抹"。⑧ 即被视为无效遗嘱。

五是遗嘱须"经官印押","官给公凭"⑨,始谓合法,在遗嘱争讼中才能"执出为照"。⑩ 翁甫在审理《僧归俗承分》一案中讲:"不曾经官印押"的遗

① 《袁氏世范》卷一《遗嘱文宜预为》。
② 《清明集》卷八《背母无状》,第294页。
③ 《清明集》卷七《遗嘱与亲生女》,第237页。
④ 《清明集》卷九《鼓诱寡妇盗卖夫家业》,第304页。
⑤ 《清明集》卷八《女合承分》,第290页。
⑥ 《清明集》卷八《诸侄论索遗嘱钱》,第291页。
⑦ 《清明集》卷五《继母将养老田遗嘱与亲生女》,第141—142页。
⑧ 《清明集》卷八《继绝子孙得财产四分之一》,第251页。
⑨ 《清明集》卷九《鼓诱寡妇盗卖夫家业》,第304页。
⑩ 《清明集》卷八《父子俱亡立孙为后》,第263页。

嘱,系私家之故纸,"岂可用私家之故纸,而乱公朝之明法乎"?① 实际上否认了不经官印押遗嘱的法律效力。

六是因遗嘱而争讼者,"遗嘱满十年而诉者,不得受理"。② 这项规定,使南宋的遗嘱法更加完备。

南宋法定遗嘱的有效条件,既有维护立遗嘱人权利的一面,但更多的是限制立遗嘱人自主权的行使,使立遗嘱人自愿处理遗产的权利受到法官价值观念的制约和限制,显示出中国古代传统遗嘱继承法的特征。

3. 遗嘱继承人的范围。南宋的遗嘱财产仍然是以法定继承人为主,即"遗嘱与内外缌麻以上亲者"③者最为普遍。但是,如果亲生子不孝,或养子不肖等原因,亦可将财产遗嘱与赘婿、义子。在南宋遗嘱财产的实务中,也有遗嘱过房子与亲女分产者,又有遗嘱与亲妹及亲生女者。由此可见,南宋遗嘱财产的范围相当广泛,并不受同宗还是异姓,有服亲还是无服亲的限制。

4. 遗嘱财产数量的限制。北宋前期,遗嘱财产的数额并没有限制,一般由立遗嘱人自行决定。南宋绍兴三十二年(1162)十一月的"遗嘱财产条法"中则规定:"遗嘱财产,养子与赘婿均给……若财产满一千五百贯,其得遗嘱之人,依现行成法,止合三分给一。"此谓如"遗嘱财产不满一千贯,若后来有养子,合行均给;若一千贯以上给五百贯;一千五百贯以上,给三分之一,至三千贯止,余数尽给养子。"④这项规定虽然是调整养子与入舍婿财产份额,但可以看出南宋对遗嘱财产数量的限制。实际上是官府通过参与遗嘱财产的分配,使遗产的一部分转化为官有财产。

5. 遗嘱的履行。由于财产继承是南宋遗嘱继承的核心内容,而且因财产继承多有争讼,所以南宋官府亦加强了对遗嘱继承的监督和保护。

(1)维护合法遗嘱的履行。南宋时因遗嘱财产而使贪利之人妄兴词讼

① 《清明集》卷五《僧归俗承分》,第139页。
② 《清明集》卷五《侄与出继叔争业》,第135—136页。
③ 《清明集》卷九《鼓诱寡妇盗卖夫家业》,第304页。
④ 《宋会要辑稿》食货六一之六六。

的事例屡有发生,因此官府对合法遗嘱的维护也进一步加强。如郑应辰家有田三千亩,库一十座;有亲生女二人,养子一人。郑应辰存日,"二女各遗嘱田一百三十亩,库一座与之"。而在郑应辰死后,其养子则假称养父母无遗嘱而兴讼。法官范应铃以养子"不义之甚",判决养子"勘杖一百",并照原遗嘱实行①。又如曾千钧在垂没之际,"亲书遗嘱,标拨税钱八百文与二女。当时千钧之妻吴氏、弟千乘、子秀郎并已佥知,经县印押"。而过房子秀郎之生父曾文明却指"遗嘱为伪,县印为私,必欲尽有千钧遗产"。法官吴革亦判决依遗嘱施行②。再如徐二"恐身死之后,家业为异姓所攘,乃于淳祐二年手写遗嘱,将屋宇、园池给付亲妹与女,且约将来供应阿冯及了办后事",并"经官投印,可谓合法"。但徐二身死未寒,后妻阿冯在牙人陈小三啜诱下"盗卖徐二家业"。法官翁甫判决,追还阿冯所卖产业,承买人、牙人、阿冯"各勘杖一百,内阿冯年老免断",所追田产照遗嘱由徐二之妹与女"同共管佃,别给断由"。③ 由此维护了徐二立遗嘱的本意。从这些判例中可以看出,南宋维护合法遗嘱是很严格的。

(2)鉴别遗嘱的真伪。伪造遗嘱是贪利之人巧夺遗产的惯用手段,也是遗嘱争讼中的常见现象。南宋官府为防止以"假伪遗嘱"骗取遗产,在遗嘱继承法中规定:凡发现遗嘱有疑,要"考其遗嘱之真伪"④。而辨别遗嘱真伪的主要办法是核对笔迹,即遗嘱只要有"其字同,其印同,印之年月并同"⑤方可为真。如钱居茂把山地遗嘱给女婿牛大同,而族人钱孝良讼牛大同"伪作居茂遗嘱,强占山地"。经官府辨验确认遗嘱"却是居茂亲笔书押,与嘉定年间分书比对,出于一手,真正自无可疑"。因此,法官吴革判"令牛大同凭遗嘱管业"。⑥ 可见辨别遗嘱的真伪,是维护遗产转移的常见办法。而对以所谓遗嘱"为骗取钱物之地"者,则受到"勘杖一百,编管

---

① 《清明集》卷八《女合承分》,第 290 页。
② 《清明集》卷七《遗嘱与亲生女》,第 237 页。
③ 《清明集》卷九《鼓诱寡妇盗卖夫家业》,第 304—305 页。
④ 《清明集》卷六《争山》,第 197 页。
⑤ 《清明集》卷五《侄假立叔契昏赖田业》,第 147 页。
⑥ 《清明集》卷六《争山》,第 197—198 页。

邻州"的惩罚①。

（3）依法酌情决断遗嘱争讼。南宋在审理遗嘱争讼中,不仅依法裁决,还有据理推断,酌情处理。如汪如旦早亡,其"妻阿周奉阿姑游氏之命,及其夫如旦存日遗嘱,将如珪之子庆安与如旦为嗣,其文字内,诸子皆有知押",可谓公当;而十年之后,游氏怜其幼子如玉贫穷,"遂听其为两立之谋",而且阿游有再立如玉九岁次子尧夔为如旦之后的遗嘱,因此,"官司亦只得听从其说"②,改为双立。又如田县丞及其子世光皆死,县丞之亲弟通仕欲谋其父子身后财产,以己子世德为世光之后,通仕虽"宝藏世光遗嘱二纸,以为执手",但此遗嘱因"不由族众,不经官司"而族人"争讼累年",因此遗嘱二纸被法官刘克庄宣布无效,"付之一抹",依法处理了田县丞父子的遗产③。又如柳璟在死亡之际,"知诸侄非可任托孤之责","遂以四侄贫乏,各助十千,书之于纸,岁以为常。今才五七年,而璟之妻子乃渝元约,诸侄陈论,意欲取索"。法官范应铃索到柳璟遗嘱之后认为,"第探其本情,实有深意","观其遗词,初念生事之薄,而助之钱,终以孤儿寡妇之无所托,而致其恳,且言获免侵欺,瞑目无憾。执笔至此,夫岂得已"。因此范应铃判决:"合当仿乖崖之意行之,元约毁抹"④,诸侄不再依遗书支钱。从以上事例可以看出,对遗嘱既有维护者,亦有宣布无效者,也有合法遗书因情理而被毁抹者。此种处理既合人情,亦合法意,对和亲睦族、稳定社会,都有积极意义。

（三）户绝财产继承法的发达

所谓"户绝",是指没有男性继承人的人户。在"户绝"家庭中,既有诸女继承问题,又有养子、立继、命继和遗产分配问题,亦有同居人的财产继承问题。由于"户绝"继承远比一般继承关系更为复杂,所以南宋的"户绝"继承法也比一般继承法更详密。范应铃曾讲:"户绝之家,自有专条,官司处置,

---

① 《清明集》卷八《假伪遗嘱以伐丧》,第290页。
② 《清明集》卷八《后立者不得前立者自置之田》,第271—272页。
③ 《清明集》卷八《继绝子孙止得财产四分之一》,第251页。
④ 《清明集》卷八《诸侄论索遗嘱钱》,第291—292页。

一从条令"①。尤其户绝中女子继承权的扩大,是南宋户绝继承法的突出特征。

1.户绝继承人的范围。由于户绝家庭中无直系男性子孙,所以继承人的范围和顺序较之正常家庭的继承要复杂得多,因此调整户绝继承的法律也更为详备。

南宋时,为使户绝之家"香火不断","永享血食",法律准许无子之家抱养同宗昭穆相当者之子以为己子,又允许收养三岁以下异姓小儿为从姓养子;凡有养子者则不为户绝,并"与亲生同"。在夫亡妻在而无养子的家庭中,妻可为夫立嗣,称为立继子,凡有立继子者,亦"依亲子孙法"。而在既无养子又无立继子的户绝家庭中,在夫妻双亡之后,则由近亲尊长为之命继。这些养子、立继子、命继子的设定,都是从延续香火的角度出发的。

南宋户绝继承的内容,实际上远远超出了宗祧继承的范围,而遗产的继承则成为独立的继承内容。这使没有宗祧继承权的在室女、出嫁女、归宗女及没有血缘关系的入舍婿、义子、随母男等,亦都成为户绝财产的法定继承人。由此可见,南宋户绝财产继承人的范围超出了以宗祧继承为标准,确定财产继承权的界限。

2.户绝财产的继承原则。南宋户绝财产继承人,由于既有养子、立继子和命继子之分,亦有在室女、归宗女、出嫁女之别,又有出嫁亲姑姊妹侄及入舍婿、义子、随母男等继承问题。但由于继承人与被继承人关系不同,依法继承遗产的份额不等。因此南宋法律不仅规定了他们的继承顺序,而且对不同继承人的继承财产的份额亦有详细规定。

(1)从南宋户绝财产的法定继承份额来看,同姓抱养子、异姓收养子、夫亡妻在的立继子,以及在室诸女,皆是第一顺序继承人。据南宋法令规定,这些继承人都"依亲子孙法"②,"当尽举其产以与之"。③ 因在室诸女,"乃

---

① 《清明集》卷八《处分孤遗田产》,第289页。
② 《清明集》卷七《立继有据不为户绝》,第216页。
③ 《清明集》卷八《命继与立继不同·再判》,第266页。

其父之所自出"，岂能将祖业"专以付之过房之人"①。因此在南宋的令文中规定："诸户绝财产，尽给在室诸女。"②而"生前自行收养"的在室养女的继承权，亦"与亲女同"。③ 如户绝之家又有养子者，在室女"合得男之半"。④这是南宋户绝财产继承的基本原则。这一部分继承人则享有遗产的完整继承权。

（2）出嫁女、归宗女、命继子则是第二顺序继承人。南宋法令对命继子与归宗女、出嫁女的继承份额亦做了详细规定。

一是户绝之家如"止有归宗诸女，依户绝法给外，即以其余减半给之，余没官"。⑤

二是户绝之家如"止有出嫁诸女者，即以全户三分为率，以二分与出嫁诸女（及命继子）均给，余一分没官"。⑥

三是户绝之家如止有命继子，则"以全户三分给一，并至三千贯止，即及二万贯，增给二千贯"⑦，其余没官。如有在室女者，"在室诸女得四分之三，而继绝男止得四分之一"。⑧ 若又有归宗诸女者，继绝子孙"给五分之一，其在室并归宗女即以所得四分，依户绝法给之"。⑨ 这一部分继承人仅享有部分继承权。由此可见，户绝之家女子的财产继承权明显扩大了。

（3）无血缘关系的入舍婿、义男、随母男、外甥等同居亲属，则是第三顺序继承人。这一部分同居人，只要"同居营业"，"供输不缺"，对被继承人生前尽了赡养义务，对无承分人的户绝财产，依法同样享有继承部分遗产的权利。如吴革在处理蔡氏立嗣争讼时讲："稽之条令，皆合均分。"因此"合以一

---

① 《清明集》卷八《女合承分》，第291页。
② 《清明集》卷八《继绝子孙止得财产四分之一》，第251页。
③ 《清明集》卷八《处分孤遗田产》，第288页。
④ 《后村先生大全集》卷一九三《建昌县刘氏诉立嗣事》。
⑤ 《清明集》卷八《命继与立继不同·再判》，第267页。
⑥ 《清明集》卷八《命继与立继不同·再判》，第267页。
⑦ 《清明集》卷八《处分孤遗田产》，第288页。
⑧ 《清明集》卷八《继绝子孙止得财产四分之一》，第253页。
⑨ 《后村先生大全集》卷一九三《建昌县刘氏诉立嗣事》。

半与所立之子,以一半与所赘之婿"。① 又法,"诸赘婿以妻家财物营运,增置财产,至户绝日,给赘婿三分。"②

南宋户绝财产继承中,虽然突出了女子的继承地位,扩大了户绝财产继承人的范围,但随着南宋没官财产范围的扩大,数额的增多,同居关系人对户绝财产的继承权明显削弱,而且在一些地区对此类继承开创了遗产税的征收。

3. 户绝财产继承权的丧失。南宋的财产继承法中,特别强调继承权的取得与应尽赡养义务的一致性。即使亲生子女,如果只"知有货利,而不知有母子之天"③,生不能养,死不肯葬,各居异食,不尽孝养义务,亦被剥夺财产的继承权。如王有成,"因不能孝养父母,遂致其父母老病无归,依栖女婿,养生送死皆赖其力"。因此,官府根据"其父之遗嘱,其母之状词",将其父母遗产判归女婿李茂先④。又如祝文卿欲认姓毛人为父,"三十年间不与父同居",反而"妄求其产",被法官刘克庄判决"勘杖一百","不可求分别人物业"⑤。翁甫在书判中亦讲:"生既不能养,死又不肯葬,父子之道固如是乎? 人伦天理,至此灭矣!"⑥由此可见,即使是亲生子女,亦因对父母不尽生养死葬的义务,其继承权也会被削夺。

南宋法律虽然不许非理剥夺养子、过继子、立继子的财产继承权,但如果出继子孙不肖,不仅"官勒归宗",而且还要受到刑事惩罚。"在法,所养子孙破荡家产,不能侍养,实有显过,官司审验得实,即听遣还。"⑦如过继子石岂子,借充保役之机,"擅卖耕牛,私佃田地,盗用银钏、纱罗等物,借会孙客等钱",以为"游荡之资",甚至持刃执棒,挠骂养母。因此石岂子被判"勘杖一百,勒令归宗"。⑧ 蔡杭讲:"抚育之恩固深,而继承之义尤重,为人后者,不

① 《清明集》卷七《探阄立嗣》,第 206 页。
② 《清明集》卷七《立继有据不为户绝》,第 216 页。
③ 《清明集》卷八《背母无状》,第 295 页。
④ 《清明集》卷四《子不能孝养父母而依栖婿家则财产当归之婿》,第 126 页。
⑤ 《清明集》附录三《贵溪县毛文卿诉财产事》,第 620 页。
⑥ 《清明集》卷八《出继不肖官勒归宗》,第 276 页。
⑦ 《清明集》卷八《叔父谋吞并幼侄财产》,第 286 页。
⑧ 《清明集》卷七《出继子不肖勒令归宗》,第 224 页。

得顾其私亲。"①所以对"背所养,从所生"的养子,官府更是严惩不贷。如卢应申为卢公达养子,不仅"背所养,从所生",而且与养父母"各居异食",养父"死又不肯葬",甚至"生事乡邻"。法官翁甫不仅判决"引勒卢应申仍旧归宗",而且将卢应申"决脊杖,编管抚州"。② 由此反映了南宋法律对继承权与生养死葬义务一致性的严格维护。亦因受到遣还,归宗,或受到严惩的养子、过继子、立继子,都因此而丧失了对户绝之家财产的继承权。

（四）南宋财产继承法的特征

南宋财产继承法的发达,是其社会经济发展和私有制深化在法律上的一个反映,其与以前朝代的继承法相比,具有明显的时代特征。

1. 法条增多,规范详备。南宋有关财产继承的敕令,有了显著增加,规范也更加详密。可以说从继承原则到财产分配,从继承人的范围到继承顺序,从法定继承到遗嘱继承,从亲子继承到代位继承,无所不有。这与前代继承法相比,详备得多,完善得多。在中国古代继承法发展史上,是一个很大的进步。

2. 宗祧继承与财产继承的分离。南宋的财产继承虽然没有完全摆脱宗祧继承的影响,但是财产继承明显的成为独立的继承内容。不仅在室女、归宗女、出嫁女享有财产继承权,而且义子、入舍婿、同居外甥等,只要同居营运,供输不缺,同样可以取得部分财产继承权。这项变化不仅突破了宗祧继承对财产继承的限制,也是宗祧继承与财产继承分离的表现。

3. 继承形式的多样化。南宋继承遗产的形式,既有法定继承的传统形式,亦有代位继承与遗嘱继承,而且合法遗嘱的法律效力又优于法定继承的效力。这是继承形式的一个新变化。遗嘱继承作为被继承人生前对其私有财产享有处理权的最终体现,无疑是南宋私有权观念深化的一个突出表现。

4. 妇女财产继承权的扩大。在南宋的"诸子均分"中,女"合得男之半"。寡妻妾无子者"妻承夫分"。而户绝财产继承中,在室女则与亲子同;归宗女

---

① 《清明集》卷九《卑幼为所生父卖业》,第298页。
② 《清明集》卷八《出继不肖官勒归宗》,第276页。

亦合得在室女之半；即使出嫁女及亲姑姊妹侄，亦拥有部分财产继承权。这一突出变化，更是南宋财产继承法的突出特征。

南宋财产继承法的突出变化和呈现的时代特征，是南宋社会经济发达和私有权观念深化的一个法律结论。

第四章　南宋的司法制度

南宋的司法制度十分周密细致,在中国法制史上有着鲜明的特色。

第一节　司法机构

一、中央司法机构

南宋中央设置大理寺、刑部、御史台,分掌中央司法审判覆核职权。

(一)大理寺

大理寺,"号为天狱"。北宋前期,"大理寺断天下奏案而不治狱",①本身无刑狱机构,并不审讯罪犯。北宋《天圣令》载:"诸犯罪,皆于事发处州县推断。在京诸司人事发者、巡察纠捉到罪人等,并送所属官司推断。在京无所属者,送开封府(原注:虽有所属官司,无决罚例者,准此)。"②京师内发生的案件嫌疑犯,如无所隶官司,一律送开封府审理。这与唐代一律送大理寺审讯的做法不同。随着宋代社会发展,开封府狱事日趋繁多,来不及审理。至元丰元年(1078),宋始置大理寺狱,审讯犯人,从而分担了审讯京师犯人

---

① 《宋史》卷一六五《职官五》,第 3900 页。
② 天一阁博物馆、中国社科院历史研究所天圣令整理课题组:《天一阁藏明抄本天圣令校证》,中华书局 2006 年版,第 415 页。

的职责。北宋元丰改官制,置大理寺卿一人,少卿二人,正二人,推丞四人,断丞六人,司直六人,评事十二人,主簿二人。高宗建炎三年(1129)诏:"大理断刑、治狱,少卿、寺正各一员,断刑寺正六员减三员,治狱寺丞减二员。"①《宋史·职官志五》云:

> 卿掌折狱、详刑、鞫谳之事。凡职务分左右:天下奏劾命官、将校及大辟囚以下以疑请谳者,隶左断刑,则司直、评事详断,丞议之,正审之;若在京百司事当推治,或特旨委勘及系官之物应追究者,隶右治狱,则丞专推鞫。

大理寺分左右两部:左断刑,掌断天下疑案及命官、将校犯罪案;右治狱,掌审讯京师诸司刑案及诏狱。"应三司及寺、监等公事,除本司公人杖、笞非追究者,随处裁决,余并送大理狱结断"。② 大理寺的一个重要职责就是审核判决各地上奏的疑难奏案。"天下之狱谳决论竟,至大理寺而止"。③ 李心传曰:"自神宗置大理寺狱,著令专一承受内降朝旨、重密公事及推究内外诸司库务侵盗官物,余民事,送开封府。"④到南宋,大理寺狱掌管京师诸司刑案,而临安府负责处理京城居民的诉讼案件。淳熙八年(1181),大理少卿崔绂奏云:"契勘大理寺右治狱,合专一承受内降朝旨重密公事及推究六曹寺监所辖库务,及内外诸司侵欺盗用官物,及民间有冤抑事,诉申朝廷,许送本寺推治外,其余不应前项条法并乞免行送寺。"于是高宗诏令"今后诸处有合送大理寺公事,并申取朝廷指挥。其本寺见勘公事内有不应送寺者,并移送临安府"。⑤

南宋京师临安,为全国政治和文化中心,狱讼事务尤为繁剧。京城治狱机构有临安府院、左右司理院。临安府下设厢,有主管公事,负责斗讼案件。《文献通考》载:"绍兴中,临安府先依开封例,于城外南北厢置主管公事,近

---

① 《宋会要辑稿》职官二四之一五。
② 《宋会要辑稿》职官二四之六。
③ 《宋会要辑稿》职官二四之三九。
④ 《朝野杂记》甲集卷五《大理狱非得旨下许送理官宅》,第129页。
⑤ 《宋会要辑稿》职官二四之三二。

又于城内左右厢添置官二员,分减在城词讼。"①临安府与大理寺、御史台是南宋都城最主要的司法机构,京师刑案常移审于三者之间。

京城内百姓常与军人发生斗讼,对于此类案件的审理,南宋做了明确规定。淳熙十三年(1186),臣奏僚言:

> 伏睹淳熙五年指挥,凡军民因争致讼,径送大理寺者,每见军民斗讼,率因醉酒或赌博聚戏至厢巡收领,即解棘寺,有司略加对证,曲直便可立判。所谓齐民者,随所抵罪受杖而去;若军人,则多有名目。在法,下班祗罪(应)以上犯罪,不论轻重,必具案闻奏,遂致拘系,动辄逾月,方得结绝。比之百姓即时释放,似于人情为甚偏。乞今后每遇厢解公事,有官资军人所犯杖一百以下罪,止令大理寺具事因申枢密院,径行决遣,若徒罪以上,方许依条奏案。②

这一建议将军人斗讼案区分为杖罪以下和徒罪以上两类,前者由大理寺断决,决断后将案情通报枢密院;后者奏报枢密院审理,妥善解决了一般的轻微案件因奏报而致囚犯拘系常常逾月不决的问题,减轻了当事人的负担。

大理寺还常常根据需要审讯诏狱案犯。淳熙八年(1181),知临安府王佐言:"自今中使设狱,将翻异罪人移司别推,恐或有冤,则差刑寺官录问,如更翻异,即并推吏送大理寺。"③中使通常奉皇帝之命设立诏狱,有翻供犯人,送大理寺审讯,这是就中使负责的诏狱的审讯程序作出的一个补充规定。

大理寺狱,流以下罪(包括流罪)有专决权,死刑则报御史台差官审核。

(二)刑部

刑部,主管刑法、狱讼、奏谳、赦宥、叙复之事。设尚书一人,"掌天下刑狱之政令。凡丽于法者,审其轻重,平其枉直"。④ 另设侍郎,为之副手。史载:"南渡,长贰互置。隆兴常置(侍郎)一员。"⑤

---

① 《文献通考》卷六三《职官考一七·都厢》,第568页。
② 《宋会要辑稿》职官二四之三七。
③ 《宋会要辑稿》职官五之五〇。
④ 《宋史》卷一六三《职官三》,第3859页。
⑤ 《宋史》卷一六三《职官三》,第3859页。

北宋时刑部分左右厅治事。"并建官师,上下相维,内外相制,所以防闲考核者"。至南宋初,因减省开支,裁减官员,不分厅治事。绍兴二十六年(1156),右司郎中汪应辰上奏说这不利于司法的相互监督,建议恢复北宋法。于是高宗诏"刑部见任郎官依元丰旧法分左右厅治事,今后依此"。①

建炎三年(1129),高宗诏刑部郎官以二员为额,吏人减半。② 隆兴元年(1163),孝宗诏置刑部侍郎一员,郎官二员。③

嘉定十二年(1219)前,刑部负责进拟案的法司,是以六曹寺监私名考试合格者充任的。有臣僚认为这些私名年齿尚幼,未经历练,资历浅薄,"于拟断狱案必致差误",建议"六曹曾经贡院试中已补充正贴司之人,经刑部陈状,就贡院附试",考试合格,入刑部进拟案法司学习,享受原六曹本处正贴司待遇,作为刑部进拟案法司替补人员,待有空阙位,"却行补正"。④ 这就提高了进拟案人员的法律素质。

除了裁决天下奏案,刑部还负有督察大理寺、临安府刑狱案件。乾道七年(1171),孝宗诏:"令刑部长贰郎官并监察御史,每月通轮一员,分作两日往大理寺、临安府亲录囚徒,仍具名件闻奏。"⑤

(三)御史台

御史台,掌纠弹百司,稽违,推勘刑狱,定夺疑难刑名,以及"婚田钱谷并诸色人词诉等"。⑥ 设御史中丞一人,为之长。下分置三院:台院、殿院、察院。设侍御史、殿中侍御史、监察御史,分领其事。御史台除了监察百官外,其重要职责,就是参与重要案件的司法审讯和疑难案的判决。

绍兴三年(1133),高宗诏御史台每季专委本察官一员,"躬诣大理寺及应有刑职去处点检禁囚,淹留不决或有冤滥,并其当职官职位姓名以闻"。⑦

---

① 《宋会要辑稿》职官一五之二〇。
② 《宋会要辑稿》职官一五之二〇。
③ 《宋会要辑稿》职官一五之二一。
④ 《宋会要辑稿》职官一五之二八。
⑤ 《宋会要辑稿》职官一五之二四。
⑥ 《宋会要辑稿》职官五五之二三。
⑦ 《宋会要辑稿》职官一七之一九。

绍兴六年,高宗又诏御史台:"所受诸路词讼,如有事理重害,日久不决者,具申尚书省取索看详。其监司州县留滞经时,裁处失当,亦许依法弹奏。"①这一规定进一步加强了对地方司法审讯活动的监督和按察。

二、专门审判机构

(一)诏狱和推勘院

诏狱和推勘院是南宋临时性的审讯机构。

诏狱往往是因朝廷审讯重要案件而由皇帝下诏设立的,又称"制狱"、"制勘院",因事而设,事毕即罢,与审讯一般案件的常设机构不同。"凡因事置推,已事而罢者,诏狱谓之制勘院"。② 它的设置,"本以纠大奸慝",③即用来审理危害朝廷利益的重大案件。根据文献记载,诏狱大致有如下几种情况:由皇帝下诏,在案件所发生的州府设置;在中央的狱史台、大理寺、京师临安府设置;在京师内的其他机构和场所设置。如果皇帝认为某一机构的官员不足以单独组成诏狱,则命令多个不同机构的官员联合起来进行审讯,宋谓之"杂治"。南宋建炎四年(1130),两浙宣抚副使郭仲荀犯法,高宗诏"御史台、大理寺杂治"。④ 诏狱所需司狱、推、典等吏人临时从他司抽差。诏狱的设置和审讯是宋代司法活动的重要内容。诏狱审判不受常法限制。

由其他官府临时设置的审讯机构叫"推勘院"。这种临时设置审讯机构,又叫"置狱"、"置院"、"置司"。例如由监司差官组成审讯机构,审讯州县移推案。淳熙五年(1178),右司员外郎曾逢言:"如提刑躬亲置司根勘,依前翻异,不问系与不系提刑案发,并从本路转运指定闻奏。"⑤奏言所云"提刑躬亲置司根勘",即是提刑临时设置审讯机构审讯犯人。

(二)军事审判机构

军事系统上自枢密院下至地方屯驻军,亦有主管司法或审讯的机构。

---

① 《宋会要辑稿》职官五五之一九。
② 《文献通考》卷一六七《刑考六》,第 1448 页。
③ 《宋史》卷二〇〇《刑法二》,第 4997 页。
④ 《系年要录》卷三一,建炎四年正月癸丑条,第 1 册,第 460 页。
⑤ 《宋会要辑稿》职官五之四八。

枢密院是全国最高军务机构，"掌军国机务、兵防、边备、戎马之政令，出纳密命，以佐邦治。凡侍卫诸班直、内外禁兵招募、阅试、迁补、屯戍、赏罚之事，皆掌之"。① 通常枢密院负责审核裁决军队系统的案件，本身并不置刑狱，不直接审讯犯人。建炎三年，高宗诏："自来将帅行军，诸军于军前犯罪，或违节制不用命，自合与军前处置外，若军马已还行在，诸军犯罪至死，申枢密院取旨断遣。"②诏书规定行在诸军死刑罪犯报枢密院取旨断谴。

中央的殿前都指挥使司、侍卫亲军马军都指挥使司和侍卫亲军步军都指挥使司，以及沿长江屯驻的军队都统制司都设有刑狱机构。绍熙二年（1191），臣僚言："三衙及江上诸军都统制司所有推狱，名曰后司，有吏，有法司，狱成则决之主帅，略不经官属之手。诸军每月公事解赴帅司，必先计会后司人吏，或非理锻炼，或轻重任情，贿赂得行，奸弊百出，军中冤抑，无所赴愬。乞今后诸军后司公事，并令主帅选委通晓条制属官二员兼管，庶几可无冤滥。"③所言"后司"就是具体的审讯机构。

三、地方司法机构

南宋地方行政区分路、州（同级的还有府、军）、县三级。

（一）路级司法机构

宋代路级行政区设有转运司、提点刑狱司、安抚使司和提举常平司，总称"监司"，分管一路的行政、财政、司法和军政事务，并有按察州县各级官吏、平反冤狱职责。监司无常设审判机构，如需审理案件，通常由监司的转运使、提刑使、安抚使、提举常平临时差官组成，事毕即罢。乾道六年（1170），权刑部侍郎汪大猷言："契勘诸路推勘公事，在法，于提刑、转运、安抚司以次差官。窃详近制，提举常平亦系监司，乃于法特不许差，委有未当。乞自今诸路，遇有推勘翻（异）公事，许提举常平依诸司差官。"这一建议为朝

---

① 《宋史》卷一六二《职官二》，第3797页。
② 《宋会要辑稿》刑法七之三一。
③ 《宋会要辑稿》职官五之五四。

廷采纳。① 朝廷规定转运司、提刑司有定期巡历州县、平反冤狱之责,这是一种监督性的制度,监督地方官吏,使之依法审判。南宋黄震云:"汉置十三部刺史,以六条按察,专为郡国不能奉法养民者设。国朝之置监司,即汉人之置刺史,其职固自有在,非使代州县受词诉为一道聚讼之委也。"②

在监司诸机构中,提点刑狱司是路级行政区中专掌司法事务的机构。提点刑狱司简称"提刑司",又称"宪司"、"宪台",③是为疏理地方刑狱,平反冤案,纠举违法官吏而设。北宋建立之初,为消除藩镇割据势力,派京朝官出知州县,稍夺其权,又设转运使,制其钱谷。淳化二年(991),太宗遂于各路设提点刑狱公事,以代朝廷按问地方刑狱,"管内州府,十日一具囚帐供报。有疑狱未决,即驰传往视之。州县敢稽留人狱,久而不决,及以偏辞案谳,情不得实,官吏循情者,悉以闻。佐史、小吏以下,许便宜案劾从事"。④此后,提点刑狱司制度逐渐完善固定下来。随着宋代社会政治、经济的发展,其职权范围逐渐扩大。

提刑司负责审核一路死刑案件,然其本身无常设刑狱机构,不治狱,仅负责审核所属州县上报的大辟案。自北宋元丰改制,规定"四方之狱,非奏谳者,则提点刑狱主焉"⑤。此制为南宋所沿用。诸路州县死刑案件的审理程序是:"县狱禁勘无翻异,即申解州,州狱覆勘无翻异,即送法司,具申提刑司详覆,行下处断"。⑥ 凡大辟案,县报州,州审理后必须报提刑司审批,才能处决。⑦ 提刑司拥有除奏谳案以外的所有案件(包括死刑案)的终审权。

当州和邻路有翻供审诉案件须复审时,提刑司负责委派官员组成临时审讯机构,审讯犯人。南宋枢密院许枢言:"在法,狱囚翻异,皆委监司差官别推。若犯徒流罪,已录问,后引断翻异,申提刑司审详。如情犯分明,则行

---

① 《宋会要辑稿》刑法三之八五。
② 《黄氏日钞》卷七九《公移·江西提刑司词诉约束》。
③ 周必大:《二老堂杂志》卷四《宪台》,学海类编本。
④ 《续资治通鉴长编纪事本末》卷一四《听断》,黑龙江人民出版社2006年版,第197页。
⑤ 《文献通考》卷一六七《刑考六》,第1450页。
⑥ 《宋会要辑稿》职官五之六〇。
⑦ 参见戴建国:《宋代刑事审判制度研究》,《文史》第31辑。

下断遣。或大情疑虑,推勘未尽,即令别勘。"①

提刑司负有按问一路刑狱之责。提点刑狱为一路最高司法长官,可以对各种违法囚禁无辜百姓的现象进行纠举。绍兴十五年(1145),令诸路提刑"每季条具一路刑狱禁系多寡,核实以闻,严加黜陟"。② 嘉泰元年(1201),又令提刑司"检坐应禁不应禁条法,出给版牓,大字书写,行下逐州县,委自通判、县丞,各于狱门钉挂,晓示被禁之人……内有不应禁而收禁者,提刑按劾守、令以闻"③。提刑司还对牢狱用于囚犯的医药费等开支情况以及因罪而被判刺配的犯人押送情况实行检察监督。④ 囚犯羁押期间,如有病故者,监狱必须上报提刑司,"岁终检察"。⑤

按察官吏是提刑司重要职责之一。提刑司可对各种违法官吏进行纠举,甚至可按劾转运司官吏。《庆元赋役令》:"诸人户输纳税租,应折变物,转运司以纳月上旬时估中价准折。有违法者,提点刑狱司觉察奏劾。"⑥

朝廷对提刑司平反冤案的政绩尤其重视。南宋法典《庆元条法事类》卷五载有详细的有关提刑平反冤狱的考课式,以此作为考课的依据。

提点刑狱官,"国朝以朝臣阁门祗候以上充"⑦。阁门祗候为同提点刑狱任职资格。提刑司属官有检法官和幹办公事。检法官,"专平谳疏驳"⑧。其人选以"承务郎以上,次选人"差注。⑨ 宋规定:"诸曾失入徒以上已决、死罪未决、若三色官并不得注提刑司检法官。"⑩南宋还规定检法官由尚书左选和侍郎左选通差。⑪

① 《宋会要辑稿》刑法三之八四,第6619页。
② 《系年要录》卷一五三,绍兴十五年六月乙未条,第3册,第141页。
③ 《宋会要辑稿》刑法六之七三。
④ 《庆元条法事类》卷七四《病囚·断狱敕》,第765页;卷七五《部送罪人·断狱令》,第793页。
⑤ 《庆元条法事类》卷七四《病囚·断狱令》,第766页。
⑥ 《庆元条法事类》卷四八《支移折变》,第658页。
⑦ 孙逢吉:《职官分纪》卷四七《诸路提点刑狱》,影印文渊阁《四库全书》本。
⑧ 范祖禹:《范太史集》卷四三《高赋墓志铭》,影印文渊阁《四库全书》本。
⑨ 《吏部条法·差注门三》,第103页。
⑩ 《吏部条法·差注门三》,第103页。
⑪ 《吏部条法·差注门三》,第102—103页。

　　幹办公事,初称"勾当公事",南宋改称"幹办公事"。其职责为协助提刑
审理案件。《絜斋集》载王中行任湖北提刑幹办公事时,辖区有诉杀人祭鬼
者,王中行取其案,"反覆推究,且访其土俗",最后侦破了案子,向提刑提供
了准确的案情。① 建炎四年(1130)高宗诏"诸路提刑司,除武臣提刑,添置
幹办公事官,许行留文臣一员"②。绍兴十八年(1148 年)减帅司属官一员,
充提刑司幹办公事,二十二年添差一员,二十五年省,淳熙八年(1181)复添
差一员。③ 任提刑司幹办公事者,须是"曾任知县满替人"。④

　　(二)州级司法机构

　　州级(与州同级的机构还有府、军)司法审判事务由州的长官即知州(知
府、知军)掌管。为了加强地方统治和监督地方官吏,宋在各州特设通判,作
为州的副长官,一州的行政、刑狱公事都须经过通判签署才得施行。同时,
朝廷还选派幕职官员,如判官、推官等,以佐理知州,处理一州的行政和司法
事务。在南宋的司法审判活动中,州级司法机构担当了重要角色。

　　宋政府对州级司法事务十分重视,设置专职官员负责狱讼的审理,他们
分别是录事参军(在府则称司录参军)、司理参军(掌管刑狱审讯)、司法参军
(掌管检法)。在某些规模较小的州,官员并不备置,宋常常用兼任的方法来
节约成本。宋规定录事、司理、司法参军鞠狱检法有不当者,与主典官同为
一等处分,"州无录事参军而司户参军兼管狱事者同",⑤就是指兼官而言的。
在州级政府里,录事参军、司理参军、司法参军除司法外,是不允许差遣从事
其他活动的,"虽朝旨令选亦不得差"。⑥ 这可保证这些司法官员有充分的精
力和时间审理狱案,提高办案效率。宋代对法官的任命很重视。绍兴六年
(1136),高宗诏"今后应纳粟别作名目补官人,不得注亲民刑法官"。⑦ 纳粟

----

① 《絜斋集》卷一九《王中行墓志铭》。
② 章如愚:《山堂考索》后集卷一三《官制门》,影印文渊阁《四库全书》本。
③ 梁克家:《淳熙三山志》卷二五《秩官类六》,《宋元方志丛刊》本,影印文渊阁《四库全书》本。
④ 《吏部条法·差注门三》,第104页。
⑤ 《庆元条法事类》卷十《同职犯罪·断狱敕》,第174页。
⑥ 《庆元条法事类》卷六《差出·职制令》,第94页。
⑦ 《宋会要辑稿》职官卷五五之四五。

官乃用钱粮买来的官,这些人未经过考试,素质较低,所以禁止他们担任法官。宋还规定年满六十之人,不得担任刑狱审理官。① 这主要考虑到案件审理需要相当精力,年事高的人体力有限。绍兴九年,有人奏荐右迪功郎李卿任大理评事,随即遭到臣僚反对,其理由之一便是李卿"年逾六十"。②

　　州级审判机构,由知州委派官员组成。无知州委任批示,各级官员无权审讯犯人。"郡之狱事,则有两院治狱之官,若某当追,若某当讯,若某当被五木,率俱检以禀,郡守曰可,则行"。③ 司理院和州院通常为一州的法定审判机构。诉讼案件,大都由知州委任这两个机构的长官——司理参军和录事参军主持审理。司理院审理的案件,犯人翻供,则移送州院重审;州院审理的案件,犯人不服,则移送司理院重审。如果知州认为案件与司理参军、录事参军有妨嫌,或者案件已经他们审理而无结果,仍需进一步审理的,还可委派州里的其他官员如司户、司法参军等组成审判机构审讯,宋代谓之"置司"。④ 此外,宋代监当官亦可任鞫司官审理案件。如南宋时监建康府粮料院赵师龙就曾"兼领狱掾"⑤。

　　宋代的刑事审判分为鞫与谳两大程序。鞫,谓审理犯罪事状;谳,谓检法量刑。依据这两大程序,审判机构也相应地分成两部分:鞫司(亦称狱司)和谳司(亦称法司)。审判中,鞫谳分司,各自独立活动,不得相互商议,"狱司推鞫,法司检断,各有司存,所以防奸也"。⑥ 这是自北宋以来形成的制度。据《宋史·刑法志三》载:"官司之狱:在开封,有府司、左右军巡院……外则三京府司、左右军巡院,诸州军院、司理院,下至诸县皆有狱。"这些狱即鞫司。《宋史·职官志》载,鞫司分别由司录参军、左右军巡使、左右军巡判官、录事参军、司理参军、县令等组成。谳司,由司法参军组成。⑦ 据此,鞫司和

---

① 《宋会要辑稿》职官八之六一。
② 《系年要录》卷一三二绍兴九年九月辛丑条。
③ 《历代名臣奏议》卷二一七《慎刑·刘行简奏议》。
④ 《庆元条法事类》卷七三《推驳》,第756页。
⑤ 《攻媿集》卷一〇二《赵师龙墓志铭》。
⑥ 《历代名臣奏议》卷二一七《慎刑·周林疏》。
⑦ 《宋史》卷一六六至一六七《职官志》,第3927—3983页。

谳司的人员组成十分清晰。然而,实际情况并非如此简单。在宋代,鞫谳分司制作为一项司法原则始终是实行的,而鞫司官兼任谳司官现象也普遍存在,不能把二者截然对立起来。不能因鞫司官兼任谳司官现象的存在而怀疑鞫谳分司制实行的彻底性;也不能因鞫谳分司制而否定鞫司官兼任谳司官现象的普遍存在。宋代州官,"自通判而下,州小事简或不备置","非繁剧而不领县务者,量减官属"①。诸官不备置则多兼职,因兼职而产生鞫官兼任谳官的状况。《吏部条法》云:"诸司户兼录事、司法参军,或录事参军兼司户、司法参军阙,许合入人互注。"②《吏部条法》修纂于南宋,由此可知南宋录事参军兼司法参军现象十分普遍,以致成为吏部差注法的一项内容。

鞫谳分司始终是宋代刑事审判的一项重要原则,在案件的实际审判过程中,审讯犯人者不能同时又是检法议刑者,二者不能兼任。某位官员被任命为某州的录事参军兼司法参军,这位官员的职责除了主持州院事务外,也可担任案件的检法议刑工作。在实际审判中,如果这位官员被派去审讯犯人,依据鞫谳分司原则,这位官员便不能同时再担任同一案的检法议刑工作。如果这位官员没有参与这件案子的审讯活动,那么这件案子的检法议刑一事,便可由他来主持。某官究竟是鞫司官还是谳司官,要根据他在司法活动中担任的具体角色来判定的,即他的鞫官或谳官身份以他的具体执掌为转移。兼职代表了某官在一般情况下的职权范围,具体执掌是指因审判活动的需要而临时担任的一种职务。

宋代审理案件十分谨慎乃至烦琐。一件案子,如果犯人不服审判,须由另外一个不相干的机构重审,有时一件案子往往审讯三次乃至五次。以鞫司官兼任谳司官,这是发挥一官多能,以裁减冗员,提高司法和行政办事效率的积极措施。

实际上,鞫谳两司的人员组成并无严格的界限划分,鞫司官兼任谳司官,谳司官也可任鞫司官,其他行政官亦可组成审判机构审理案件。所谓鞫谳分司,仅指实际审判活动而言,即一个官员审理某件案子时,不能既是鞫

---

① 《宋会要辑稿》职官四七之一至二。
② 《吏部条法·差注门二》,黑龙江人民出版社 2002 年点校本,第 83 页。

司官,同时又是谳司官,二者只能任其一。

州县司法事务,除了幕职州县官主持外,还有许多具体的办事机构协助审理,如款司、推司等,"每有狱事,则推、款司主行之"。① 这些机构里有许多胥吏。胥吏往往把持刑狱,颠倒是非,诬陷平民百姓,"人之死生,悉命于此辈"②。由此,宋规定州县官必须亲自审讯犯人,不得专委胥吏。

州级有权判决县报呈的徒以上案,同时,本身也受理诉状,审讯刑案。州判决的死刑案必须报提刑司核准,才能执行。

(三) 县级司法机构

县为宋朝司法机构的基层单位。由于南宋将大案的审判权限授予了州府,司法审判活动的重点放在了州府,县级只能判决杖以下轻微案件,因而县级司法力量比较薄弱,司法官员的设置数额远少于州府。除知县(或县令)外,常设的有县尉、县主簿,县丞唯大县设置。知县、县尉、主簿都可兼任司法官。

县尉,每县置一员,"掌阅习弓手,戢奸禁暴"。③ 县尉也可兼任司法官,审理案件。《名公书判清明集》卷四《吕文定诉吕宾占据田产》判词云:"县尉所断,已得允当",说的即是县尉裁决案子。《宋史翼》卷二二《幸元龙传》载,幸元龙任京邑尉,万俟卨之孙与岳飞家争田,"岁久不决,府檄元龙裁断,积案如山。云龙并不阅视,即拟云:'岳武穆一代忠臣,万俟卨助桧逆贼,虽籍其家,不足以谢天下,尚敢与岳氏争田乎!'田归于岳,卷付于火。时论韪之"。幸云龙身为县尉,被临安府委派断案。

除了推吏之外,南宋县衙里与司法相关的吏人还有编录司,又称法司。④ 南宋《选试令》:"诸县典、押,保举有行止不曾犯赃私罪手分、贴司三两人,就编录习学,遇编录司有阙,县申州,州委官比试断案,取稍通者充。"⑤编录司由试断案及格者充任,表明县日常司法活动中,少不了编录司的参与。

———————

① 《宋会要辑稿》职官四八之一〇五。
② 《系年要录》卷一六二,绍兴二十一年十二月庚寅条,第3册,第278页。
③ 《宋史》卷一六七《职官七》,第3978页。
④ 《朝野杂记》乙集卷一四《诸县推法司》,第765页。
⑤ 《庆元条法事类》卷五三《解试出职》,第734页。

绍熙元年(1190),光宗曾下敕要求诸路"万户已下县置刑案推吏两名,五千户县已下一名,专一承勘公事,不许差出及兼他案,仍免诸色科敷事件……委令佐选择有行止无过犯、谙晓鞫勘人充,以一年为界……乃勒令请领重禄"。① 所谓"重禄",是指吏人领取较为优厚的俸禄,以厚禄养廉。领取重禄的胥吏一旦犯法,以重禄法予以重惩。这一敕令就县级推吏的设置、待遇、期限、职责做了明确规定。这是一项加强县级司法审判事务的重要举措,体现了南宋政府对县级司法的重视。

宋县属有镇。司法权限仅能决杖以下罪。《庆元条法事类》卷七三《决遣·断狱令》载:"诸镇寨官,差亲民文臣者,听决城内杖以下罪。"

县级司法审判事务,由县长官知县(或县令)全权负责,并且以亲自参与审判案件为原则。"县狱之设,县官任其责,小则决遣,大则申所属州郡"。② 县级审判机构鞫谳不分司。县级审判权限为杖以下罪(包括杖罪),"杖罪以下,县长吏决遣"③,只能对杖以下案件的判决发生法律效力。"县无甚重之刑,小则讯,大则决,又大则止于杖一百而已"。④ 徒以上案件,须将案情审理清楚,写出初步处理意见送州,由州作正式判决。《庆元断狱令》:"杖以下,县决之,徒以上……及应奏者,并须追证勘结圆备,方得送州。"⑤胡太初云:"夫县狱与州郡不同,州郡专设一官,故防闲曲尽;县令期会促迫,财赋煎熬,于狱事,每不暇详谨,罪之小者,县得自行决遣,罪之大者,虽必申州,而州家亦惟视县款为之凭据。"⑥胡太初所言反映了司法实践中县级审判活动的重要性。南宋县级司法官员不多,然在司法实践活动中,"县衙的县官是一个团队",常常集体审案,彼此之间互有关联。假如判案失错,"诸县官也将受'连坐'处分"。⑦

① 《宋史全文》卷二八,宋光宗绍熙元年七月条,第1955—1956页。
② 《宋会要辑稿》刑法五之四三。
③ 《宋会要辑稿》刑法三之一一。
④ 《昼帘绪论》用刑篇第十二。
⑤ 《庆元条法事类》卷七三《决遣》,第744页。
⑥ 《昼帘绪论》治狱篇第七。
⑦ 参见刘馨珺:《明镜高悬——南宋县衙的狱讼》,五南图书出版公司2005年版,第497页。

第二节 诉讼制度

宋人云："狱讼实公家要务。"①判案断狱乃关乎百姓民生,是宋代地方重要庶务之一。朱熹曾言县事大要者有三件:"刑狱、词诉、财赋是也。"②这里刑狱通常指刑事案件,词诉为民事案件,民、刑案件通称为狱讼。狱讼治理得好坏,对于社会秩序的稳定有着密切关系。同时狱讼的发生又与社会政治、经济状况息息相关,呈互动态势。朱熹任漳州知州时提到"漳之四邑,龙溪为大,理诉之牒,日百余纸,巧伪诋谰,奸诈百出"。③龙溪县每天约有百余张纸的诉讼案件,可见当时诉讼之繁多。黄震在南宋末期的咸淳九年三月任江西提刑,曾云"当职自交割后四五十日之间,已判过吉州不切公事七八百件"。④黄震到任后的一段时间里,平均每天要裁断十六件案子,这一数字表明吉州地区当时的司法诉讼亦十分频繁。漳州位于福建路,吉州位于江南西路,在南宋,尚不属要郡之列。上述两例大致体现了南宋日常的诉讼状况。⑤南宋诉讼制度可以分为起诉和受理两个程序。

---

① 《夷坚志补》卷六《安仁佚狱》,中华书局 1981 年点校本,第 1602 页。
② 《晦庵先生朱文公文集》卷一九《荐知龙溪县翁德广状》,《朱子全书》第 20 册,第 885 页。
③ 《晦庵先生朱文公文集》卷一九《荐知龙溪县翁德广状》,《朱子全书》第 20 册,第 886 页。
④ 《黄氏日钞》卷七九《又再榜谕吉州词诉》。
⑤ 徐道邻先生云:"宋人习惯,称民事诉讼为'讼',或'词讼';称刑事诉讼为'狱',或'公事'。'狱讼'则包括一切民刑官事而言。"(参见徐道邻:《宋朝的县级司法》注十二,载《中国法制史论集》,志文出版社 1975 年版,第 150 页)。杨廷福先生也持此说(参见杨廷福:《宋朝民事诉讼制度述略》,载《宋史论集》,中州书画社 1983 年版)。然而,检点宋代文献,所谓'讼',既可指民事诉讼,也可指刑事诉讼。《长编》卷八九天禧元年二月癸巳条:"婺州民黄衮伐登闻鼓,讼州民衰象家藏禁书,课眠星纬,妖妄惑众。"《长编》卷九五天禧四年四月丙申条:"(麻士瑶)遣家僮张正等率民夫伺(张)珪于途中殴杀,弃其尸。顷之,珪复苏,讼于州。"这两条材料所说"讼",显然是指刑事诉讼。此外,所谓"公事",有时可指刑事诉讼和民事诉讼。《宋会要辑稿》刑法三之一七所载诏书中有"婚田公事"之语,同书三之六五所载有"打杀阿黄公事"之说。由此可见,宋代的"讼"、"公事",泛指一切民、刑诉讼。一般来说,民事案件不一定与刑狱发生联系,而刑事案件多与刑狱有关。因此,刑事诉讼又称"狱讼"。本书所言诉讼包括了民事诉讼和刑事诉讼)。

一、起诉

起诉一般由当事人直接向官府提出,各级官府也纠举犯罪。宋代对起诉程序制定有若干规定。

宋称原告为词主,称被告为被诉人。① 对起诉人年龄和性别有限制。起诉人年龄须小于八十岁大于十岁,但谋反等大案不受此限制。② 南宋规定妇女通常无起诉权,"非单独、无子孙孤霜,辄以妇女出名,不受"。③ 诉讼必须与起诉人有关,无关者不得起诉,"讼不干己事,即决杖,枷项令众十日"。④ 这是为防止不法之徒诬告,扰乱正常司法活动而制定的法规。人命案则由死者亲属起诉,"事干人命,并须实系被害之家血属",官府才予受理。⑤

南宋规定,平民百姓的诉状由书铺统一书写。南宋颇具代表性的由朱熹所颁潭州《约束榜》云:"官人、进士、僧道、公人……听亲书状,自余民户并各就书铺写状投陈。""书铺如敢违犯本州约束,或与人户写状不用印子,便令经陈,紊烦官司,除科罪外,并追毁所给印子"。⑥ 书铺是宋代的民营公证机构,由官府登记入册,未入册者不得替人书写状词。书铺书写诉状,必须用官府颁给的印记。

百姓诉状不仅由书铺书写,还得经茶食人认可保识才能投呈。法官开庭审讯,据此传呼起诉人,以防诬告。朱熹潭州《约束榜》规定:

> 人户陈状,本州给印子,面付茶食人开雕,并经茶食人保识,方听下状,以备追呼。⑦

这是便于传唤当事人的一项司法制度。所谓"茶食人",承担着民间诉讼代

---

① 《宋会要辑稿》刑法三之三六。
② 《宋刑统》卷二四《斗讼律》,第 372 页。
③ 《黄氏日钞》卷七八《公移·词讼约束》。
④ 《宋会要辑稿》刑法三之一二。
⑤ 《宋会要辑稿》刑法三之三八。
⑥ 《晦庵先生朱文公文集》卷一○○《公移·约束榜》,《朱子全书》第 25 册,第 4630—4631 页。
⑦ 《晦庵先生朱文公文集》卷一○○《约束榜》,《朱子全书》第 25 册,第 4631 页。

理人的角色。但茶食人常常违法行事。《清明集》载法官蔡久轩的一件判词云："成百四,特闻巷小夫耳。始充茶食人,接受词讼,乃敢兜揽教唆,出入官府,与吏为市,专一打话公事,过度赃贿。小民未有讼意,则诱之使讼;未知赇嘱,则胁使行赇。置局招引,威成势立。"①从此判词可知茶食人成百四滥用诉讼代理职能,教唆行贿,营私舞弊。《清明集》还有一案例云茶食人李三六"行赇公事,受钱五十贯"。② 黄震于咸淳九年(1273)出任江西提刑,到任日便镂榜约束,将"茶食、引保人指定保正,通同打话","将干系人视货轻重为操纵出入"作为一项必须厘革的弊政来对待。③ 可见茶食人如不加监管约束,极易扰乱司法秩序。

南宋时,伴随着宋代社会政治经济的进一步发展,诉讼活动日渐频繁,对起诉人的状词要求逐步严格起来。

宋代投状起诉,是要交投状诉讼费的。《夷坚丁志》卷八《雷击王四》载:"临川县后溪民王四,事父不孝,常加殴击。父欲诉于官,每为族人劝止。乾道六年六月又如是,父不胜忿,走诣县自列。王四者,持二百钱,遮道与之,曰:'以是为投状费。'盖言其无所畏惧也。"王四所言"投状费",无疑指的是诉讼投状所需费用。

二、诉状的受理

诉讼皆有一定程序。北宋定制,"凡诉讼不得径造庭下。府吏坐门,先收状牒,谓之'牒司'"。④ 牒司,南宋时称开拆司,专收受起诉状。如朱熹潭州《约束榜》云:"三狱直日,开拆司先次呈押,馀案抽牌押文字讫,退,不得再上。"⑤《名公书判清明集》有条判语曰:"应今后投状人……如作两名者,开拆司并不许收受。"⑥开拆司有审查诉状之责,凡不合规则的诉状不受。这是

---

① 《清明集》卷一二《教唆与吏为市》,第 476 页。
② 《清明集》卷一二《与贪揾撼乡里私事用配军为爪牙丰殖归己》,第 462 页。
③ 《黄氏日钞》卷七九《交割到任日镂榜约束》。
④ 《长编》卷一八四,嘉祐元年十二月壬子条,第 4460 页。
⑤ 《晦庵先生朱文公文集》卷一○○《公移·约束榜》,《朱子全书》第 25 册,第 4638 页。
⑥ 《清明集》卷一四《惩恶门·一状两名》,第 525 页。

提高司法办事效率的一种必要措施,法官可免受细小琐微之事的干扰。《夷坚志》记载的一则故事说:"余杭县吏何某,自壮岁为小胥,驯至押录,持心近恕,略无过愆。……又兼领开拆之职,每遇受讼牒日,拂旦先坐于门,一一取阅之。"①官府受理一般诉状有特定的日期,称"词状日"。黄震《词诉约束》云:"自六月为始,每月初三日受在城坊、厢状……初八日受临川县管下乡都状,十三日受崇仁县郭及乡都状……自后月分周而复始。其有不测紧急事,自不拘此限。但常事不许挟紧急为名。"②收受的诉状"立号,以月日比次之"③,不至混乱无章,再交词状司保管。《清明集》另一判词曰:"王方妄讼……仍关词状司,再词留呈。"④表明官府是有词状司的,其职能是保管诉状。

　　凡诉讼,宋规定有下列情形者不受:非经州县依次诉讼者,非已断不平案,非户绝孤孀而以妇人出名诉讼案,自刑自害状,着布枷纸枷状,投自纸状,事不属管辖区内的状,一状诉两事状,不明年月和当事人姓名的匿名状,超过二百字的诉状,不经书铺的诉状。⑤ 此外,"事不干己者,不许受理"。⑥上述这些诉状不便于法官审理,容易产生纠纷,是以官府不受理。

　　宋实行"同居相为隐"原则,不允许小辈起诉尊长,起诉尊长者将受到法律惩处。

　　起诉状由州县长官审阅,长官认为可审理的,便签押交有关机构,或逮捕,或审讯。未经长官审阅签押的原始起诉状称"白状"。"非长官而受白状,非所司而取草款,俱为违法"。⑦ 受理案件,根据起诉人的不同职业,有先后受理的区别,按职业,宋人被划分为士、农、工、商、杂五类。有诉状,先受理士人,依次为农人、手工业者、商人,最后为杂人,如师巫、游手末作、僮仆等。⑧ 案件受理人秩序的排定,反映了宋代各类人的不同社会地位。

---

① 《夷坚支癸》卷一《余杭何押录》,第 1228 页。
② 《黄氏日钞》卷七八《公移·词诉约束》。
③ 《宋史》卷三〇〇《周湛传》,第 9967 页。
④ 《清明集》卷一三《惩恶门·假为弟命继为词欲诬赖其堂弟财物》,第 515 页。
⑤ 《黄氏日钞》卷八〇《引放词状榜》。
⑥ 《清明集》卷一三《挟仇妄诉欺凌孤寡》,第 504 页。
⑦ 《清明集》卷一二《惩恶门·因奸射射》,第 449 页。
⑧ 《黄氏日钞》卷七八《公移·词诉约束》。

受理诉状,须及时出给告示,"不受理者,亦于告示内明具因依,庶使人户凭此得经台省陈理"①。诉讼状被官府接受立案,通常注明年月日,以备督察。

作为最基层的诉讼受理官府的县衙来说,每天都会面对众多诉状,如何做到及时受理,公正裁决,确实是件棘手的事情。胡太初的《昼帘绪论》说,如果天天都受理诉状,则状词纷委,势必自困。不如"间日一次引词",将县所属各乡,指定呈状日期。其间有因一时愤激,便欲投状之人,时隔一二日后,往往怒消事解,不再投状,从而减轻了县衙司法压力。对于斗殴杀伤等刑事案件,则不受时日限制,可随时投状。衙门外挂有一面锣,遇有刑事案件,当事人可自击锣,县令即须受理,"合救应者,便与救应;合追捕者,便与追捕;合验视者,便与验视"。胡太初还总结了不少宋代县级司法审理经验教训,这些经验教训有如下几点:

初次受理词状后,当事人如有新的案状诉求,须待两个月的审理期,两个月之外,有司未能结绝,方可再行投状。

严惩教唆词讼之人。凡审理中,原告应诉之辞与讼状不同,则须注意有无教唆兴讼人。如有,一经查实,"定行勘杖刺环,押出县界,必惩无赦"。

严禁诉讼人胡乱攀引妇女为证,以免有宿撼之家,肆意报复,凌辱妇女,耗费其钱物。

传唤到词人供对,须当厅令其自书案情过程,如不能书写,则由书铺代为书写,当职官员随即签押。其事轻理明,不需证人会证,可随手予以裁决,以避免日久被人引诱翻供,生出事端。

上述经验教训是南宋诉讼活动的直接反映。对于妄诉诬告之人,宋有反坐之法,并要求投状诉讼之人于状词末尾写明"如虚,甘伏反坐"六字。一旦案件查实,事涉虚伪,即以反坐法罪之。② 这样可给妄诉之人造成威慑力,不至于肆意扰乱司法秩序。

南宋受理诉状还有下列三项重要制度规定:

①《宋会要辑稿》刑法三之四一。
②《宋会要辑稿》刑法三之三八。

（一）由犯罪地审判机构受理诉状

宋制，"诸犯罪，皆于事发之所推断"，即案件由犯罪地审判机构审理。如犯人作案后逃往他处，则由犯罪地审判机构派人追逮归案，依法判决。《名公书判清明集》记载，一个叫赵崇的诈骗犯，骗得钱财后，逃往临安，案发后，犯罪地审判机构"备申刑都，乞行下临安追押，发下本军穷竟其罪"。①

南宋地区管辖遵循由犯罪地审判机构审判原则，但案件有涉及他处他人者，犯罪地审判机构须将案情通报所在地区官府。孝宗时，衡州有一卜者害眼病，其同行用漆弄瞎其双目，窃其妻逃走。卜者疑奴仆所为，向官府起诉，奴仆遂屈打成招。"未几，其妻与为乱者自相诉于武昌，移文至（衡州）"，才真相大白。② 此案表明宋有相关案件的通报制度。

（二）实行务限法

南宋的民事诉讼承袭北宋制度，实行务限法。《绍兴令》规定："诸乡村以二月一日后为入务，应诉田宅、婚姻、负债者勿受理。十月一日后为务开。"③二月一日至九月三十日为务限期，基于不妨碍农事之精神，不受理民事诉讼案件，刑事案件则不受此限制。不过在司法实践中，常发生一些纠纷，"人户典过田产，限满备赎，官司自合受理交还。缘形势豪右之家交易，故为拖延至务限，便引条法，又贪取一年租课，致细民受害"。绍兴二年（1132），高宗诏如有类似案件，不受务限法限制，"亦许官司受理"。④

（二）实行责保知在法

宋为减轻诉讼当事人负担，实施责保知在制度。《州县提纲》卷二《察监系人》载：

> 二竞干证俱至，即须剖决，干证未备，未免留人。承监人之乞觅不如意，辄将对词人锁之空室，故为饥饿，不容人保。人或受竞主之赇，以无保走窜妄申，官司不明，辄将其人寄狱者多矣。凡承监，须令即召保，

---

① 《清明集》卷一三《惩恶门·妄诉·以女死事诬告》，第498页。
② 《诚斋集》卷一一九《张奭行状》。
③ 《宋会要辑稿》刑法三之四六。
④ 《宋会要辑稿》刑法三之四六。

不测监察。如不容保,故为锁系,必惩治之,仍许亲属无时陈告。或果贫而无保,须度事之轻重,或押下所属,追未至人。①

召保是由当事人自己寻找担保人。寻找担保人须支付给保人一笔费用,故有些人因支付不起费用而找不到担保人。官府则根据罪之轻重,采取措施,或押送原籍处置。责保知在法既可以减少政府司法成本,又减轻了当事人负担。

绍兴九年(1139),高宗曾诏:"临安府属县徒以下罪,事状分明,不该编配及申奏公事,虽小节不圆,不碍大情,并许一面断遣讫申奏,杖以下应禁者并责保知在。"②

在宋代日常司法活动中,虽有结案期限规定,但有关吏胥办案拖延。犯人如有翻供,例须再次重新审理,传换重要证人,因而影响了案件的结案。有些案件"独是事发之处或在邸店,或在道路,一时偶与相逢之人,见其斗殴死伤,便为证左,相随入狱。虽供责已具,而狱吏或以无保识,或以别州县,虑其再追不至,例皆同拘牢户,同解本州,直候结案无翻异,方得释放"。给相关证人的日常生活和生产造成了严重干扰。为此,洪适建议:"应诸县所追证左,若供责已具,限一月先与召保知在。"如是乡村农夫在镇市,无人担保,即命人押送本乡里都,责保知在;如是他州人士,即押付本贯召保,"不得别为苛留"。③

有时被告人传唤到庭,但原告由于种种原因不到场,致使案件常常无法正常审理,淹延刑禁,给被告带来沉重负担。淳熙七年(1180),孝宗诏:"自今狱事委送邻郡,或邻郡追逮稽慢不遣,令具申监司,从监司差人追发。若被诉人在禁而词主再追不出,即将被诉人先次知责。"④即令被诉人责保知在,等待传唤,无须羁押。

---

① 按:《州县提纲》,旧题陈襄撰,然陈襄卒于元丰三年。此书中有"绍兴二十八年"语,据四库馆臣考订,此书非北宋陈襄撰,当为南宋人所撰。
② 《宋会要辑稿》刑法五之三六。
③ 洪适:《盘洲文集》卷四一《乞勿禁系打狱干证人札子》,影印文渊阁《四库全书》本。
④ 《宋会要辑稿》刑法三之三六。

第三节　审判制度

一、审判制度的一般规定

南宋司法审判活动实行鞫谳分司制度和回避制度。

(一)鞫谳分司

鞫谳分司,指的是审讯官与议刑判决官分厅治事。宋代审判过程分为鞫与谳两大程序。绍兴二十六年(1156),有司郎中汪应辰奏言:

> 国家谨重用刑,是以参酌古谊,并建官师,在京之狱,曰开府、曰御史,又置纠察司,以讥其失。断其刑者,曰大理、曰刑部,又置审刑院,已决其平,鞫之与谳,各司其局,初不相关,是非可否,有以相济。①

汪应辰所说的鞫与谳,即案件的审讯官和议刑判决官,前者又称推司,负责案情的审讯,弄清犯罪事实;后者又称法司,负责依据法律条款量刑定罪。两者互不统属,互相不得商议案件,各自独立行使职权。周林在《推司不得与法司议事札子》中云:"狱司推鞫,法司检断,各有司存,所以防奸也。然而推鞫之吏,狱案未成,先与法吏议其曲折,若非款状显然如法吏之意,则谓难以出手,故于结案之时,不无高下迁就非本情去处。臣愿严立法禁,推司公事未曾结案之前,不得辄与法司商议。"②这可防止不法官员沆瀣一气,营私舞弊,起到相互约束、互相监督的作用,以减少冤假错案发生。

(二)司法官回避

南宋司法审判实行回避制度。《宋刑统》卷二九《断狱律》规定:"诸鞫狱官与被鞫人有五服内亲,及大功以上婚姻之家,并受业师,经为本部都督、刺史、县令及有仇嫌者,皆须听换。"即法官与案件当事人有不利于公正审判

---

① 《系年要录》卷一七五,绍兴二十六年闰十月辛亥条,第3册,第469页。
② 《历代名臣奏议》卷二一七《慎刑》。

关系的,应自陈回避。这些关系包括五服亲、仇怨、业师、上司以及曾经有过荐举关系的人。法官与犯人之间实行严格的回避制:"诸被差请鞫狱、录问、检法而与罪人若干系人有亲嫌应回避者(原注:亲,谓同居,或袒免以上亲,或缌麻以上亲之夫、子、妻,或大功以上婚姻之家,或母、妻大功以上亲之夫、子、妻,或女婿、子妇缌麻以上亲,或兄弟妻及姊妹夫之期以上亲;嫌,谓见任统属官或经为授业师,或曾相荐举,有仇怨者,其缘亲者,仍两相避),自陈改差,所属勘会,诣实保明,及具改差讫因依申刑部,仍报御史台。"①这一回避法条规定得非常详细。

一件案件的后审官吏与前审官吏有亲嫌关系者亦须回避。政和七年(1117),徽宗曾诏:"州县有刑禁处,推司狱子最为急切。仰诸路提点刑狱检察……其移勘公事,须先次契勘后来承勘司狱与前来司狱有无亲戚,令自陈回避。不自陈者,许人告,赏钱三百贯,犯人决配。"②强调了司法回避制。随着社会政治和经济的不断发展,至南宋时,法官回避制亦日趋严密。"在法,鞫狱、录问、检法而与罪人若干系人有亲嫌应避者,自陈改差"。③ 嘉定六年(1213),刑部尚书李大性言:"《庆元名例敕》,避亲一法,该载甚明,自可遵守。《庆元断狱令》所称鞫狱与罪人有亲嫌应避者,此法止为断狱设,盖刑狱事重,被差之官稍有亲嫌,便合回避。"④可见南宋司法审判回避制度十分严格。

奏劾按发机构人员与被奏劾按发人,不得参与原案件的审理活动,须回避。孝宗淳熙四年(1177)规定,案犯申诉不服五次以上,由本路提刑将案件审理情况呈报中央朝廷,如系提刑按发之案,则须回避,由转运使呈报。⑤ 绍熙元年(1190年)又下令,按发案件之审讯,"如系本州按发,须申提刑司,差别州官;本路按发,须申朝廷,差邻路官前来推勘"。⑥

①　《庆元条法事类》卷八《亲嫌·断狱令》,第151页。
②　《宋会要辑稿》刑法三之七〇。
③　《宋会要辑稿》职官二四之三三。
④　《宋会要辑稿》刑法一之五九。
⑤　《宋会要辑稿》职官五之四八。
⑥　《宋会要辑稿》职官五之五三。

司法官之间亦有回避规定。《庆元职制令》："诸职事相干或统摄有亲戚者,并回避。……提点刑狱司检法官于知州,通判、签判、幕职官、司理、司法参军……亦避。"①这是法官上下级之间的回避。又同书还规定法官同级之间如录问、检法官与审讯官之间,检法官与录问官之间有亲嫌也得回避。

宋代"防闲曲尽",于法律审判慎之又慎,在司法回避制度方面设计得细而又细,将其功能发挥得淋漓尽致。

二、审判程序

南宋审判程序十分完备,大致可分为审讯和判决两大块。

(一)审讯

南宋审讯犯人方式,沿用历代所常用的"五听法",即所谓辞听、色听、气听、耳听、目听。② "必先以情审察辞理,反复参验"。③ 审讯过程中,犯人不肯招供,法官可用刑逼供。自县至中央的大理寺都把刑讯作为逼迫犯人招供的必要手段。刑讯法,据《庆元断狱令》载:"诸讯囚,听于臀部及两足底分受。非当行典狱,不得至讯所。其考讯及行决之人皆不得中易。"④拷讯杖数每次一般三十而止。⑤ 刑讯,按犯人罪之轻重分成若干等级。《夷坚三志》己卷第六《赵氏馨奴》记载一条故事,谈到拷讯说:"狱吏用大辟法,加枷锁绷讯。"大辟罪的刑讯应是最重级别的。依法刑讯,数满,犯人不招而不得其情,则放之。⑥ 凡病、老、幼囚及怀孕女囚不得用刑。法官如非法拷掠犯人致死者,则追究其责任。

审讯中,法官不得于犯人供词之外别求他罪。绍兴三年(1133),提举江州太平观马咸建议"申严鞫狱于本状外别求他罪之禁,颁之中外",高宗"纳

① 《庆元条法事类》卷八《亲嫌·职制令》,第149页。
② 《宋刑统》卷二九《断狱律》,第475页。
③ 《宋刑统》卷二九《断狱律》,第474页。
④ 《庆元条法事类》卷七三《决遣·断狱令》,第744页。
⑤ 《州县提纲》卷三《勿讯腿杖》。
⑥ 《宋史》卷三〇二《何中立传》,第10029页。

其言"。① 宁宗嘉泰三年（1203）十一月南郊赦文云："刑狱翻异，自有条法，不得于词外推鞫。"②这可以避免因拷讯犯人，而犯人经不住考打容易诬伏，产生虚假罪状。

审讯中，如罪证俱在，犯人不肯招供而于法又不能用刑时，可以众证定罪法判其罪。南宋司法审讯过程中实行如下几项重要制度。

1. 检验。南宋极重视对被害者的人体检验，从县到州，地方各级衙门都有指定的官员负责验尸，以此作为审判定案的重要依据。《疑狱集》卷七《日隆诘孩语》载咸淳年间，赣州信丰县有一木匠，"居岭之下，岭之上则驿途，每由其屋后而遵驿途出入。尝五更初携砠斫之器他适，未及驿途五六丈许，见一死尸，视之遍体皆血也，致之而去。及午，则里长邻里验视其致命处，则斧痕也。众议以为此匠无疑，捕其夫妇系官。"死尸经验定，为斧子所砍致死，经常使用斧子的木匠自然被锁定为犯罪嫌疑人。

《清明集》载一豪民张景荣诈官作威，平民宁细乙被迫自缢。事发后，张景荣"又敢把持计置，使核检官李巡检，曲加藏匿于初检官未检时，意欲无人临尸，使检或不成，可以自脱罪罟"。③ 其中谈到了尸检对于量刑断案的重要性。洪迈《夷坚志》载，一道人与两少年斗殴，两少年中拳登时气绝不醒，旁人"或走报邻甲，或只遥望，惧其佚去，则必牵连入狱……店人以竹沓遮两尸，候里正及县检验"。④ 这则故事反应了宋代验尸制度，当事人有义务立即报案，且有义务看管行凶人，等待乡里和县衙官吏前来验尸。

南宋在总结前代经验的基础上，制定了一套相当完备的检验法。对检验官吏的派遣、检验官吏的职责、检验方法、检验注意事项等做了详细的规定。⑤《庆元职制令》规定：

> 诸验尸，州差司理参军，县差尉，县尉阙，即以次差簿、丞、监当官。

----

① 《系年要录》卷六三，绍兴三年二月甲寅条，第1册，第824页。
② 《宋会要辑稿》刑法六之四四。
③ 《清明集》卷一二《诈官作威迫人于死》，第460页。
④ 《夷坚支癸》卷九《东流道人》，第1293页。
⑤ 详见宋慈：《洗冤集录》卷一，群众出版社1980年版，第3—11页。

皆阙者,县令前去。若过十里,或验本县囚,牒最近县,其郭下县,皆申州。①

南宋还制定覆验程序。关于覆验之官,宋法规定:"乃于邻县差官,若百里之内无县,然后不得已而委之巡检。"②《夷坚志》载:"唐州方城县典吏张三之妻,本倡也,凶暴残虐……凡杀数妾,夫畏之,不敢言。后杀其子妇,妇家诣县诉,县檄尉检尸,小婢出呼曰:'床下又有死者,可并验也。'"③这一故事也言及县尉奉命验尸。负责验尸的官员除县尉外,还有县丞、监押和监当官。绍熙五年(1194),福州古田县一配隶犯在押送配所的途中病死,由所在地赣州属县县丞"张恩顺检尸"。④《夷坚志》还有一个故事说临川县丞张文规"以验尸感疾"。⑤ 庆元二年(1196),崇安人张四持刀杀一猥倡,被捕下狱,抱病死于狱中,先后有初检官赵监押、覆检官郑监税验尸。⑥

凡杀伤人案并须委官检验,不经检验,不得结案。杀人无证及无法验尸的案子,地方无权审判,得呈报朝廷。宋制定有统一的用于验尸的《检验格目》。《检验格目》由各路提刑司依照刑部颁布的样式印制发给州县,遇有杀人刑狱案件,即时填写申报提刑司。

《检验格目》,皆排立字号,便于登记存档。"遇有告杀人者,即以《格目》三本付所委官。凡告人及所委官属、行吏姓名、受状承牒及到检所时日、廨舍去检所近远、伤损痕数、致命因依,悉书填之"。⑦《检验格目》的颁布实施,进一步完善了宋代的司法检验制度。

《检验格目》依验尸程序分为《初验尸格目》和《覆验尸格目》,其主要格式内容如下:

《初验尸格目》:

---

① 《庆元条法事类》卷七五《验尸》,第 788 页。
② 《宋会要辑稿》职官三之七七。
③ 《夷坚甲志》卷十五《犬齿张三首》,第 130 页。
④ 《夷坚支癸》卷七《古田民得遗宝》,第 1275 页。
⑤ 《夷坚乙志》卷四《张文规》,第 211 页。
⑥ 《夷坚三志》已卷六《张四杀倡》,第 1348 页。
⑦ 《朝野杂记》乙集卷一一《检验格目》,第 678 页。

初检官具位姓名

某时承受,将带仵作人×人吏×于×日×时到地头,集耆甲×保正副×及已死人亲,初检到已死人痕损数内致命因依,的系要害致命身死分明,各于验状亲签。于当日×时差×赍初检单状,保明申某处,仍于当时对众入×字号递,具状缴连《格目》,申本司照会。人吏姓名押批。初检官职位姓名押。

（下文略）

《覆验尸格目》:
覆检官具位姓名

某时承受,将带仵作人×人吏×于×日×时到地头,集耆甲×保正副×及已死人亲,覆检到已死人痕损数内致命因依,的系要害致命身死分明,各于验状亲签毕。其尸即时责付血属,买棺木埋瘗。若其家贫乏或无主之家,即合勒行凶人陪备,或其人委实又无力可出,即且令耆保应钱买用,州县依价给还,并不得烧化。如违今来约束,依前烧化,日后致有词诉,其覆检官与保正、耆老、仵作行人吏必有情弊,定当根究施行。仍于当日×时差×赍覆验单状,保明申某处,仍于当时对众入×字号递,具状缴连《格目》,申本司照会。人吏姓名押批。覆检官职位姓名押。

（下文略）①

遇有刑杀案件,初检官检验后,再由覆检官检验,分别填写《初验尸格目》和《覆验尸格目》。这一规则体现了宋代尸检制度的详备周密,在一定程度上保证了刑事案件审理的质量。《验尸格目》都须由初检官或覆检官以及仵作人、保正、已死人家属、行凶人签名画押。《验尸格目》还规定验尸毕,验尸官必须及时申报各地提刑司,如申报逾时,勘验不实,验尸官吏营私舞弊,

---

① 《庆元条法事类》卷七五《验尸·杂式》,第801—802页。

允许知情人"赴司陈告"。如所告得实,即给赏钱。① 刘克庄在任江南东路提刑时,曾有一书判强调云:"其民间寻常斗殴致死,已经检验书填《格目》者,并合遵照条令,申本司详覆,如违,定将狱官奏劾。"②

除了初检官和覆检官外,验尸有疑问时,还须差聚检官参与尸检,③解决尸检的定性问题。"致死公事至检验而止,检验有疑至聚检而止"。④ 理宗时,饶州有一伤人致死案件,先后有四人参与验尸,结果"肋上一痕,四检皆同"。⑤

对于一般的因病死亡案件,可视具体情况免予验尸。宋法规定:"诸因病死应验尸,而同居缌麻以上亲至死所,而愿免者听。"⑥这是从尊重死者家属意愿,减少司法成本角度制定的灵活变通的措施。

由于尸体检验涉及方方面面,极易给相关人造成负担。宋人廖行之奏言:"某窃见州县差官下乡验尸,其被差官,例差公人一名,作先牌名目,预去地头追集邻证,排备法物,所差人往往旁缘追集,排备之名,因致骚扰。……欲乞今后验尸,其预先追集邻保,排备法物,止得差地分都保干当,不许先差公人。"⑦廖行之的奏请,从一个侧面反映了宋代对尸检的重视。在宋代司法实践中,验尸已成为一项不可或缺的程序。

对于不执行检验法及因而渎职的官吏,都将受到惩处。"诸尸应验而不验,或受差过两时不发,或不亲临视,或不定要害致死之因,或定而不当,各以违制论。即凭验状致罪已出入者,不在自首觉举之例。其事状难明,定而失当者,杖一百,吏人、行人一等科罪"。⑧ 检验官如检验失实,即使是后来调任离职,也要被追究,承担法律责任。例如,宋理宗时南康军建昌县邓不伪

---

①《庆元条法事类》卷七五《验尸·杂式》,第801—802页。

②《后村先生大全集》卷一九二《建康府申已断平亮等为宋四省身死事》。

③《后村先生大全集》卷一九三《建昌县邓不伪诉吴千二等行劫及阿高诉夫陈三五身死事》。

④《后村先生大全集》卷一九三《铅山县禁堪裴五四等为赖信溺死事》。

⑤《后村先生大全集》卷一九二《饶州州院推勘朱超等为趪死程七五事》。

⑥《清明集》卷一三《姊妄诉妹身死不明而其夫愿免检验》。

⑦ 廖行之:《省斋集》卷五《论验尸科扰札子》,影印文渊阁《四库全书》本。

⑧《庆元条法事类》卷七五《验尸·杂敕》,第798页。

被劫案,初检验官喻县尉"检验失实",虽已不在职,仍遭"根勘",被追究责任。①

2. 传讯证人及本贯会问。审讯对象,除被告外,还包括原告、涉案证人及与案件有关之人。一件案子如涉及他人,按规定可传讯至审判之所一并审讯。② 证人,宋代谓之"干照人"。传讯证人,极易骚扰乡里民居,不法之吏因缘为奸。故宋规定,非紧要证人不得滥追证。对于审讯过程中涉及的妇女儿童,如有其他证人时,通常不予传唤。绍兴二十四年(1154),根据大理司直李璟的建议,"狱事连妇女、童稚,别有证佐,可以结绝者,勿追"。③ 这可以免除弱势者不必要的负担。

案件的审理通常有一过程,并非几日内就可结案,从而给证人造成一定的经济负担。绍兴十六年(1146),新修法令规定:"诸鞫狱,他处追到干照人,若无罪合遣还而贫缺者,推鞫官司计程,于囚粮内以钱米当官给之。又鞫狱,他处追到无罪干照人,合遣还而贫阙者,每程人给米一升半,钱一十五文。"④程是交通行程的计算单位,通常是指一日的行程里数,⑤证人贫困者,由官府支给钱粮。这一措施从一定程度上减轻了他们的负担,有利于司法审讯活动。

如果外州人在本地作案,法官还得进行一项"本贯会问"的调查工作。会问,又称"取会",是指案件审讯过程中,对涉案人员的调查取证。会问可以是审讯官主动向有关部门调查,也可以是他处转辗通报相关情况。南宋建炎元年(1127)宋齐愈谋叛案,事涉王时雍。"初蒙勘问,(王)时雍惧罪,隐伏不招。再蒙取会到中书舍人李会状……再勘方招"。⑥ 王时雍初不肯招实,后因会问到新的证据,王时雍才认罪服法。《夷坚志》载,饶州安仁县有

---

① 《后村先生大全集》卷一九三《建昌县邓不伪诉吴千二等行劫及阿高诉夫陈三五身死事》。
② 《宋刑统》卷二九《断狱律》,第 479 页。
③ 《系年要录》卷一六六,绍兴二十四年六月丁酉条,第 3 册,第 331 页。
④ 《宋会要辑稿》刑法三之八一。
⑤ 《宋刑统》卷三《名例律》载:"行程,依《令》,马日七十里,驴及步人五十里,车三十里,其水程,江、河、余水沿沂,程各不同。"第 45 页。
⑥ 《系年要录》卷七,建炎元年七月癸卯条注,第 1 册,第 148 页。

一吏,少年时曾杀一人,其父执其向县府自首。但将杀人刀具隐埋他处。法官审理后因找不到杀人刀具而一时无法判案。其父后买通南康军推司,以一死囚犯易替此案主。南康军依惯例"移文会本县(即安仁县),县具以报",安仁县杀人吏得以脱逃罪名。① 乾道元年,刑部奏言:"据舒州申:本州诸县犴狱,淹延动涉岁月,盖由淮南之人多自浙江迁徙。在法,合于本贯会问,三代有无官荫,及祖父母、父母有无年老应留侍丁,及非犯罪事发见行追捕之人……"②刑部所云"官荫",谓品官依据自己的官职为亲属赎罪的权利;"应留侍丁",是指犯人的祖父母或父母年老无人料理,需留家照料者。这二者于法可减免罪等或暂不执行刑罚。此类事情不能凭犯人口说为据,得由官府派人到犯人原籍乡里了解后才能确定。

刑事案件往往需要抓捕罪犯。对于逃犯,宋常用发布通缉令方式予以追捕。绍兴九年(1139),邕州朱通判归乡途中被人劫杀。案情报至朝廷,"有旨令诸路迹捕,得一贼者,白身为承信郎,赏钱二百万"。朝廷发出有偿通缉令后,有应募者破了此案。③ 这是宋朝颁布的全国有偿通缉令。通缉令的实施,对于抓捕在逃犯人起到了有效的作用。

3. 书写供状。案子审讯过程中,须书写犯人供状,法官据供状定案量刑。原始案款即犯人最早的招供记录,即"推事须问头碎款,连穿长款圆写"而成,④宋代谓之"初款"。在司法审判中,初款具有重要的断案价值。一件案子,常常因不法官吏的营私舞弊,导致冤滥。而能重视初款,便成为法官公平断案的重要条件。理宗时吴革任江南西路提刑,时赣州云都县黎子伦家遭寇劫杀,黎子伦怀疑此事为仇家黎千三兄弟所为,遂诉之于县衙;并贿赂县尉,逮捕黎千三兄弟及邻里亲戚共计十五人,并杀害了其中十二人。黎千三兄弟禁不住严刑逼供,遂诬伏。然无证无赃,难以定罪。黎子伦又买通刘十四作证,诬置作案证据。不久真犯丁官念二等十六人被获。黎子伦又

---

① 《夷坚志补》卷六《安仁佚狱》,第1603页。
② 《宋会要辑稿》刑法三之八四。
③ 《夷坚丙志》卷十九《朱通判》,第524页。
④ 《宋会要辑稿》职官五五之二。

以同样手法,诬以丁官念二为从犯,黎千三为首犯,结案申报上州。州"审勘无异,申提刑司"。吴革接到申报案后,仔细研判后发现了问题,"盖尉司取到黎千三初款,即无丁官念二同行之词;巡司取到丁官念二初款,亦无黎千三名字"。于是提审黎、丁两人,"黎称冤,而丁官念二伏罪",从而避免了一起冤案。①

原始供状,多零乱无章,称"碎款",是审判的第一手材料,一般不上呈,另由法官据碎款,仔细整理抄录出一份条理清晰的供状,由犯人书押,作为判决的正式依据。此项司法环节,十分重要,亦易出错,不法官吏多借此高下其手,或改重为轻,或改轻为重,从中渔利。嘉泰二年(1202),权刑部侍郎俞澂建言:

> 凡勘大辟正犯,与干连人各给一历,令其书写自初入狱至于狱成所供情款。其勘官批问,亦只就历书写,应有错字,只许图记,不许涂抹。其历,县即本州预先印给,州即提刑司预给,不许用别纸书写,违者重立罪赏,许人告首。其历之首备坐约束,使正犯与干连等人通知,如此则可以杜绝吏奸,终始情款难于改易。设有翻异,则狱囚供吐轻重虚实之情,及勘官推勘详简当否之状,于此尽见。②

俞澂建言设置死刑犯审讯历,宁宗采纳了这一建议。死刑犯审讯历书填规定十分详备,对于防止官吏改易供状文字,如实反映案情具有一定的积极作用。

送呈上级审核的案状,通常据正式供状抄出,称"录本"。刘克庄在审核饶州一案的书判中说:"(初)提刑司亦只见录本,所以蔡提刑信为狱成。当职初亦信之,今索到州县狱款,兰亭真本,然后知狱未尝成。"③这是说案件录本与犯人供状有出入,法官先据错误的录本定罪,几成冤案,后取原始供款审查,才搞清楚真实的案情。可见录本与原始供状之间,有时是有差别的,

---

① 金俸:《明刑窽鉴》卷下,明万历十三年(1585)李熙刻本。
② 《宋会要辑稿》职官五之五九。
③ 《后村先生全集》卷一九二《饶州州院推勘朱超等趣死程七五事》。

差别的产生往往与承办官吏的违规操作相关。

4.录问。宋规定徒刑以上案,"法当录问"。① 案件初审结束后,须由审讯官以外的人予以核实犯人供状,才能进入检法量刑程序。这道程序叫"录问",亦称"聚问"。推其原意,在于防止审讯官作弊,保证司法审判的准确性。在县,录问是由令佐聚厅进行的。《宋会要辑稿》职官五之四八云:"其徒罪以上囚,令佐聚问无异,方得结解赴州。"在州,录问由审讯官之外无相碍的官员担任。有时亦差邻近州府官员。淳熙初,衡州有公吏三人,"坐枉法罪至死,宪司缴衡山丞贵溪叶璟录问,皆承伏,遂受诛"。② 此案录问官为邻州的潭州衡山县县丞。中央大理寺狱,由刑部和御史合差官共同录问。

录问过程中,犯人不服可翻供,宋人谓之"翻异"。犯人一旦翻异,则当移到其他机构重新审讯,称"移司别勘"。虽说这是宋代为防止冤假错案而设计的制度,但也提高了司法成本,并常被不法官吏钻空子。绍兴二十九年(1159),大理评事潘景珪言:"诸州狱讼,有罪状显著而不能决者,皆奸猾玩法,而胥吏因之为利。望自今三经翻异而不移前勘者,取旨送大理寺。去行在千里外者,委监司选官就劾,监司有妨,即移邻路差官。"高宗采纳了潘景珪的建议。③ 这样犯人翻异别行推问者,一旦超过三次而未能改变先前审理结论的,就移送大理寺或各路监司审讯,以便加强对这些久讯不决案的司法干预。此后,移司覆审次数逐渐放宽到三次以上。乾道七年(1171)孝宗曾下诏云:"诸路见勘公事,内有五次以上翻异人,仰提刑司躬亲前去审,具案闻奏。如仍前翻异,即根勘着实情节,取旨施行。内有合移送大理寺者,即差人管押赴阙。"④诏书提到移司别勘可达五次以上。

录问官负有法律责任,如案件审讯不当,犯人有冤,录问官不能及时驳正者则受罚。"诸置司鞫狱不当,案有当驳之情,而录问官司不能驳正,致罪有出入者,减推司罪一等"。⑤ 反之,能驳正者有赏。

---

① 《宋会要辑稿》刑法三之八八。
② 《夷坚三志》己卷四《叶通判录问》,第1335页。
③ 《系年要录》卷一八一,绍兴二十九年正月甲申条,第3册,第556—557页。
④ 《宋会要辑稿》刑法三之八六。
⑤ 《庆元条法事类》卷七三《推驳·断狱敕》,第756页。

宋代审讯犯人，往往还有一"置对"程序，即传唤有关当事人当面对证犯罪事实。南宋大将范琼拥兵自重，被逮治过程就涉及置对。《宋史》载刘子羽"恐（范）琼觉，取黄纸趋前，举以麾琼曰：'下，有敕，将军可诣大理置对'"。① 绍兴四年（1134），象州羁管人孙觌上书诉冤，事下刑部。刑部奏言："觌所犯未尝置对，止据众证定罪，于法意人情委是未尽。"高宗遂诏"放令逐便"。② 孙觌被判赃罪，羁管象州，审判过程中因未经置对程序，法官乃用众证定其罪，以致误判。《咸淳临安志》卷五《（御史）台狱》云："狱久废，厅独存。盖自中兴，未尝置对，有属台官谳问者，则刑察就听于大理之狱。"御史台狱乃朝廷大案犯人置对之所，南宋中兴以来，废而不行，另采取置对于大理寺狱的方式进行。

录问官录问，犯人推翻供状，案子立即移送其他机构重新审讯。"狱有翻异者，法当别鞫"。③ 关于重审程序，详见下文覆审制度。

（二）判决

南宋案件判决是十分紧要的环节，为保证判决准确无误，通常要经历以下重要程序。

1. 检法。录问后，宋有一道司法程序叫检法，即由专门的司法官员（法司）根据犯人罪状，从众多的法律文献中检出合适的量刑条款。《夷坚志》为我们叙述了一则检法的故事："吴遹，字公路，建州人。政和间自太学谒归，过钱塘，梦吏卒迎入大府……吴踞床正面，吏抱案牒盈几上，以手摘读。……吴大书曰：'检法呈。'别一吏捧巨册至，视其词云：'奸人妻者以绝嗣报，奸人室女以子孙淫泆报。'吴判曰：'准法。'"④ 故事中所言捧巨册之吏即检法官。吴遹是作为主判长官角色而出现的。从中不难看出所谓检法的实际内容。法司依据犯罪情节，检出适用的法律条款，供长官判决。法司检法，案情有误，有权驳正。司法参军的权力和责任仅限于审案检法。至于检法后案子

---

① 《宋史》卷三七〇《刘子羽传》，第 11505 页。
② 《系年要录》卷七九，绍兴四年八月戊寅条，第 2 册，第 101 页。
③ 《宋会要辑稿》刑法三之八八。
④ 《夷坚甲志》卷一六《吴公路》，第 145 页。

的判决,则不得参与意见。《庆元断狱令》:"诸事应检法者,其检法之司唯得检出事状,不得辄言予夺。"①此规定当沿袭北宋而来。绍兴十七年(1147),大理少卿许大英就曾"乞令诸州法司吏人,只许检出事状,不得辄言予夺"。高宗诏"申严行下"②。为防止司法参军玩忽职守或与鞫司官沆瀣一气,营私舞弊,检法后,通常录事参军还得核实,然后与司法参军同签署。③狱案有误,当驳正而不驳正,录事、司法参军均将受罚。

2. 拟判。法司检出适用的法律条款后,再由其他官员依据条款写出案子的初步处理意见,这一程序称"拟判",亦称"书拟"。拟判通常由推官或签书判官厅公事执笔。孝宗时,陈希点为平江府观察推官,"枢密丘公密为守,屡以职事争辩,丘公或凭怒折之,公退立屏息,俟其少霁,执论如初,至于再三,竟不能夺。自尔,公所书拟,望而许之"。④此外,监司所部诸签厅亦可执笔拟判。黄震《黄氏日钞》卷七四《申诸司乞禁社会状》中就记载有提举司签厅的书拟以及提刑司、安抚司签厅的书拟。《清明集》载签厅对一案件的拟判曰:"……欲将林伸决脊杖十五,编管五百里;叶佑决脊杖十五,加配一千里;林庆勘杖一百,牒州照断。"⑤县徒以上案亦有拟判程序,然后送州覆审定判。例如,南宋时鄱阳县申勘余干县的一件案子,县书拟官拟判不当,结果"书拟官夺俸一月",⑥受到了处罚。

3. 过厅。案子拟判后,在作出正式判决前,还得经同级官员集体审核,签署画押。这一制度谓之"过厅"。过厅乃州属僚官或县令、佐官定期聚厅议事,会商州县事务,其中包括刑狱案件的审核。穆修《静胜亭记》云:"所守无事,惟比旦一过厅。"⑦宋《淳熙令》规定:"诸县丞、簿、尉,并日赴长官厅或

---

① 《庆元条法事类》卷七三《检断》,第742页。
② 《系年要录》卷一五六,绍兴十七年十二月己亥条,第3册,第196页。
③ 《庆元条法事类》卷八《亲嫌·断狱令》,第151页。
④ 《攻媿集》卷九八《陈希点神道碑》。
⑤ 《清明集》卷一一《人品门·假宗室冒官爵》,第402页。
⑥ 《后村先生大全集》卷一九三《鄱阳县申勘余干县许珪为殴叔及妄诉弟妇堕胎惊死弟许十八事》。
⑦ 《河南穆公集》卷三,四部丛刊本。

都厅签书当日文书。"①过厅制度有助于州县官员商议庶务,裁决狱讼,发挥集体判案的功效,减少冤假错案。朱熹曰:

> 在法,属官自合每日到官长处共理会事,如有不至者,自有罪。……每听词状,集属官都来列位于厅上,看有多少,均分之,各自判去,到著到时,亦复如此。若是眼前易事,各自处断,若有可疑等事,便留在集众较量断去,无有不当。……中间有拟得是底,并依其所拟断决。合追人,便追人,若不消追人,便只依其所拟回申提刑司去。有拟得未是底,或大事可疑,却合众商量,如此事都了。②

此段文字清晰地告诉我们有关过厅的活动。所谓"中间有拟得是底,并依其所拟断决"云云,就是一个集体审核的过程。庆元四年(1198),有臣僚言:"至于检断、签书及录问官,止据一时成款,初不知情,免于同罪。"③签书官,即为参加审核活动,最后签押的官员。《朱文公文集》卷一〇〇《公移·州县官牒》云:"又仰诸案呈复,已得判押,并须以次经由通判、职官签书,方得行遣;文字并须先经职官,次诣通判,方得呈知州取押用印行下。"狱案的集体审核,是一项极慎重的措施。首先,签署画押之人,可认真审查,一道道把关,案有疑,即可商讨,充分发挥集体的作用。孝宗时,史浚权通判婺州,在审核一死刑案时有异议,州不能决,于是"交谳以上棘寺,卒从君议"。④ 其次,作为以后上级复审时的是非依据,俾官吏得尽心职事。法律规定,一旦案件审判有误,凡参与审判活动的官员都负有连带的法律责任。

然而有些官府并不认真审核案子,过厅制度流于形式。朱熹曾就此批评说:"所谓过厅者,不过茶汤相揖而退,其于县之财赋、狱讼,知县既不谋之佐官,佐官亦不请于知县,大率一出于知县一人、十数胥吏之手而已。"⑤

4.判决。案件经过厅集体审核后,由知州做正式定判。知州审阅,认为

---

① 《晦庵先生朱文公文集》卷一〇〇《州县官牒》,《朱子全书》第25册,第4615页。
② 《朱子语类》卷一〇六《漳州》,《朱子全书》第17册,第3472页。
③ 《宋会要辑稿》职官五之五七。
④ 《攻媿集》卷一〇五《史浚墓志铭》。
⑤ 《晦庵先生朱文公文集》卷一〇〇《州县官牒》,《朱子全书》第25册,第4616页。

属实无误,便书写判语定判。定判后,必须对犯人宣读判词。

案件判决后,官府通常要出具结案文书给原、被告当事人,即"两词各给断由"。① "民户所讼,如有婚田差役之类,曾经结绝,官司须具情与法,叙述定夺因依,谓之断由,人给一本。如有翻异,仰缴所给断由于状首"。② 作为案件受理裁决后的凭据,"已结绝即与出给断由,仍下户、刑部。如受理词诉,即时出给告示。不受理者,亦于告示内明具因依。庶使人户凭此得经台省陈理,民情上达,冤枉获申"。③ 出具结案断由,是给案件当事人的一个交代,便于以后的司法诉讼活动。

绍熙元年(1190),臣僚奏言:"州县遇民讼之结绝,必给断由,非固为是文具,上以见听讼者之不苟简,下以使讼者之有所据,皆所以为无讼之道也。"④然而州县往往不肯出给断由,原因在于某些官员不能秉公判案,所以隐而不给。这就给蒙冤上诉人造成极大阻碍,有司以无断由而不肯受理,使"下不能伸其理,上不为雪其冤,则下民抑郁之情皆无所而诉也"。为此,朝廷规定"诸路监司、郡邑自今后人户应有争讼结绝,仰当厅出给断由,付两争人收执,以为将来凭据。如元官司不肯出给断由,许令人户径诣上司陈理,其上司即不得以无断由不为受理,仍就状判索元处断由。如元官司不肯缴纳,即是显有情弊,自合追上承行人吏重行断决"。⑤

结案断由的作用是多方面的,断由的出具,有利于诉讼人维护自己的正当权利,也可督促法官依法审判案件,提高司法审判效率。

三、诏狱的审判

诏狱的审理活动亦分为审与判两个步骤。制勘官主持的临时审讯机构仅仅负责审讯事项,至于案件的判决则统一由大理寺、刑部来完成。

制勘官在案件审讯清楚之后须签书画押,以备检查。为了防止官员营

---

① 《勉斋集》卷三三《窑户杨三十四等论谢知府宅强买砖瓦》。
② 《宋会要辑稿》刑法三之二八。
③ 《宋会要辑稿》刑法三之四一。
④ 《宋会要辑稿》刑法三之三六至三七。
⑤ 《宋会要辑稿》刑法三之三七。

私舞弊,南宋对诏狱录问官的差遣十分重视,凡御史台审讯的诏狱,常由御史台以外的官员录问。如为外臣审讯的案子,则常常由内臣录问;内臣审讯的案子,又常常差外臣录问。录问官的差遣比较灵活,其人选不固定。诏狱在特定情况下可以免录问,那就是犯人不肯招供,以众证结案。如岳飞一案,虽经酷吏严刑拷打,岳飞并未屈服,结果以众证结案,没有经过录问程序。

录问后,案子便告一段落。按规定,奉诏治狱的制使,在案子审讯完毕后,必须入朝向皇帝呈报案情。向皇帝呈报后,案子即移送大理寺、刑部,进入量刑判决过程。无论是在地方审讯的诏狱,还是在中央审讯的诏狱,一律由大理寺、刑部判决。有些特别重大的诏狱,大理寺、刑部量刑判决后,皇帝往往还要诏朝廷大臣一同审议定罪。这项司法程序称"集议"。庄绰《鸡肋篇》卷中载:"凡天下狱案谳,其状前贴方寸之纸,当笔宰相视之,书字其上。房吏节录案词大略,粘所判笔,以尚书省印印之。其案具所得旨,付刑部施行。虽系人命百数,亦以一二字为决,得'上'字者,则皆贷;'下'字者,并依法;'中'字,则奏请有所轻重;'聚',则随左右相所兼省官商议;'三聚',则会三省同议。"所谓"聚者",即集议。百官集议是诏狱判决活动中的一项特定的非常设程序。开禧三年(1207),四川吴曦因谋反被诛,其家族依法当连坐,宁宗"诏付从官、给舍、刑部、法寺集议合得刑名"。① 集议所定刑名仅供皇帝参考,并不是最终判决。

诏狱的最终判决权掌握在皇帝手里。皇帝可以视统治之需要,对诏狱犯人作出减刑或加刑的最终裁断,可以不必理会大理寺、刑部的判决和评议。即使是百官集议所定刑名,也有所不用。建炎元年宋齐愈一案,"法寺当齐愈谋叛,斩,该大赦,罚铜十斤,情重取旨"。但高宗定为腰斩,"特不原赦"。② 绍兴二年,监察御史娄寅亮为秦桧所陷下狱,大理寺判"私罪杖,罚铜七斤",处罚很轻,高宗却将其革职罢官。③ 又绍兴十一年(1141),岳飞诏狱

---

① 《文献通考》卷一七〇《刑考》,第 2336 页。
② 《系年要录》卷七,建炎元年七月癸卯条,第 1 册,第 147—148 页。
③ 《系年要录》卷五一,绍兴二年二月庚寅条,第 1 册,第 698 页。

冤案,大理寺判岳云徒罪,而宋高宗却下旨定为死刑,予以处决。

四、申诉与覆审

申诉、覆审制度是用来减少错假案发生,正确量刑的必不可少措施之一。

(一)申诉

宋代犯人如不服判决,可提出申诉。申诉有两种方式:一是犯人在录问或行刑时称冤,这被视为是一种向原审机构提出的申诉;二是犯人向上级司法机构提出申诉,程序比较复杂。

申诉法,不仅适用于地方司法活动,也适用于中央朝廷案件的审理。绍兴三十二年,有人上奏"论大理寺推狱,多取贿赂,凡以罪赴寺者,率缚之暗室,以木为拳,或用藤杖击之,必厌所欲而后已,贫者至鬻妻子以为贿赂"。高宗为此诏"刑部长贰觉察,许越诉"。①

绍兴三十二年十二月,孝宗即位后,曾颁布宽恤事项十八条,内有二条涉及越诉:

> 访闻诸路乡村恶少无赖,以贩鬻私茶盐为业,良善之民,多被强卖,稍不听从,日后犯贩,必行供指,逮得,贿赂乃与除免。自今应犯贩私茶盐,不得信凭供指,妄有追呼。违者,许越诉……

> 又一项,访闻州县捉获盗贼,狱吏辄教令广引豪富之人,指为窝藏,至有一家被盗,邻里富室为之骚然。……自今除紧切干证外,不得泛滥追呼。如违,许越诉。②

民有冤情,如无上述陈冤机会的渠道,很容易加剧社会矛盾,危害政权的稳固。为此,南宋政府允许百姓越级向上申诉冤假错案,宋代谓之"越诉"。越诉是受害人向上级司法机构申诉的权利,通常是在同级司法机构无法保证当事人正常行使陈述权情况下向上级部门的申诉。绍兴二十七年

---

① 《系年要录》卷一九九,绍兴三十二年五月癸卯条,第 3 册,第 866 页。
② 《系年要录》卷二〇〇,绍兴三十二年十二月丁亥条,第 3 册,第 894 页。

(1157),御史台官员称"比年以来,一时越诉指挥亡虑百余件"。① 所谓"越诉指挥",是指政府颁布的关于越诉的规定,其中包括皇帝的诏令,可见南宋越诉现象十分普遍。

上诉,须依法逐级进行。"在法先经所属,次本州,次转运司,次提点刑狱司,次尚书本部,次御史台,次尚书省"。② 乾道二年(1166)规定:"自今词诉,在州、县,半年以上不为结绝者,悉许监司受理。"③对于审理案件,拖延不予结案,当事人可越诉,向上一级官府申诉。《庆元令》载:"诸受理词诉,限当日结绝。若事须追证者,不得过五日,州郡十日,监司限半月。有故者除之,无故而违限者,听越诉。"④南宋的越诉规则是,"应词诉稽程不为结绝者,即与次第受理"。⑤ 换言之,诉状先须逐级投呈,同级司法机构受理违限,方可向上一级司法机构投诉。

越诉状必须写明曾经某处审理,并有字数限制,以便受理机构审核,否则不予受理。乾道四年(1168),三省奏言:"迩来健讼之人,多巧作缘故,妄经台省越诉,理合措置,应所诉事,并须依条次第经由,仍真谨书写,通不得过五百字……如不依式该说已经某处结绝者,并即时退还所受讼牒。"⑥孝宗采纳了这一建议。这有利于提高司法效率,降低司法成本。

南宋法律禁止上诉案"用管干姓名"进状,规定"遇有进状,须本家合为状首人"。⑦

越诉法对象并不局限于刑事案,民事案件也允许越诉。淳熙元年(1174),孝宗诏:"诸路州县市令司日下并罢,官司及在任官收买物色,并依民间市价支钱,不得科抑减克。如违,以违制论,许民户越诉。"⑧淳熙十一年,臣僚奏:"乞行下守臣,遇客贩米,不得阻遏,其免收力胜钱一项,自有见

---

① 《宋会要辑稿》刑法三之二九。
② 《宋会要辑稿》刑法三之三一。
③ 《宋会要辑稿》刑法三之三二。
④ 《宋会要辑稿》刑法三之四一。
⑤ 《宋会要辑稿》刑法三之四一。
⑥ 《宋会要辑稿》刑法三之三二。
⑦ 《宋会要辑稿》职官三之七四。
⑧ 《皇宋中兴两朝圣政》卷五三,淳熙元年六月丁酉条,文海出版社1977年版。

行约束。如有违戾及以喝花为户，故作留置者，许客人赴监司、台部越诉，重置典宪。"孝宗"从之"。①

有关南宋越诉法的规定，数量之多，范围之广，内容之详，在中国法制史上是前所未有的。② 越诉法的实施对于监督司法机构依法审理案件或多或少起到了一定作用。

申诉人如依法屡次申诉得不到妥善处理的，可直赴京师，击登闻鼓或邀车驾向皇帝申诉。

北宋以来，朝廷设有登闻检院和登闻鼓院，"凡言朝廷得失、公私利害、军期机密、陈乞恩赏、理雪冤滥……无例通进者，先经鼓院进状，或为所抑，则诣检院"。③ 南宋政权甫建立，便恢复了登闻检、鼓院。建炎元年（1127）六月，高宗颁诏，"置检、鼓院于行宫便门之外，差官权摄"，以达四方之奏，通下情。并置看详官二员，"臣民封事签拟可行者，将上取旨"。④ 设登闻检院监院一员，以文臣充，专隶于谏院。此外尚设有主管检匣一人、手分三人，"掌收接命官诸色人接（投）进机密军国重事、军期朝政阙失、论诉在京官员不法及公私利济之事"。登闻鼓院亦置监院一员、手分二人、书写人二名，"掌大礼奏荐、敕断及致仕遗表已得旨恩泽、试换文资、改正过名、陈乞再任之事"。⑤

登闻检院和登闻鼓院是下情上达的重要通道，也是地方百姓上诉陈冤的受理机构。通常诉冤不公事，经鼓院投状，如不受理，再向检院投状。赵升言："若经鼓院者，叠角实封，陈乞、奏荐再任、已得指挥恩泽、除落过名、论诉抑屈事，本处不公及沉匿等事，在京官员不法等事。"⑥

淳熙十六年（1189），监登闻检院黄灏言：

① 《皇宋中兴两朝圣政》卷六一，淳熙十一年八月戊辰条。
② 详见郭东旭：《论南宋的越诉法》，载郭氏著《宋朝法律史论》，河北大学出版社2001年版，第336—353页。
③ 《宋史》卷一六一《职官一》，第3782页。
④ 《系年要录》卷六，建炎元年六月壬戌条，第1册，第120页。
⑤ 《宋会要辑稿》职官三之六七至六八。
⑥ 赵升：《朝野类要》卷四《进状》，中华书局2007年点校本，第87页。

窃见四方婚田之讼,经检、鼓院投进,行下有司,所宜即为予决。今
乃多有经历岁月,再三陈诉,迹涉烦黩,或事非冤枉者。乞令有司立为
定式,应今后降出进状,自所属省部行下所委官司,所委官司行下州县
索案,及州县将案申上,各限若干日。其案牍亦各随多寡立限,使之看
定。如有稽违,并令所属省部检察按劾以闻。嚣讼之人,所诉无理,尘
紊天听,扰害善良,亦当行下科断。①

登闻检、鼓院接受诉状后,有关部门必须立即审理,通常下尚书省各部
审核,颁下各路所属州县调查办理。如属"嚣讼之人",无理扰乱司法者,予
以科罪。

登闻鼓制度实施后,也出现了一些不正常的现象,有些不法之徒动辄上
诉,"肆意鼓言"。于是绍兴十年(1140)规定,"凡有献陈,必与保人偕来"。②
亦即到登闻检、鼓院投诉者,必须要有保人担保,方得下状。换言之,投诉者
如系不应投诉而诉者,保人要承担一定的责任。这对于遏制胡乱投诉者,多
少起到了一些作用。

越诉人上诉,官司受理后,经审核,案情属实,当重新裁定,通常发给越
诉人照由,③另发文牒下州县督办。越诉人携带照由,到所属州县等候审理
通知。"凡送下州县词诉,必待词主出官而后施行"。④ 州县接到上级公牒,
通常于衙门前告示三天,如词主不来官府,则由州县向上级缴回原公牒。

对于受理机构来说,亦须按规章办事,对诉讼人有所交代。宋规定,凡
案件审理后,官府须"出给断由"。⑤ 嘉定五年(1212)规定:"如受理词诉,即
时出给告示,不受理者,亦于告示内明具因依,庶使人户凭此得经台省陈
理。"⑥断由是越诉人所必备的法律文书。

正常的越诉行为是受到政府保护的,但对于那些健讼之徒,不遵法条,

① 《宋会要辑稿》职官三之七三。
② 《系年要录》卷一三七,绍兴七年八月戊子条,第2册,第843页。
③ 《黄氏日钞》卷七五《申明六申请监司乞给照由付词人赴所属官司投到理对公事》。
④ 《黄氏日钞》卷七五《申明六申请监司乞给照由付词人赴所属官司投到理对公事》。
⑤ 《宋会要辑稿》刑法三之三四。
⑥ 《宋会要辑稿》刑法三之四一。

第四章　南宋的司法制度

或冒牟伏阙，或采取自残方式申诉，或于宰执马前投状，扰乱司法秩序，则严惩不贷。乾道四年（1168），中书门下言："近来无赖健讼之人，自知理曲，意谓官司不为受理，往往妄自毁伤，合行约束。"孝宗诏"今后如有此等人，先依条断罪，将所诉事更不受理"。①

庆元三年（1197），南宋政府又从大臣之请，规定凡遇申诉，"虽经由州郡、监司、台部、朝省，已为受理而未予夺当否，或已结绝而无给到断由者，不得收接。其有辄伏阙及妄邀车驾陈诉之人，并从临安府照条科罪，所诉事不理"。② 至庆元五年，谏议大夫陈自强奏请：

> 今后朝廷遇有施行进状事件，即札下谏院照会。俾得以随事稽考，若所送官司理断之不当，结绝之淹延，并许劾奏，以行责罚。或进状人所诉虚妄，亦坐以上书诈冒不实之罪。庶几检、鼓二院不为虚设，两臣之职守亦不为虚领矣。并乞循旧制，应进状诉事人，并于状前画一开坐经由官司结绝次第，仍令保人于状内甘立虚妄罪罚，虽无断由听与投进，如是，则冤民得以伸雪，而嚚讼亦不至于渎闻。③

陈自强的奏请从三个方面对上诉制度做了改进：一是赋予登闻检、鼓二院劾奏大权；二是上诉状之担保人必须立下保证书，一旦有假，甘愿受罚；三是无断由，亦可上诉，以确保上诉人的正当权益。因为有些官府常常拖延审理时间，久不结案，以至当事人拿不到断由而无法申诉。宁宗采纳了陈自强的建议。这一措施的施行进一步完善了上诉制度。无断由亦可上诉，无疑对各级官府是一个督促，督促它们必须按期结案。

宋对于故意刁难，拖延不结案的法官，也制定有惩处法："诸人户依条许越诉事，而被诉官司辄以他事拘摭追呼赴官者（原注：家属同），杖八十，若枷禁棰拷者，加三等。"④

开禧元年（1205），宋又因监登闻鼓院章烨奏言而规定："自今进状，凡所

① 《宋会要辑稿》刑法三之三三。
② 《宋会要辑稿》职官三之七三。
③ 《宋会要辑稿》职官三之七三。
④ 《宋会要辑稿》刑法三之二五。

送官司除程与限一月结绝,仍具结绝因依备申谏院。如违限不与结绝,或结绝、或未结绝而所断不当,以致冤民再进状者,许谏院稽考,随事轻重劾奏而责罚之。"①

登闻鼓制度的实施,"开辟了一条联系民间社会,获取民间社会信息的途径",是行政和司法制度的重要补充。②

(二)覆审

覆审可分为对申诉不服的狱案覆审和对申报上级的狱案覆审。

1. 对申诉不服的狱案覆审。犯人在录问或行刑时推翻供状,申诉称冤,官府必须将案件移到另一司法机构重新审理,称"移司别推"、"移司别勘"。移司别推先采取同级异司覆审法。我们先看监司覆审,绍兴十五年(1145),刑部言:

> 勘会监司差官推鞫公事,如录问有翻异,或家属称冤,依法合行移文邻路提刑、转运司,差官别推。今来淮南路提刑司系本路转运司通行主管,若逐司有翻异或称冤,合依法别推公事。欲乞移文邻路提刑、转运司,差官施行。③

由于淮南路提刑司与本路转运司同属一个行政层级,因此翻异别推案必须差邻路监司施行。刑部此建议被高宗采纳。上述事例反映出宋代移司别推制度的周密和详备。

如犯人仍申诉不止,再交上级机构审理。为防冤案发生,切实发挥覆审作用,宋先后作出三种补充规定:

其一,捕盗官及参与初审的官员不得再参与覆审活动。

其二,犯人不服,本州予以覆勘,照例由知州委官进行,假使知州有私,仍免不了有冤滥的可能。因此规定,死刑覆审权一律交由监司掌管。

其三,移司重审,仍不服者,可以再审,每次重审后,都有录问官对犯人

---

① 《宋会要辑稿》刑法三之三九。
② 黄纯艳:《唐宋登闻鼓制度》,甘肃人民出版社 2009 年版,第 19 页。
③ 《宋会要辑稿》刑法三之八一。

进行录问。

移司别勘,南宋最初规定可以重审三次。杨万里说:"国朝之法,狱成而罪人以冤告者,则改命他郡之有司而鞫焉。鞫止于三而同焉,而罪人犹以冤告也,亦不听。"①至孝宗时,移司别勘放宽到五次以上。乾道七年(1171)孝宗"诏诸路见勘公事,内有五次以上翻异人,仰提刑司躬亲前去审,具案闻奏。如仍前翻异,即根勘着实情节,取旨施行。内有合移送大理寺者,即差人管押赴阙"。②诏书提到移司别勘可达五次以上,说明南宋的司法审判更为慎重。移司别勘五次,再加提刑司和皇帝的覆审,实际一案经六审方告终结。从中可见南宋对司法审讯程序的重视。

然而多次移司重审,容易造成案件积压。为加强覆审,提高效率,淳熙二年(1175),孝宗诏:"刑部、大理寺自今驳勘案状,从本部长贰并大理卿少,仔细看详,如见得委是不圆,有碍大情,出入重刑,方许依条申奏驳勘。如大情不碍,止是小节不圆,即据所犯定断,不得一概泛乞别勘。"③

为提高司法效率,宋制定有一案推结法。其法规定,囚犯审讯后,如录问时,犯人翻供,案件须重新审讯。重审结果如确有问题,前之审讯官被作为审讯不当官员记录在案,与此案捆绑在一起,即把案件作为一个载体,将前此审理官员的不当行为附于其上一起予以追究。④所有前后参与审讯的官员,"不当者一案坐之",⑤追究法律责任。"其不当官吏,虽遇恩、去官,仍取伏辨,依条施行。合一案推结者,其检断、签书、录问官包括在内,除无勿原指挥外,依指挥,虽遇赦去官,亦合取责伏辨"。⑥

一案推结法容易造成狱案的淹延。绍兴二十六年(1156),守军器监凌景夏奏云:"有司拘于法令,如大辟前勘官吏收坐者,有一案推结,历时既久,

①　《诚斋集》卷八九《千虑策·刑法上》。
②　《宋会要辑稿》刑法三之八六。
③　《宋会要辑稿》职官五之四七。
④　《宋会要辑稿》刑法三之八三。
⑤　《宋会要辑稿》职官五之四九。
⑥　《宋会要辑稿》刑法三之八三。

官吏或有事故,或在远方,文移取会,动经岁月,坐狱之人,不免淹系。"①有些案件常常因此拖延数年,不得结案。给案件当事人造成了沉重负担。例如,筠州有一妇女杀夫案,主要案情已审理清楚,案件亦已上报,但因案件最初的审讯官有不当行为,需会证,以至淹系五年未结案。为此,宋政府进一步做了改进:"罪人至有翻异送别狱者,元勘官待罪,未得离任,元行人吏监禁,未得别行他案,则后勘便得一案结绝,不复更有淹延之狱。"即一旦犯人翻供,参与审讯的官员不得再参与其他活动,原地待命,接受处理。② 此后一案推结法得到了进一步完善。《庆元断狱令》规定:

> 诸鞠狱,若前推及录问官吏有不当者,一案推结。入流以下罪而已替移事故,即将犯人先次结断,其不当官吏并于案后收坐,虽遇恩,亦取伏辨。即大情已正而小节不圆,或虽有不同而刑名决罚不异者,并免。③

凡流以下罪,案犯先予决断,而与案件相关的审理不当官员案后另行处理,即使遇到朝廷恩赦,也必须明辨相关人员的是非责任。这种方式将案件审理的犯人与审理案件不当的官员在时间上分开处理,无疑有利于提高司法审判效率。

孝宗对于多次翻供案件的别勘官的选任十分重视,淳熙二年(1175)诏令提刑司亲往勘鞠,"指定实情申奏,仰选委部曲精疆通判、签判前去,取见实情,将案连款状[申]提刑司,如无翻异,即一面依条结断录案闻奏。如依前翻异,即令提刑躬亲点对,指定实情申奏"④。

然而司法实践中,犯人翻供案件层出不穷,有些犯人是连连翻供。淳熙四年,南宋又规定:凡翻供五次以上仍不止者,"提刑躬亲置司根勘,著实情节,牒邻路提刑司,于近便州军差职官以上录问;或审问如依前翻异,即令本路提刑具前后案款,指定闻奏。若元系提刑案发,即从转运司长官指定闻奏,候到,下刑寺看详。如见得干连供证事状明白,不移前勘,委是惧(罪),

---

① 《系年要录》卷一七一,绍兴二十六年正月丙寅条,第 3 册,第 402 页。
② 《系年要录》卷一七二,绍兴二十六年四月己卯条,第 3 册,第 421 页。
③ 《庆元条法事类》卷七三《出入罪·断狱令》,第 754 页。
④ 《宋会要辑稿》职官五之四七。

妄有翻异,申尚书省取旨断罪,若刑寺见得大情不圆,难以使行处断,须合别行委官,即令邻路未经差官监司于近便州军差官别推,不得泛追干连人。"①从这一规定来看,南宋慎于审讯的精神,贯穿于整个司法过程。

南宋还规定,勘鞫狱案,不得"妄作缘故,陈乞移推",即不得随便移至他所审理。即使是监司也不得将州县"未结绝非冤抑不公"案件移往别处受理。②

2.对申报上级的狱案覆审。宋制,县徒以上案,审理后送州覆审定判。州覆审县所上案,如需重新审理者,原案不再返送本县而改由其他机构重审。绍兴二十三年(1153),大理寺丞环周"乞今后诸州有结解公事,不得退回下县。如情节不圆,令长官审实推鞫,依限结断"。③高宗诏刑部看详。刑部看详后建议"行下诸州军,各仰常切遵守"。高宗"从之"。④此规定后来立为法律。《庆元断狱令》规定:"诸县公事理断不当,州取案审详,应别推者,不得却送本县。"⑤

其他层面的申诉案,上级收接后不得返送被告官司覆审。绍兴十二年(1142)诏:"帅臣、诸司、州郡自今受理词诉辄委送所讼官司,许人户越诉。"⑥有违反者,允许当事人越诉。这可以防止原审法官变换情节,弄虚作假。如属情节不详,手续不全,则令原审机构补呈。

上诉案获准受理,上诉人须及时至受理机构候审。南宋黄震云:"某每见朝省、台、部以及所在诸司,凡送下州县词诉,必待词主出官而后施行,门示三日,词主不到,则缴回元牒,此定格也。"⑦换言之,上诉状批转覆审,受理机构收到案状后必须出给告示,要求上诉人三天内到庭,如上诉人不出庭,便不再受理。

---

① 《宋会要辑稿》职官五之四八。
② 《庆元条法事类》卷七三《移囚·断狱敕》,第760页。
③ 《系年要录》卷一六五,绍兴二十三年十月丙寅条,第3册,第317页。
④ 《宋会要辑稿》刑法三之八二。
⑤ 《庆元条法事类》卷八《定夺体量·断狱令》,第144页。
⑥ 《宋会要辑稿》刑法三之二六。
⑦ 黄震:《黄氏日抄》卷七五《申诸监司乞给照由付词人赴所属官司投到理对公事》,影印文渊阁《四库全书》本。

刑部审核大理寺所断案,如有不实可驳奏。绍兴八年,张九成兼权刑部侍郎,"一日,法寺(大理寺)以成案上大辟,九成阅始末,得其情因,请覆实,囚果诬服者也"。① 大理寺判决的这一死刑案,因刑部官员张九成的细心审核而得以纠正。

五、死刑覆审

死刑为刑罚中最重之处罚,其判决适当与否,对社会影响甚大。宋统治者对死刑的审判十分慎重,其制定的死刑覆核制不同于以往朝代而别具特色,分为一般死刑案覆审和有疑难的死刑案的覆审。南宋为缩短审判时间,降低司法成本,提高司法办事效率,凡属有证有据,不难判决的死刑案,交由地方监司覆核便可执行,无须报中央刑部核准;如属证据不足或有疑难的死刑案则申报中央裁决。疑案奏案制度的实行是南宋继承北宋司法制度的重要举措,有利于及时准确审理死刑案件,是南宋死刑审判制度的重要组成部分。

(一)一般死刑案的覆审

为缩短审判时间,提高司法办事效率,但又不致草率行事,北宋以来,将死刑的覆核分成两种:凡属无疑问的死刑案件交由地方审判、覆核和执行;反之,案情有疑问和量刑有困难的案件,则上报朝廷覆核裁断。前一种死刑覆核,地方执行前无须报中央刑部核准,只是在死刑执行后将案情申报刑部,刑部进行事后覆审。刑部的覆审,在死刑案执行后进行,对案件本身不再发生直接的效用,仅仅对审判结果予以覆核,对错案审判官予以处分,从而对司法官吏起监督作用。这是朝廷用来监督地方法官,防止滥杀的一种补救措施。天圣七年制定的《天圣令》卷二七《狱官令》载:

> 诸决大辟罪,在京者,行决之司一覆奏,得旨乃决;在外者,决讫六十日录案奏,下刑部详覆,有不当者,得随事举驳。其京城及驾所在,决

---

① 《系年要录》卷一二一,绍兴八年八月癸未条,第2册,第646页。

囚日,内教坊及太常并停音乐,外州决囚日,亦不举哀。①

令文所云"决"者乃执行刑罚之意。"在外者",当指地方州府而言,亦即地方州府判决的死刑案,无须上报刑部核准,即可处决。不过到了神宗元丰改制,中央加强了对地方的监督和控制。《文献通考》卷一六七《刑考》曰:"国朝旧制,刑部、审刑院、大理寺主断内外所上刑狱与凡法律之事……官制既行,审刑院、纠察司皆省而归其职于刑部,四方之狱,非奏谳者,则提点刑狱主焉。""非奏谳者,则提点刑狱主焉",是说除了疑案奏裁外,提刑司主宰地方死刑案。于此可知,从元丰改制起,州死刑案必须经提刑司审核后执行。

案情有疑问和量刑有困难的案件,须奏报朝廷裁决。《天圣令》卷二七《狱官令》:

> 诸州有疑狱不决者,奏谳刑法之司,仍疑者,亦奏,下尚书省议。

申报中央的有疑难的死刑案又称"奏案"、"疑案奏裁"。关于奏案以下还要详述。

上述死刑覆核制度亦为南宋所继承。南宋建立初期,由于宋金战争的影响,各路州县治安状况混乱,道路不畅,北宋以来的许多司法制度已无法执行,南宋政府被迫采取变通的方式来应对。建炎元年(1127),高宗诏:"自今获到强盗,罪至死情理巨蠹者,更不申提刑司详覆,令本州一面依法处断,俟盗贼衰息日仍旧。"②北宋元丰以来规定各州死刑犯的处决,须申报本路提刑司覆核后才能进行。南宋初,混乱的政局严重阻碍了这一制度的实施,宋政府不得不把犯人的生杀大权暂时下放给州府。

南宋政权稳定后,又恢复了提刑司覆核制。绍兴二十六年(1156),右正言凌哲奏言:"欲特望降睿旨,应今后诸州军大辟,若情犯委实疑虑,方得具奏。其情法相当,实无可怜者,自合依法申本路宪司详覆施行,不得一例奏

---

① 天一阁博物馆、中国社科院历史研究所天圣令整理课题组:《天一阁藏明抄本天圣令校证》,中华书局 2006 年版,第 415 页。
② 《系年要录》卷一〇,建炎元年十月丁丑条,第 1 册,第 185 页。

裁。"①朱熹曾曰:"今天下之狱,死刑当决者,皆自县而达之州,自州而达之使者;其有疑者,又自州而上之朝廷,自朝廷而下之棘寺,棘寺谳议而后致辟焉。"②凌哲和朱熹说得都很清楚,地方死刑,除疑案外,无须报中央覆审,提刑司核准即可执行。

(二)疑难死刑案的覆审

疑难死刑案,按规定须上奏朝廷裁决。奏案通常专指死刑疑案的奏谳。这一制度承袭北宋。③

1. 奏案的适用范围及其一般规定。南宋最高统治集团对于地方重大刑事案件,尤其是死刑案极为重视,唯恐地方审判机构因疏忽或有关官吏营私舞弊而致冤假错案。给事中兼侍讲朱震认为,宋代疑案奏裁制度自北宋王安石开按问之首法,及曾布增强盗赃钱,案犯"遂皆不死",有失公平。高宗曰:"此极弊事,若出得一人死罪,虽云阴德,然杀人者不死,亦岂圣人立法之意!"并告诫宰相赵鼎云:"遇有奏案,切须详之。"④死刑疑难案奏裁,"立法之意,谓法一定而不易,情万变而不同,设法防奸,原情定罪,必欲当其实而已"。⑤ 疑案奏裁是宋加强司法裁判,减少冤假错案的一项谨慎措施。

南宋楼钥云:"臣窃见在法,大辟情法相当之人,合申提刑司详复,依法断遣;其有刑名疑虑、情理可悯、尸不经验、杀人无证见四者,皆许奏裁。"⑥淳熙年间,潭州捕获劫盗,"首谋者已系狱,妄指逸者为首,吏信之。及获逸盗,治之急,遂诬服。吏以成宪谳于宪司"。检法官徐应龙阅案后提出疑问,认为"首从不明,法当奏",即分不清谁是首犯,谁是从犯,根据法律规定,当上奏朝廷裁断。⑦ 此外,审判官或议刑官意见不统一,案子也作为疑案奏谳。

死刑案件如属"情轻法重,情重法轻,事有疑虑,理可矜悯,宪司具因依

---

① 《系年要录》卷一七二,绍兴二十六年四月戊戌条,第3册,第424—425页。
② 《晦庵先生朱文公文集》卷一四《延和奏札二》,《朱子全书》第20册,第658页。
③ 关于宋代刑案奏裁,参见川村康:《宋代死刑奏裁考》,载《东洋文化研究所纪要》第124册,东京大学1994年版。
④ 《系年要录》卷一〇〇,绍兴六年四月庚子条,第2册,第385页。
⑤ 《系年要录》卷一五三,绍兴十五年五月庚申条,第3册,第139页。
⑥ 《攻媿集》卷二七《缴刑部笺子》。
⑦ 《宋史》卷三九五《徐应龙传》,第12050—12051页。

缴奏朝廷,将上取旨,率多从贷,是谓奏案。著在令典"。① 奏案往往从宽贷死,朝廷把死刑疑难案的判决权收归中央,不让地方染指,是一种慎刑的表现。

南宋初,由于金军的入侵,受战争影响,许多地区道路不通,导致正常的司法申报程序被打乱。高宗为此下诏:"自今杂犯死罪有疑及情理可悯者,许酌情减降,断讫以闻,俟道路通行日如旧。"②即采取权宜之计,允许一些死刑疑难奏案改由地方酌情减轻刑罚处置,等到战争平息后,疑难奏案再按正常程序报中央判决。至绍兴二年(1132),道路情况有所好转,于是诏令"诸路死罪囚应谳者"恢复上奏制,只在未通地区,"许酌情减降如旧"。③

绍兴十八年,大理寺丞孙敏修奏曰:"兵级犯罪及强盗同火七人以上,并作情重法轻奏裁"。④ 强盗七人以上共犯,属集团作案,情节严重,不是一般的强盗罪刑罚可以适用的,由朝廷来量刑定罪,就显得十分必要。此外"持仗强盗赃满五贯,不分首从并当奏裁"。⑤ 持仗强盗属于恶性案件。统治集团通过奏案来掌握全国的重大治安状况,并通过适用相应的刑罚来及时调整社会秩序,维护统治阶级利益。

疑案奏裁制度实施过程中,有些地方官员"于罪无可矜者,类以疑谳上闻,冀幸宽贷,其意以为失出之罚轻,阴德之报厚",干扰了疑案奏裁法的正常执行。为加强奏案制度的管理,从严实施疑案奏裁制度,绍兴三年(1133),高宗"诏诸州大辟应奏者,从提刑司具因依缴奏"。⑥ 疑案由本州长官向上级提刑司提出,经审核后奏报中央。范镇云:"祖宗之规模在于州县,州委之生杀,县委之赋役。虑其或失于中也,为之转运使、提点刑狱以按察而纠举之。其委任谨重之道至矣。"⑦宋在元丰改制以后,赋予提点刑狱司很

---

① 《宋会要辑稿》刑法四之五七。
② 《系年要录》卷一〇,建炎元年十一月壬辰条,第1册,第190页。
③ 《系年要录》卷五一,绍兴二年正月乙未条,第1册,第683页。
④ 《系年要录》卷一五八,绍兴十八年闰八月庚午条,第3册,第212页。
⑤ 《定斋集》卷三《乞禁止沿边作过人札子》。
⑥ 《系年要录》卷七〇,绍兴三年十一月庚辰条,第2册,第18页。
⑦ 赵汝愚编:《宋朝诸臣奏议》下册卷一一一《再请罢青苗法疏》,上海古籍出版社1999年版,第1208页。

大职权,其中一项就是对刑事奏案的审核监管。此制为南宋所沿用。绍兴十八年,朝廷又下令,提刑司在审查诸州上报案件时,如有疑案应奏者,径行申报中央,不再转下本州,以免拖延时间。① 开禧三年(1207),宁宗命诸路提刑司"从宜断疑狱"。②

庆元二年(1196),崇安人张四持刀杀一猥倡,"县结案上府,坐狱掠治承伏,以在法无证奏裁"。③ 此杀人案因缺乏证据而奏报朝廷裁决。洪迈任赣州知州时,有一将兵外逃,杀一村民,被害人之兄事后得知,因害怕沉重的诉讼负担,不敢报官,私自焚尸。后事发,将兵被逮,审讯结果,以"杀时无证,尸不经验,奏裁"。④ 此案为杀人命案,因死尸已焚毁,无法验证,只得作为疑难案上奏朝廷裁断。通常奏案的判决,都会因证据不足或理有可悯而从轻发落。死罪案犯如有父年八十,子年十四,依法亦须奏裁。⑤

南宋洪遵曰:"臣伏见天下恶少,平时饮博椎埋,剽窃盗贩,眈眈杀人,肆为不逞。……一旦抵罪,则尽出所藏,行赇狱吏,以觊幸免,而免之之术其说有四:曰案问,曰无证佐,曰非故杀,曰尸不经验,往往奏裁,例从轻比,止于鞭扑,而宥以远恶。然其远者,不过三千里,恶者,不过岭南。"⑥这里谈到了奏案往往从宽贷死的裁决结果。

相同的罪行往往有情理轻重之别,情理轻重之别是奏裁的重要因素。宋规定,命官犯法及编配人所犯,情理分轻、重、次轻、次重四等刑名,著为定例。宋规定在荐举官员的保举状中必须写明有无犯罪经历,如有,须具"过犯元犯事因,所得刑名,情理轻重,结断年月日"。⑦ 宋《庆元诈伪敕》:"诸伪造官印,印成伪文书或商税物者,流三千里;已行用者,绞。仍奏裁。"⑧"仍"者,因而也。这一法律条款规定犯绞刑者,须报中央裁决。其最终裁决的结

① 《系年要录》卷一五八,绍兴十八年九月壬辰条,第 3 册,第 213 页。
② 《续编两朝纲目备要》卷一〇,开禧三年二月己未条,中华书局 1995 年点校本,第 177 页。
③ 《夷坚三志》己卷第六《张四杀倡》,第 1348 页。
④ 《容斋随笔》三笔卷一六《奏谳疑狱》,第 618 页。
⑤ 《长编》卷五四,咸平六年二月庚寅条,第 1182 页。
⑥ 《历代名臣奏议》卷二一八《赦宥》。
⑦ 《庆元条法事类》卷一五《举辟·举辟官命差遣状前贴黄》,第 329 页。
⑧ 《庆元条法事类》卷一七《给纳印记》,第 364 页。

果,可能会从轻发落,也可能维持原判。其生死的依据系于情理之轻重而已。因此,罪犯伪造官印已行用者,虽然规定是死刑,但实际上仍有免死的可能性。《夷坚丁志》卷八《宜黄人相船》载,镇江有一案,"府官欲论以死",而属官持反对意见,"遂用疑狱奏谳,得减死,黥隶邵武军"。这些材料表明,奏裁案通常可以减死。

南宋初,在实际操作中,以情重法轻者奏案占多数。绍兴三年(1133),大理少卿王衮奏言:"四方之狱,虽非大辟,情法不相当者,皆得奏请裁决。今奏按(案)来上,大率皆引用情重法轻之制,而所谓情轻法重者鲜矣。岂人之犯法而无情轻者乎？欲望申敕,凡遇丽于法而情实可矜者,俾遵守成宪,请谳以闻。"高宗诏"申严行下"①。

北宋熙宁四年(1071)苏颂曾云:"每岁天下之奏,常以千数,多或倍之。期间情涉巨蠹论如律者,百才一二,馀从末减,不下千人。"②南宋嘉泰元年(1201)全年上奏死刑案共一千八百一十一人,"而断死者才一百八十一人,馀皆贷放"。③通过上奏,每年由此减轻刑罚的人约占上奏案的百分之九十。对于奏裁的死刑案件,绝大多数是给予从轻发落的。

2.奏案的覆审裁决。北宋初,天下奏案,报大理寺和刑部,"二司议上,政府进熟,报下即决"。④太宗淳化二年(991),为加强对司法的监督,设置了审刑院,"凡州郡重辟之疑可矜,若一命私罪笞以上之罚与夫律令格敕之弊当更者,皆先由大理论定,然后院官参议。议合然后覆奏,画旨送中书,案实奉行"。⑤南宋时审刑院已不存。大理寺依然是审理天下奏案的主要机构。"大理寺左断刑,天下奏案之所聚,人命死生,刑名出入,皆于此决"。⑥

疑案上奏,通常由大理寺、刑部量刑,提出初步判决意见,上报皇帝定断。《宋史》云刑部职责为:"若情可矜悯而法不中情者谳之,皆阅其案状,传

---

① 《系年要录》卷六九,绍兴三年十月庚寅条,第2册,第3页。
② 苏颂:《苏魏公文集》卷六四《审刑院题名石柱记》,中华书局1988年版,第979页。
③ 《宋会要辑稿》刑法六之四四。
④ 《苏魏公文集》卷六四《审刑院题名石柱记》,第979页。
⑤ 《苏魏公文集》卷六四《审刑院题名石柱记》,第979页。
⑥ 《宋会要辑稿》职官二四之四一,第2912页。

例拟进。"①又曰:"天下疑狱,谳有不能决,则下两制与大臣若台谏杂议,视其事之大小,无常法,而有司建请论驳者,亦时有焉。"②绍兴六年(1136),高宗曾诏曰:"大理寺议狱(按:指疑案)不合,即诣刑部关决,刑部不能定,同赴都堂禀议。"③亦即大理寺、刑部不能定之疑案,则刑部长官需赴三省议事大堂禀报宰相议决。

高宗曾云:"朕在宫中,每天下奏案至,莫不熟阅再三,求其生路,有至夜分。"④绍兴六年,中书门下省奏请:"刑寺凡有疑案,第行问难,遂致淹延。乞依元丰旧制,应所议不同,限次日禀白刑部。若所断未定,则刑部长贰,限两日率法寺官赴堂禀决施行。"⑤绍兴八年,内侍罗亶为景灵宫干办官,被人举报,"告其语言指斥(乘舆)"。温州将此事奏报朝廷。高宗命温州"鞫实"此案,上奏朝廷,"刑寺拟私罪徒,勒停"。上曰:"亶素凶悖不逞,无可恕者,当窜海岛,仍令发卒护送之。"⑥其中涉及奏案裁决程序,先由刑部、大理寺量刑初断,再经宰相审核,报呈皇帝定断,颁给三省,予以执行。陈傅良《缴奏刑部大理寺鄢大为断案状》记载了一件奏案的审理程序:吉州上奏鄢大为疑案,大理寺、刑部拟断为"准条为绞刑上定断,合决重杖处死"。光宗最后裁定同意,颁给三省,"三省同奉圣旨:鄢大为依断"。⑦

绍兴四年,宣州有一奏案,言叶全三盗檀偕家窖钱,檀偕令耕夫阮授、阮捷杀叶全三等五人,弃尸于水中,依法当斩。然因找不到死尸,无法验证,特上奏朝廷裁断。大理寺、刑部最初的判决为阮授、阮捷"杖脊,流三千里",檀偕"贷死,决杖配琼州"。中书舍人孙近对此判决提出异议,认为檀偕"杀一家五人,虽不经验而证佐明白,别无可疑。贷宥之恩止及一偕,而被杀者五人其何辜焉"。于是诏令大理寺、刑部重新拟判申尚书省,但大理寺仍坚持

① 《宋史》卷一六三《职官志》,第3857页。
② 《宋史》卷二〇一《刑法志》,第5005页。
③ 《宋史》卷二八《高宗五》,第525页。
④ 王明清:《挥麈后录》卷二,影印文渊阁《四库全书》本。
⑤ 《系年要录》卷一〇一,绍兴六年五月壬午条,第2册,第399页。
⑥ 《系年要录》卷一一九,绍兴八年五月戊戌条,第2册,第615页。
⑦ 《止斋先生文集》卷二一《缴奏刑部大理寺鄢大为断案状》。

原判。高宗不得不诏御史台复议此案。御史台审理后认为檀偕"系故杀,众证分明",不应当作奏案裁决。最后高宗定判为檀偕"论如律",处以死刑。由于此案最初大理寺、刑部错误地判檀偕贷死,因此相关的审理官员都受到了不同程度的赎金处罚。① 宣州的这一案件审理结果表明,虽然案件当事人的尸体不存,但如果杀人证据确凿,也可以不作为疑案奏裁。

疑案奏谳,朝廷审查,"如情理无可悯,其刑名无疑虑,即仰刑部退回本州,令依法施行"。② 朝廷裁决后的案子,地方认为判决不当,还可再奏。孝宗时,赵善待知岳州,有盗,"法当贷命,奏裁,乃以死报。吏请奉行,公不可,再为奏谳,卒免死"。③

为了切实发挥奏案制度的效能,南宋采取了必要的措施。刑部郎中孙敏修言:"天下所奏狱,下法寺拟节,除所勒刑名疑虑合行驳刊外,其间有情节不圆,行下取会,动经岁月,望自今取会三次俱报未尽徒罪以上,许令法寺贴说指定,或作两断行下,仍专委提刑前去审问情实,定断归一。如尚有不尽,及事涉疑似,即选官别勘。"高宗遂命大理寺、刑部审核此建议报尚书省。④

嘉泰三年(1203),江西转运副使陈研奏言,奏案审核过程中,"往往州吏必多方驳难县胥,宪司吏人必多方驳难州吏,追呼取会,因而受略。缘此,州县吏惮于径申,故于罪人入狱之初,教为疑虑可悯情节。及至狱具,一面照条奏裁,则免追呼需索之扰"。为此,陈研建议"今后遇大辟罪人到官之初,须令长官当厅引问罪人,令以实情通吐,仍引证佐等人反复问难,务在得其本情,然后送狱根勘。狱官不时下狱引问,有一语稍异初词,必根究情弊,重作施行,狱成有合奏裁与合申提刑司详覆者,各令从条施行"。⑤ 朝廷采纳了他的建议。这一措施旨在从源头上堵住奏案作弊现象,健全了奏案覆审制度。

---

① 《系年要录》卷七二,绍兴四年正月戊午条,第2册,第28页。
② 《长编》卷三五九,元丰八年八月癸酉条,第8583页。
③ 《絜斋集》卷一七《赵善待墓志铭》。
④ 《系年要录》卷一七五,绍兴二十六年十月乙酉条,第3册,第472页。
⑤ 《宋会要辑稿》职官五之五九至六〇。

3. 奏案覆审制的评价。疑案奏谳，原是一项防止滥刑的谨慎措施，但许多地方官未能尽心职事。洪迈批评说："州郡疑狱，许奏谳，盖朝廷之深恩。然不问所犯重轻及情理蠹害，一切纵之，则为坏法。"①奏案制容易拖延审判时间，史载"至理宗时，往往谳不时报，囚多瘐死"，②损害了许多无辜者的利益。有些司法官推诿责任，希图省事，把一些不该奏裁，本身可以判决的案子一齐报给中央裁决，给中央增加了司法压力和司法成本。所以宋政府多次强调，要严格照制度办事。有臣僚奏云：

> 比年以来，内外官司类皆情重法轻闻奏，必欲从重。而以情轻奏者，百无一二，岂人人犯罪，无有非意误冒可轻比者邪？陛下圣德宽仁，惟刑之恤。而有司未能推原美意。其于情法疑谳，轻重不伦。伏望申戒法官，应罪人情轻法重者，并抑遵守敕条闻奏，以从轻典。仍委所属时加检察。如有违戾，并以故入之罪罪之。③

南宋法律规定胡乱奏裁者，将受惩处，"诸狱案以两辞互说及不圆情款，或本处得论决之人辄上闻者，各杖一百。"④

疑案上奏，如有不当，原审理官员要承担责任，以致有些地方官不敢上奏，出现"断遣失当"现象。绍兴十三年高宗曾诏"诸州大辟刑名疑虑公案，若刑寺拟断，虽非大辟，官吏并免收坐"。⑤ 放宽奏裁的范围。然至庆元二年（1196），东南地区"有因詈人被殴死者，而行凶之人作可悯奏裁"。御史姚愈驳曰："如此，是詈人之罪重于杀人。"于是宁宗乃诏："自今有司奏谳死罪不当者，论如罪。"⑥纵观整个南宋时期，始终处于调整奏裁幅度的状态。

总的来说，奏案制度的实行，对于南宋司法起到了积极作用，是南宋加强司法裁判，减少冤假错案的一项谨慎措施。其间虽有不少案件重罪轻判，

---

① 《容斋随笔》三笔卷一六《奏谳疑狱》，第618页。
② 《宋史》卷二〇一《刑法志》，第5015页。
③ 《系年要录》卷一五三，绍兴十五年五月庚申条，第3册，第139页。
④ 《庆元条法事类》卷七三《检断·断狱敕》，第741页。
⑤ 《系年要录》卷一四九，绍兴十三年七月癸酉条，第3册，第84页。
⑥ 《续编两朝纲目备要》卷五，庆元三年三月壬寅条，第80页。

但就其制度来说,是重视人命的一项积极谨慎的措施,是中央政权加强司法干预的重要手段。南宋政府通过重大刑案奏裁制,掌握了重大刑案的审判权,并可以根据统治的需要,随时修正刑法,调整社会秩序。

第四节　恩赦制度

皇帝颁布诏书,对已经判决有罪但尚未执行,或正在服刑的犯人豁免或减轻刑罚,宋代谓之"赦降"。这一恩赦制包括赦、降、虑三种类型。"降者,即赦之别文,赦则罪无轻重,降则减重就轻"。"虑者,又与降同,然降自减免,虑是奏免。赦、降、虑三者,名殊而义归于赦"。① 马端临《文献通考》曰:

> 宋朝赦宥之制,其非常覃庆,则常赦不原者咸除之,其次释杂犯死罪以下,皆谓之大赦,或止谓之赦。杂犯死减等,而余罪释之;流以下减等,杖、笞释之,皆谓之德音,亦有释杂犯罪至死者。其恩霈之及,有止于京城、两京、两路、一路、数州、一州之地者,则谓之曲赦。②

《玉海》卷六七《诏令·赦宥》曰:

> 大赦者,不以罪大小皆原;其或某处有灾,或车驾行幸,则曰赦某郡已下,谓之曲赦;复有递减其罪,谓之德音者,比曲赦则恩及天下,比大赦则罪不尽除。

南宋的恩赦制度和北宋大致相仿,可以区分为大赦制和录囚制。

一、大赦制

南宋恩赦制度分大礼赦和非次赦。大礼赦主要指南郊大赦和明堂大

---

① 《唐律疏议》卷二附录此山贳冶子《唐律释文》,岱南阁丛书本。按,此山贳冶子为北宋人。关于宋代恩赦制,参见吕友仁:《古代刑制大赦、曲赦、德音小辨》,载《河南大学学报》1984年第4期;郭东旭:《论宋代赦降制度》,载《宋朝法律史论》,河北大学出版社2001年版。

② 《文献通考》卷一七三《刑考十二》,第1495页。

赦。宋制,"三岁一亲郊,不郊辄代以他礼,庆赏与郊同"。① 宋帝每次亲祀,祀毕必大赦天下,成为国家固定制度,是南宋大赦的重要组成部分。南宋历朝皇帝先后发布过 20 次南郊大赦和 31 次明堂大赦。其中高宗南郊大赦 7次,明堂大赦 5 次;孝宗南郊大赦 6 次,明堂大赦 3 次;光宗南郊大赦 1 次;宁宗南郊大赦 3 次,明堂大赦 7 次;理宗南郊大赦 1 次,明堂大赦 13 次;度宗南郊大赦 1 次,明堂大赦 2 次;恭帝明堂大赦 1 次;端宗南郊大赦 1 次。②

非次赦是指没有固定时间的大赦,其赦制包括大赦、德音、曲赦三种。

(一)大赦

南宋大赦有广义和狭义之分。前者泛指整个赦免制度,包括大赦、德音、曲赦;后者仅指赦免制度中的大赦种类而言。这里就后者作一叙述。

大赦是赦制中最高等级的赦,通常又分两种:第一种为常用于非常之庆的大赦,如皇帝登基以及其他重大事件。李纲云:"祖宗登极,于有罪犯安置、编管、羁管等人次第推恩,或量移,或自便,或叙用,或复官,以其罪之轻重为差。"③大赦的赦免范围在赦书中有明确规定。有学者认为大赦一般只有免罪而没有减刑。④ 但事实上并不尽然。如《庆元贼盗赦》:"诸犯恶逆以上及杀人应入不道,若劫杀、谋杀、已杀人各罪至死者,虽会大赦得原(原注:大赦,谓常赦所不原减赦除之者。余条称'大赦'准此),皆配二千里。"⑤配二千里为附加刑。这条规定是说犯恶逆以上等重大罪,虽可免死,但配二千里的附加刑却不能免,从死刑减为配隶刑。

第二种为常赦。常赦通常是限定范围的,仅释杂犯死罪以下罪犯,一些重大罪犯不赦。唐制:"常赦所不免,谓虽会大赦,犹处死及流,若除名、免所居官、移乡者。"⑥南宋基本延续了北宋承袭过来的唐制,"祖宗著令:持仗强

---

① 《文献通考》卷七一《郊社考四》,第 644 页。
② 参见戴建国:《唐宋变革时期的法律与社会》,上海古籍出版社 2010 年版,第 287—289 页。
③ 《历代名臣奏议》卷二一八《赦宥》。
④ 参见吕友仁:《古代刑制大赦、曲赦、德音小辨》,载《河南大学学报》1984 年第 4 期。
⑤ 《庆元条法事类》卷一六《赦降》,第 339 页。
⑥ 《文献通考》卷一七二《刑考十一》,第 1492 页。

盗及给资亡命者,皆不以赦原"。① "赃罪削籍配流者,虽会赦,不许放还叙用"。② 这三条有关赦的规定都是针对常赦的。

非次赦还包括宋代皇帝因各种情况发布恩赦诏令,如绍兴二年(1132)九月,"以彗星出,赦天下"。③ 庆元二年(1196)以皇子出生,颁降德音,"降诸路死罪囚,释杖以下"。④ 嘉定十七年(1224)闰八月,"以帝服药故",赦天下。⑤ 此外皇后病重,亦常发布大赦令。

(二)德音

德音的恩赦等级小于大赦,而范围却广于曲赦,一般为重大罪犯不赦外,死罪降为流,流降为徒,徒以下释之,或流以下释之。有时罪不分轻重皆予以放免。绍兴三十一年(1161),高宗《赐扬、泰、真、楚、滁、和、濠、庐、光州,盱眙、高邮、光化、无为、安丰、信阳军德音》:

> 管内限德音到日已前,见监罪人,除犯劫杀、斗杀并为已杀人者,并十恶罪至死、伪造符印、放火、官员犯入己赃、将校军人公人犯枉法监主自盗赃,并依法。内枉法自盗罪至死,情理轻者,奏取指挥,斗杀罪至死情理轻者,减一等,刺面配千里外州军牢城,断讫录案闻奏。其余罪无轻重,并行放免。⑥

不过德音赦宥对象有时因行赦的目的不同,会有所变化,如绍兴元年(1132)正月一日德音:

> 应编配、羁管、安置、居住命官并与理为一赦;编配诸色人,特与减三年,三岁理为拣放年限。其蔡京、童贯、王黼、朱勔、李邦彦、孟昌龄、梁师成、谭稹及其子孙并系误国之害民之人,并苗傅、刘正彦、王均甫、马柔吉、王世修、张达、苗翊、苗瑀、范琼及其家属,皆系反逆之家,更不

---

① 《系年要录》卷一八〇,绍兴二十八年十月壬辰条,第3册,第547页。
② 《系年要录》卷二〇〇,绍兴三十二年十一月乙卯条,第3册,第891页。
③ 《系年要录》卷五八,绍兴二年九月辛酉条,第1册,第768页。
④ 佚名《续编两朝纲目备要》卷四,庆元二年七月丙戌,中华书局1996年点校本,第72页。
⑤ 《续编两朝纲目备要》卷一六,第1078页。
⑥ 《会编》卷二四七,绍兴三十一年十二月十六日条,第1777页。

移放。①

此德音就没有死罪降为流、流降为徒的内容。

（三）曲赦

曲赦仅对局部地区实行大赦，通常专为某地某事而下，如平定割据政权、收复失地、天文之异、水旱之灾、皇帝车驾行幸等。关于曲赦，岳珂曾曰：

> 祖宗朝每有武功恢拓之事，必曲赦其境，罪无轻重咸除之，如乾德三年正月二十四日平西川之制是也。降德音，遍减天下死刑，释余罪，如建隆元年六月二十三日平潞州之制是也。虽降德音，止于其境，罪无轻重咸如大赦之例，如太平兴国三年五月一日复泉州之制是也。降德音于江西、湖南两路，除十恶、四杀、放火、造伪、犯赃外，杂死罪流，余递减等，释徒罪，如皇祐五年二月十六日平侬智高之制是也。降大赦于天下，罪无轻重咸除之，如宣和六年八月十八日收复燕云之制是也。虽降曲赦于一境，犹除十恶、四杀、放火、造伪、犯赃外，斗杀情轻减等，余并释之，如崇宁二年正月二十五日平荆湖南北路猛贼之制是也。绍兴复海州，降赦用乾德之例。②

其中所谓"德音"，乃是泛称，泛指赦而言，并非狭义上的德音赦制。岳珂列举的曲赦，既有常赦之制，亦有大赦之制。

南宋制定有专门的《赦格》，规定了不同等级的恩赦范围，根据《庆元条法事类》卷一六《赦降·名例赦》规定，诸犯罪遇赦，依等降罪，其具体降级如下：

死刑降从流者：流三千里。

流罪降从徒者：加役流、流三千里降从徒三年，流二千五百里降从二年半，流二千里降从二年。应配者：降杖一百。

徒罪降从杖者：徒三年降从杖一百，徒二年半降从杖九十，徒二年降从杖八十，徒一年半降从杖七十，徒一年降从杖六十。

---

① 《宋会要辑稿》刑法四之四二至四三。
② 岳珂：《愧郯录》卷一二《开禧复泗州赦》，四部丛刊本。

流以下放者:编配并免。徒以下放者:沙门岛、远恶州军依法照配,余配广南州军者降从配三千里,二千里、二千五百里降从配千里,千里、五百里降从配邻州,邻州降从配本州,本州降从配本城,本城降从不刺面配,不刺面配降从邻州编管。①

恩赦减等制度与通常刑罚减等之制是有区别的,不能混为一谈。恩赦减等一般称"降",不称"减"。如上述流罪降从徒者:加役流、流三千里降从徒三年,流二千五百里降从二年半,流二千里降从二年。而通常的刑罚减等制为"凡应减者,下就轻次焉;二死、三流,俱从一减。"②死刑绞、斩统为一等,减一等,即为流三千里;流刑流三千里、二千五百里、二千里三等统为一等计算,减一等,即为徒三年。徒以下罪(包括徒罪)则不依此法计算。这一刑罚减等制与恩赦减等制不同,乃沿袭唐制而来。③ 这与大赦的二千里降一等为徒二年的降法不一样。

加役流刑本为死刑贷免刑,但在计算刑罚等级时,加役流则纳入与三流之刑等同的流刑之列。《庆元名例敕》载:"诸犯罪,会降……加役流、流三千里并徒三年。"④其降等明显是将加役流等同于流三千里刑计算的。

二、录囚制

录囚,南宋文献中又作"虑囚"。录、虑,古相通。狱案久拖不决,对于当事人来说是一个沉重的负担,轻者往往倾家荡产,重者导致囚犯瘐死狱中。这种状况容易激化社会矛盾。是以宋统治集团比较重视狱案的及时审理。自北宋起,宋代最高统治者常有"临轩录囚"的举措,即亲自审阅京城在押犯人案状。

---

① 此据《庆元条法事类》卷一六《赦降·名例敕》规定推算而得。
② 《唐六典》卷六《刑部尚书》,中华书局 2005 年版,第 188 页。
③ 参见《宋刑统》卷二○《贼盗律》略卖良贱条:"诸略人、略卖人为奴婢者绞,为部曲者流三千里,为妻妾子孙者徒三年。"《议》曰:"和诱谓和同相诱,减略一等,为奴婢者流三千里,为部曲者徒三年,为妻妾子孙者徒二年半。"《宋刑统》卷二五《诈伪律》妄认良人条:"略人为奴婢者绞,减一等,合流三千里;略人为部曲,流三千里,减一等,合徒三年;略人为妻妾、子孙合徒三年减一等,合徒二年半。"又如同谋共殴伤人罪,《宋刑统》卷二一《斗讼律·议曰》"若不因斗,乙为故殴之者,合流二千里,甲是元谋,减一等,合徒三年。"
④ 《庆元条法事类》卷一六《文书门·赦降》,第 338 页。

史载宋真宗咸平四年（1001）曾录囚，释囚犯一千一百六十人。① 南宋沿袭了这一录囚制度。宋孝宗曾曰：“朕欲依祖宗故事，先令有司具囚情款，前数日进入，朕亲阅之，可释者释之，可罪者罪之，庶几不为虚文。”②宋孝宗在位期间，多次审阅临安府囚犯，疏决罪人。乾道四年（1168），孝宗于“后殿临轩决遣罪人”。③ 乾道九年，孝宗诏令刑部官员与监察御史“每月通轮一员分作两日，往大理寺、临安府亲录囚徒，仍具名件闻奏”，④以督察在押囚犯的审理活动。

淳熙十一年（1184），刑部侍郎曾逮奏请“依乾道九年三月二十三日指挥，令刑部长贰、郎官并刑察御史，每月通轮录囚，具名件闻奏”。于是孝宗诏令刑部、御史台于每季的第二月“亲录囚徒”，⑤以便及时疏决羁押的囚犯。淳熙十二年孝宗又下诏：“户、刑部刷具人户经台词诉未曾结绝者，开坐名件，下元来所属，从条结绝，申部报台。如有稽违灭裂不报者，具事因申取朝廷指挥施行。”⑥

在宋代，“寒暑必虑狱囚，法也”。⑦ 盛夏季节，狱囚容易得病死亡。北宋时，各路长官有虑囚制度。南渡之后，虑囚一度中断。李心传曰：“自真宗以来，率以盛暑临轩虑囚。建炎初废。二年六月，始诏疏决行在扬州系囚，杂犯死罪已下减一等，杖以下释之。其后，越州、建康，皆同此制。绍兴二年六月，上在临安，甲申，始临轩疏决御史台、大理寺、临安府三衙诸军系囚。自是遂为故事，然诸道未及也。”⑧即仅限于京师诸狱，未成常态化。绍兴五年（1135），高宗诏“以盛暑命诸路监司分往所部虑囚”。⑨ 自此之后，每遇盛夏季节，各路监司必分部虑囚，“遂为永制”。

高宗曾对辅臣曰：“疏决减降，盖念盛暑囚禁，特施恩惠，固当依政和间

---

① 《中兴两朝圣政》卷四九，乾道六年六月丙辰条，第 1826 页。
② 《中兴两朝圣政》卷四六，乾道三年六月癸酉条，第 1733 页。
③ 《中兴两朝圣政》卷四七，乾道四年七月条，第 1757 页。
④ 《宋会要辑稿》职官一五之二四。
⑤ 《中兴两朝圣政》卷六一，淳熙十一年二月甲子条，第 2286 页。
⑥ 《中兴两朝圣政》卷六二，淳熙十二年十二月丙辰条，第 2345 页。
⑦ 《宋会要辑稿》刑法三之八八。
⑧ 《朝野杂记》甲集卷五《临轩疏决》，第 121 页。
⑨ 《系年要录》卷八九，绍兴五年五月己亥条，第 2 册，第 269 页。

旨挥施行。至于虑囚，乃是祖宗成宪，似不当拘以时月，宜令有司各举尝职。"并诏令"诸路州军，令提刑须于六月初躬亲前去，点检催促，结绝见禁罪人。内干照人及事理轻者，先次断放。如提刑阙官，仰监司躬亲分头前去。内僻远州县，即州委守臣，县委通判职官，其所委官点检、催促过刑禁，并仰本路监司复行检察"。①

夏暑季节，南宋政府在疏决罪犯的同时，还对杖以下轻罪实施责保知在制。绍兴五年五月，因气候炎热，高宗令"临安府属县，徒已下罪事状分明，不该编配及合申奏公事，或虽小节不圆，不碍大情，并许本府一面决断讫奏。杖以下应禁者，并与责保知在。除行在外，有事故不能亲行，即选官前去，仍具每到处月日、事故因依，径申尚书省。自是岁著为例"。②

除盛暑时期录囚外，南宋于寒冬季节也行录囚制。开禧二年（1206），殿中侍御史徐柟言："盛夏之月，恐其蒸郁，故分遣疏决。至于隆冬寒冻，其苦甚于盛夏，良由监司虽于五月巡历所部，平遣囚徒，殆与一时经过无异，足迹未尝一登狱门，囚徒未尝引问，案牍未尝阅视，非法收禁者，未尝根究，赴诉责保者，未尝受理，宜乎州县得以揣摩，罔知畏惮。乞令监司每岁十月下旬躬诣巡历疏决，一遵盛夏五月下旬虑囚之法。"③此奏请被朝廷采纳。同年，宁宗下诏规定："四川二广州军，令逐路监司依每岁所降盛暑虑囚指挥，各随置司去处地里远近，分诣所部州军，限十一月下旬起发，躬亲前去点检，催促结绝。事理轻者先次断放。至来年正月十五日以前巡遍。"④换言之，寒冬季节录囚从此也成南宋定制。

宋统治者常将久旱或久雨现象视为因司法不公、冤气太重所致。在宋代统治者看来，天气灾异现象是与国家法制状况密切相关的。"夫刑法者，理国之准绳，御世之衔勒，重轻无失则四时之风雨弗迷"。⑤因此一旦天气发生灾异，久旱或久雨，就要检讨时政，调整法律，往往命官府决系囚，即时疏

---

①　《宋会要辑稿》刑法五之三八。
②　《宋会要辑稿》刑法五之三四至三五。
③　《宋会要辑稿》刑法五之四六。
④　《宋会要辑稿》刑法五之四六至四七。
⑤　《宋会要辑稿》选举一三之一一。

决在押的囚犯。例如,淳熙四年(1177)十月丙子,孝宗以多日阴雨,诏"大理寺、临安府并属县及两浙西路诸州县见禁罪人,在内委台官,在外委提刑,即时躬身前去检察、决遣",令杖以下罪"并行疏放"。① 绍熙五年(1194)十月因久雨,时已登基的宁宗命大理寺、三衙、临安府、两浙路州县疏决系囚,释杖以下刑犯人。② 庆元元年(1195)八月,宁宗又"以久雨决系囚"。③ 庆元二年五月因久不下雨,宁宗诏大理寺、三衙、临安府、两浙路州县决系囚。

在宋代,录囚制减免罪等的力度小于大赦制,其范围通常是死刑降为流刑,流刑以下降一等,杖以下罪赦之。录囚制是一种定期审理案件,防止案件久拖不决,以提高司法效率的措施,同时兼有恩赦功能。

三、赦书的颁布与生效

北宋于大赦之前,通常设立看详编置罪人司,负责审查"诸色官员、士人罪犯案卷",如有该赦免移放者,提请实施。南宋政权建立后,因秦桧专权,士大夫被贬谪者,虽屡经大赦,并不赦移放免,此机构逐渐废罢不行。绍兴二十八年(1158),左正言何溥言:"臣恭闻祖宗朝,每遇大赦,则置看详编置罪人一司,命官典领,以重其事。盖置司看详,则责任专,推类施行,则事体一。"要求恢复看详编置罪人司。这一建议很快被高宗采纳,遂命权吏部尚书贺允中,刑部侍郎杨揆检举旧案卷宗,负责实施,"自是遂为永制"。④ 可见,南宋对大赦的实施非常重视。

大赦诏书的颁布,是一场宣扬皇帝恩德,完善统治秩序的重要司法活动。大赦诏书涉及面非常广,大赦令到达地方以后,要进行广泛宣传,"沛然之泽,无所不涤"。南宋规定:"诸被受赦降应誊报者,誊讫,当职官校读,仍具颁降、被受月日。行下民间通知者,所属监司印给,榜要会处,仍每季检举。其赦书、德音,州以黄纸印给县镇寨乡村晓示。"⑤使民众知晓赦免范围。

---

① 《中兴两朝圣政》卷五五,淳熙四年十月丙子条,第2094页。
② 《续编两朝纲目备要》卷三,绍熙五年十月乙庚子条,第174页。
③ 《续编两朝纲目备要》卷四,庆元元年八月条,第248页。
④ 《系年要录》卷一八〇,绍兴二十八年十一月壬戌、己卯条,第3册,第549—550页。
⑤ 《庆元条法事类》卷一六《赦降·职制令》,第341页。

大赦令的颁布有很强的时效性。如高宗建炎元年(1127)即皇帝位,大赦天下,赦文曰:"应赦书到日昧爽以前,罪人所犯,罪无轻重,已发觉未发觉,已结正未结正,常赦所不原者,咸赦除之。"①即以赦书到日为准,尚未及行刑的犯人以及犯有罪行尚未被发觉的人,无论罪之轻重,皆赦免。皇帝即位大赦,赦免的力度和范围是最大的。对于州政府来说,本应递送到的大赦文书,因多种原因而延误未到者,则"牒比州即时誊写,委官校勘毕报,州得报准赦降行"。② 即先行抄录邻州已到赦书,依赦执行。

皇帝的恩赦对于已经执行过刑罚的人,通常不再有效。对于上级司法机关已经裁决下达执行的案子,因多种原因致裁决书未到,而恰遇朝廷颁布大赦令,则以行程来推算日期,即以案件审理处至上级司法机关的路途里程来计算裁决书应到时间,并比照赦书到达时间来决定罪犯是否予以赦免。宋制,赦书日行五百里,裁决书日行四百里,各以送递日时为始。裁决书应在赦书前到者,则犯人视同已决,"不得原减"。虽然裁决书应先于赦书到达,但犯人因病、孕等原因而延迟执行,或裁决书应与赦书同日到达者,"依会恩法",可以减免罪行。③

南宋恩赦法规定,犯罪人遇大赦,罪行已败露,虽未逮捕归案或不予羁押者,"并同见禁",享有依赦减免罪行的权利;但事发后逃亡,或逃亡后事发者除外。④ 宋还实施"不以去官赦原法",即官员在任期间犯法,卸任后,如东窗事发,虽遇朝廷大赦,不得享有豁免罪行权。朱弁《曲洧旧闻》卷二载:

> 国朝以来,凡州县官吏无问大小,其受代也,必展刺交相庆谢,盖在任日除私过外,皆得以去官原免,其行庆谢之礼,为此故也。自新政初颁,大臣恐人情不附,乃有不以赦降去官原减指挥,自是成例,而命官有过犯,虽经赦宥及去官,必取旨特断。以此恩霈悉为空文,而公卿士大夫莫有厘正之者。

---

① 《会编》卷一〇一,建炎元年五月一日条,第742页。
② 《庆元条法事类》卷一六《赦降·职制令》,第340页。
③ 《庆元条法事类》卷一六《赦降·断狱敕》,第339页。
④ 《庆元条法事类》卷一六《赦降·断狱敕》,第339页。

宋代恩赦制度对于该赦免放还的编配犯人实行量移法,即据犯人罪行轻重、编配地远近,分成若干里程段,将犯人向原居住地逐程移居,直至放还。① 高宗绍兴二十五年(1155)南郊大赦文载:

> 天下应命官缘事流放,累该赦宥,未曾施行。令刑部开具元犯因依,申尚书省取旨。应刺面不刺面配军、编管、羁管人等,内命官具元犯因依闻奏。其永不移放人祖父母、父母年八十以上,或笃疾者,保明以闻。其情巨蠹人,录元犯因依并自到后来有无过犯开析奏裁,当议看详,特与量移。②

其中就提到了配军、编管、羁管等人的量移规定。

南宋时行赦非常频繁,从而带来了不可回避的弊病。洪迈曾举例批评恩赦制不分青红皂白赦免罪犯的做法,他说:"近者六年之间,再行覃霈。婺州富人卢助教,以刻核起家,因至田仆之居,为仆父子四人所执,投置杵臼内,捣碎其躯为肉泥,既鞫治成狱,而遇己酉赦恩获免。至复登卢氏之门,笑侮之,曰:'助教何不下庄收谷?'兹事可为冤愤,而州郡失于奏论。绍熙甲寅岁至于四赦,凶盗杀人一切不死,惠奸长恶,何补于治哉?"③

第五节　狱政制度

南宋的狱政,④与南宋的法制建设是同步的,在继承北宋制度的基础上有了进一步的发展和完善,制度更加周密和详备,充分体现了南宋司法的文

① 详见戴建国:《宋代刑法史研究》,上海人民出版社 2008 年版,第 357—372 页。
② 《系年要录》卷一七〇,绍兴二十五年十一月癸亥条,第 378—379 页。
③ 《容斋随笔》三笔卷一六《多赦长恶》,第 618 页。
④ 关于南宋狱政制度,台湾王德毅先生的《宋代的狱政》(《新中华》1980 年第 1 期)、戴建国的《宋代的狱政制度》(《上海师范大学学报》1987 年第 3 期)、薛梅卿和赵晓耕主编的《两宋法制通论》(法律出版社 2002 年版)、王云海主编的《宋代司法制度》(河南大学出版社 1999 年版)都有相关的论述,尤其是后者还专门探讨了宋代的狱政思想,有助于我们准确评价南宋的狱政制度。

明进步。

一、南宋的牢狱

南宋牢狱是羁押罪犯等待法官审判，或者已经法官判决等待行刑的场所。南宋人云："刑狱，重事也，犴狴，恶地也，人一入其中，大者死，小者流，又小者亦杖，宁有白出之理！"①真德秀曰："狱者，民之大命。""一夫在囚，举室废业。"②南宋的牢狱并非现代意义上的监狱，用牢狱来长期囚禁罪犯，使之作为一种常用刑罚，在宋代还未正式形成制度。

值得指出的是，宋文献中常有徒、流罪囚犯在押的记载，实际上这些囚犯有的只是根据案情判决后还未行刑之人。宋对刑法执行的时间有着具体规定，例如遇寒冬季节、节日不得行刑，必须羁押至合适时间执行。此外，对于编管、配隶犯人押送也有执行的时间差。宋规定流配人一季度押送一次。《宋刑统》卷三十《断狱律·疏议》曰："准《狱官令》，犯徒应配居作，在京送将作监，在外州者供当处官役。……其流人准令季别一遣，若符在季末三十日内至者，听与后季人同遣。"上述种种原因使得囚犯通常必须在狱中羁押一段时间。南宋彭龟年《隆兴府武宁县修狱记》曰："隆兴府武宁县新狱成，为屋若干楹，东西牢若干，中为讯事之所。"③彭龟年说的武宁县新狱之"狱"便是羁押犯人的场所。根据宋代审判权限法规定，县级官府只能判决杖、笞罪犯，徒以上犯人必须移送州府决断，而杖、笞罪犯执行刑罚之后，即刻释放，无须再关押。因此，彭龟年所谓狱仅仅是用来暂时羁押罪犯的。

宋代各级行政区及各司衙门，除路级政府以外，都设有牢狱。《宋史》曰："官司之狱：在开封，有府司、左右军巡院；在诸司，有殿前、马步军司及四排岸；外则三京府司、左右军巡院，诸州军院、司理院，下至诸县皆有狱。"④此虽云北宋之制，南宋大致亦如之。宋代大州分设左右两司理院，每院都置有

---

① 《昼帘绪论》治狱篇第七。

② 真德秀：《真文忠公文集》卷四〇《谭州谕同官咨目》，四部丛刊本。

③ 彭龟年：《止堂集》卷一〇《隆兴府武宁县修狱记》，影印文渊阁《四库全书》本。

④ 《宋史》卷二〇一《刑法志》，第5021页。

狱,加上州院,宋代的大州同府一样通常有三所牢狱,小州两所,县一所。宋代的狱属鞫司系统。在州,由录事参军、司理参军(在府,则为司录参军、军巡使)掌管;在县,由知县(或县令)掌管。牢狱狱卒有门子、狱子、杖直、押狱、节级等。据《淳熙三山志》载,南宋福州州院和左右司理院共有狱子十六人、节级三人。① 除了固定的管理人员以外,遇有特殊情况,牢狱还可以临时加派防守人员,如"劫贼在禁,五人以上,别差军人及将校日夕防守"。②

牢狱非朝廷明令规定,不得擅自设置。绍兴二十三年(1153),司农寺主簿盛师文"论诸州都监、诸县巡尉擅置刑狱,乞申严法禁"。高宗诏"刑部申严行下"。③ 如非法设狱,关押无辜之人,要受法律惩处。乾道八年(1172),浙东提点刑狱公事程大昌言:"窃见豪民私置牢狱,前后诏旨禁戢非不严备。访闻近日形势之家,仍前私置手锁、枷杖之属,残害善良,恣为不法。欲乞申严禁约。"孝宗"诏依,内情理重害者,令州县具姓名申奏,取旨行遣"。④《庆元条法事类》卷七五《刑狱杂事》载法:"诸形势之家,辄置狱具而关留人者,徒二年;情理重者,奏裁。许被关留人越诉。"

二、牢狱管理

宋代州县牢狱日常羁押的囚犯人数,受到当时当地的人口、经济及阶级斗争状况的多种影响,有的地区多,有的地区少。我们只能从零星的材料中推断出大概数字。《宋会要辑稿》刑法六之六五载:绍兴五年(1135),宣州牢狱羁押囚犯共计三百五十五人,婺州武义县牢狱七十二人,衢州牢狱六百一十八人。绍兴六年(1136),江阴军牢狱羁押囚犯七十四人,临安府牢狱一千六百三十四人,洋州牢狱一百二十二人,汀州武平县牢狱四十人。绍兴七年,福州牢狱羁押六百八十二人。这些数字皆为一年累计数。宋法,诸州审判期限"大事四十日,中事二十日,小事十日,不须追捕而易决者无过三

---

① 梁克家:《淳熙三山志》卷十三《州县役人》,影印文渊阁《四库全书》本。
② 《宋会要辑稿》刑法六之五一。
③ 《系年要录》卷一六四,绍兴二十三年三月丁未条,第3册,第303页。
④ 《宋会要辑稿》刑法二之一五九。

日"①。换句话说,宋代囚犯从入狱羁押到判决出狱,通常关押时间长则四十日,短则三日。考虑到宋代实际执行情况,我们假定以三十日为案件的平均审判周期——亦即犯人的羁押周期,则一年分为十二个周期,以上引绍兴年间几个州县的囚犯数字为参照来推算,南宋州一级牢狱平均日常羁押囚犯约在六十人以下,县一级约在十人以下,京师人数较多,当在百人以上。南宋雷孝友所撰《新昌狱记》云,淳熙十五年(1188),新昌县狱有牢房六间,②可证县级牢狱日常羁押囚犯不会太多。

南宋规定,牢狱不得无故羁押平民百姓。凡须羁押之人,先由狱官立案,写明犯罪事因,签署画押,宋代谓之"立判"。宋法:"禁囚,徒罪以上方许枷禁,仍须立检判押"。③

南宋牢狱实行依罪之轻重分房羁押制,男女囚分押。《狱官令》曰:"妇人在禁,皆与男夫别所,仍以杂色妇人伴守。"④可知,女囚不仅与男囚分押,而且其伴守者亦是女性。为防传染疾病,病囚单独羁押。"重囚有病,须别牢选医医治"。⑤ 杖罪以上男囚皆戴枷。死囚犯在押,带锁械、枷、钳和杻,锁械系于足,枷带在颈上,钳束于颈,杻加于手。⑥ 女囚则戴枷不戴杻。宋规定,凡囚犯年满八十或不满十岁者、孕妇和身患残疾者免戴枷、杻。《狱官令》载:"若囚死罪,枷杻,妇女及流以下去杻,杖罪散禁,八十以上十岁以下及废疾、怀妊、侏儒之类,虽犯死罪亦散禁。"⑦散禁无须戴枷。如须戴枷者,戴枷前狱犯必须经狱医检查,有无疮、病、残疾。如囚犯为妇女,则还得检查是否怀孕,再视具体情况决定囚犯戴不戴枷⑧。

关于牢狱狱具,宋也有详细规定。《绍兴令》规定:"诸狱具当职官依式检校,枷以乾木为之,长者以轻重刻式其上,不得留节目,亦不得钉饰及加筋

① 《长编》卷二二,太平兴国六年三月己未条,第490—491页。
② 《古今图书集成·经济汇编》详刑典卷一三〇,中华书局1985年影印本。
③ 《系年要录》卷一六七,绍兴二十四年十月庚辰条,第3册,第341页。
④ 《宋会要辑稿》刑法六之五一。
⑤ 《州县提纲》卷三《病囚别牢》。
⑥ 参见刘馨珺:《明镜高悬——南宋县衙的狱讼》,五南图书出版公司2005年版,第189页。
⑦ 《宋会要辑稿》刑法六之五一。
⑧ 《州县提纲》卷三《勿轻禁人》。

胶之类,仍用火印,从长官给。"①绍兴十二年(1142),高宗曾下令诸路提刑司对各地牢狱机构的狱具进行检查。结果查出"钱塘、仁和县长枷并大杖各有违戾。内钱塘县杖直丁贵大杖一条,重多五钱半。仁和县第二等长枷一具,重多一斤;第三等长枷二具,轻少半斤。结果两县官吏"各降一官"。②

对狱卒的职责亦有规定:"逐牢内门无故不得辄开,若家属传送茶食,不得私令与囚相见,吏卒亦不得因而与之传递信息,漏泄狱情。"③南宋还规定,牢狱管理人员不得擅自搜抄犯人随身携带的物品,违者,"杖八十,因而盗取,[以]自盗论"④。牢狱还有十日一点囚制,查看囚犯健康状况。《州县提纲》载:"囚在狱日久,考掠苦楚,饥饿病瘠,置之暗室,无由得见,旬日必出于狱庭之下,一一点姓名。"⑤

宋代牢狱有所谓"医人",负责替囚犯治病。北宋前期,医人由懂医民户轮充,为宋代的职役之一。医人经官府登记入册,受官府约束管理。州常备医人三人,县备一人。北宋嘉祐元年(1056)曾规定"州县号当旬医人者,许于郭下轮差,其外县医人,听侧近村抽取"。⑥ 神宗熙宁后,宋实施募役制度,替代差役法。南宋沿用募役制,雇募医人。宋《庆元断狱令》规定:"诸狱籍定医人姓名,不得令人承代,遇有病囚,即时诊视。当职官吏躬亲点检。"⑦《夷坚志》载,信州永封县民犯私铸铜器法,狱吏毛遂等二人受贿释之。后事发,毛遂等二人被逮送饶州州院牢狱,"俄而皆病寒疾,当直狱刘、舒二医同诊视"。⑧ 刘、舒二医就是雇募到牢狱值班的医人。

夏季,天气炎热,牢狱中关押的犯人极易生病乃至死亡。故宋有"暑月浣濯狱具之令",⑨即夏季打扫牢狱、整理卫生之制度。

---

① 《宋会要辑稿》刑法六之七八至七九。
② 《宋会要辑稿》刑法六之七九。
③ 《昼帘绪论》治狱篇第七。
④ 《庆元条法事类》卷七五《刑狱杂事》,第805页。
⑤ 《州县提纲》卷三《遇旬点囚》。
⑥ 《淳熙三山志》卷一四《州县役人》。
⑦ 《庆元条法事类》卷七四《病囚》,第766页。
⑧ 《夷坚支庚》卷十《刘职医药误》,第1219页。
⑨ 《系年要录》卷一六三,绍兴二十二年六月戊子条,第3册,第287页。

　　囚犯羁押候审,往往长达数十日,甚至有达数百日者。在此期间,囚犯的医疗、饮食待遇是一个重要问题。禁囚有病,依法当予治疗。《宋刑统》卷二九《断狱律》:"准《狱官令》,诸狱囚有疾病,主司陈牒长官,亲验知实,给医药救疗。病重者,脱去枷锁杻,仍听家内一人入禁看侍。"《绍兴令》规定:"诸囚在禁病者,官给药物医治。"①绍兴法:杖以下囚在禁病者,"量病势听家人入侍"。② 允许囚犯家属入狱照料病囚,既可减轻牢狱管理成本,又达到照料病囚、减少损伤的目的。大理寺狱,还须差医官二员"轮日宿狱"。③ 绍兴二十一年(1151),高宗下诏令大理寺、三衙及地方州县"岁支官钱,合药以疗疮病囚"。大理寺、京府节镇支钱一百缗,其他州六十缗,三衙各五十缗,大县三十缗,小县二十缗。④ 并"置历收支。若岁终余剩钱数,即充次年支用"。⑤ 从而在财政制度上给各在押的病囚治疗提供了保障。

　　随着宋代社会发展,病囚的医疗规定先后有过变化。《庆元条法事类》卷七四《病囚·断狱令》载:

> 　　诸囚在禁,病者即时申州(原注:外县不申),差官视验,杖以下(原注:品官流以下)情款已定,责保知在,余别牢医治,官给药物,日申加减(原注:在州,仍差职员监医,其取会未圆责送官司知管者,准此)。轻者,不妨取问;稍重者,去枷、锁、杻,仍量病势,听家人一名入侍(原注:四品以上官,若妇人有官品封邑者,听妇女、子孙二人入侍)。其困重者,州差不干碍官押医看验,有无他故,及责囚得病之因申州。虽犯徒、流罪而非凶恶,情款已定者,亦听责保知在。元差官每三日一次看验,病损日勾追结绝。

这条法令同北宋前期比较,有三点变化:

　　其一,将原来徒以上重罪病囚一律狱内医治,改为允许其中非凶恶而情

---

① 《宋会要辑稿》刑法六之六六。
② 《宋会要辑稿》刑法六之六四。
③ 《宋会要辑稿》刑法六之六六。
④ 《系年要录》卷一六二,绍兴二十一年六月辛巳条,第 3 册,第 269 页。
⑤ 《宋会要辑稿》刑法六之六六。

款已定者出外责保就医。

其二,改变了过去病囚不分官民,一律同等对待的医疗法,提高了官员囚犯的治疗待遇。

其三,病囚实施责保知在制度。这一制度源于北宋。不过当时病囚仅限于"杖以下得情款者,许在外责保看医"。① 元丰五年(1082),开封府奏言:"令文:诸老幼疾病犯罪应罚铜而孤贫无以入赎者,取保矜放。本府日决狱讼,应赎者多孤独贫穷,又无邻保,不免责厢巡状,以便取保之文。"②至于重犯责保知在,原仅施行于在京的囚犯。《在京一司法》:"病囚困重非凶恶者,许责保在外,损日追断。"而绍兴元年制定的绍兴法规定:"杖以下囚在禁病者,止系量病势听家人入侍。"其中并无"困重者,许责保在外之文"。绍兴二年(1132),对此做了进一步修改,规定诸州病囚比附在京病囚法,"各常行检察,日具医治加减文状。困重者仍即时申州,差不干碍官押医验有无他故,及责困(囚)得病所由连报。虽犯徒、流罪而情款已定非凶恶者,即行责保知在,州委元差押医每三日一次看验,如委实病损,即时申所属,却行勾追赴狱,听候断遣"。③ 即从笞、杖罪至非凶恶之徒、流罪犯皆可实施责保知在制度。

病囚责保知在制度可以减少政府司法成本,同时又减轻了当事人负担。绍兴二十年(1150),刑部员外郎章焘针对司法活动中出现的不遵行责保制度现象,"乞申严法禁,病囚非凶恶者,召保责出,或听家人入侍"。④ 要求朝廷重申法条,严格遵守相关制度。

南宋还有一项承监人负责料理病囚的制度。凡属允许出狱治疗的病囚,如果既无亲属,亦无他人作保,则由承监人负责安顿医疗。《州县提纲》卷三《病囚责出》云:病囚"或无保若亲属,须责承监人安之旅舍……选良医医治,日以加减闻。仍责主案吏,时检视饮食"。这种承监人大约是经官府

① 《宋会要辑稿》刑法六之五二。
② 《长编》卷三二三,元丰五年二月丁巳条,第7780页。
③ 《宋会要辑稿》刑法六之六三至六四。
④ 《系年要录》卷一六一,绍兴二十年八月戊申条,第3册,第254页。

认可,从事安顿无保病囚医疗事宜的人员。如病囚脱逃或发生其他意外情况,承监人自然要负责任。

囚犯在押期间死亡,宋制定有丧葬制度。《庆元条法事类》卷七四《病囚·杂令》云:"……囚及非理致死者,仍覆验,验覆讫即为收瘗(原注:仍差人监视,亲戚收瘗者,付之)。若知有亲戚在他所,仍报知。"

关于囚犯羁押期间的饮食,南宋规定,凡有家属者,由家属负责供给粮食,无家属或家属贫困不堪者,官府负责供给。"禁囚无家,依法官给饮食"。① 法律规定,官给囚粮,每人每日二升。许用常平钱米拨付。"狱许破常平钱米,亦皆法也"。②《州县提纲》卷三《革囚病之源》云:"官须日给米二升,以为饮食。重囚则差人入狱监给,轻囚则引出对面给。"此外还有盐菜钱。高宗绍兴十二年九月十三日赦文:"勘会禁囚贫乏无家供送饮食,依法,每名官给盐菜钱五文,即今物贵,行在可增作二十文,外路增一十五文。"③《昼帘绪论·治狱篇第七》载,囚犯"人当日给米二升,盐菜钱十文"。二升米的定量,是当时宋代社会的标准口粮。《庆元条法事类》卷五《奉使》载:"差官奉使,当直及担擎人:日给口食,每人米二升。"

全国各大小牢狱每年所支囚粮汇集起来,为数下小。为加强管理,嘉定八年(1215),臣僚就囚粮管理一事建议曰:

> 夫州县之狱凡为民害者,朝廷因臣僚奏请,屡尝戒饬,独囚粮一事,未见施行。狱户沈郁,易于生疾,一有乏食,病辄随之,州县但谓之狱瘟发动,而不知其端盖在于此。江浙州郡皆有囚粮,远州僻郡大率疏略。乞令僻远之州皆视内郡,以见管食米正行支破,县则以赃罚钱物收籴充数。仍令提刑司免其解发,别置循环历二本,名曰囚粮历。日具支破姓名,取其著押。不愿支者,亦明书何人馈饷,俾随禁历月申提刑司以备参考。仍乞行下提刑司申严见行条法,岁终类申刑部,阅瘐死人数多

---

① 《宋会要辑稿》刑法六之六六。
② 《宋会要辑稿》刑法三之八八。
③ 《宋会要辑稿》刑法六之六六。

者,将守、令量行责罚。①

臣僚就囚粮的拨付管理提出了建议,令各路提刑司设囚粮历两本,颁给所属州军,每月按时填写申报支领口粮的囚犯姓名,以便上级部门参考备查。此建议进一步完善了牢狱管理制度,为朝廷所采纳。

囚犯的医药、伙食、柴炭、丧葬开支及狱舍修缮费用,皆从专项经费中拨给。《庆元条法事类》卷七四《病囚·断狱令》:"诸病囚合药钱,以本处赃罚钱充。州委狱官,县委令,专置簿历收支(原注:如实无见管赃罚钱,即于系省钱内支破)。"赃罚钱乃为没收来的犯人赃物钱及违法者的罚款,各官府数额不均,且来源不稳定。绍兴二十年(1150),朝廷做了统一规定,医药钱由国家拨给,"大理寺、京府、节镇并支钱一百缗,余州六十缗,三衙各五十缗,大县三十缗,小县二十缗"。② 如无赃罚钱,或赃罚钱不足,方可用国家拨给的经费。囚犯口粮,有时也可从诸常平仓或义仓米中支出。淳熙八年(1181),孝宗诏曰:"县狱如两州狱例,以常平或义仓米支破粮食。"③朝廷拨给的医药费不得挪移他用,"诸病囚合药钱辄侵移他用",依擅支上供钱物法治罪。④

丧葬费及狱舍修缮费亦于赃罚钱内支出。《庆元条法事类》卷七五《刑狱杂事·断狱令》:"(修葺)所费及狱司(原注:当直司同)应供官用,若给囚之物,皆以赃罚钱充,不足者,修葺支转运司钱,余支本司头子钱(原注:如不足,亦许支转运司钱)。"

三、狱官责任及狱政监督

牢狱狱吏往往对在押犯握有生死权。史载岳飞被诬告下狱,"飞初对吏,立身不正而撒其手。旁有卒执杖子,击杖子作声叱曰:'叉手正立。'飞竦

---

① 《宋会要辑稿》刑法六之七五。
② 《系年要录》卷一六二,绍兴二十一年六月辛巳条,第3册,第269页。
③ 《宋会要辑稿》刑法六之七〇。
④ 《庆元条法事类》卷七四《病囚》,第765页。

然声嗒而叉手矣。既而曰：'吾尝统十万兵，今日乃知狱吏之贵也。'"①从此事例可知南宋狱吏之威风。因此加强对牢狱官吏的治理监督，乃是牢狱管理必不可少的措施。

宋法，凡牢狱官吏违反牢狱制度，或者因玩忽职守发生责任事故者，将受刑事处罚。绍兴二年，高宗"命郡邑月具禁囚存亡之数，结罪申提刑司，岁终较其多寡，量行赏罚"。② 绍兴五年，尚书省奏言："州县治狱之吏，专事惨酷，待其垂死，皆讬以疾患杀之，亦未尝依条视验医治。庶有岁终计分断罪条法，并不奉行，理合申严。"高宗诏："诸路去年分合依条计数，至今未见具奏，除已行约束外，令诸路提刑司将管下诸州禁囚病死人数，遵依条敕计分断罪。仍疾速比较闻奏，不得容庇违滞。"③

《庆元条法事类》卷七五《刑狱杂事·断狱敕》云："诸囚在禁，故自伤残者，吏人、狱子、防守人各杖八十；因而致死，各加二等。"同书同卷旁照法载："诸主守不觉失囚者，徒以上，先决杖一百；杖以下，先决杖六十，给限追捕如法，限满不获，已决之罪不通计。若失死囚者，五百里编管。"

狱中禁囚数多，如有徒以上罪人在押，牢狱看守人员不得请假外出，非牢狱管理人员，不得随便进入狱中。每夜须有两三狱卒轮流值班，如狱卒该值班守宿而不守宿者，于法"杖八十"④。为加强牢狱管理，绍兴六年，高宗下诏规定捕获强盗，未经审理结案，"在狱身死，更不理为推赏人数"，并规定"自今强盗，狱死及五分以上，官吏比附岁终禁死及一分科罪，不以并计失减"。⑤ 狱官每夜必须到狱中检视，查看有无病囚及违法枷拷等意外事件。按规定，每夜一更三点，州狱由司理参军或录事参军，县狱由县令亲自定牢下锁，次日五更五点开锁。如是十月至二月季节，则五更三点开。⑥ 违者则

---

① 《会编》卷二〇六，绍兴十一年十月十三日条。
② 《系年要录》卷六一，绍兴二年十二月壬子条，第1册，第806页。
③ 《宋会要辑稿》刑法六之六五。
④ 《庆元条法事类》卷七五《刑狱杂事》，第805页。
⑤ 《系年要录》卷九九绍兴六年三月甲申，第2册，第380页。
⑥ 《庆元条法事类》卷七五《刑狱杂事》，第805页。

受罚。绍兴十年,高宗命令曰:"狱官、县令不亲定牢者,徒二年,著为令。"①《庆元条法事类》卷七五《刑狱杂事·断狱敕》云:"诸狱定牢时刻,于令有违,杖八十,狱官、县令不亲临者,徒一年(原注:县辄分轮余官者,准此)。"所谓"县辄分轮余官者准此",是说县令不亲临狱而分差下属官吏者,依此条处罚。

牢狱管理人员不得擅自拷打、虐待囚犯。南宋制定"岁终计分断罪法":禁囚每十人死一人者,计一分,岁终通计所禁人数,死及一分,即死囚达囚犯总数十分之一者,"狱子杖一百,吏人减一等,当职官又减一等。每一分递加一等,罪止徒一年半。仍不以去官赦降原减"。② 有时因管理不善,某些囚犯濒临死亡,狱官为逃避责任,将病囚释放出院,囚犯出院后即死亡。为此宋规定:"责出十日内死者,验覆如法,重者奏裁,轻者置籍岁考,其不应禁而致死者,亦奏裁。"③淳熙元年(1174),朝廷又制定了"州官连坐法":各州牢狱囚犯因管理不善,死亡人数过多,其知州、通判、推判官、狱官等大小官员"悉坐其罪,不以去官赦原"。④

南宋狱政监督主要实施如下几项制度:

其一,回避制。《庆元职制敕》规定:"诸州有徒以上禁囚,而狱官辄出谒及见宾客,并见之者,并依路分兵官将副法",处徒二年刑。⑤ 这一回避制是防止狱官与案犯相关人私下交易,给案件的公正审判带来危害。

其二,长官定期虑囚。《乾道令》规定:诸州长吏每旬同当职官虑问州院、司理院禁囚,诸路监司每季亲诣所部州县,"将见禁囚徒逐一虑问"。⑥

其三,实行囚犯书写禁历制。禁历是填写囚犯姓名、身份、犯罪事因及关押日期,以备上级司法机构查考的文书,"其罪当禁者,有历以书之,应书

---

① 《系年要录》卷一三七,绍兴十年七月乙丑条,第 2 册,第 847 页。
② 《庆元条法事类》卷七四《病囚》,第 765 页。
③ 《宋会要辑稿》刑法六之六一。
④ 《宋会要辑稿》刑法六之七〇。
⑤ 《庆元条法事类》卷四《禁谒》,第 33 页。
⑥ 《宋会要辑稿》刑法六之六九。

不书,具有成法"。① 绍熙元年(1190),规定各路提刑司一年分二次印制赤历,发给州县狱官,令将禁囚所填禁历抄写其上,由州司法参军和县丞每五日申报一次,提刑司审察,催促结案。监司"巡历所至,索历稽考,如辄将干证无罪之人淹延收系,及隐落禁历,不行抄上而别置历者,按劾闻奏,官吏重置典宪"。②

其四,监司巡历检察制。淳熙元年(1174),前知柳州赵彦礼言:"夫州县之狱,正恐州县官吏不时点检结绝,致有冤滞,故委监司亲虑,不惟可使官吏知畏,不敢淹留,而禁囚冤枉,亦得自伸。……乞戒饬监司,每岁各随置司去处地里远近,分诣所部州军点检,催促结绝见禁罪人,限五月下旬起发,至七月十五日以前巡遍。如属县非监司巡历经由之路,即从监司委官前去,仍各开具所过州县月日、虑囚名件,关白提刑司,类申朝廷。"③赵彦礼的建议被朝廷采纳,后遂成定制。

对于逃避监司检察者,宋也制定了相应的惩处法:"诸以在禁罪人,避免按察官点检而移往他所者,徒二年。"④

此外,宋还采取措施督促各地牢狱管理制度的贯彻执行。高宗绍兴三年(1173)诏云:"御史台每季专委本察官一员,躬诣大理寺及应有刑职去处,点检禁囚。淹留不决或有冤滥,并其当职官职位姓名以闻。"⑤

绍兴五年,臣僚王良存奏请曰:"州县狱所禁罪人,并须当职官常加审问,躬定牢户。其不应拘系及入禁不书历之人,许被禁之家越诉,增重法禁,期于必行。"高宗"从之,令刑部看详立法"。⑥《宋会要辑稿》刑法六之七三载:"嘉泰元年正月臣僚言:'乞令诸路提刑司检坐应禁不应禁条法,出给版榜,大字书写,行下逐州县,委自通判、县丞,各于狱门钉挂,晓示被禁之人。……内有不应禁而收禁者,提刑按劾守、令以闻,仍许不应禁人或家属经提刑

① 《宋会要辑稿》刑法六之六六。
② 《宋会要辑稿》刑法六之七一,第6729页。
③ 《宋会要辑稿》刑法五之四二之四三。
④ 《庆元条法事类》卷七三《移囚》,第760页。
⑤ 《宋会要辑稿》职官一七之一八至一九。
⑥ 《系年要录》卷九二,绍兴五年八月壬寅条,第2册,第295页。

司越诉。如提刑不为受理,仰经刑部、御史台越诉……'。从之。"这些措施
体现了南宋牢狱管理制度的周密详备。

第六节　公证制度

公证是公证机构根据当事人的要求,对民事法律行为、具有法律意义的
事实和文书的真实性、合法性予以证明的活动。南宋在社会公共事务中广
泛实施公证制度。执行公证制度的机构叫书铺,①起源于北宋。到了南宋书
铺设置更为普遍,其职能和公证范围也进一步扩大。书铺及其职能与今天
的公证机构虽有差异,但堪称中国历史上最早的公证机构。

一、书铺的公证职能及其性质

书铺的公证职能有以下几项:其一,代人起草诉讼状。李元弼《作邑自
箴》卷八《写状钞书铺户约束》:"某县,今籍定书铺户某人,许令书写状钞诸
般文字。"②又朱熹《朱文公文集》卷一〇〇《约束榜》云:"官人、进士、僧道、
公人(原注:谓诉己事,无以次人,听自陈)听亲书状,自余民户并各就书铺写
状投陈。如书铺不写本情,或非理邀阻,许当厅执复。"③这是官府明文规定
书铺代人起草诉讼状。

其二,用来勘验文书笔迹。黄榦《勉斋集》卷三三《陈安节论陈安国盗卖
田地事》载:有一名叫陈安国的人仿其弟陈安节手迹,伪造卖田契约,盗卖家
产。陈安节上告官府,法官开庭审讯,"唤上书铺辨验,亦皆供契上'陈安节'
三字皆陈安国写"。④ 书铺验证契约上的签名为陈安国伪造,从而否定了契
约的合法性。法官以此为据,判陈安国有罪。《清明集》卷九《女家已回定帖

---

① 按:宋代还有一种书铺,以刻书售卖为业,与用来公证的书铺并无关系。
② 《作邑自箴》卷八《写状钞书铺户约束》。
③ 《晦庵先生朱文公文集》卷一〇〇《约束榜》,《朱子全书》第 25 册,第 4630 页。
④ 《勉斋集》卷三三《陈安节论陈安国盗卖田地事》。

而翻悔》判词曰："谢迪虽不肯招认定亲帖子，但引上全行书铺辨验，见得上件帖子系谢迪男必洪亲笔书写。"书铺勘验文书笔迹，为法官判案提供了司法依据。

其三，用来证明案件当事人供状。胡太初《昼帘绪论·听讼篇》曰："引到词人供责，必须当厅监视。能书者自书，不能者，止令书铺附口为书，当职官随即押过。"①"词人"，即案件诉讼人。"附口为书"，就是书铺依当事人口供笔录成状，作为案件审理依据。又《宋会要辑稿》刑法六之七三载："嘉泰元年正月七日臣僚言：'……如因罪入狱，仰就取禁历，书写所犯并月日、姓名，著押历上，以并新收。出狱日亦如之，以凭使销落。其有不能书写者，令同禁人或当日书铺代书，亲自押字……'从之。"禁历是由囚犯书写，以备上级司法机构查考的一种文书。书铺可以代写，表明书铺具有公证资格，可以证明此文书的真实性。

其四，用来证明婚约。罗烨《新编醉翁谈录》云："王贡士赴省，就都下娶戴氏，约归为妻。及至还舍，戴见王之妻子已具，乃投词于县令。"结果法官判曰："山阴戴氏可怜贫，王生访戴喜新春。但托女郎签纸尾，且无书铺与牙人。归来心约与前别，君向潇湘我向越。王生兴尽且须归，不免空舡载明月。"②牙人为从事经济交易的中介人。戴氏与王贡士的婚约因无牙人和书铺的证明而不足信，法官宣判王贡士无罪。这里书铺可以证婚一事说得很明白。

其五，为参加礼部试的举人办理应考手续。赵升《朝野类要》云："凡举子预试，并仕宦到部参堂，应干节次文书，并有书铺承干。如学子乏钱者，自请举至及第，一并酬劳书铺者。"③所谓"应干节次文书"，是指写明年贯家状的文卷、保官文书和试纸等。赴礼部应考举人须先向书铺投纳文卷试纸，书铺收接后加以审核，书押盖印，再送交贡院。刘一清《钱塘遗事》卷十载书铺

---

① 《昼帘绪论》听讼篇第六。
② 罗烨：《新编醉翁谈录》庚集卷二《黄判院判戴氏论夫》，古典文学出版社1957年版，第78—79页。
③ 《朝野类要》卷五《书铺》，第103—104页。

为举人办理应考等手续：

> 《省试》：……试前一日，省试院引保，或不用亲临，只贡之书铺。书铺纳卷，铺例五千，自装界卷子与之，或只二千，无定价，过此无害也。宗子又有一宗文字，颇多，非四千不可。特奏名纳卷亦三千。
>
> 《御试给号》：试前数日，书铺告报士人请号（原注：纳卷，铺例五千。因铺家卷子，兼得《御试须知》一本）。礼部给正奉名进士号，次日给特奏名及四川进士三色宗子号，书铺知委体例（原注：二百钱与之，索添不过三百）。请号之日，士人天未明到书铺……
>
> 《择日唱第》：皇帝御集英殿唱名，非有他殿，只挂集英殿牌于殿前。特奏唱名，则于数日之后，先唱名数日，书铺又告报请号，礼部又散号，一如廷试给号之礼。及得号视之，乃前日所收之旧号也。但于其上用红印，书"入集英殿试讫"，中官姓名押小字一行耳。仍戒曰："牢收号，入殿不得搪突。"书铺告报之人又有所求，先量支少与之，不得开口。①

可见，书铺几乎承揽了举子从应考到入集英殿观唱名的所有手续。

书铺除审核举人投纳的文卷试纸外，还于考试时对进场应试人进行辨认，验明正身，以防冒名代试者。嘉定十年（1217 年），有大臣言："日来多有冒名入场之人，颇骇人听。如甲系正名赴省，乙乃冒名入场。方州士子纷揉错杂，书铺莫辨，安然入试，略无顾忌。"②亦有举人贿赂书铺等机构，以致"郡（群）聚假手，八厢所合巡视；预名入试，书铺所当认识：嘱托既行，皆不之问"③。这些无不表明书铺参与应试人的身份认证。

其六，为参加铨试者和参选者办理验审手续。宋代选人、宗室子弟赴吏部考试合格后，才能参选文职差遣。临考前由书铺负责识认正身。《宋会要辑稿》选举二六之二〇云："寻常铨试，第一场系在帘前逐保令书铺识认……"绍熙二年（1191）吏部规定："引试日，官员各合冠带入试，令书铺户

---

① 刘一清：《钱塘遗事》卷一〇，影印文渊阁《四库全书》本。
② 《宋会要辑稿》选举六之二九。
③ 《宋会要辑稿》选举六之二九。

责状识认正身。"①诸参选官须携带告敕、印纸等文书到书铺办理验证手续。例如绍兴五年,高宗诏:"今后官员参部,许自录白合用告敕、印纸等真本,于书铺对读,别无伪冒,书铺系书,即时付逐官收掌,候参部审量日,各将真本审验毕,便行给还。如书铺敢留连者,杖一百。"②《吏部条法》规定:"诸参选者,录白出身以来应用文书(原注:曾经参选已录白在部者,止录前一任付身印纸,内关升人止录差札印纸),并同真本,于书铺对读,审验无伪冒,书铺系书其真本,令本官收掌,候参部日,尽赍赴本选,当官照验。"③

《宋会要辑稿》职官八之三〇载隆兴二年(1164)吏部条规云:

> 应文武官曾经到部已曾录出身以来文字,在部任满,止令录白参部后所授付身、印纸、批书,同真本参选注授。……修武郎以上,令本选系籍书铺户各置簿,遇官员到部,并令书凿到铺月日,立定限三日供写录白文字,须令圆备,即时放行参选。……宗室小使臣陈乞岳庙,令众书铺各置阙簿,到任并已差人,逐旋入凿,仍押官用印。遇赴部陈乞,书铺将所置阙籍,同官员亲自刷具,合使窠阙阙籍,从本部每季取索点检。照依,仍常切遵守。

据此可知,官员参选注授离不开书铺的参与。宋官员注授差遣前射阙,须如实填报籍贯或寄居州田产、历任功过及举主情况,送书铺审验签押。《吏部条法》云:"诸射阙,依令供具户贯,及寄居州或有田产物力处。……诸射选阙,仍于射阙状前连具历任以来功过、举主分数,同书铺书押,委郎官抽摘点检。"④官员射阙后,注授差遣某州,如与其州长官系有亲属关系,当避亲退阙,向书铺重新办理手续。嘉定十六年(1223),宁宗颁敕曰:

> 吏部措置选人避亲退阙……若江浙、福建、两淮寄居待次,并要经寄居及所避州陈乞。见在任者,同所避州知、通结罪保明申。待次尚

---

①　《宋会要辑稿》选举二六之一八。
②　《宋会要辑稿》职官八之二〇。
③　《吏部条法·印纸门》,第231页。
④　《吏部条法·差注门一》,第5—6页。

遥,当避官同所避官并亲身到部,合状陈乞,责书铺结罪,识认正身,取会无诈冒违碍,方退阙,判成注授①。

宋规定,参选官得由保人保任,保人为被保人所写举状由书铺审核签押。秘书丞兼权尚右郎官钟必万言:

> 若夫保任之人,又有不然者,凡武臣参选,印纸多留书铺,一遇召保,书铺径将印纸批上,而保官初未必知也。欲望申严敷实保任之罚,犯者,官则镌斥,吏则决配,若书铺擅将保官印纸批上者,罪亦如之。②

从此奏言所言书铺违规作证看,书铺是具有审核保任状功能的。保任状通常由本乡贯官员保任,交由当地书铺审核。洪适《劾管璆奏札》云:

> ……臣今年二月二十日以去年第四纸改官文字荐举饶州乐平丞管璆。续次持书铺笔贴来,云奏状以五月十七日到阙,限期甚迫,遂楷改作二十六日。投进,既至考功,为铨吏点检问难,乞将奏检移易日子前来符合。管璆委曲恳祷,臣语之曰:"书铺为蛇画足,自干罪谴。寻常州县换赤历,移月日固或有之……。"不谓管璆自将元检辄行改换,盗用官印,行赂计会,已得放散敢为如此,它日进步何所忌惮,岂可保任终身。臣已具状申部,乞追人根冶……③。

这位管璆因犯罪被贬官,后得洪适保任,却私改举状,贿赂书铺签押,报呈吏部。然终因日期有出入而被驳回。于此可见书铺所具之审核功能。

至于书铺的性质,从其职能及其活动来看,书铺是代表国家行使公证权的职能机构。所谓公证,是一种证明活动,是对法律行为或具有法律意义的事实、文书进行证明。书铺可以证明婚约、田产买卖契约的真实性。其为案件当事人及囚犯书写供状,本身亦是一种证明行为。此外,百姓诉讼状,经书铺写成,为官府认可者受理,非书铺所写,则不予受理。参加礼部试的举

---

① 《吏部条法·差注门六》,第 163 页。
② 《宋会辑稿》职官八之五五。
③ 《盘洲文集》卷四六《劾管璆奏札》,四部丛刊本。按:"自干罪谴",原作"自奸人罪谴",据文渊阁《四库全书》本校改。

人,参选官员等到书铺办理应考、验证手续,也是为了取得书铺的证明。在宋代,行政法和刑法通常是不分的,同属法律范畴。因此,举人、参选官员等呈交书铺验审过的文书具有法律效力。宋代的公证书铺有两个特点:

其一,它是民办而非官设机构,故其不称"司"而称"户"、"家"。这种民办书铺,经官府籍定入册,由官府发给官印,受官府监督,按国家规定办事,它的公证职能得到国家承认,但它不属于国家行政机关。各书铺之间也无上下级的隶属关系。

其二,书铺为人办理公证事务是收取报酬的,具有营利性质。《朝野类要》:"如学子乏钱者,自请举至及第,一并酬劳书铺者。"既允许赊账,则营利性质不言而喻。

据《朱文公文集》、《黄氏日抄》、《勉斋集》、《名公书判清明集》等书有关书铺的记载,南宋公证书铺的设置十分普遍,数量众多。在首都,参加礼部试的举人以万计,加之官员铨试、参选也要书铺验审,没有一定数量的书铺,是无法办好应考手续的。

二、书铺公证活动的管理

书铺的公证职能范围十分广泛,为加强管理,宋廷制定了严格的措施。

首先是对书铺的管理。开设书铺得有保人,开设者须不曾犯有徒刑等前科,年老病弱者、有官荫者及与本处官吏系亲戚者均不准开设。书铺代人起草诉状,须依官府规定的格式如实书写。如书铺不遵照规章乱写诉状,"或与人户写状不用印子,便令经陈,紊烦官司,除科罪外,并追毁所给印子"。① 书铺如替人作假证或教唆他人作假证,则受法律制裁。《名公书判清明集》记载了一件某书铺铺主杨璋教唆他人作假证的案例,其判语云:"争赌之罪小,假作本司批朱罪大。受书铺教唆之罪犹可恕,身为书铺,而教人假作批朱之罪不可恕。杨璋勘杖一百,编管邻州。"②

都城内的书铺主要为参加礼部试的举人、赴京参加铨试者和参选者办

---

① 《晦庵先生朱文公文集》卷一〇〇《约束榜》,《朱子全书》第25册,第4631页。
② 《清明集》卷一一《人品门·假作批朱》,第422页。

理应考、验审手续。都城书铺亦须由朝廷籍定人册。《宋会要辑稿》职官八之三〇曰:"修武郎以上,令本选系籍书铺户各置簿。"都城书铺与地方书铺一样,一经"系籍",便由朝廷颁发官印。为防书铺作弊,朝廷规定,书铺每三户结为一保。"如一名造弊,并三名决配籍没"①。

宋代科举考试以及吏部铨选,违法作弊现象层出不穷,其中不少与书铺有关。"部胥、书铺群比为奸,撺名纳卷,入场代笔"②。更有行贿者,"书铺立价,仅出数千,便得一试"。③ 为此,宋制定法规,加强管理。《吏部条法》载尚书侍郎左右选通用敕:"诸射选阙,具历任功过、举主分数,隐漏不实,及书铺各徒二年;书铺不知情者,减三等。"④绍兴五年(1135),高宗曾诏:"今后官员参部,许自录白合用告敕、印纸等真本于书铺对读。别无伪冒,书铺系书,即时付逐官收掌……如书铺敢留连者,杖一百。"⑤

淳熙三年(1176),执政大臣奏言:"诸色人进状,诉理不实,自有条法。近来书铺止是要求钱物,更不照应条法,理宜约束。"孝宗曰:"书铺家崇饰虚词,妄写进状,累有约束,不若行遣一二人,自然知畏。可令刑部检坐条法,行下检、鼓院,出榜晓谕。"⑥要求加强对公证书铺的管理。

应试举人所纳文卷试纸,书铺验审后,当及时送交贡院。"如书铺收藏,不即投纳,送狱根究"⑦。也有书铺受贿给应试举人暗送消息,将考场座位次序告知举人,以便其应试时相互传递试卷纸条,因而作弊。因此宋规定监试官"于坐图未定之先,亲监分布坐次,严禁书铺等人,不许纵容士子抛离座案,过越廊分,为传义假手之地"。⑧

公证书铺的出现,是南宋社会发展的产物。书铺的公证活动对南宋经济和社会的发展起到了积极的推动作用。

---

① 《宋会要辑稿》选举六之三九。
② 《宋会要辑稿》选举六之二七。
③ 《宋会要辑稿》选举五之二九。
④ 《吏部条法·差注门一》,第5页。
⑤ 《宋会要辑稿》职官八之二〇。
⑥ 《宋会要辑稿》职官三之七二。
⑦ 《宋会要辑稿》选举六之三九。
⑧ 《宋史》卷一五六《选举二》,第3645页。

第七节　司法监督及对失职官员的惩处

南宋制定了一系列司法监督和奖惩措施,旨在加强司法审判,减少冤假错案。

一、狱官躬亲鞫狱

南宋规定长官必须躬亲审理案件。宋高宗对大臣说:"每岁决狱,闻宪臣第遣属官代行,徒为文具。可令亲往所部,具所决名件申尚书省。"①对于各路提刑司不躬亲决狱者,令各路安抚使和转运使"纠举以闻"。②

绍兴二十二年(1152),都官员外郎刘澈进言:"望特降旨,应丽罪者,先以长吏亲问,责其情实而后送狱。庶几愚民不为奸吏所陷。"高宗诏"刑部措置申省"。③ 绍兴二十五年,高宗对宰执云:"行在刑狱皆已蕃充,外路须令宪臣躬诣州县,庶无冤滥。"④绍兴二十六年,高宗又下诏:"州县有犯强窃盗,须管督责巡尉严限收捕……州委通判,县委知县,亲行审问诣实,方得勾追。"⑤同年,大理评事冯巽之奏言:"州县狱官,不躬亲鞫狱,缧绁之囚,有不识狱官面者。望委监司郡守,将见行鞫狱条法画一刊榜,揭于司理院当直司并诸县厅事之上,使晨夕观览,惕息奉承。"⑥关于州县司法官吏须亲自审理案件,是宋代审判制度规定了的,但许多官员并不认真执行,故冯巽建议将审判法刊榜于各级衙厅,使官吏谨记法条,恪尽职守。高宗采纳了此建议。除高宗外,孝宗也一再强调各级官府的长官必须亲自参与审讯活动。

乾道元年(1165),孝宗诏:"自今诸县结解大辟,仰本州长吏先审情实,

---

① 《系年要录》卷一五七,绍兴十八年六月癸巳条,第 3 册,第 206 页。
② 《系年要录》卷一五八,绍兴十八年八月辛卯条,第 3 册,第 209 页。
③ 《系年要录》卷一六三,绍兴二十二年九月戊戌条,第 3 册,第 292 页。
④ 《系年要录》卷一六九,绍兴二十五年七月戊申条,第 3 册,第 360 页。
⑤ 《系年要录》卷一七一,绍兴二十有六年正月癸丑条,第 3 册,第 398 页。
⑥ 《系年要录》卷一七二,绍兴二十六年四月丙戌条,第 3 册,第 422 页。

如无冤抑,方付狱。狱官亲行勘鞫,仍委长吏逐司虑问。如违,许监司按刻(劾)以闻。"①孝宗乾道九年十一月大赦令曰:"勘会鞫狱之官,多不亲临,惟凭推吏鞭楚,傅致深文,审录引断,随即翻异,追逮干连,经涉岁月,深可怜悯。今后并仰狱官依条亲行勘鞫,务得实情,除紧切干证人外,不得枝蔓追呼。如有违戾,许监司按劾以闻。"②这两条材料显示出孝宗对狱官躬亲鞫狱制度的重视。

二、逐级按察监督

在日常司法活动中,常出现一些不正常现象,法官不遵守法条。大理寺丞范彦辉论云:"州县狱吏,例置私名贴书,一切付之鞫狱,谓之款司。凡老奸停废,与闾阎恶少能弄笔者,悉听为之。人之死生,悉命于此辈。"③这种私名贴书,又称"贴司"。赵彦卫云:"贴司,建隆初,诸州惟有私名书手,在京及监司,即置贴司。景德二年,量私名书手数立额,许正行人吏保明籍定姓名,祗应人吏有阙,选无过犯者充。……绍兴五年,州县贴司,每案不得过五人。二十七年,言者请以吏额之半置贴司。"④南宋初期,私名贴书的聘用十分混乱,由于他们直接参与案件审讯活动,其中的不法分子严重扰乱了地方司法秩序。范彦辉请求朝廷"专委监司守臣,严行觉察,须用试补,限以岁年,无过犯,则如在京补官法"。希望将私名贴书的聘用规范化、制度化。高宗诏"刑部看详",但结果不了了之。⑤ 两年后,又一大理寺丞孙敏修上奏言:"州县狱官不得其人,一切付之胥吏,轻重高下,悉出其手。望下有司参详,将罪人初入门情犯,先令知通、令佐亲视,供奉文状入案。然后付狱推鞫,修立成法下,庶几罪人情伪易察,使猾吏无以措手。"高宗遂诏"刑部看详,申省"。⑥ 上述不法私名贴书扰乱司法的弊病产生的根源在于南宋某些地方政

---

① 《宋会要辑稿》刑法三之八四。
② 《宋会要辑稿》刑法三之八七。
③ 《系年要录》卷一六二,绍兴二十一年十二月庚寅条,第3册,第278页。
④ 赵彦卫:《云麓漫抄》卷一二,中华书局1996年版,第216页。
⑤ 《系年要录》卷一六二,绍兴二十一年十二月庚寅条,第3册,第278页。
⑥ 《系年要录》卷一六五,绍兴二十三年八月丙子条,第3册,第314页。

府督察不力,疏于管理。为此,南宋统治集团制定了多种措施予以按察监督,规定上级对下级负有按察监督职责。绍兴三年(1133),御史台监察御史魏石工奏言:"大理狱囚已上,未报者八十余人",刑部未能及时审复。高宗诏刑部、大理寺官员"就刑部早入昏出,限三日聚断上省"。① 这是御史台对大理寺、刑部司法审判活动进行监督的实例之一。

绍兴五年(1135),高宗诏令:"诸县违法,知、通失按举而被按于监司;诸州违法,监司失按举而被按于台谏,各察治得实者,并减犯人罪五等,犯人系公罪,又减二等,并不以去官原免,著为令。"②各级官吏对下级所属官员负有按察之职,失按察者,减犯人所犯罪五等至七等惩处,即使已调任他职,也要追究责任。宋政府将此制度上升为法律予以实行。

绍兴二十七年(1157),高宗诏"诸路州县应入禁公事,具情犯及入禁月日,申提刑司,申本部检查",京城内,刑部长官每日派遣一人赴大理寺录问囚徒。③ 绍兴三十年,高宗又诏"自今州县官犯入已赃及用刑惨酷,令刑部具失按察官姓名,申尚书取旨。即有隐蔽,令御史劾之"。④ 乾道二年(1166)孝宗下令:"词诉在州县半年以上不为结决者,悉许监司受理。"⑤

淳熙十一年(1184),刑部侍郎曾逮奏:"乞依乾道九年三月二十三日指挥,令刑部长贰郎官并刑察御史,每月通轮录囚,具名件闻奏"。以复祖宗纠察之制。此奏被孝宗采纳,诏令刑部和御史台官员于每季的第二月"亲录囚徒",⑥以加强对司法的监督。

嘉定六年(1213),宁宗诏"比较诸州未决讼","刑部岁终上于尚书省,择其最久者罪之"。⑦ 实施末位淘汰法,对于不思作为的刑狱官来说,压力不能说不大。

---

① 《系年要录》卷七一,绍兴三年十二月辛卯条,第2册,第20—21页。
② 《系年要录》卷八八,绍兴五年四月丙午条,第2册,第246页。
③ 《系年要录》卷一七八,绍兴二十七年十二月丙辰条,第3册,第517页。
④ 《系年要录》卷一八五,绍兴三十年八月壬子条,第3册,第642页。
⑤ 《宋会要辑稿》刑法三之三二。
⑥ 《中兴两朝圣政》卷六一,淳熙十一年三月辛卯条,第2286页。
⑦ 《续编两朝纲目备要》卷一三,嘉定六年六月乙亥条,第869页。

上述材料充分显示了南宋对各级司法按察监督活动的重视。

宋统治者为防止案件久拖不决,采取了许多措施要求各刑狱机构及时审理案件,并制定了相应的奖罚政策。于是在宋代司法活动中出现了所谓"狱空"现象,即牢狱内在押的犯人审理尽毕,不再有被羁押待审的犯人。这种"狱空"现象常被统治集团大肆鼓吹,以宣扬其吏治清明,感召"和气"的功德。如淳熙五年闰六月,大理寺吴交如等奏云:"本寺公事勘断尽绝,并无收禁罪人,见今狱空。欲依故事上表称贺。"结果孝宗"降诏奖谕"。① "狱空"现象虽免不了有粉饰之嫌,但也确是统治阶级大力提倡的司法导向下的产物,这对于减轻羁押待审犯人的负担,缓和社会矛盾有着一定的作用。

宋代规定监司长官须分部巡察所属州县,"具平反冤诉、搜访利害、及荐举循吏、按劾奸赃以闻"。② 然州县常常将罪囚转移到他处,"监司至所部虑囚,州县多以罪囚迁徙他所",以逃避责任,或假造"狱空"现象,以邀奖赏。为此宋廷屡次下诏"禁州县匿囚",③有违反者,令弹劾之。

宋有盛暑录囚之制,为保证录囚制的实施,宋制定了监督制度。例如,淳熙十六年(1189)闰五月,中书门下省奏言:"正当时暑,深虑囹圄淹延及追逮枝蔓,理合催促结绝,除诸路州军已降指挥委官点检外,诏行在,委刑部郎官及御史各一员,临安府属县,令提刑躬亲前去点检结绝。见禁人内干照及事理轻者先次断放。徒已下罪事状分明,不应编配及申奏公事,虽小节不圆,不碍大情,并许一面断遣讫申奏。杖已下应禁者,并责保知在。如提刑已往别州虑囚或阙官,即令漕臣一员前去,各具所到及点检日时、已施行讫事件申尚书省,务在恪意奉行,不致冤滥。如奉行不虔,令御史台觉察弹劾。"史载:"自是岁以为例。"④

对大理寺和刑部的审、覆活动,亦有监督制度。大理寺遇有狱案,"须管照应条限定断,若大情未圆,亦须指定申部,委自郎官,躬亲审究得委碍大

---

① 《中兴两朝圣政》卷五六,淳熙五年闰六月丁酉条,第2117页。
② 《庆元条法事类》卷七《监司巡历·职制令》,第117页。
③ 《续编两朝纲目备要》卷一六,嘉定十五年五月甲寅条,第1065页。
④ 《宋会要辑稿》刑法五之四二。

情,即立限取会……有本寺断上刑部狱案,其间有问难不完,情节合退下寺重别看详者,并限一日回申,仍委御史台不测取索本寺文簿点检。若所断狱案出违条限,及不应取会而辄以小节不圆申乞照会者,并将当行人吏重断,甚者降名停勒,随所犯轻重勘酌施行"。① 乾道九年(1173),孝宗下诏规定:"刑部长贰郎官并监察御史,每月通轮一员,分作两日,往大理寺、临安府亲录囚徒,仍具名件闻奏。"②

三、按发官与审理官分司治狱

宋代的监督制度始终贯彻北宋以来的"事为之防,曲为之制"的祖宗之法,不仅"鞫之与谳,各司其局,初不相关,是非可否,有以相济",即使案件的按发官与审讯官之间亦实施"各司其局"的精神。南宋初,规定监司按劾案件不得送监司所在州审讯,须送外州审理,以防止某一地区上下级官员互相作弊。但对于州军按劾案件送何处审讯,并无明确规定。绍兴五年(1135),刑部奏言,如州军按发案件,按照监司法,送外州审理,"窃虑干连追呼,转致淹延",建议"止送本州,依公取勘"。③ 不过此措施容易产生弊病,不利于对司法官员的监督。此后朝廷做了进一步修改:"监司按发公事,应推鞫者,依法不得送置司州军。如所犯稍重,即申朝廷,委邻路监司选官就本处推究。州军按发官吏,即申监司,委邻州官。"④这一立法对各州的司法活动采用邻路、邻州错开审讯方式,避免一件案子的按发官同时兼任这件案子的审讯官,将当地按发的案子交由邻路、邻州审理,防止监司、郡守以私忿按劾所属官吏,制造冤假错案。

绍熙元年(1190),南宋再一次重申了这一制度:"今后监司郡守按发官吏合行推勘者,如系本州按发,须申提刑司,差别州官;本路按发,须申朝廷,差邻路官前来推勘。"这一制度的实施,"庶使无观望徇私之弊,则罚必当罪

---

① 《宋会要辑稿》职官二四之四一。
② 《宋会要辑稿》职官二四之三三。
③ 《宋会要辑稿》刑法三之七六。
④ 《系年要录》卷一八〇,绍兴二十八年七月戊辰条,第3册,第536页。

而人无不服矣",①有利于防弊,有利于案子的公正审理。

对于县级刑狱案件,虽然审判不实行鞫谳分司,但南宋同样也重视县一级的司法制度监督。例如县尉职掌巡警,缉拿罪犯,及其捕获盗贼,解县羁押,若县尉"自行鞫狱,既以元捕为当,又欲因以受赏,惟务狱成,而狱卒例是尉司弓手,往往迎合逼令招承",容易造成冤假错案。淳熙三年(1176),孝宗诏:"自今县狱,有尉司解到公事在禁,若令、丞、簿全阙去处,即仰本县依条申州,于合差官内选差无干碍官权摄。其徒罪以上囚,令佐聚问无异,方得结解赴州。"②这也是贯彻按发官与审理官分司治狱原则,防止司法审判出现偏差的重要措施。

四、案件审理期限的规定

案件审理贵在及时,然宋代常因官员的渎职,案件久拖不决,给案件当事人带来沉重的负担,甚者囚犯因此而丧命于狱中。民间寻常案件往往一拖就是几年,即使是朝廷督办的制狱也不乏其例。绍兴二年(1132),权刑部侍郎章谊奏言,诸路制狱二百余件,"远者数年不决,干系日久"。③ 中书舍人董岔言:"诸路见勘命官公事二百二十四,其间奸赃不法等罪,为数百二十有一,有及三四年未决者,干连禁系,死于犴狴,不知其几何人。"④

南宋为了加快案件的审理速度,防止狱案久拖不决,制定了各级官府审理案件的期限。绍兴七年,大理少卿薛仁辅"乞天下狱有半年未决者,委提点刑狱亲问,一年未决者,具因依申省"。⑤ 薛仁辅所言反映了宋政府对刑狱案件久拖不决现象的重视。淳熙三年(1176),孝宗曾下诏规定:"今后监司被受三省六曹委送民诉事件,并仰躬亲依公予决,疾速回报。若事干人众,或涉远路,须合委官定口(夺),亦仰立限催促。仍令所属曹部置籍稽考。如

---

① 《宋会要辑稿》职官五之五三。
② 《宋会要辑稿》职官五之四八。
③ 《系年要录》卷六一,绍兴二年十二月辛丑条,第 1 册,第 804 页。
④ 《系年要录》卷一〇三,绍兴六年七月戊子条,第 2 册,第 422 页。
⑤ 《系年要录》卷一一四,绍兴七年九月乙亥条,第 2 册,第 552 页。

有违籍口(缓)滞,申尚书省,将所委监司取旨施行。"①

宋代案件大小以案状纸张多寡计算,北宋元祐时规定,二百张以上为大事,十张以上为中事,不满十张为小事。② 不同大小的案件审理,有不同的审理期限。南宋时,案件大小的界定及其审理期限有过多次更改。绍兴八年(1138)以前,大理寺狱案二百张以上为大案,限四十五日;二百张以下为中案,限三十日;不满十张为小案,限十日。绍兴八年大案减十日,中案减五日,其余日限减三分之一。至乾道三年(1167),规定各路及大理寺右治狱,大案断案和议刑的期限为二十日,中案断案和议刑限十四日,小案限三日;临安府大案断案和议刑限十六日,中案限八日,小案限三日。③

对于地方狱案审判期限,《庆元令》规定:"诸受理词诉限当日结绝,若事须追证者,不得过五日,州郡十日,监司限半月。有故者除之,无故而违限者听越诉。"④

《庆元令》还规定:监司或州下达定夺公事,小事十五日,大事三十日内须审理完毕,"有故不能如限,具事因申所委官司量展,并不得过元限之半"⑤。不过朝廷规定是一回事,各官府实际执行又是一回事。刘克庄在任江南东路提点刑狱公事时,饶州有一案前后"经涉四年"。⑥ 为此,宋政府多次申严各级官府审判期限。绍兴八年(1138),规定州县审判案件,遇特殊情况,期限可延长至一年,一年仍不能决者,申报提刑司处理。⑦

五、对失职司法官员的惩处

对司法官吏的失职行为追究责任,是提高司法效率,保证司法公正必不可少的措施。宋法规定:"诸置司鞫狱不当,案有当驳之情而录问官司不能

---

① 《中兴两朝圣政》卷五四,淳熙二年十月乙酉条,第2052页。
② 《长编》卷四〇五,元祐二年九月庚戌条,第9861页。
③ 《宋会要辑稿》职官二四之二八至二九。
④ 《宋会要辑稿》刑法三之四〇至四一。
⑤ 《庆元条法事类》卷八《定夺体量·职制令》,第143页。
⑥ 《后村先生大全集》卷一九二《饶州州院推勘朱超等为趣死程七五事》。
⑦ 《宋会要辑稿》刑法三之七八至七九。

驳正,致罪有出入者,减推司罪一等。即审问(原注:非置司同)或本州录问者,减推司罪三等(原注:当职官签书狱案者,与出入罪从一重)。"①法律分别对各级审讯官、录问官失职行为做了责任区分。

宋代县级司法是司法审判活动的基础,"狱贵初情,初情利害实在县狱。今大辟之囚,必先由本县勘鞫圆备,然后解州"。②然南宋县级审判权限为杖以下罪,对于徒以上罪的案件,只是预审,"止合结解送州",没有判决权。绍兴立法,对于县级司法官员失职罪,尚无专门惩处规定。县级官员有的并不尽心职事,造成县狱初勘失实,给以后的司法审判带来诸多困难。乾道六年(1170)制定的《敕令格式》,亦仅"增立县以杖笞及无罪人作徒流罪,或以徒流罪作死罪送州者,杖一百。若以杖笞及无罪人作死送州者,科徒一年"。③为此,有臣僚建言,今后遇有重囚翻诉,"委官根勘,见得当来县狱失实,将官吏并坐出入之罪"。④所谓"出入之罪",是指法官玩忽职守,将应重判的罪犯从轻处置;将该轻判的罪犯增重量刑。至淳熙六年,南宋做了进一步规定:"如系故增减情状,合从出入法施行。"⑤官员的出入之罪将受到较重的处置。

与法官失出人罪法比较,南宋更注重法官失入人罪法,尤其是对失入人死罪的惩处。《庆元断狱敕》详细记载了失入人死罪的惩处规定:

> 诸官司失入死罪,一名,为首者,当职官勒停,吏人千里编管,第二从,当职官冲替,事理重,吏人五百里编管,第三从,当职官冲替,事理稍重,吏人邻州编管,第四从,当职官差替,吏人勒停;二人,各递加一等,谓如第四从依第三从之类,为首者,当职官追一官勒停,吏人二千里编管;三人,又递加一等,为首者,当职官追两官勒停,吏人配千里(原注:以上虽非一案,皆通计),并不以去官赦降原减。未决者,各递减一等

---

① 《庆元条法事类》卷七三《推驳·断狱敕》,第756页。
② 《宋会要辑稿》刑法三之八七。
③ 《宋会要辑稿》刑法三之八七。
④ 《宋会要辑稿》刑法三之八七。
⑤ 《宋会要辑稿》刑法三之八八。

(原注:谓第三从依第四从;第四从,三人依二人之类),会赦恩及去官
者,又递减一等。①

敕文详细规定了各级官吏的惩处档次。入人死罪法的增立,进一步完善了
司法官员责任制度,有利于降低司法滥杀现象。

大理寺承载着重要案件的审理职责,每年审理的案件不计其数。南宋
政府十分重视对大理寺司法审判活动的监督。绍兴六年(1136),在北宋制
定的大理寺法官失出入人罪法基础上,南宋做了新的规定:"诸大理寺丞、评
事断议刑名,每岁于次年正月行下取会差失名件比较,死罪二人(原注:寺丞
三人)或流徒罪六人(原注:刺配同,寺丞八人);失出者二人当一人(原注:以
上执议不同巡白者非),具官职姓名上都省取旨责罚。"②即大理寺官员断、议
失入死罪二人或者流徒罪六人,失出死罪四人或者流徒罪十二人,都要上报
取旨责罚。

南宋对因用刑残酷遭处分之法官的叙复采取严厉的抑制方式。绍兴十
二年规定"用刑残酷责降之人,并毋得堂除,止令吏部与远小监当差遣"。绍
兴二十八年,南宋进一步对"残酷"的概念做了界定:"命官挟私将无罪人收
禁,非理致死,若自以杖捶人及违法决罚罪人,或狱具非理施行,各致残疾已
上,并谓自犯,曾经有司勘断之人,皆为残酷"。③ 残酷之法的制定,对于抑制
法官胡乱用刑,草菅人命多少起到了一些作用。

案件审理结案,必须依法出具断由。乾道七年(1171),臣僚言:"民间词
讼,多有翻论理断不当者,政缘所断官司不曾出给断由,致使健讼之人巧饰
偏词,紊烦朝省。欲望行下监司、州县,今后遇有理断,并仰出给断由。如
违,官吏取旨行遣。"④绍熙三年(1192),臣僚言:乞申严旧法,行下诸路,应
讼事照条限结绝,限三日内出给断由。"如过限不给,许人户陈诉"。⑤ 这两

① 《庆元条法事类》卷七三《出入罪》,第752页。
② 《宋会要辑稿》职官二四之一九至二〇。
③ 《系年要录》卷一七九,绍兴二十八年六月癸丑条,第3册,第535页。
④ 《宋会要辑稿》刑法三之三四。
⑤ 《宋会要辑稿》刑法三七之三八。

次臣僚的奏言,都被孝宗采纳,作为制度贯彻执行。

各级官府逾限未能结案,将受处罚。庆元二年(1196),宁宗下诏:"申严狱囚瘐死之罚"。① 潼川路转运司就处理了因负责审理汉川雍有容案件稽缓不力的官员岳霖,给予其"特降一官"处分。②

---

① 《续编两朝纲目备要》卷四,庆元二年五月条,第274页。
② 《中兴两朝圣政》卷六二,淳熙十二年正月辛卯条,第2312页。

第五章　南宋的法制理论与实践

南宋不仅是一个法制体系详备的历史时期,亦是一个法制理论创新发展的时期。南宋从"无讼"向"息讼"的理念转化,天理、国法、人情一体化理论的形成,教化、调解与判决的结合运用,证据理论的发展,法医技术在司法检验中的应用,判例编撰的法律价值等,都是南宋法制发展变化的重要内容,对其进行研究,亦具有重要的时代意义。

第一节　民风"好讼"与官府"息讼"

在南宋的文集、方志、笔记等文献中,我们看到许多与"讼"相关的词汇,诸如"好讼"、"健讼"、"无讼"、"息讼"、"贱讼"、"厌讼"、"畏讼"等。这些不同的词讼名称,反映了不同的法律文化价值取向。如"好讼"与"健讼"是指民间的诉讼现象;"无讼"与"息讼"是指官府的追求的司法目标;"贱讼"、"厌讼"、"畏讼",则是反映的不同社会阶层对待诉讼的不同态度和心理。尤其是民众的"健讼"与官府的"息讼",既表现出官与民两种相反的司法态度,亦因民间好讼之风的兴起而推动了由"无讼"向"息讼"的转化。

近年来,学界对南宋时期的"健讼"和"息讼"问题开始讨究,已有数篇文章面世①。就其内容而言,有对诉讼内容的分析,有对好讼之风的论述,有对"健讼"的探讨,亦有对喜争好讼根源及表现的探究。而对"息讼"理念、"息讼"方法,"健讼"与"息讼"关系等问题的梳理、归纳和探析,对此问题的研究提供了有益的借鉴。

一、民风"好讼"之盛

"好讼"与"健讼"是一对近义词,都是指民间表现的法律现象。关于两宋民风好讼问题,学界已有不少论著②。或是对宋代民间喜争好讼广泛性进行的论述,或是对民风好讼产生的根源进行探析,或是对健讼群体的构成及表现特征进行探讨。这些研究成果对进一步研究南宋民间好讼之风的变化具有重要的参考价值。

南宋的民风好讼,是在北宋已经兴起的好讼之风基础上的发展。这一变化,与南宋商品经济的发达,各种社会矛盾的尖锐,民众维权意识、追求公平正义意识的提高,都有密切联系。此处在已有研究成果的基础上,对南宋

---

① 斯钦:《论人治、息讼和宗族意识对法治观念形成的消极影响》,《内蒙古师范大学学报》2002 年第 6 期;何为民、张福峰:《举讼与息讼》,《政法学刊》2003 年第 1 期;郭东旭:《南宋名公息讼之术透视》,载《宋辽金元史研究》第八辑(韩国),2003 年 12 月期刊;邓建鹏:《健讼与息讼:中国传统诉讼文化的矛盾解析》,《清华法学》(第四辑)2004 年第 1 期;邓建鹏:《健讼与息讼:两宋以降民事诉讼中的矛盾》,《法律科学》2004 年第 1 期;张文香、萨其荣桂:《传统诉讼观念之怪圈——"无讼"、"息讼"、"厌讼"之内在逻辑》,《河北法学》2004 年第 3 期;叶三方:《古代息讼经验的现代借鉴》,《武汉大学学报》2008 年第 2 期;刘馨珺:《南宋狱讼判决文书中的"健讼之徒"》,《中西法律传统》,北京大学出版社 2008 年版;刘欣、吕亚军:《兴讼乎? 息讼乎? ——对〈袁氏世范〉中有关诉讼内容的分析》,《邢台学院学报》2009 年第 3 期;张木勇:《健讼与息讼——从〈名公书判清明集〉看南宋诉讼风气》,西南政法大学 2009 年硕士论文。

② [日]赤城隆治:《南宋期の诉讼につい一"健讼"と地方官一》,载《史潮》16 号,1985 年期刊;郭东旭:《宋代之讼学》,载《河北学刊》1988 年第 2 期;许怀林:《宋代民风好讼的成因分析》,载《宋史研究论文集》,河北大学出版社 2002 年版;雷家宏:《民间争讼简论》,载《宋史研究论文集》,河北大学出版社 2002 年版;陈景良:《讼学与讼师:宋代司法传统的诠释》,载中南财经政法大学法律史研究所编:《中西法律传统》第一卷,北京:中国政法出版社 2001 年版;《讼学、讼师与士大夫——宋代司法传统的转型及其意义》,载《河南省政法管理干部学院学报》2002 年第 1 期;牛杰:《宋代好讼之风产生原因再思考——以乡村司法机制为中心》,载《保定师范专科学校学报》2006 年第 1 期;刘馨珺:《南宋狱讼判决文书中的"健讼之徒"》载《中西法律传统》2008 年,第 170—189 页。

民风好讼所展现的特征进行专门论述。

（一）民风好讼的普遍性

从南宋有关民风好讼的记载来看，无论是经济发达的江南地区，还是落后的川峡地区，在南宋的十七路中，几乎每个路都有民间喜争好讼的记录①，只不过争讼的程度不同而已。如饶州"顽民多喜讼"②，"虔州为江西剧郡，俗健讼。"③歙州"地多岩险，其民狠愎健讼，岁断大辟以百计。在江东素号难治，而休宁尤甚。故谚称"镬汤滚处"。④"婺州东阳，习俗顽嚣，好斗兴讼，固其常也"。⑤　"浙右之俗，嚣讼成风。"⑥建州"瓯宁负郭，当道路之冲，民剽悍健讼。"⑦"闽素号健讼难治"。⑧　而川峡之民，"散居山谷，生理单薄，憔悴饥饿，殆如猿猱，以此争斗最多，讼牒最甚"；"西川风俗最陋，讼牒纷然。"⑨所以说南宋民间好讼之风从地域来看，是相当广泛的。

但是南宋民间好讼亦具有突出的地域特征。尤其在江南地区表现最突出。据方志、文集中记载，袁州之民，"锥刀必争，引条指例而自陈，讦私发隐而相报，至有讼一起而百夫系狱，辞两疑而连岁不决"⑩；宜春之民，在公庭上能够"从容应辩"⑪；广南海丰之民，"刚悍嚣讼，五尺之童庭白是非无端

---

①　《清明集》中的讼案所涉及的地域包括两浙、福建、江南西路、江南东路、荆湖南北路及广南西路，这些都是当时经济最发达的地区。另据学者的统计，南宋的四川等其他路分，都有喜讼、健讼者的身影。参见牛杰：《宋代民众法律观念研究》，河北大学2004年硕士论文；陈景良：《讼学、讼师与士大夫——宋代司法传统的转型及其意义》，载《河南省政法管理干部学院学报》2002年第1期。

②　《西山先生真文忠公文集》卷四五《少保成国公赵正惠公墓志铭》，四部丛刊本。

③　杨时：《龟山集》卷三五《章端叔墓志铭》，影印文渊阁《四库全书》本。

④　葛胜仲：《丹阳集》卷二四《附录·宋左宣奉大夫显谟阁待制致仕赠特进谥文康葛公行状》，影印文渊阁《四库全书》本。

⑤　《清明集》卷一三《资给人诬告》，第489页。

⑥　《清明集》卷一二，《专事把持欺公冒法》，第484页。

⑦　刘一止：《苕溪集》卷五〇《宋故左朝散郎通判安肃军林君墓志铭》，影印文渊阁《四库全书》本。

⑧　《晦庵先生朱文公文集》卷九五《少师保信军节度使魏国公致仕赠太保张公行状下》。

⑨　度正：《性善堂稿》卷六《重庆府到任条奏便民五事》，影印文渊阁《四库全书》本。

⑩　《袁州府志》卷一三《新建郡小厅记》。天一阁藏方志选刊本。

⑪　《袁州府志》卷一四《新修学记》。

恐"①;广州妇女"凶悍喜斗讼,虽遭刑责而不畏"②;浙江仙居之民,"乃相扇炽,构讼成狱,自以为能"③;淳安则是"吏奸民隐,百出无穷,文书讼牒,牵连纷纠,日惟不暇"④;新昌之民"健讼轻生","暗投官司者不可禁"⑤;福建邵武百姓,"健讼而耻不胜"⑥;龙溪百姓"巧避法网"、"讼牒充庭"⑦;会昌之民"善匿情成狱"⑧;太和之民"喜构虚讼"⑨;赣州之民"轻生敢死"⑩;瑞昌之民"不畏法律"⑪;宁国之民"嗜斗喜讼"⑫。南宋宁宗嘉定五年(1212)十二月二十日臣僚们也指出:"州县之间,顽民健讼,不顾三尺。稍不得志,以折角为耻,妄经翻诉,必欲侥幸一胜。则经州、经诸司、经台部。技穷则又敢轻易妄经朝省,无时肯止。其至陈乞告中惩尝未遂其意,亦敢辄然上渎天听。"⑬从以上记载可以看出,江南百姓的诉讼活动相当活跃,突出展现出江南民风好讼的地域特征。

(二)涉讼人员的广泛性

从南宋涉讼人员来看,可谓五花八门,涉及各个阶级、各个阶层及各行各业的人员。从黄震《词讼约束》中规定的"词讼次第"来看,国家四民中的士农工商遇有词讼,首先点唤士人听状,然后依次为农民、工匠、商贾。在四民听状之后,"次第方及杂人,如伎术师巫、游手末作、牙侩、舡艄、妓乐、岐路、干人、僮仆等"⑭。以上各种人等,都是参与诉讼的当事人。

从南宋参与诉讼的人员来看,士人和豪强形势之家,在乡村是一个强势

① 《惠州府志》卷五《地理志》。
② 《鸡肋编》卷中,中华书局1997年版。
③ 《古灵集》卷一九《仙居劝学文》,影印文渊阁《四库全书》本。
④ 《淳安县志》卷一四《勤清堂记》,天一阁藏方志选刊。
⑤ 《新昌县志》卷四《习尚》,天一阁藏方志选刊。
⑥ 《邵武府志》卷二《风俗》,天一阁藏方志选刊。
⑦ 《嘉靖龙溪县志》卷一《厢里》,天一阁藏方志选刊。
⑧ 黄庭坚:《山谷集·别集》卷八《叔父给事行状》,影印文渊阁《四库全书》本。
⑨ 释文莹:《玉壶野史》卷四,上海古籍出版社1991年版。
⑩ 《江西通志》卷二六《风俗》,影印文渊阁《四库全书》本。
⑪ 《嘉靖九江府志》卷一《风俗》。
⑫ 《嘉靖宁国府志》卷五《表镇记》。
⑬ 《宋会要辑稿》刑法二之一三七。
⑭ 《黄氏日抄》卷七八《词讼约束》。

群体,他们中的不少人豪横健讼、武断乡曲、欺压乡民,引惹词讼,使贫苦大众被迫进入争讼的行列。

南宋商品经济的发展,财产流转的加速,社会关系的复杂化,使各种各样的利益冲突进一步扩大。民众私权观念的深化和维权意识的提高,不仅契约争讼、交易争讼大量出现,而且役讼、水讼、盐讼、矿讼更使诉讼内容多元化。从涉讼当事人来看,不但有豪强与平民之讼,官吏与百姓之讼,而且父子之讼、母子之讼、兄弟之讼、叔侄之讼、族人之讼、邻里之讼、主客之讼更是比比皆是。妇女和未成年人因财产纠纷而参与诉讼的人数也不少。僧道虽称"超出世俗",但与其他阶层人士争讼田产的事例亦不少见,而且不乏"健讼之人"①。由此可见,南宋参与争讼的人员极为广泛。

(三)讼学与讼师在民风好讼中的角色

在中国古代,民众一直处于不懂法和不知法的状态中,而其诉讼活动,任由官吏专断。虽然历代都有审判程序,强调官吏公正执法,并建立起司法监督机制,但官贪吏奸,曲法枉断已成为司法中的一种常态。至宋代,随着私有制的发展,商品经济的繁荣、社会关系的变化、私权观念的深化,引起了人们主体意识、维权意识的觉醒,由此推动了民众运用法律维护自身权益要求的强烈。在这种情况下,经济发达的江南民间不仅出现了以"教引讼理","教授辞讼文书"为内容的讼学,而且产生了专以指教词讼,替人辩理的讼师。这是宋代民间自发生成的两个独特的法律现象。对此,学者已有所论及②。此处拟在已有研究成果的基础上,对讼学与讼师在民风好讼中的作用进行论述。

1. 讼学在南宋的发展。讼学作为一种专门"教引讼理"、"教授辞讼文书"的诉讼之学,在北宋中期已经出现③,南宋时这种民间自发的法律教育有了进一步发展。从有关记载来看,不仅"专有家学教习词诉"④;而且"编户

---

① 雷家宏:《宋朝争讼简论》,载漆侠主编《宋史研究论文集》,河北大学出版社 2002 年版。
② 郭东旭:《宋代的诉讼之学》,载《河北学刊》1988 年第 2 期。陈景良:《讼学、讼师与士大夫》,载《河南省政法管理干部学院学报》2002 年第 1 期。
③ 沈括:《梦溪笔谈》卷二五《杂谈二》,四部丛刊续编本。
④ 《宋会要辑稿》刑法二之一五〇。

之内,学讼成风;乡校之中,校律为业"①;甚至"有号为教书夫子者,聚集儿童",教授四言杂字之类,"皆词诉语"②。又"有所谓业咀社者,亦专以辩捷给利口为能","如金科之法,出甲乙对答反哗讦之语,盖专门于此。从之者常数百人"③。可见南宋民间教讼学讼已形成一种广泛的社会风气。

讼学在南宋民间的发展,冲破了"作法者君,守法者臣,役法者民"④的传统,打破了官吏的司法专横。由此也推动了喜争好讼之风的盛行,亦冲击了儒家追求"无讼"的理想,也给官府带来繁讼之苦。因此,南宋统治者对讼学一直采取压制和打击的政策,但民间讼学并没有因此而衰落。而民间百姓的这种自发创举,则丰富了宋朝法律文化宝库。

2. 讼师在民间兴起。南宋时,随着民间争讼活动的活跃,在江南民间亦出现了专以指点词讼和替人辩理为业的讼师。"讼师"之名在罗大经的《鹤林玉露》中已有记载。但在南宋名公的判例中,则将"讼师"与"官鬼"、"譁鬼"、"譁徒"联系在一起,不仅称他们是"欺公冒法"的"官鬼"⑤,而且称其为"撰造公事"的"譁徒"⑥。这就给"讼师"扣上了拨弄是非、聚众兴讼的帽子。但从"讼师"佣笔写状、招揽词讼,替人辩理的职业特征来看,南宋民间的"珥笔之人"、"茶食人"亦应属于这个行列。而"健讼之人"中的情况则比较复杂,既有"专以教唆词讼,把持公事为业"⑦的健讼者,亦有"依恃富豪,专务健讼"的豪强恶棍。

所称"珥笔之民",是指专门替人代写诉状为业的自由人,因其将写状之笔插在帽子上,故称为"珥笔之民"。此种现象在江西甚为流行。黄庭坚在《江西道院赋》中曾讲:江西"其细民险而健,以终讼为能;由是匠石俱梦,名曰珥笔之民"⑧。绍兴五年(1135)户部也说:百姓典卖田宅引惹词讼,多因

① 《袁州府志》卷一三《新建郡小厅记》。
② 李心传:《建炎以来系年要录》卷一四九,绍兴十三年八月丁未。
③ 周密:《癸辛杂识续集》卷上《讼学业咀社》。
④ 《说郛》卷四《宋祁笔记》。
⑤ 《清明集》卷一二《讼师官鬼》,第473页。
⑥ 《清明集》卷一三《哗鬼讼师》,第481页。
⑦ 《昼帘绪论·听讼篇第六》。
⑧ 《山谷集》卷一《江西道院赋》。

"代书人类百端规救"①之故。胡颖在审理李边赎田的词讼时亦讲:李边若非"习于珥笔,安得设谋造计,以至于此!"②由此看来,珥笔之人不单是代写诉状,而且也指教辞讼。因此,黄庭坚提出要使"珥笔教讼者传问孝之章"③;应俊也呼吁"移教讼之笔而传孝庶"④。以扭转词讼盛行的社会风气。

所谓"茶食人",朱熹曾讲:"人户陈状,本州给印字,面付茶食人开雕,并经茶食人保识,方听下状,以备追呼。若人户理涉虚妄,其犯人并书铺、茶食人一例科罪。"⑤由此看来,"茶食人"的写状活动,既要用官府统一印发的专门状纸,亦要对告状人所告事情的真实性负担保责任。但在士大夫的判词中对"茶食人"的行为多有谴责。如蔡杭讲:"成百四,特闾巷小夫耳。始充茶食人,接受词讼,乃敢兜揽教唆,出入官府,与吏为市,专一打话公事,过度赃贿。"⑥而"李三六系茶食人,行赇公事,受钱五十贯。"⑦由此看来,"茶食人"不只是为人代写诉状,而且也接受词讼,甚至教唆词讼。从其活动特征来看,可以说是"讼师"队伍的一部分。

南宋文献资料中多把"讼师"归于"健讼之民",但二者并不完全一样。从有关资料来看,"健讼之民"中既有为人辩理的"讼师",又有"专以教唆词讼,把持公事为业"⑧者,也有专以嚣讼、终讼为能而豪横乡里的地方豪强恶棍。而士大夫把他们皆称为"健讼之民",显然是一种传统偏见。南宋"讼师"队伍的成分也很复杂,既有落第士人,又有粗懂文墨的豪强子弟,亦有被罢斥的吏胥。他们或依附豪强,或独霸一方,利用各种关系,与官吏勾结,在乡间引惹词讼,烦乱官司。所以士大夫笔下的讼师,不是"谯健之徒",就是"无图之辈"。李元弼在《劝谕民庶榜》中讲:"所在多有无图之辈,并事替公人之类,或规求财物,或跨呈凶狡,唆教良民,讼诉不干己事,或借词写状,烦

① 《宋会要辑稿》刑法三之四七。
② 《清明集》卷九《典买田业合照当来交易或见钱或钱会中半收赎》。
③ 《山谷集》卷一《江西道院赋》。
④ 《琴堂谕俗编》卷下《戒忿争》。
⑤ 《晦庵先生朱文公文集》卷一〇〇《约束榜》。
⑥ 《清明集》卷一二《教唆与吏为市》,第476页。
⑦ 《清明集》卷一二《检法书拟》,第463页。
⑧ 《昼帘绪论·听讼篇第六》。

乱公私。"①黄榦也说:"照得本县,词讼最多,及至根究,大半虚妄……皆缘坊郭乡村,破落无赖,粗晓文墨,自称士人,辄行教唆,意欲骚扰乡民,因而乞取钱物。"②胡太初亦称:"凡迁引问两争,答应之辞与状款异,此必有教唆把持之人。"③在他们看来,由于这些人既懂法律知识,又熟悉词讼业务,自由出入官府,吏胥无可奈何,因以替人辩理为业,必然引惹兴讼。因此,南宋各级官府无不把"讼师"视为造成词讼繁兴的根源,每遇争讼,首先把矛头指向教讼之人。

不可否认,在健讼之人中,确实有以恃强夺人财物的奸豪,有"依持富豪,专务健讼"的恶棍。如黄榦讲:"形势之家,专以贪图人户田业致富。所以敢于违法者,持其富强,可以欺凌小民,敢经官府论诉。便经官有罪,亦必健讼饰词。以其多资买诱官吏,曲行改断。"④袁采亦说:"有持其父兄子弟之众,结集凶恶,强夺人所有之物,不称意则群聚殴打,又复贿赂州县,多不竟其罪。"⑤这些恃强凌弱,兴讼射利的豪强恶棍,才是引惹词讼的真正祸根,但他们并不是以招揽词讼、替人辩理为业的"讼师"。因此不可简单的把"健讼之民"都视为"讼师"。

3. "好讼"对"无讼"的挑战。自汉儒把孔子提出的"无讼"作为官员追求社会和谐的理想境界之后,这一理念不仅使民众法律观念、维权意识淡薄,而且造成了官吏厌讼、士人贱讼、百姓畏讼的社会后果。至南宋,由于经济利益的多元化和豪强兼并势力的日盛,人们要求法律帮助和借助法律维护自身权益的愿望日益强烈。在这一社会环境中,民间学法习讼之风更盛,为民众词讼提供法律帮助的"讼师"的出现,进一步推动了江南百姓好讼之风的兴盛。据方志中记载,江南之民不仅"锥刀必争,引条指例而自陈"⑥,即

---

① 《作邑自箴》卷六《劝谕民庶榜》。
② 《勉斋集》卷三三《徐铠教唆徐莘哥妄论刘少六》。
③ 《昼帘绪论·听讼篇第六》。
④ 《勉斋集》卷三三《陈安节论陈安国盗卖田地事》。
⑤ 《袁氏世范》卷二《小人作恶必天诛》。
⑥ 《袁州府志》卷一三《新建郡小厅记》。

使"五尺之童,庭白是非无端恐"①。江南百姓喜争好讼之风的兴盛,既是对儒家"无讼"理想的挑战,也打破了官吏的司法专横。

南宋民间好讼之风的盛行,确实给官府带来繁讼之苦,特别是争讼中虚伪多端,百态万状的案情,既给官府带来审判压力,也造成"忨健难治"。但从百姓维护自身权益的角度来看,这种好讼之风则是百姓权利主体观念和法制观念提高的反映。特别在南宋豪强兼并侵吞小民,肆忌不法的情况下,百姓的习法学讼活动和希望得到法律帮助的要求,就更有时代意义。

二、官方的"息讼"理念

在以宗族为本位的中国古代社会里,亲族"和睦"与社会"和谐",一直是中华民族的理想境界,体现着东方社会文明的价值取向。为实现这一理想,孔子曾提出名德循礼使民"无讼"②的理想标准。因此,自汉代始,"无讼"一直是儒家化官员不懈追求的目标。但在各种社会矛盾冲突广泛存在的社会现实面前,这一理念从未真正实现过。尤其在封建私有制高度发展和经济利益多元化的宋代,人们追求财利的争讼更是风起云涌。在这样的社会现实面前,具有务实精神的宋代士大夫不仅把传统的"无讼"理想转化为"息讼"理念,而且不遗余力的劝诫民众"息讼",宣扬"兴讼有害"。如真德秀讲:"莫犯刑责,得忍且忍;莫要斗殴,得休且休;莫生词讼,入孝出悌;上和下睦,此便是谨身"③。"健讼求胜,鲜不招败"④;"田夫所入最为艰,终岁辛勤不得闲。劝尔小争须隐忍,破家只在片时间"⑤;"务本著业,毋喜斗,毋健讼,圣经有言:一朝之忿,亡其身以及其亲"⑥。南宋统治者还以法律形式限制民众的诉讼权,凡"有所诉事,不经次第,辄敢唐突之人,令所属从杖一百断

---

① 胡太初:《惠州府志》卷五《地理志》。
② 《论语注疏》卷十二《颜渊第十二》。孔子曰:"听讼,吾犹人也,必也,使无讼乎?"
③ 真德秀:《西山先生真文忠公文集》卷四〇《再守泉州劝农文》,四部丛刊初编本。
④ 《西山先生真文忠公文集》卷四〇《劝农文》。
⑤ 陈宓:《复斋先生龙图陈公文集》卷四《安溪劝农诗·右劝息讼》,日本:据静嘉堂藏皕宋楼本影照本。转引自刘馨珺:《明镜高悬:南宋县衙的狱讼》,北京大学出版社 2007 年版。
⑥ 《西山先生真文忠公文集》卷四〇《福州谕俗文》。

罪"。①

具体到执法层面,由于多讼被认为是官吏"德薄望浅"②和缺乏政绩的表现,于是,南宋统治者不断强调地方官的治民之责,"县令之职,当先责以治民",使"狱讼各得其平"而"宣导朝廷德泽"。③ 同时,许多深受儒家思想影响的各级执法者也以各种方式不遗余力地宣扬息讼的好处。真德秀在《潭州谕俗文》中列举了这样一则事例,江南西路吉州孙进士"以惠施一乡,诸司列奏,蒙恩特免文解",宣扬此事的目的是为帮助民众认清"息讼"带给个人的益处;为将诉讼消弭于未萌之前,他还请乡里的"老成贤德之士,交相劝率,崇宗族之爱,厚邻里之欢,时节往来,恩义浃洽,小小乖忤,务相涵容,不必轻启讼端,以致结成怨隙,若能和协亲族,周济里闾,众论所推,亦当特加褒异;如其不体教训,妄起讼争,惩一戒百,所不容已。"④

在"化民成俗之由学"⑤思想指导下,地方官们较为重视对学校的建设。宋孝宗淳熙二年(1175),刘珙到江南东路建康府上任后,重修了建康府学,"学校风化之源,尊君人伦之首",他认为,是后天污浊的成长环境导致了人们的争利之心,若教化素明,则民易治,"人之心清明纯粹,初本至善,无纤毫之私也。若养于厥初,安有过失。惟其稍长而交于事物,则诱而杂之,爱欲之招,忿戾之摇,利害之夺,心始不得其正焉。心萌而事随,其害尤胜。"⑥

"守土之官,化民为本"⑦,在以教化为己任的儒家官员心目中,百姓为个人权益而兴讼是不正当的行为,"徇利忘义,遂阋于墙而不顾,讼于官而不耻"⑧的行为是应该大加鞭挞的。官员不忘向两造灌输兴讼是给祖先带来耻辱的耻讼理念,宋理宗时,在杨天常与杨师尧叔侄财产诉讼一案的审理中,

---

① (清)徐松等辑:《宋会要辑稿》职官三六之九三至九四。
② 《清明集》卷一〇《叔侄争业令禀听学职教诲》,第391页。
③ 《宋会要辑稿》职官四三之一二三。
④ 《西山先生真文忠公文集》卷四〇《潭州谕俗文》。
⑤ 周应合:《(景定)建康志》卷二八《儒学志一·本朝兴崇府学·修学记》,宋元地方志丛书本,中华书局1990年版。
⑥ 《(景定)建康志》卷二八《儒学志一·本朝兴崇府学》。
⑦ 张咏:《张乖崖集》卷一一《广都县冯某殴母待罪状》,中华书局2000年张其凡整理本。
⑧ 《清明集》卷七《兄弟一贫一富拈阄立嗣》,第204页。

翁甫首先援引令文,指出此案已超过法定诉讼时效,随后又"请天常、师尧叔侄各照元管,存睦族之谊,不必生事交争,使亡者姓名徒挂讼牒,实一美事",认为维持现状,二人主动和解息讼是上选,否则,杨氏祖先也会因子孙们的纷争而受辱。① 为达到这一目的,不少官员以民众喜闻乐见的劝诫诗宣扬以忍为益,劝导民众不要轻易兴讼。有的官员认为,缺乏"礼让之心"是民众兴讼的根本原因,故不少地方官以自身的楷模行动,宣传教化,和息争讼。

为达到"息讼"的目的,有的官员在判案时倾向于以情裁判,对以前的违法事实既往不咎。如对邢氏叔侄立继之讼,终审官员吴革指出,邢坚本是邢林父亲的表弟,现来承继邢林之香火,是以表叔承继表侄,不仅辈分错乱,而且选立之初,邢坚的年龄为 7 岁,超过了法定的立嗣异姓亲的年龄,"在法,诸遗弃子孙三岁以下收养,虽异姓亦如亲子孙法"②。这一立继原本就"是自违法而立之",但既然选立之初本家尊长及族人均无异词,事情又经过了八年之久,邢坚已"三承重服",对祖母和父母尽了人子的养老送终之责。吴革从情理出发,认可了这一立继事实,"今欲转移于既立八年之后,则不可","今欲遣逐于吴氏、周氏方死之后,则不可"③,将八年前的违法立继行为确认为合法。此例所示,南宋名公追求的是抑制诉讼、减少诉讼,而不是诉讼本身的是非曲直。

南宋不少执法者认为,将司法判决与道德舆论的褒贬融合的做法,胜于简单的依法判决。这种方法既可以增进当事人的手足邻里之情,也可增强教化的社会效果,使"止讼、息讼"变为辖下百姓的自觉行为。因此有的官员常"寓教于判",即在制作断由时也不忘宣传"息讼","纵使得膏腴沃壤以自丰,尽失亲戚辑睦之义,所得不偿所丧矣。"④在南宋不少民事判词的字里行间,都渗透着官方的"息讼"理念,可谓用心良苦。

但在官府对争讼劝告无效时,这些人常被官方视为刁民,而采取坚决打

---

① 《清明集》卷五《侄与出继叔争业》,第 135—136 页。
② 《清明集》卷七《已有养子不当求立》,第 214 页。
③ 《清明集》卷七《生前抱养外姓殁后难以摇动》,第 201—203 页。
④ 《清明集》卷六《诉奁田》,第 185 页。

击的态度。南宋时的许多官员坚持这一观点,而且在司法实践中采取严厉措施。

为权益而讼者在官方眼中尚是如此,那些妄讼、健讼者与唆讼者的境遇也就可想而知了①。对这两种不同的人群,南宋官府却是不加区别地一概痛加惩治。② 正常的诉讼活动尚被官府严格限制,唆人兴讼者受到严惩也就不足为怪了。吴革讲:"乡井有一等教唆之徒,谲然生事,而官司亦不胜其扰矣。"③如绍兴年间,江州瑞昌县有"终讼为贤"之风,"大姓盘据,持吏短长,夺攘民业。"京镗上任之初,"有媪持牒庭下,公诘其由,莫知所对。"由此认定"必某大姓也。嗾此妪者。"为杀一儆百,京镗"逮其人下之吏,尽服其辜杖而屏之邻境,尽取所攘以归其主。"于是,"一邑大惊,三年莫敢犯者"。④ 又如王圣沐,号称族长,专事教唆卖弄,"鼓扇族人起争,以为一己邀求之利",亦受到官府的严厉警告,"如再有词,定断以健讼紊烦之罪。"⑤真德秀认为,百姓"亦不当非理扰官",在他的心目中,"教唆词讼"者与"豪强凶横,吞谋贫弱"等同,"事不干己"而讼与"撰装词类,夹带虚实"之讼为"无理之讼",皆属"非法"⑥。由于恶意唆讼,危害社会秩序,更成为官府的严打对象。在宋人眼里,兴讼是道德败坏的表现,是社会稳定的威胁,是使人格与族望扫地的恶行。在对"教唆词讼"的"黥胥"⑦惩处上,除严厉打击外,多被开除出胥吏队伍,结果又使这些人流入健讼人的行列。在南宋传世的大量书判及文集中,有不少民事纠纷被消弭于诉讼之中。由此可见,官方多种渠道的息讼努力取得了相当的成效,而贯穿于诉讼过程中的调解,是官方"息讼"理念的

---

① 在当时,助讼者与唆讼者被统称为讼师。与讼学一样,讼师是宋代社会转型下的特有现象。学界已有深入论述,此不赘言。参见陈智超:《宋代的书铺与讼师》,载《刘子健博士颂寿纪念宋史论文集》,日本同朋舍1989年版;郭东旭:《宋代的诉讼之学》,载《河北学刊》1988年第2期;陈景良:《河南政法管理干部学院学报》2002年第1期。

② 郭东旭:《南宋名公息讼之术透视》,载《宋辽金元史研究》第八辑(韩国),2003年12月出版期刊。

③ 《清明集》卷六《以卖为抵当而取赎》,第169页。

④ 杨万里:《诚斋集》卷一二三《文忠京公墓志铭》,影印文渊阁《四库全书》本。

⑤ 《清明集》卷八《所立又亡再立亲房之子》,第264页。

⑥ 《西山先生真文忠公文集》卷四〇《潭州谕俗文》。

⑦ 《宋会要辑稿》职官四八之一〇二至一〇三。

真实反映。这一情况的出现,与"中国古代法律文化的价值取向和影响悠久的法律传统"密不可分,因此有必要对其社会、文化和政治根源做简要分析。

（一）社会根源

在家国一体化的社会结构中,父权家长制也体现在南宋的司法领域,因此"父母官诉讼"①大行其道。官员称治下百姓为"子民",听讼时也多用家长训导儿女的口气。如真德秀曾以父子关系作对比,"太守之于尔民,犹父兄之于子弟。为父兄者,只欲子弟之无过,为太守者,亦只欲尔民之无犯",百姓应体谅太守之心,"更相劝戒,非法之事勿妄作","不当非理扰官"②。"父母官诉讼"在潜移默化中压抑了百姓的争讼诉求。

在中国古代社会,和睦共处、和谐无争的儒家生活准则,主宰了人们的思维与意志,影响了人们对矛盾冲突解决方式的选择:诉诸法律解决纷争不如求助于纲常礼教和族长亲邻的调解。"他们处理与别人的关系以是否合乎情理为准则,他们不要求什么权利,要的只是和睦相处与和谐。"③这种理念,使人们普遍认为,兴讼是道德败坏的表现。由此使兴讼者被迫站在了大众的对立面。这种大众心理又成为推动"息讼"观念传播的润滑剂。

此外,法即刑的传统观念,亦让不少人视诉讼为畏途。"切勿讼于官"之类的宣扬,因讼而带来的讼累之苦,百姓"所以不欲至有司者,畏狱吏求货无艺,将荡覆吾家"④的担忧以及司法审判中的种种弊端,都使民众对国家法制失去了信心。这又为官方"息讼"观念的生存与发展提供机遇。

（二）思想文化根源

以刑为主的中国古代法律的终极目标并不是刑罚,而是借助刑罚的手段去实现社会和谐。伴随着法律儒家化过程的完成,统治者认识到社会和

---

① 滋贺秀三认为,"为政者如父母,人民是赤子,这样的譬喻存在于中国的传统中。事实上,知州、知县就被称呼为'父母官'、'亲民官',意味着他是照顾一个地方秩序和福利的'家主人'。知州、知县担负的司法业务就是作为这种照顾的一个部分的一个方面而对人民施与的,想给个名称的话,可称之为'父母官诉讼'。"参见滋贺秀三:《中国法文化的考察》,载《比较法研究》1988 年第 3 期。

② 《西山先生真文忠公文集》卷四〇《潭州谕俗文》。

③ （法）勒内·达维德:《当代世界主要法律体系》,上海译文出版社 1984 年版,第 487 页。

④ 洪迈:《夷坚丁志》卷一七《淳安民》,第 681 页。

谐与稳定,不能单独依靠法律与权利义务关系的平衡所能实现,还需要借助厚重的崇礼重德的传统文化,即大力提倡兴教化、重人伦、厚风俗、明礼义,在执法施政中推行息讼、止讼,消弭各种卑限行为。因此,在南宋时出现了大量劝诫人们勿轻涉讼的词讼约束和劝谕文。如胡颖讲:"词讼之兴,初非美事,荒废本业,破坏家财,胥吏诛求,卒徒斥辱,道涂奔走,犴狱拘囚。与宗族讼,则伤宗族之恩;与乡党讼,则损乡党之谊。幸而获胜,所损已多;不幸而输,虽悔何及。故必须果报冤抑,或贫而为富所兼,或弱而为强所害,或愚而为智所败,横逆之来,逼人已甚,不容不一鸣其不平,如此而后与之为讼,则曲不在我矣。"①为了止争息讼,官员以更为形象的手法宣扬兴讼之害,如范公偁在《戒讼录》中唱道:"些小言词莫若休,不须经县与经州,衙头府底陪茶酒,赢得猫儿卖了牛。"②这些不同形式宣教,都反映了中国传统文化的精神。

(三)政治根源

南宋的"息讼"价值取向反映出统治者对社会秩序和社会稳定的追求。在南宋社会中,一旦兴讼,不仅双方当事人遭受讼累之苦,双方家(庭)族、亲朋乡邻也往往被卷入其中。胜诉者固然得遂己愿,败诉者并不甘心,以致有的诉讼几代未结。这就造成了社会关系的紧张和社会秩序的动荡。由于诉讼必然要耽误生产,影响生活,甚而造成家破人亡,流离失所,既影响了国家的赋税收入,而且有很多人会因破家而成为流民,这是统治者所不愿看到的。又因执法官贪赃枉法,以法行私,严重损害当事人利益而造成官与民的矛盾激化,这亦是造成社会不稳定的一个诱因。因此,统治者一直把教化与调解作为"息讼"的主要形式,力图将民间争讼化解在公堂之外。

三、官府的"息讼"之术

在"人情漓靡,机事横生,已难使之无讼"③的社会现实面前,具有务实精

---

① 《清明集》卷四《妄诉田业》,第123页。
② 范公偁:《过庭录·范峋学宄诗》,中华书局2002年版。
③ 《昼帘绪论·听讼篇第六》。

神的南宋士大夫不仅承认了百姓维护自身权益而兴讼的合理性,而且把传统的"无讼"理想转化为"息讼"理念,为了这一新的目标,创建了更切合实际的"息讼"方法。

(一)广造舆论,劝诫勿讼

在南宋民间争讼中,"有讼其父族者焉,有讼其母族者焉,又有讼其妻族者焉"①。凡因争致讼者,无不使"父子轻于相弃,夫妇轻于相离,兄弟轻于相讼"②。这种亏人伦之义,伤亲邻之情的社会风气,在南宋士大夫看来,这是严重的伤风败俗行为。为扭转这种局面,他们无不利用各种时机,采取各种形式宣扬争讼的危害,试图利用舆论压力从思想上消除民众的兴讼要求,从行为上约束民众的争讼活动。

1. 息讼必先戒争。应俊在《戒忿争》中讲:"人心有所忿者,必有所争",有所争者必有讼。彭仲刚也说:"忿争之起,其初甚微",如"人能于其初而坚忍制伏之,则便无事矣"。犹如"涓涓不壅,将为江河,绵绵不绝,或成网罗"。亦如火在"方发之出,灭之甚易,既以焰炽,则焚山燎原,不可扑灭,岂不甚可畏哉。""故忿争不可以不戒"③。由于宋代士大夫对争与讼的关系有了比较深刻的认识,所以他们对戒争止讼非常重视。如真德秀在隆兴劝谕百姓时讲:"不可以小利致争","不可以小忿兴讼"④。朱熹在潭州亦提出对争讼要"切当痛戒"⑤。由此可见,戒争是南宋士大夫止讼所采取的重要方法之一。

2. 宣扬争讼之害。南宋士大夫为止争息讼,不失时机的广泛宣扬"终讼则凶",他们在任地方官伊始,便以《劝谕文》、《劝农文》、《约束榜》、《词诉约束》等形式,大肆宣扬争讼之害。如黄震在抚州颁布的《词诉约束》中讲:凡忿争致讼者,"骨肉变为冤仇,邻里化为仇敌,贻祸无穷"⑥。黄榦在《临川劝谕文》中讲得更具体,"毫末之争,动经岁月,赢粮弃业,跋涉道途,城市淹留,

---

① 《琴堂谕俗编》卷上《睦宗族》。
② 《勉斋集》卷三四《新淦劝农文》。
③ 《琴堂谕俗编》卷下《戒忿争》。
④ 《西山先生真文忠公文集》卷四〇《隆兴劝农文》。
⑤ 《晦庵先生朱文公文集》卷一〇〇《劝谕榜》。
⑥ 《黄氏日抄》卷七八《词诉约束》。

官府伺候,走卒斥辱,猾吏诛求,犴狱拘囚,箠楚业毒,何以堪忍。讼而不胜,所损故多,讼而能胜,亦复何益"①。在名公们的判词中,有的通篇充满了告诫之语。如胡颖在《妄诉田业》中讲:"词讼之兴,初非美事,荒废本业,破坏家财,胥吏诛求,卒徒斥辱,道途奔走,犴狱拘囚。与宗族讼,则伤宗族之恩;与乡党讼,则损乡党之谊。幸而获胜,所损已多;不幸而输,虽悔何及"②。更何况"使了盘缠,废了本业,公人面前陪了下情,着了钱物,官人厅下受了惊吓,吃了打綑,而或输或赢,又在官员笔下,何可必也"③。有的还将争讼之害编成"民俗诗"、"戒讼诗"进行宣传。如此宣扬的目的,是为了在民众中造成一种"畏讼"心理,使百姓视争讼为畏途而不敢讼,从而收到止争息讼的效果。

3.劝诫勿轻涉讼。在南宋士大夫看来,词讼是一种损害伦理道德和伤风败俗之举,而布宣德化,训迪人心,宁人息讼,则是地方父母官的一种天职。因此,他们在地方官任上,无不把劝谕百姓勿要轻涉词讼作为推行教化的任务。如刘清之知衡州时作《谕民文》发至属下各家,使"非理之讼日为衰息"④。朱熹在知漳州时发布的《晓谕词讼榜》中讲:民有争讼,"遂失邻里之欢,且亏廉耻之节,甚则忘骨肉之恩,又甚则犯尊卑之分"⑤。所以他要求"士民乡党族姻所宜亲睦,或有小忿,宜各深思,更且委曲调和,未可容易论诉"⑥。真德秀在潭州作《谕俗文》"行下州城及十二县",告谕民众:"兄弟宗族恩义至重,不可以小利致争;邻里乡党缓急相须,不可以小忿兴讼。喜争斗者,杀身之本;乐词讼者,破家之基"⑦。对此,彭仲刚提出争讼"亦当委曲以全邻里之义"。应俊亦认为,"至于讼,略求直可也,必求胜不可也"。江万里在吉州则提出,争讼曲直虽见分晓,但"直者不必甚胜,曲者不必甚负,宁

① 《勉斋集》卷三四《临川劝谕文》。
② 《清明集》卷四《妄诉田业》,第123页。
③ 《清明集》卷一〇《乡邻之争劝以和睦》,第394页。
④ 《宋史》卷四三七《刘清之传》。
⑤ 《晦庵先生朱文公文集》卷一〇〇《漳州晓谕词讼榜》。
⑥ 《晦庵先生朱文公文集》卷一〇〇《劝谕榜》。
⑦ 《西山先生真文忠公文集》卷四〇《隆兴劝农文》。

为民间留有余不尽之意"①。因此,不少士大夫在听讼中把劝导和说教作为止争息讼的重要方法。如胡颖每遇听讼,"惟以厚人伦,美教化为第一义","委曲开譬,至再至三"②,"以感发其天理"③。有的士大夫则把奖惩结合并用以推行教化。从南宋士大夫的言论和行动中可以看出,以义理劝诫争讼,以道德感化人心,亦是他们戒争止讼普遍采用的一种方法。以此达到减少争讼和宁人息讼的目的。

(二)民讼到官,调解为先

在中国古代,民间纠纷一直有自行调解的传统,而在司法程序中,从来没有调解的规定。但南宋在审理民事争讼中,司法官员为化解纠纷、和息争讼,把民间的调解方法引进司法审判中。这一变化,不仅在司法中开启了教化先河,也开创了调审结合的审判方式。

从南宋官府调解的形式来看,既有当职官的亲自调解,又有责令亲邻进行劝和,亦有劝令争讼当事人自行和对。从官府调解的过程来看,自争讼到官,无论是初审期间,还是上诉审中,乃至判决尚未执行之时,都可以进行调解。而在调解过程中,又以厚人伦、美教化、息事宁人为原则。因此,调解是南宋"息讼"的重要手段和途径。

1.官员亲自调解。深受理学影响的南宋官员,无不把听讼作为戒争息讼的有利时机。凡民事争讼到官,"必曲加讽喻,以启其愧耻之心,以弥其乖争之习,听其和允"。④ 凡"于父子之间,则劝以孝慈;于兄弟之间,则劝以爱友;于亲戚、族党、邻里之间,则劝以睦姻任邮。"⑤以此唤起争讼当事人的亲情回忆而息讼。此类事例在名公的书判中尤为突出。如胡颖在审理奉琮兄弟争田之讼时,"以诚心实意教之以人伦,以感发其天理",使二人当厅和解⑥。又如刘克庄在审理建阳县民谢迪女悔婚之讼时,"若据条法,止得还

---

① 《琴堂谕俗编》卷下《戒忿争》。
② 《清明集》卷一〇《母讼其子而终有爱子之心不欲遽断其罪》,第363页。
③ 《清明集》卷一〇《兄弟侵夺之争教之以和睦》,第369页。
④ 《昼帘绪论·临民篇第二》。
⑤ 《清明集》卷一〇《母讼其子而终有爱子之心不欲遽断其罪》,第363页。
⑥ 《清明集》卷一〇《兄弟侵夺之争教之以和睦》第370页。

亲";但刘克庄没有"以文法相绳",而是采取多方劝导,前后经过六次劝和及"两下从长对定",调解终于成功,"各给事由"。① 再如德兴县董党诉立继之事,虽曲在董党养母赵氏,但因事关人伦,刘克庄一方面告诫赵氏国法"有父在日所立不得遣逐之文",劝其翻然悔悟,复收董党为子;又开导董党"当以恩谊感动,不可以讼求胜","亦宜自去转恳亲戚调停母氏,不可专靠官司"。为绝日后再有争讼,采取了折中的双立办法结案。② 当职官的亲自调解,使争讼双方"往往幡然而改,各从和会而去"。③ 南宋的这些记载,固然有益美之词,但官府的调解活动确实收到了比较好的息讼效果。

2. 责令亲邻劝和。南宋官员在对民诉进行亲自调解的同时,还责令争讼双方的亲戚、族人、邻里等人协助官府从中劝和,这也是官府调解的一个组成部分。如胡颖在审理李三悖母兄之罪时,"揆之于法,其罪何可胜诛",但为"开其自新之路","特免断一次",令本厢押李三归家拜谢母兄,"仍仰邻里相与劝和。"④ 又如胡大不孝,为母所讼,"本合重作施行,以正不孝之罪",但胡颖"又恐自此母子兄弟不复可以如初",亦令押胡大"就本人家决十五,令拜谢阿李,仍令四邻和劝"。⑤ 再如蒋邦先诉李茂森赁人屋而自起造之讼,胡颖以"两家既是亲戚,岂宜为小失大",因此令"押下本厢,唤邻里从公劝和"。⑥ 又有曾氏兄弟争葬父之讼,官司令六位亲戚故旧进行调护,要求调解人"各持公论,极力调护",并规定"以五日为期"。⑦ 从以上判例来看,官司责令亲邻劝和,既贯穿着官员的意志,亦体现着和亲睦族,宁人息讼的精神。

3. 劝令自行和对。南宋官员在对争讼双方进行开导之后,又令争讼当事人在外自行和对,即通过双方自行商议,实现和解。真德秀讲:"如卑幼诉

① 《清明集》卷九《女家已回帖定而翻悔》,第 346 页。
② 《后村先生大全集》卷一九二《德兴县董党诉立继事》。
③ 《清明集》卷一《劝谕事件于后》,第 10 页。
④ 《清明集》卷一〇《因争财而悖其母与兄姑从恕如不悛即追断》,第 362 页。
⑤ 《清明集》卷一〇《母讼其子量加责罚如再不改照条断》,第 386 页。
⑥ 《清明集》卷九《赁人屋而自起造》,第 335 页。
⑦ 《清明集》卷一〇《兄弟争葬父责其亲旧调护同了办葬事》,第 376 页。

分产不平,固当以法断,亦须先谕尊长,自行从公均分。或坚执不从,然后当官监析。"①即对卑幼诉分产不平之讼,首先责令家长从公均分,自己解决因析产不公引起的争讼。在调解亲邻争讼中,官府责令争讼双方在外自行和对的事例亦很多。如建阳曾子晦与范僧争山地之讼,官司为"永绝讼根,免至频频紊烦官府",再三"令两家在外和对"。② 可见官府责令争讼当事人在外自行和解,亦是调解息讼中的一种形式。

4. 以判决促调解。南宋官员在调解争讼中,并不忘记法律的作用,即使争讼当事人服从官府的调解,为防止日后再起纷争,也要再行告诫。如胡颖在审理奉琮兄弟争田之讼时,本经劝导当厅和解,但仍警告二人,"如或不悛,定当重真,无所逃罪"。③ 又如蔡杭审理程若沔兄弟之讼,虽据"无争状"结案,但仍告诫二人,"若再来紊烦,必将无理之人重真典宪"。④ 而对不服从调解的当事人,则必依法判决。蔡杭在审理黄居易兄弟三人争财之讼时,"欲俾息讼,以全天伦",曾多次劝导他们"当思同气连枝之义",但由于三人"嗜利无耻,顽不可化",官司只得"从条断遣"。⑤ 由此可见,南宋官员在审理词讼中,不仅把法律作为教化的后盾,而且把判决作为调解的后盾。这就使调解具有了一定的强制性,使当事人往往屈从于官员的意志。

南宋官员进行调解的目的在于平息争端和息事宁人。其调解依靠的是国家权力,运用的是道德教化和法律制裁相结合的手段,维护的是纲常伦理秩序,体现的是官员的意志和愿望。虽然经调解形成的"和议状"、"和对状"、"无争状"、"无词状"等协议形式都由争讼当事人签字画押,但由于在调解中官员是以实现息讼为目的,往往不分是非曲直强行折中调和,甚至损害当事人的利益。所以官府调解协议并非都是明辨是非的结果,亦非皆是当事人双方真正自愿意志的表现。但从实践效果来看,调解确实是解决民事纠纷的一个有效方法,在世界古代法制史上也是一个独具特色的形式,因

---

① 《清明集》卷一《劝谕事件于后》,第10页。
② 《清明集》卷五《争山各执是非当参旁证》,第161页。
③ 《清明集》卷一〇《兄弟侵夺之争教之以和睦》,第371页。
④ 《清明集》卷一〇《俾之无事》,第367页。
⑤ 《清明集》卷一〇《兄弟之争》,第366页。

此说南宋的官府调解是世界东方法制文明的一个突出表现。

(三)对民众诉讼活动的限制

北宋时,对民众的诉讼资格、诉讼时限、诉状要求等已有明确规定。南宋时由于民众诉讼更加活跃,官府为减少兴讼,又从代写诉状和诉讼程序的角度加强了限制。

1.对书写诉状的控制。北宋时,对"拥笔之人"和"写状钞书铺户"的代笔写状活动已有严格规定。南宋时随着民众诉讼活动的日渐增多,代写诉状的任务更加繁重。由于代书人在写诉状过程中,或借词买状,或设谋造计、虚构情节,或教唆妄讼,严重干扰和影响了官府的司法审判。为加强对民众诉讼活动的控制,各地方官员以发布榜谕的形式对诉状做了严格要求。如朱熹在潭州发布的《约束榜》中规定:

一是"官人、进士、僧道、公人听亲书状,自余民户,并各就书铺写状投陈。如书铺不写本情,或非理饰说,及当厅执复不同听词,定行根究书铺"。

二是"状词并直述事情,不得繁词带论二事,仍言词不得过二百字,一名不得听两状"。即一状只能诉一事,字数不得过二百,一人不能同时投两件诉状。

三是凡人户状告"不干己事"及"理涉虚妄"者,"写状书铺与民户一等科罪"。

四是凡因书铺趁人户写状之机邀求,致使人户投白纸者,"唤上断治施行"。

五是在状式中,除在状尾明书县、乡、里及姓名之外,还要写明"年几岁,有无疾荫,合为状首,堪任杖责,系第几状"。所诉事"不是代名虚妄,无理越诉或隐匿前状"①。并要写明,如有虚妄,"甘坐以上书虚妄不实之罪"②。

南宋时此类词讼约束在州县多有出现。实际上是要求诉讼人向官府写的一份诉状保证书,目的在于使诉状能够真实地反映当事人的意思与要求,以减少不切词讼,以免烦乱官司。

---

① 《晦庵先生朱文公文集》卷一〇〇《约束榜》。
② 《宋会要辑稿》刑法三之三九。

2.对诉状受理的限制。南宋对诉状受理的限制,突出表现在"不受理"诉状范围的扩大。南宋诸多"劝谕文"中,以黄震知抚州时的《词诉约束》和他在江西提刑司任上颁发的《引放词状榜》中的规定最具代表性。

黄震讲:当职"二十日之间,阅过旧案千余件,率多烦碎虚诞不当受理之事"①。他认为造成这种状况的原因,是本司"轻易泛受,误人于多讼之地耳"。② 所以他在"榜谕诸州住行不切词诉"的同时,对不受理词状的范围做了明确规定:(1)事不属本司不受;(2)非经州县次第官司不受;(3)经县未及月不受;(4)非已断不平不受;(5)词状不经书铺不受;(6)状无保识不受;(7)状过二百字不受;(8)一状诉两事不受;(9)事不干己不受;(10)状注年月姓名不实不受;(11)投白纸状不受;(12)拦轿状词不受;(13)非户绝、孤孀而以妇女出名不受;(14)自残状不受;(15)匿名状不受等。如此众多的不受词状,不仅给民众诉讼设置了种种障碍,而且限制了民众的诉讼权利和诉讼活动。这亦是官府为减少诉讼采取的又一种措施。

3.受理诉状日程的缩减。南宋官府对"有不能小忍而必欲讼者"③,又采取"择其关系之大者方受,且分次第先后耳"。④ 在受理词诉的"日分"上,又在法定"务限"之外进一步缩减。如朱熹在潭州时规定:"只日引押词状,双日引押公事"。⑤ 即以单日受理民事诉状。胡太初在任地方官时认为,县道事多,"若日日引词,则诉牒纷委,必将自困"。因此亦将受理民间词讼的时间定为每月逢一、三、五、七、九等日分别受埋不同乡村的词讼。⑥ 黄震在抚州也规定:"自六月为始,每月初三日受在城坊厢状,初八日受临川县管下乡都状,十三日受崇仁县郭及乡都状,十八日受金谿县状,二十三日受宜黄县状,二十八日受乐安县状。自后月分,周而复始。"⑦朱熹还提出:"如敢将闲

---

① 《黄氏日抄》卷七九《词诉约束》。
② 《黄氏日抄》卷七九《又再榜谕吉州词诉》。
③ 《黄氏日抄》卷八〇《引放词状榜》。
④ 《黄氏日抄》卷七九《江西提刑司交割到任日镂榜约束》。
⑤ 《晦庵先生朱文公文集》卷一〇〇《约束榜》。
⑥ 《昼帘绪论·听讼篇第六》。
⑦ 《黄氏日抄》卷七八《词诉约束》。

慢事件不候引状日分,妄作紧急坐牌,定行勘断。"①各级官府接状后,皆先由接状吏人"开折"阅视原告人的词状,对明显不合法律规定的词状,"开拆司并不许收受"。②南宋官员又从缩减受理词状的时间上,进一步限制民众的诉讼活动,以期达到减少诉讼的目的。

4.严禁论讼不干己事。为维护诉讼活动的正常运行,北宋时已对论讼不干己事的行为严加限制。南宋时为加强对此类行为的控制,亦屡有法禁。如绍兴二十一年(1151)规定:"其诉事不干己,并理曲或诬告及教令词诉之人依法断讫,本州县将犯由、乡贯、姓名籍记讫,县申州,州申监司照会。若日后再有违犯,即具情犯申奏断遣。"③其后的敕文中又多次规定:"诸事不干己辄告论者,杖一百,其所告之事,各不得受理。"④尤其对健讼人论诉不干己事的控制更加严格,在南宋的书判中有不少人因代人诉讼而受到处罚。这项规定,亦是为减少兴讼而制定的一项法律。

第二节　情、理、法一体理论的形成与运用

南宋时的天理、国法、人情一体化理论,是经过汉唐以来的儒法合流、德刑并用、礼法融合之后,伴随着理学在南宋的形成而出现的。这一理论在南宋司法官员的书判中多有体现,从而又展现出这一理论在南宋官员判案中的指导作用。

关于情、理、法问题,清末沈家本在对中西法律进行比较之后讲:无论旧学、新学,"大要总不外'情理'二字",所以"不能舍情理而别为法也"。⑤近

---

① 《晦庵先生朱文公文集》卷一〇〇《约束榜》。
② 《清明集》卷一四《一状两名》,第525页。
③ 《宋会要辑稿》刑法三之二八。
④ 《止斋先生文集》卷四四《桂阳军劝农文》。
⑤ (清)沈家本:《历代刑法考》,中华书局1985年版,第2240页。

年来,法史学界出版的论著中,对情、理、法一体理论多有论及①,对这一理论的形成过程及在运用中展现的审判精神进行了探讨。甚至有的学者提出了"情理场"的概念,认为这是南宋司法总体精神和法律文化中的一种深层特色。② 基于这一原因及其在南宋司法中的深刻影响,本文拟对其做进一步探究。

一、情、理、法的内涵及相互关系

南宋官员在司法审判中对情、理、法的结合并用,使情与理亦有了行为准则和判断是非曲直标准的价值,使法的内涵更加丰富多彩。

(一)情、理、法内涵的变化

"理"通常是指道理、事理、公理、常理而言。自朱熹把"理"与"天"联系在一起称为"天理"之后,使"理"含有了更多的政治色彩。朱熹讲:"宇宙之间,一理而已。天得之而为天,地得之而为地。而凡生于天地之间者,又各得之以为性。其张之为三纲,其纪之为五常,盖皆此理之流行,无所适而不在。"③在朱熹看来,"理"是创造和主宰万物的精神本体,世间的一切自然现象和人文现象都是由"理"派生的,世间的万事万物都包含在"理"之中,所以"理"在天上、地下、人间都无所不在。具体而言,他不仅把儒家的"三纲五常"视为天理的体现,"仁义理智便是天理之件数"④,而且把国家法律视为

---

① 范忠信、郑定、詹学农:《情理法与中国人——中国传统法律文化探微》,中国人民大学出版社 1992 年版;梁治平:《法意与人情》,海天出版社 1992 年版;俞荣根:《中国法律思想史》,法律出版社 2000 年版;张晋藩:《中国法律的传统与近代转型》,法律出版社 1997 年版;陈景良:《试论宋代士大夫司法活动中的德性原则与审判艺术》,载《法学》1997 年第 6 期;王志强:《〈名公书判清明集〉法律思想初探》,载《法学研究》1997 年第 5 期;王志强:《南宋司法裁判中的价值取向》,载《中国社会科学》1998 年第 6 期;张利:《"义理决狱"探析——〈名公书判清明集〉为主要依据》,载《河北学刊》2006 年第 2 期;张利:《宋代"名公"司法审判精神探析——以〈名公书判清明集〉为主要依据》,载《河北法学》2006 年第 10 期;崔明石:《事实与规范之间:情理法的再认识——以〈名公书判清明集〉为考察依据》载《当代法学》2010 年第 6 期。
② 邓勇:《论中国古代法律生活中的"情理场"——从〈名公书判清明集〉出发》,载《法制与社会发展》2004 年第 5 期。
③ 《晦庵先生朱文公文集》卷七〇《读大纪》。
④ 《晦庵先生朱文公文集》卷四〇《答何叔京》。

"天理"在人类社会中的化身。由此,使"天理"成为纲常、伦理、德刑、法政的精神主宰。

"法"是由国家制定或认可的行为规范,通常是指国家制定的法律、法令、条例等规范性的成文法及国家认可的判例、习惯等,是具有可操作性和强制性的行为规范。而朱熹则把"国法"与"天理"视为一体,他说:"法者,天下之理。"又说:"礼字、法字,实理字。"而"礼者,天理之节文,人事之仪则"。① 朱熹的"国法"即"天理"之说,既是他对法律本质的看法,也体现了他的法律价值观。在朱熹看来,法律并非是君主的意志或命令,而是先天早已存在的一种法则,而这种法则就是体现"天理"的"三纲五常"。因此,"三纲五常"就成为一切制定法的指导原则,亦是检验制定法善恶优劣的标准。凡符合"天理"的制定法即为善法、良法,违背"天理"的制定法即为恶法、坏法。在执法中亦是如此,凡能以"天理"行法者即为良吏,违背"天理"行法者即为酷吏。由此而言,朱熹所强调的法则和法意,则是法律适应"天理"的要求。这是朱熹所主张的法的本质与灵魂。

"情"通常是指"人情"而言,包括人的情面、情分、情感、情义、情理等。中国古代的人情,主要指建立在血缘伦理基础上的亲情。南宋时将"人情"与"天理"结合之后,不仅使"人情"的内涵超出了"亲情"的范围而向"民情"、"民心"方向倾斜,也使"三纲五常"成为最大的"人情"。因此,使"人情"在司法中具有了审视是非曲直标准的价值,也拥有了平衡"国法"与"天理"关系的作用。

(二)"天理"与"国法"的关系

朱熹将"国法"视为"天理"在人类社会中的化身之后,在强调"国法"应合于"天理"、体现"天理"的同时,又从"天理"本体论的高度,"对法的起源、法的本质、法的作用等,做了新的论证和阐释",为"儒家的伦理思想及民本、宗法、尊君、重德轻刑等原则提供了理论依据"。② 这不仅使"天理"成为支配法律的最高理论,而且使人们想信法上有天,天下有法,法与天通,天法一

---

① 《晦庵先生朱文公文集》卷四八《答吕子约》。
② 俞荣根:《中国法律思想史》,法律出版社 2000 年版,第 200 页。

体。由此也提高了法律的权威性。

关于天理与国法的关系，真德秀曾有独到的见解。他说："是非之不可易者，天理也；轻重之不可逾者，国法也。以是为非，以非为是，则逆乎天理矣！以轻为重，以重为轻，则逆乎国法矣。"①即把天理视为判断是非的原则，把国法作为判决轻重的标准，虽然这是他对临民官的具体要求，但使天理、国法更务实，更切近司法实际。在名公的判词中，类似的观点亦不少见。如韩似斋在判词中讲："为官司者，便当据条任理而行之。"②叶宪亦讲："本司所断，系据理据法。"③胡颖也说："每事以理开晓，以法处断。"④刘克庄亦说："今据案下笔，惟知有理有法耳。"⑤由此说明，在南宋名公的审判中一直坚持理法并用的原则。

（三）"国法"与"人情"的关系

在"国法"与"人情"的关系上，朱熹不仅要求官员在审理案件时要"上合法意，下慰民情"⑥，而且为了顺"人情"可以"曲法申恩"，甚至"常行于法之外"。这就为官员审案中曲公法徇人情、舍法意用人情开了方便之门。

由于国法是以体现"天理"的纲常为指导制定的，又将纲常具体化为国法的基本内容，因此，法的内涵与人情是一致的。但是"国法"与"人情"之间，因对义务存在着不同的要求，规范目的不一致，制裁方式不一样而也存在着矛盾冲突。这种冲突主要表现为家族与社会和国家的冲突，也有家族内部亲属之间的冲突。这些矛盾冲突，只有通过法与情的协调和平衡来化解。

关于国法与人情的关系及运用，胡颖讲得很明确，他说："法意、人情，实同一体，徇人情而违法意，不可也；守法意而拂人情，亦不可也。权衡于二者

① 《西山先生真文忠公文集》卷四〇《谕州县官僚》。
② 《清明集》卷七《官为区处》，第230页。
③ 《清明集》卷八《夫亡而有养子不得谓之户绝》，第272页。
④ 《清明集》卷四《妄诉田业》，第123页。
⑤ 《清明集》卷九《已嫁妻欲据前夫屋业》，第353页。
⑥ 《晦庵先生朱文公文集》卷一〇〇《州县官牒》。

之间,使上不违于法意,下不拂于人情,则通行而无弊矣。"①这一原则精神,在《清明集》的其他判词中也多有反映。如翁甫在判语中多次讲:"酌以人情,参以法意"②;"以法意人情论之"③;"庶几下合人情,上合法意,可以永远无所争竞"。④ 吴革亦讲:"揆之条法,酌之人情"⑤;"庶几法意人情两不相碍"⑥。韩似斋也曾讲:判案"务当人情,合法理,绝后患"⑦。在拟判案例中,亦有"人情、法理两得其平,而词诉亦可绝矣"⑧。这些判语,亦反映了南宋名公在审理案件中将法意与人情融合并用的价值趋向。

二、情、理、法一体理论的司法实践

中国古代法律本身是具有分清是非、判明曲直功能的社会规范。自汉代确立"德主刑辅"的治国原则后,经过德礼与法律的融合,宋代的法律已经是"人情物理所在……仁义之气蔼然在其中"⑨。这说明宋代的法律中已经包含了儒家的伦理道德精神。以此作为区分是非的标准,审断争讼的依据,应该是理所当然的事情。但在理学家提出"以德统刑"思想支配下,仍然把治理国家的根本规范视为道德而不是法律。因此,在法律之外又出现了以"天理"、"人情"作为区分是非、判定曲直的新标准,并以此作为变通法律、舍弃法律及曲法用情的依据。所以在南宋的司法审判中,先讲合情合理而后讲合法成为一种时尚。

南宋时的情理法一体化理论,不仅要求在司法中认真贯彻,而且亦要体现在立法中。真德秀说:"夫法令之必本人情,犹政事之必因风俗也。为政

---

① 《清明集》卷九《典买田业合照当来交易或见钱或钱会中半收赎》,第311页。
② 《清明集》卷五《受人隐寄财产自辄出卖》,第136页。
③ 《清明集》卷一三《姊妾诉妹身死不明而其夫愿免检验》,第501页。
④ 《清明集》卷九《业未分而私立契盗卖》,第303页。
⑤ 《清明集》卷六《叔侄争·再判》,第188页。
⑥ 《清明集》卷六《执同分赎屋地》,第165页。
⑦ 《清明集》卷七《房长论侧室父包并物业》,第232页。
⑧ 《清明集》卷八《命继与立继不同·再判》,第266页。
⑨ 吕祖谦:《丽泽论说集录》卷九,影印文渊阁《四库全书》本。

而不因风俗,不足言善政;为法而不本人情,不可谓良法。"①范应铃亦说:"祖宗立法,参之情理,无不曲尽。倘拂乎情,违乎理,不可以为法于后世矣。"②绍兴三年(1133)曾规定:"四方之狱,虽非大辟,情法不当者,皆得奏请裁决。"③所以在官员的心目中,本朝法律大都兼顾了情理,对于那些不能兼顾情理的"新法",都会直接上奏,指出其不尽情理之处,提出修订建议④。因此,南宋法令能否兼顾情与理,成为区分良法与恶法的标准。

南宋时的情理法一体化理论介入司法领域之后,成为官员审断讼案的理论依据。尤其在情与法的协调运用上,提出了"以公心持公道"的原则。真德秀在《谕州县官僚》中讲:"愿同僚以公心持公道,而不汩于私情,不挠于私请,庶几枉直适宜,而无怨抑不平之叹。"⑤吕本中亦说:"盖当官者,详读公案,则情伪自见,不待严明也。"⑥真德秀又说:"某之所为,有不合于理,不便于俗者,亦愿以告焉。"⑦南宋名公在审案中对此也多有论述,如吴革讲:"法意人情,两不相碍"⑧;刘克庄也说:"公事到官,有理与法。"⑨真德秀亦讲:"公事在官,是非有理,轻重有法,不可以己私而拂公理,亦不可徇公法以徇人情。"⑩只有"人情、法理两得其平,而词诉可绝矣。"⑪这是南宋官员在处理案件中对平衡情理与法意关系的普遍认识。

南宋官员在司法实务中,平衡情理与法律关系的典型案例是立嗣中的双立。如在汪如旦立嗣中⑫,黄廷吉立嗣中⑬,都因族人的争立,而官府选择

---

① 《西山先生真文忠公文集》卷三《直前奏札》。
② 《清明集》卷一二《因奸射射》,第448页。
③ 《建炎以来系年要录》卷六,绍兴三年十月庚寅条。
④ 《苕溪集》卷一二《论禁戢私酒》。
⑤ 《清明集》卷一《谕州县官僚》,第7页。
⑥ 吕本中:《官箴》,载徐梓编注《官箴》,中央民族大学出版社1996年版。
⑦ 《清明集》卷一《咨目呈两通判及职曹官》,第4页。
⑧ 《清明集》卷六《执同分赎屋地》,第166页。
⑨ 《清明集》卷九《女家已回定帖而翻悔》,第347页。
⑩ 《清明集》卷一《谕州县官僚》,第6—7页。
⑪ 《清明集》卷八《命继与立继不同》,第265—267页。
⑫ 《清明集》卷八《后立者不得前立者自置之田》,第271—272页。
⑬ 《清明集》卷七《双立母命之子与同宗之子》,第217页。

了"双立"的形式。虽然这种折中方法有违于法律的明确规定,但对平衡民众传统的立嗣观念与国家继承法之间存在的矛盾冲突,化解家族内部纠纷,消弭因继承在近亲间产生的不和睦,都具有积极作用。

在南宋情理法兼顾的审判模式中,虽然官员重视"情法两平",但仍有因官府之失而对簿公堂之讼。这在南宋的诸多判词或官员的奏札中多有论及。如范应铃在《漕司送下互争田产》的判词中讲:"乡民持讼,或至更历年深,屡断不从",究其原因,"亦有失在官府"者,"如事涉户昏,不照田令,不合人情",致使遍经诸司①。亦有因官员在审判中"不能酌情据法,以平其事,则无厌之讼炽矣"②。宋宁宗开禧二年(1206)臣僚亦讲:有经州县监司累年之讼不决者,"多因官司不能分明剖析,致使两词经台、经部、经都省,而不以为渎"③。由此可见,因官员在审断民事争讼中理法不平、情法不平,有失公正,亦是造成民众累讼、缠讼、健讼的一个重要原因。而名公们的书判之所以能够作为官方判例的典型传世,与判词中体现的"理法两平"、"情法均衡","人情法意无不曲当"④的判案水平有很大关系。

在南宋的司法实践中,由于重情理轻法意成为官员审理民讼的主流意识,因此在他们的调判中,曲公法徇人情、舍法意用人情成为一个普遍现象,尤其在"名公"们的判决中,此类案例相当多。如范应铃在审理熊邦兄弟与阿甘讼户绝财产一案时,如"律之以法,尽合没官",但范应铃却将埋葬费用之外的田产"均作三分,各给其一",如此处理,范应铃自己也承认"此非法意"⑤。但由于争讼三方当事人都得到了好处,因此也收到了息讼的效果。又如胡颖在理断邹氏兄弟三人析产之讼中认为,依法维护同居共财的大家庭"固不失其为美",但其母既"愿为标拨",而且邹应龙"顽嚚之心,终不可改,今日之美意,未必不复为他日之厉阶",因此"不若据已标拨,各自管业,

---

① 《清明集》卷四《漕司送下互争田产》,第120页。
② 《清明集》卷七《立继有据不为户绝》,第215页。
③ 《宋会要辑稿》刑法三之四〇。
④ 《定斋集》卷六《荐临安通判王补之状》。
⑤ 《清明集》卷四《熊邦兄弟与阿甘互争财产》,第110页。

以息纷争"①。胡颖对邹氏的违法析产,既没有依法进行制裁,也没有拘于礼法强行撮合,采取了承认现实的态度。

南宋官员在审理财产争讼中,既注意从实际出发,也注重判决的可行性。如李五三兄弟欠负主家财本一案,依法官府当为之追理,但李五三兄弟已穷困到无一钱可偿,而且形容憔悴,死已无日。因此,胡颖不仅不行留禁、杖责之罚,而且免于监理。并"各于济贫米内支米一斗发遣"。对此胡颖自己也说:"此又屈公法而徇人情耳。"②再如毛永成诉赎田一案,依法毛永成当坐虚妄之罪。但审理官吴革认为,毛永成所诉"于法意人情,尚有当参酌者"。因此,对毛永成的诉讼没有简单地依法判决。他认为,一是毛汝良典卖之屋与毛永成所居连桁共柱,若被典买者毁折,"所居之屋不能自立,无以庇风雨,此人情也";二是毛汝良典卖之地中有祖坟一所,"其可使之不赎乎?此人情也"。根据此两条,吴革"将屋二间及大堰有祖坟桑地一亩,照原价仍兑还毛永成为业"③。虽然这项诉讼回赎案已超过法定的回赎年限,但拘于人情,还是准许毛永成赎为己业了。此亦是徇人情曲公法的一例。

仅此数例可以看出,南宋法官在审理财产争讼案件中,确实有曲法意徇人情,舍法意用人情的裁决,但应该看到,他们所用之情,所徇之情并非是私人情感和主观臆断,而是案件本身的实际情况,是尊重事实,从实际情况出发的一种表现。虽然这种裁决有弃法意徇人情之嫌,但并不违背宋儒主张的法意精神,反而展现出他们以事实为依据的务实理念和求实态度。

但是南宋官员的审判并非都是实事求是、公平合理的,尤其对不同名分人的争讼,对违犯封建伦理纲常人的审理,就不是公正求实的了。朱熹讲:"凡有狱讼,必先论其尊卑、上下、长幼、亲疏之分,而后听其曲直之辞。"④真德秀亦说:"听讼之际,尤当以正名分,厚风俗为主。"⑤所以说正名分是法官理断争讼中一直坚持的一个原则。如黄榦在审理"张解元兄弟互诉墓田"一

---

① 《清明集》卷一〇《兄弟之讼》,第371页。
② 《清明集》卷九《欠负人实无从出合免监理》,第338页。
③ 《清明集》卷六《执同分赎屋地》,第165页。
④ 《晦庵先生朱文公文集》卷一四《戊申延和奏札一》。
⑤ 《清明集》卷一《咨目呈两通判及职曹官》,第1页。

案中说:"当职身为县令,于小民之愚顽者,则当推究情实,断之以法;于士大夫则当以义理劝勉,不敢以愚民相待。"所以他对一在仕途、一预乡荐的张解元、张运干骨肉之讼,虽然他们丑诋痛讼,互相诋毁,已辱门户,已伤风教,但黄榦仍然对他们动之以情,晓之以理进行说教,要求他们"深思同气之义与门户之重","取和对状"①,而不肯以法绳之。

又如胡颖在审理李边不以见钱回赎田产一案时,依法对李边做了"勘杖一百,引监元钱还唐仲照,日下退契,秋成交业"的判决。但在判决之后胡颖又发现李边"状首自称前学生,意其或是士类,遂欲免断"②。可见南宋官员对小民与士类采用了不同的审判方式和判决标准。

南宋名公在对违犯伦理纲常行为的审理中,更凸显了他们的不公正和任意性。如胡颖在审理阿张离婚诉讼案中,他认为阿张为朱四妻已八年,即使"夫有恶疾如蔡人",也应是"终身不改"。而阿张"欲相弃背,已失夫妇之义;又且以新台之丑,上诬其舅,何其悖之甚也"。由于胡颖认为阿张的行为悖逆了封建伦理纲常,所以虽然判决"听离",但还要"杖六十"③,作为对阿张违背伦理行为的惩罚。胡颖在判书中只引礼中的"子甚宜其妻,父母不悦,则出之"。作为依据,而对"新台之丑"应引的法律条文,即妻"被夫同居亲强奸,虽未成而妻愿离者,亦听"④的规定,却只字不提,由此表现了名公们审判中的实用主义。

三、情、理、法并用展现的司法特色

南宋理学家对"天理"、"人情"与"国法"的沟通,使以"天理"为中枢的"天理"、"国法"、"人情"联系在一起,形成协调一致,互补互用的司法理论。南宋三位一体法治理论在司法中的应用,不只是一种理论的创新,也是一种法律实践。由此把儒家传统的"德主刑辅"原则推向理论与实践相结合的新

---

① 《勉斋集》卷三三《张运属兄弟互诉基田》。
② 《清明集》卷九《典买田业合照当来交易或见钱或钱会中半收赎》,第311页。
③ 《清明集》卷一〇《妻背夫悖舅断罪听离》,第379页。
④ 《庆元条法事类》卷八〇《诸色犯奸》,第922页。

阶段,而且使南宋法律更突出了伦理法的色彩,使司法运行呈现出新的时代特色。

（一）调解贯穿审判始终

南宋地方官府对民众的争讼,从受理到判决,乃至判决之后,始终将调解贯穿其中。所以说,调解是南宋官府审理民事争讼中的一个突出特征。

1.民诉受理中的调解。在南宋的地方官府中,县设"开拆司"、州府设"金厅"负责诉状的受理。在诉状接收后,按轻重缓急进行分类、拣择及编号。① 凡涉及地方教化或是有伤风教的重大案件呈报主审官员处理,把不予受理的案件"皆榜谕之"。在此过程中,"开拆司"或"金厅"亦开始对投状者进行劝谕。如余杭县吏何押录,每阅毕百姓诉状后,常"以忠言反复劝晓"投状者,"听其言而去者甚众"②。像何押录这样为"谕解一讼"而不遗余力的情况虽然记载不多,但恐非个例。这说明在南宋民诉受理之始,已开启劝导息讼了。

2.民诉审理中的调解。南宋百姓,多是"一时忿激,便欲投词","一时为人鼓诱,自谓有理,故来求诉"。对于这类争讼,"若令自据法理断遣而不加晓谕,岂能服负者之心哉? 故莫若呼理曲者前来,明加开说,使之自知亏理,宛转求和。或求和不从,彼受曲亦无辞矣"。③ 即对理曲者进行开导,使其自己认识错误,主动求和,远比直接依法判决更能解决问题。

在民事争讼的审理中,地方官员多从"息事宁人"出发,以父母官的角色出现在争讼当事人面前,或"委曲开譬",或"委官劝谕",或亲自劝和,在"教谕式的调停"中,促使双方袒露实情,作出让步,达到自愿和解的目的。如李焘知成都府双流县时,对张氏子在服丧期争讼财产,李焘在对双方劝导后,令其"盍归思之",给了双方反思的时间,"三日复来,迄悔艾无讼。"④真德秀在潭州时亦提出:"邑民以事至官者,愿不惮其烦而谆晓之,感之以至诚,持

---

① 《晦庵先生朱文公文集》卷一〇〇《约束榜》。
② 《咸淳临安志》卷九三《纪事》。
③ 《昼帘绪论·听讼篇第六》。
④ 《宋史》卷三八八《李焘传》。

之以悠久,必有油然而兴起者。"①又如宋宁宗嘉定年间,知安吉州赵与懽"晓以法,开以天理,皆忻然感悟"。② 沈周守润州时,"讼有可已者,辄谕以义,使归思之,狱以故少"。③ 胡颖在处理奉璿、奉琮兄弟争财时,从兄弟宜相亲善的角度出发,在教以人伦亲爱的道理之后,要求双方进行换位思考,并"请推官更切开譬折衷"。④ 陆九渊在荆门军任职时,凡民有诉者,"即为酌情决之,而多所劝释"。⑤ 从这些记载来看,南宋官员在审理民讼中的调解,确实发挥了重要作用,也收到了较好的效果。

南宋官员在调解争讼中,还以法律作为尚方宝剑告诫无理者。使争讼当事人在衡量利弊得失之后,自动撤诉、主动和对、自愿和解,由此达到息讼的目的。

3.判决后亦可劝解和息。南宋官员在调解息讼中,甚至将调解延伸到判决之后。即对已经依法判决的案件,如果当事人自愿和解,仍可以撤销原判,改为"无争状"结案。如徽州程若沔与兄若泾、弟若庸交争一案,官司本已判决,但经法官蔡杭的"委曲劝谕,导以天理",指出"人谁无过,过而能改,即是好人"。在兄弟"退省静思"之后,则以连押"合同文字及无争状赴司",最终以"无争状"结案。对这起争讼案件的解决蔡杭非常满意,他说:"果能消争融隙,变阋为怡,此正当职之本心。"⑥又如阳氏家族的立继之讼,在官府判决后,法官为了使胜诉的嗣子日后能和睦相处,又劝导嗣子"仰请集宗族、亲戚,卑辞尽礼,拜谢祖母、祖父,遵依教训,以坚悔过自新之意"⑦。以此弥合家族中因争讼造成的感情裂缝。由此亦展现出南宋官府调解息讼的终极色彩。

纵观南宋对民间争讼的调解,无论是民间调解还是官府调解,调解活动

---

① 《西山先生真文忠公文集》卷四〇《谭州谕同官咨目》。

② 《宋史》卷四一三《赵与懽传》。

③ 卢宪:《嘉定镇江志》卷一五《宋润州太守》,宋元方志丛书本。

④ 《清明集》卷一〇《兄弟侵夺之争教之以和睦》,第369页。

⑤ 《宋史》卷四三四《陆九渊传》。

⑥ 《清明集》卷一〇《俾之无事》,第367页。

⑦ 《清明集》卷七《先立已定不当以孽子易之》,第206页。

贯穿于争讼的全过程。从州县官员作"劝谕文"、"约束榜"要求民众自律,到纠纷发生后各类人员的自动劝解,争讼到官后的官府开导劝谕,乃至判决后仍许自愿和解,为争讼者创造了诸多和解的机会。这种贯穿于争讼始终的调解,在解决民众矛盾纠纷中确实发挥了重要作用。但这种重调解轻判决的理念和实践,也削弱了民众依法维权的法律意识和法律的权威性,对社会走向法治无疑产生了消极影响。

(二)重情理轻法意的显著特征

南宋深受理学影响的官员,对天理与国法的关系,人情与法意的关系有不少高论。真德秀讲:"是非之不可易者,天理也;轻重之不可逾者,国法也。以是为非,以非为是,则逆乎天理矣!以轻为重,以重为轻,则逆乎国法矣。"①胡颖亦说:"殊不知法意、人情,实同一体,徇人情而违法意,不可也;守法意而拂人情,亦不可也。权衡于二者之间,使上不违于法意,下不拂于人情,则通行而无弊矣。"②他们所言似是公正无邪,但重情理轻法意则是他们的基本指导思想,因此在他们的判案中,曲公法徇人情、舍法意用人情的判例相当多。此类案例在前面已多有列举,此处不再赘述。

在南宋司法中的情法兼用,使法的伦理色彩更浓厚;由于法顺人情,也冲淡了法的冷漠与僵化,在调整法与情的关系中,避免以法伤情,从而增强了社会成员的亲和力,发挥了寓教于法的功能。

(三)调判中呈现的自由裁量精神

中国古代法制的一个突出特点,是对民事争讼案件的处理兼用刑罚。按照南宋法律规定,适用于民事争讼中的刑种,主要是五刑中的笞、杖、徒及宋代开创的编管。而在司法中使用最多的是杖刑和编管两种。

南宋民事争讼使用刑罚,并不是对争讼本身采取的措施,而是从维护封建伦理纲常的需要出发,根据行为人违反伦理纲常的程度而采用的手段。从《名公书判清明集》中的大量判例可以清楚地看出,受刑事处罚的诉讼者,并不是因为他们侵犯了对方多大权益,造成了多大危害,主要是因为他们的

---

① 《西山先生真文忠公文集》卷四〇《谕州县官僚》。
② 《清明集》卷九《典买田业合照当来交易或见钱或钱会中半收赎》,第311页。

行为严重违反了道德伦理和等级名分的要求。如范应铃对兴讼昏赖田产的吴镕、吴桧"各杖六十"①;翁甫对揩擦关书,欲占人山地的徐应辰"勘杖一百"②;对出继不肖的石豈子"勘杖一百,勒令归宗"③;蔡杭对以假伪遗嘱伐丧骗钱的范瑜,"勘杖一百,编管邻州"④;方岳对生不养祖母,死不葬祖母,反诬诉族人的胡师琇,"杖一百,编管邻州"⑤等。都是因为他们的行为违背了"天理"而采用的刑罚方法。而对亲族之间的争讼,除手段极为恶劣者,一般不采用刑事制裁。尤其是财产、立继之类的争讼,多从厚亲睦族,消除纷争,以绝后讼出发,由亲族协同官府进行调解。

但在南宋民事词讼中使用刑罚,并没有统一的量刑标准和使用原则,多是由司法官根据自己的价值判断使用。尤其把天理、人情作为区分是非标准之后,更为司法官滥用刑罚开了方便之门。从名公的判例中看,法官们不仅随意用刑,而且制裁手段和量刑标准也超出了法定范围。如真德秀在泉州,对吴良聪的不孝罪,采用了"杖脊二十,髡发拘役"⑥;对妄兴词讼的黄百七,则采取"勘杖一百,牒押送湘阴县,请长枷就县门示众五日"。⑦ 胡颖对妄兴词诉的葛晞泰,判为"杖八十,寄厢,遇词状日,押上枷项令众,候犯人替"⑧;而对在讼庭上争辩不已的阿周,胡颖从妇女"多是不务本业","专事唇舌,邻舍不睦"的偏见出发,判阿周"决竹篦十五,押下本厢,扫街半月"⑨。尤其是胡颖对阿张讼其舅蒋八"河上之要"的处理更是不公正。胡颖认为,河上之要"虚实虽未可知",而阿张却"彰彰然以告之于人,则非为尊长讳之义";况且"蒋九因阿张之故,遂至弃父养,出外别居"。因此,胡颖不分是非,不问曲直,不顾法律,也以礼中的"子甚宜其妻,父母不悦,则出之"为依据,

① 《清明集》卷四《吴肃吴镕吴桧互争田产》,第111页。
② 《清明集》卷五《揩擦关书包占山地》,第159页。
③ 《清明集》卷七《出继子不肖勒令归宗》,第224页。
④ 《清明集》卷八《假伪遗嘱以伐丧》,第289页。
⑤ 《清明集》卷一〇《祖母生不养死不葬反诬诉族人》,第386页。
⑥ 《清明集》卷一〇《孝于亲者当劝不孝于亲者当惩》,第383页。
⑦ 《清明集》卷一《惩戒子侄生事扰人》,第32页。
⑧ 《清明集》卷一三《妄诉者断罪枷项令众候犯人替》,第497页。
⑨ 《清明集》卷一三《邻妇因争妄诉》,第505页。

判决"阿张决十五,押下射充军妻"①。胡颖作为一名"以德为本"的"名公",却对一个受害妇女采用了"射充军妻"的处罚方法,既反映了名公们为维护封建纲常伦理不择手段、不顾礼法,也说明名公们的判决亦有不清明之处。

　　从南宋官员在民事案件审判中的整体活动来看,虽然他们有重情理轻法意的倾向,但他们采用的先调解后判决、先教化后惩罚的方法是应该肯定的。尤其在理断财产争讼中,能够从实际情况出发进行处理,虽有循人情、弃公法之嫌,但却表现了他们以事实为依据的务实精神。这与汉代兴起的"经义决狱"中的论心定罪相比,显然是一个很大的进步。但是也不能不看到,他们在审理违背封建伦理纲常方面的词讼中,不仅判决标准不一,而且滥用刑罚,甚至法外制裁,又表现了他们审判中不公正、不清明的一面,也展现了他们的自由裁量和任意用刑的自由主义色彩。

　　南宋情理与法意的协调,天理与人情的交融,道德与法律的结合,法应人情而变通等执法理念的出现与在司法中的应用,既软化了法的实际功能,也对民众的依法维权意识和法的权威性产生了消极影响,但是这些执法理念的综合并用,却在南宋司法中形成了新的执法艺术,在司法审判中发挥了重要作用。这些执法理念,对以后的法律发展也产生了深远影响。

第三节　《名公书判清明集》编撰及其法律意义

　　《名公书判清明集》是南宋诉讼判词和官府公文的分类汇编,自中国社会科学院历史研究所宋辽金元研究室将其点校,并由中华书局于 1987 年出版后,为海内外研究宋代社会史、经济史、法制史等学者所重视,是他们的案头必备之书。就与其直接相关的数十篇成果而言,研究视角多集中在版本、法条、裁判依据、执行状况、判词特点、司法精神等方面,因此,有必要从《名

---

　　① 《清明集》卷一〇《妇以恶名加其舅以图免罪》,第 387 页。

公书判清明集》编撰指导思想和所反映的司法价值,对其进行进一步研究。①

一、《清明集》编撰指导思想

现在的中华书局标点本《名公书判清明集》(以下简称《清明集》)是以上海图书馆所藏的明刻本为底本,日本静嘉堂所藏的宋刻本作补充,对校而成。明刻本既与宋本有渊源关系,又不是直接来源于宋刻本。据陈智超先生的考论,宋人所编的《名公书判清明集》,在元代曾增修过,补入元人案牍判语,明修《永乐大典》时收入,分录于"清"字编、"判"字编、"乡"字编、"母"字编中。② 故而,《清明集》编撰指导思想与从宋刻本到明刻本的编写者及编写过程紧密相关。

宋刻本是一个残本,只有户婚门,约六万五千字。宋刻本前面曾有一篇残缺的引言,引言作者是福建建宁府崇安县武夷乡人"幔亭曾孙",即本书的编写者。引言作于"景定岁酉日长至",即宋理宗景定二年(1261)。宋刻本前还有"清明集名氏"栏,开列书判作者姓名、字、号、籍贯,共 28 人。这 28 人或是福建人,或曾在福建任官。可见,宋刻本《清明集》所收判词的作者,

---

① 此类论作数量众多,主要有莫家齐:《从〈名公书判清明集〉看宋朝的继承制度》,载《法学杂志》1984 年第 6 期;莫家齐:《南宋土地交易法规述略——〈名公书判清明集〉研究之一》,载《现代法学》1987 年第 4 期;张升:《〈名公书判清明集〉的版本及流传》,载《图书馆杂志》2001 年第 7 期;陈景良:《试论宋代士大夫司法活动中的德性原则与审判艺术》,载《法学》1997 年第 6 期;王志强:《〈名公书判清明集〉法律思想初探》,载《法学研究》1997 年第 5 期;王志强:《南宋司法裁判中的价值取向》,载《中国社会科学》1998 年第 6 期;[日]佐立治人:《清明集的法意与人情》,载《中国法制史考证·丙编第三卷》(宋辽金元卷),中国社会科学出版社 2003 年版,第 439—477 页;孔学:《〈名公书判清明集〉所引宋代法律条文述论》,载《河南大学学报》2003 年第 2 期;邓勇:《论中国古代法律生活中的"情理场"——从〈名公书判清明集〉出发》,载《法制与社会发展》2004 年第 5 期;高楠:《南宋民事执行案件考述——以〈名公书判清明集〉中的财产案件为中心》,载《河北大学学报》2006 年第 6 期;张利:《义理决狱探析——以〈名公书判清明集〉为主要依据》,载《河北学刊》2006 年第 2 期;张利:《宋代"名公"司法审判精神探析——以〈名公书判清明集〉为主要依据》,载《河北法学》2006 年第 10 期;王为东:《南宋民事审判依据的分类考察——以〈名公书判清明集〉为中心》,载《中州学刊》2009 年第 4 期;崔明石:《事实与规范之间:情理法的再认识——以〈名公书判清明集〉为考察依据》,载《当代法学》2010 年第 6 期。

② 陈智超:《宋史研究的珍贵史料——明刻本〈名公书判清明集〉介绍》,载《名公书判清明集》附录七,中华书局 1987 年版,第 645—657 页。

同编印者的籍贯有关。① 这是《清明集》编纂者收录书判的第一个原则。第二个原则,则和当时的司法状况密切相关。以区分一本书的容量,当然不能将宋理宗景定二年(1261)之前的所有书判尽行收录。因此,作为被挑选出来的案例,"以正名分,厚风俗为主"②。这也就从反面印证了当时的司法弊端,在律己不廉、抚民不仁、存心不公、涖事不勤的官僚队伍中,"今之居官者,或以酣咏遨游为高,以勤强谨恪为俗"。③ "今之世有勤于吏事者,反以鄙俗目之"。④ "弋阳县官其不狎妓,想独知县一人耳"。⑤ 腐败的政治、贪婪的官吏使得平民百姓屡屡遭遇断狱不公之害,"枉直乖错不可胜数,以无为有,以枉为直,违法徇情,灭亲害义,无所不有"。⑥ 再加上官吏狼狈为奸,豪横辈出,冤抑之情自然不少。面对狱讼的腐败,官吏队伍中的正直之士,开始以各自的方式平反冤滥,造福一方。有的将前代正史和笔记中明敏断狱,平反冤狱的记载汇集成书。如南宋郑克和桂万荣继五代末、北宋初和氏父子之遗绪,分别编录为《折狱龟鉴》和《棠阴比事》。这一做法,引起了最高统治者的注意和重视,如端平元年(1234)桂万荣奏对时,宋理宗说曾经看过他的《棠阴比事》并加以褒扬。⑦ 有的士大夫则将自己的判词编入自己的文集,传之后世。如范应铃编有《对越集》四十九卷,专收他的"断讼语"⑧;刘克庄、黄震、朱熹、黄榦、民族英雄文天祥等人的文集中都有专门书判或词诉约束等相关内容。由此观之,《清明集》是生活于南宋中后期的幔亭曾孙将当时的"名公"书判汇编而成。第三个原则是"清明"与否,即判案的能否合乎天理、人情、国法,从中寻找一个平衡点。故清人全祖望说,宋人书判《清明集》"皆以载能吏之最著者"。⑨ 这一标准则是站在南宋地主阶级的立场而言的。

① 当然,这并不等于判词内容全部和福建有关。
② 《清明集》卷一《咨目呈两通判及职曹官》,第2页。
③ 《清明集》卷一《谕州县官僚》,第7页。
④ 《清明集》卷一《咨目呈两通判及职曹官》,第2页。
⑤ 《清明集》卷二《狎妓》,第24页。
⑥ 《容斋随笔》卷四《张浮休书》,吉林文史出版社1996年版,第34页。
⑦ 桂万荣:《棠阴比事》原序,影印文渊阁《四库全书》本。
⑧ 范应铃《对越集》已不传,但从《清明集》中所收他的书判仍可窥其一斑。
⑨ 全祖望:《鲒埼亭集外编》卷二八《跋宋史史浩传后》,四部丛刊本。

在这种大环境下,此书的刻印目的,并非如士大夫个人收入文集中的判词那样,"姑存之以示子孙"①,耳提面命"儒学吏事"不可偏废,而是为亲民官提供判案参考,有着更为典型的榜样意味在其中。

明刻本的《清明集》北京图书馆和上海图书馆均有馆藏。北图本是个残本,上图所藏为足本,约22万字,明盛时选刻本,十四卷。上图本前有明隆庆三年(1569)辑者张四维序,后有刻者盛时选后序。张序中明言,此书从《永乐大典》中辑出,皆宋以来名公书判,并给以很高的评价,"其原情定罚,比物引类,可谓曲尽矣","谓读律者必知此,庶几谳拟不谬。"②盛时选在《清明集后序》中指出,明代虽有《大明令》、《大明律》等良法相继问世,但传统观念的影响下,在内外百官的意识里,却得不到重视,法律适用有偏差,冤抑之事层出不穷,故刻印《清明集》,以为"当代法程":

> 夫法以弼教,圣人之所慎也……三代而下,九章起于萧何,而论相业者,辄以刀笔少之。世以刀笔少何也,儒者罕言法律之学,而汤周、罗吉之徒乃接踵于汉唐,兹无辜之所以籲天也……明兴,扫胜国之繁苛,著大明令以齐于前,复作大明律以申之后,每上一条,酌定惟谨,轻重比拟,克协厥中,自祖宗以至今日,圣君贤相,共相率循,不敢略有增损,可谓能体天地好生之德。而内外百执事,其役志于法律者尚鲜。吕刑曰:明清于单辞说,书谓明无一毫之蔽,清无一点之污,然后能查其情,民受祥刑,斯为哲人。清明集之作,义或肇于是乎。今观集中于民详于劝,于吏详于规,大都略法而崇教,其忠厚好生,瀁然在目,不必履疆考政,当时之治,亦可想矣……则于当代法程可知也已。③

由此可知,明人编纂刻印《清明集》的目的和宋人相同:为官员提供判案参考。刘克庄曾说,他文集中所收判词的标准是"臬司书判稍紧切者",至于普通案件。不过民间鸡虫得失,是不会被收入的。既在源头上摒弃了普通县

① 《后村先生大全集》卷一九二、一九三跋语。
② 《清明集》附录一《刻〈清明集〉序》,第563页。
③ 《清明集》附录一《〈清明集〉后序》,第564页。

案,《清明集》中当然也不会收入。而据陈智超先生的考证,在景定二年(1261)幔亭曾孙之后,又有人增入新的内容,再刻新本。① 很明显,无论是最初《清明集》中的案例,还是后来逐次新增的《清明集》内容,都是优中选优,重中选重,是时人心目中非常典型的化民成俗的案例样板,是与当时的制度设计和社会主流舆论相契合的。

二、《清明集》所反映的司法价值

宋代是一个非常重视法制建设的王朝,建立在宋代政治、经济、文化、科技等发展变化基础上的法律体系,既包括实体法,也含有严密的程序法,亦有"自立一王之法"的鲜明特征。但因深受儒家的"德礼为政教之本,刑罚为政教之用"②思想的影响和支配,宋代民事审判的程序并不严格,尤其是南宋后期理学思想占主导地位之后,儒家德教思想在民事审判中的支配作用更为突出,现存《名公书判清明集》中的大量判例,集中地反映了这一变化的趋势。在民事案件审判过程中,从法官的思想和行为,折射出《清明集》所反映的司法价值。

在《清明集》绝大多数案件的审理过程中,"宁人息讼"的审判原则随处可见,其表现有二:一是判词中对兴讼之弊的议论,二是判词中展现的明刑弼教精神。为达到止争息讼的目的,名公们反复强调因小利兴讼之严重后果,真德秀说:"喜争斗者,杀身之本;乐词讼者,破家之基。"③黄榦认为,只有"父子轻于相弃,夫妇轻于相离,兄弟轻于相讼",才能和睦相处,否则将"转徙饥饿,不安其生"。④ 胡颖对兴讼之弊论述最为精辟,他说:"与宗族讼,则伤宗族之恩;与乡党讼,则损乡党之谊。幸而获胜,所损已多,不幸而输,虽悔何及。"⑤在这种"寓教于判"的判词中,名公们还特别强调必须"公其是

---

① 陈智超:《宋史研究的珍贵史料——明刻本〈名公书判清明集〉介绍》,载《名公书判清明集》附录七,第645—657页。
② 《唐律疏议》卷一《名例律》,中华书局1993年版,第3页。
③ 《西山先生真文忠公文集》卷四〇《隆兴劝农文》。
④ 《勉斋集》卷三四《新淦劝农文》。
⑤ 《清明集》卷四《妄诉田业》,第123页。

非,正其曲直",认为如果不考虑"不审其理之是非,不察其情之曲直"①,诉讼非但不会止息,还会竞讼纷起。在这种思想指导下,名公们普遍认为,当务之急不是在审理民事争讼中如何严格地适用法律,而是用伦理纲常对两造进行息讼教育。书判中的许多判语反映出名公们对这一原则的践行。如真德秀对僚属讲:"民以事至官者,愿不惮其烦而谆晓之。"②蔡杭直白地说,"本职以明刑弼教为先,名分尤所当急"。③ 胡颖的判词说得也很明确具体,"当职务以教化为先,刑罚为后"④,每遇听讼,"惟以厚人伦,美教化为第一义。"⑤名公们这种动之以情,晓之以理的说教,都是以实现"宁人息讼"这一根本原则为前提。他们之所以不遗余力地提倡并践行"宁人息讼"原则,既和以宗族为本位的南宋社会制度、快速发展的商品经济有关,也与"行政长官即法官"的政治、司法制度有着必然的联系。在这种制度下,身兼二职的地方官的角色不仅平民百姓不易区分,就是他们自己往往也不能截然分得清。

为达到"宁人息讼",南宋名公们在审理民事争讼案件的过程中,采取了调解与判决相结合的审判方式,对两造"教之以人伦,以感发其天理"。只有在当事人双方各持己见,调解无效时,才采用判决的形式。《清明集》中的众多书判显示,名公们的调解方法有二,一是官府直接进行调解,二是责成亲邻劝和。官府调解的诉讼案件,多是一方明显违法,若依法判决,并不一定能收到和亲睦族、宁人息讼的效果。为解决这类案件,司法官常常亲自出面晓之利害,且成效显著,"遇亲戚骨肉之讼,多是面加开谕,往往幡然而改,各从和会而去。"⑥如刘克庄审理谢迪女悔婚诉讼案时,不仅亲自劝导,而且令"乡曲亲戚"进行调和,前后经过六次调解,最终调解成功。⑦ 此案中的"乡曲亲戚"劝和,是在官府出面后的被动参与,只是作为官府理断诉讼的一个

---

① 《古今合璧事类备要》外集卷二六《法令门·词讼》,上海古籍出版社 1992 年版。
② 《清明集》卷一《咨目呈两通判及职曹官》,第 1 页。
③ 《清明集》卷一〇《恃富凌族长》,第 392 页。
④ 《清明集》卷一〇《因争财而悖其母与兄姑从恕如不悛即追断》,第 362 页。
⑤ 《清明集》卷一〇《母讼子而终有爱子之心不欲遽断其罪》,第 363 页。
⑥ 《清明集》卷一《谕州县官僚》,第 10 页。
⑦ 《清明集》卷九《女家已回定帖而翻悔》,第 346—348 页。

组成部分,和民间独立进行的调解明显不同。这一调解方式是当时官府的常用手法。如胡颖在处理李三悖母兄之罪时,为"开其自新之路","仍仰邻里相与劝和"。胡大不孝为母所讼,胡颖因顾虑日后母子相处问题,亦"仍令四邻和劝"。① 在名公们的书判中,此类案件还有很多。无论是司法官亲自调解,还是责令亲邻劝和,都体现了宁人息讼、睦亲和族的原则精神。

　　因南宋对受理词诉有着严格的承审期限限制,"自今词诉在州县半年以上不为结绝者,悉许监司受理。"②所以,若调解无效,名公们便会依法判决。如真德秀讲:"如卑幼诉分产不平,固当以法断,亦须先谕尊长,自行从公均分。或坚执不从,然后当官监析。"如再"有妄生词说者,却当以犯分诬罔坐之。"③可见,先劝而后判,是名公们坚持的一个基本原则。如王方妄讼王子才一案,官司"勉力谕之和协",但由于两词坚执,"官司亦只得公心予决"。④蔡杭在理断黄居易兄弟三人之争时,本来"欲俾息讼,以全天伦",然而,"今三人者嗜利无耻,顽不可化",只得"押下本州,请径自从条断遣。"⑤但对有伤教化的顽讼,则采取了果断判决。如潘氏兄弟争业一案,"所争之田不满一亩,互争之讼不止数年。"因此,吴革"定限十日结绝"。⑥ 由判词中审案官员对调解和判决的运用上看,很明显,南宋的调解并没有统一模式,是司法官按照自己的理念和诉讼实际变化情况自行决定的。

　　德主刑辅、明刑弼教的侧重点虽有细微的差别,但其中蕴涵的道德与法律的关系问题却与中国古代社会相伴始终。宋代的法律已经是"人情物理所在…仁义之气蔼然在其中。"⑦南宋时,在理学家把"存天理、灭人欲"视为社会最高道德标准之后,在"以德统刑"思想的支配下,在司法领域,天理、人情亦作为区分是非、判定曲直的标准,成为一种时尚。所以在司法审判中,

---

① 《清明集》卷一〇《母讼其子良加责罚如再不改照条断》,第386页。
② 《宋会要辑稿》刑法三之三二。
③ 《清明集》卷一《劝谕事件于后》,第10页。
④ 《清明集》卷一三《假为弟命继为词欲诬赖其堂弟财物》,第512页。
⑤ 《清明集》卷一〇《兄弟之争》,第367页。
⑥ 《清明集》卷六《兄弟争业》,第174页。
⑦ 吕乔年:《丽泽论说集录》卷九《门人所记杂录说一》,影印文渊阁《四库全书》本。

先讲合情合理而后讲合法的情法混用的审判标准为士大夫们所推崇和践行,并以此作为变通法律、自由判决的依据,"倘拂乎情,违乎理,不可以为法于后世矣。"①"是非之不可易者,天理也;轻重不可踰者,国法也。以是为非,以非为是,则逆乎天理矣! 以轻为重,以重为轻,则违乎国法矣"。② 胡颖对人情、法意的关系与运用讲得更明确,他说:"法意、人情实同一体。徇人情而违法意,不可也;守法意而拂人情,亦不可也。权衡于二者之间,使上不违于法意,下不拂于人情,则通行而无弊矣。"③话虽如此,法意和人情之间的平衡点却不是那么好寻找的,名公们书判中俯拾皆是的曲公法徇人情、舍法意用人情的判例,反映出重情理轻法意是他们的基本指导思想。如熊邦兄弟与阿甘讼户绝财产一案,"律之以法,尽合没官。"但审理此案的范应铃为了息讼,便裁定丧葬费用之外的田产"均作三分,各给其一",使争讼三方都得到了些许好处。这种处理方式,范应铃自己也说"此非法意"。④ 又如毛永成诉赎田宅一案,依法毛永成当坐虚妄之罪,但吴革认为,毛永成所诉"于法意人情,尚有当参酌者。"一是毛汝良典卖之屋与毛永成所居连桁共柱,若被典买者毁拆,"所居之屋不能自立,无以庇风雨,此人情也";二是毛汝良典卖之地中有祖坟一所,"其可使之不赎乎? 此人情也。"根据这两点,吴革认为,虽已超过法定的回赎年限,还是准许毛永成赎为己业为好,故而,判令"将屋二间及有祖坟桑地一亩,照原价仍兑换毛永成为业。"⑤此又是徇人情曲公法的典型案例。

上述例证标明,南宋名公们曲法意徇人情,舍法意用人情之"人情"并非是私人之情,而是影响宁人息讼的实际情况,是在案件审理过程中,既注意从实际处罚,也注重判决的可行性。尊重实情,从实际情况出发理断争讼,虽有弃法之嫌,但在实际上并不违背南宋法律的原则精神,反而表现出名公们以事实为依据的务实精神。然而,这种审判中的实用主义若是应用到伦

理纲常案件或与士人相关的案件，则又会偏离案件实情之"人情"，成为维护礼义纲常之借口。①

可见，在"宁人息讼"的审判原则之下，调判结合的审判方式和情法混用的审判标准更多地表现为艺术司法，而非技术司法。"在某种意义上说，他们在每一个特殊案件里面都适用了一个特殊的规则"。② 这种以情理为特征的司法实践是司法官在以儒家伦理为主流的多元思想、意识的指导下，受到诉讼的特定技术限制之条件下的必然选择。这种以有利于恢复或维系和谐的社会秩序和人际关系为最终目的的裁判结果，是务实的、灵活的个案正义。③

第四节　《折狱龟鉴》与南宋证据理论的发展

《折狱龟鉴》，又名《决狱龟鉴》，南宋人郑克以五代和凝父子《疑狱集》为基础编写而成，它共选取了上自春秋、战国，下到北宋大观、政和年间的司法官决摘奸慝、平反冤滥、巧妙断案的案例故事三百九十二事，每条之后都有郑克的论断、评述。郑克编纂《折狱龟鉴》的直接起因是官方的恤刑政策，据宋末元初人刘壎《隐居通议》记载："高宗绍兴三年，降诏恤刑，戒饬中外，俾务哀矜。时有承直郎郑克明为湖州提刑司干官，因阅和凝《疑狱集》，易旧名曰《折狱龟鉴》。"④成书之后，理宗景定时曾重刊⑤，元至元时刊补⑥，到了

---

① 参见郭东旭：《宋代法制研究》，河北大学出版社 2000 年版，第 619—620 页；《宋朝法律史论》，河北大学出版社 2001 年版，第 360—363 页。

② 梁治平：《追求自然秩序中的和谐》，中国政法大学出版社 1997 年版，第 300—301 页。

③ 王志强：《南宋司法裁判中的价值取向》，载《中国社会科学》1998 年第 6 期。

④ 余嘉锡：《四库提要辨证·法家类·折狱龟鉴》卷一一，中华书局 1980 年版，第 618 页。

⑤ 宋理宗景定辛酉四月赵时囊言："宜春郡斋旧有《折狱龟鉴》，岁久字画漫漶，览者病之。余叨守既数月，狱讼简清，公暇出箧中所藏一编参订，遴匠重刊，俾览者充拓闻见，如龟决疑，如鉴烛物，是亦'惟良折狱'之一助云。"参见《折狱龟鉴校释》，复旦大学出版社 1988 年版，第 435 页。

⑥ "至元辛巳秋仲，府尹张公国纪发其藏，归校官……越半载，同知郝公居正来莅郡事，以敦化善俗为己任，颛命刊补，于是悉备。"参见《折狱龟鉴校释》原序，第 436 页。

明朝,又分别有隆庆四年刊本和万历怀庆府乔万里刊本,而且被《永乐大典》收录,清乾隆年间编纂《四库全书》时,又将其从《永乐大典》中录出。

《折狱龟鉴》流布于南宋、元、明、清的八百多年间,宋人陈振孙、晁公武,元人马端临、刘埙、清人朱绪曾、近人余嘉锡等,都曾在各自的著作中对其内容和作者进行过简单地介绍、评价和考证。今日的国内学者有的从心理学、侦查学、版本学角度探讨其所反映的法律思想、断狱智慧、司法鉴定等问题;有的在论述宋代司法官职责、审判制度、证据制度时将其作为典型论据①,其中的证据问题是法官认定违法犯罪事实,正确处理案件的关键一环。故而,有必要对《折狱龟鉴》与南宋证据理论的发展问题再作探讨。

一、《折狱龟鉴》与南宋证据理论

在中国古代司法审判中,因口供是判案的依据而刑讯逼供大行其道。至宋代,不仅证据制度不断发展和完善,而且以《疑狱集》、《折狱龟鉴》、《棠阴比事》、《洗冤集录》为代表的总结证据经验和理论的著作也相继问世。在这四部著作中,除《疑狱集》外,其他三部均出自南宋人之手,而郑克的《折狱龟鉴》最具典型性。

宋代司法活动中所利用的证据,若以证据的表现形式划分,主要包括两种:言词证据和实物证据。言词证据包括诉讼当事人中原告的陈述、被告的供词和证人的证言。唐宋以前,由于"有罪推定"原则的存在,被告一旦被指控犯罪,就负有举证责任,若不能提供充分的证据证明自己无罪,即是有罪。所以被告人的口供是定罪的一项重要根据,并因而成为中国古代证据链条中的重要一环。为了使被告开口服罪,办案人员常常对其严刑拷打,这就不可避免地造成许多屈打成招的冤案,《折狱龟鉴》中有许多这样的案例。② 而刑讯逼供取得的供词,其可信度很值得怀疑;而有假有真的口供,也容易出

① 参见王云海:《宋代司法制度》,河南大学出版社 1992 年版;郭东旭:《宋代法制研究》河北大学出版 1997 年版。
② 如后汉时,"陵阳女子与人杀其夫,叔觉,来赴贼,女子乃以血涂叔",诬告小叔子,官司拷掠太过,小叔子屈打成招。参见《折狱龟鉴校释》卷一《释冤上·庄遵》,复旦大学出版社 1998 年版,第 49 页。

现反复。为防止滥用刑讯,唐律中已刑讯加以约束,《宋刑统》中则进一步加以完善,明确规定了刑讯条件、刑讯程序、刑讯对象、拷讯次数、时间、责任等①。对于刑讯现象,陈襄说,"缧绁之下,何求而不得?"认为正确的方法是"察词观色,喻之以理,扣其实情,稗之自吐之。"②郑克也认为,只凭酷刑来审理案件是一种无能的表现,他认为,"鞫情之术,有正有谲……恃拷掠者,乃无术也"。③ 在其之后的南宋司法官员中,也不少人认同并践行他的这一观点,胡太初提出:"拷讯最不可妄加,而臆度之见最不可恃以为是也。史传所载,耳目所知,以疑似受枉而死、而流、而伏辜者,何可胜数!""凡罪囚供款,必须事事著实,方可凭信。"④唐磷任吴县县尉时,有杀人越货挟死者之舟逃逸者,官府求贼甚急。一屠夫自告其儿所为,儿亦承认,但唐磷没有根据二人所供轻易结案,反问道:"舟安在? 钱何用?"二人为之语塞。后"得贼太湖,与舟俱至"⑤。这是南宋时司法实践中不仅仅依凭口供结案的一个典型案例。当然,事物的发展是一个渐进过程,依口供定罪在南宋时期不可能立刻消失,但与其后明清律中"鞫问刑名等项,必据犯人之招草,以定其情"和"必据犯者招草以定其罪"⑥的条款相比,南宋的证据理论明显进步一些。

　　证人是指与案件有关的知情人或见证人。宋代的证人又称干证人、干连证佐。证人就其所知道的案情向司法机关所作的陈述是为证言。作为言词证据另一重要来源,证人证言也是司法审判中运用最广泛的一种证据。早在西周时期就有"凡民讼,以地比(地之毗邻者)证之"⑦的规定,至隋唐已形成了一整套较为系统的证人证言制度,宋代沿用不辍。在北宋律法中,对证人资格、证明力、证明责任、保护证人的措施(如禁止擅自追摄证人,优先断放干证人,规定禁系证人的日限、重罪已明,不可再追证以待轻罪等)规定

---

① 王云海:《宋代司法制度》,第 211—212 页。

② 《州县提纲》卷三《鞫狱从实》。

③ 《折狱龟鉴校释》卷三《鞫情·陈枢》,第 182 页。

④ 《昼帘绪论》治狱篇第七。

⑤ 《宋史》卷四〇九《唐磷传》,第 12331 页。

⑥ 薛允升:《唐明律合编》卷三〇《吏典代写招草》,法律出版社 1999 年版,第 817 页。

⑦ 贾公彦疏《周礼注疏·地官·小司徒》卷一一,影印文渊阁《四库全书》本。

得非常明确①。但"证有难凭者",郑克通过"韩亿示医"这一生动的案例,告诉众多亲民官,只有不拘泥于法定证据理论的形式主义框框,才能迅速地还原案件真相,平反冤抑。

> 韩亿知洋州时,土豪李甲者,兄死迫嫁其嫂,因诬其子为他姓,以专其赀。嫂历诉于官,甲辄赂吏使掠服之,积十余年,其诉不已。亿视旧牍未尝引乳医为证。一日尽召其党,以乳医示之,众无以为辞,冤遂辨。

> 尝云推事有两:一察情,一据证,固当兼用之也。然证有难凭者,则不若察情,可以中其肺腑之隐;情有难见者,则不若据证,可以屈其口舌之争,两者迭用,各适所宜也。彼诬其子为他姓者,所引之证,想亦非一,独未尝引乳医,则其情可见矣。故尽召其党,以乳医示之,既有以中其肺腑之隐,又有以屈其口舌之争,则众无以为辞,而冤遂辨,不亦宜乎!②

其后,与证人相关的条令屡有降下,如建炎元年(1127)七月十四日诏:"今后应杀获强盗,别无生擒徒伴照证,令所属州军申提刑司勘验诣实。"③根据这条法令,若无证人或证人不足的强盗案件,为免地方官滥追无辜,可直接申报上级司法机关。绍兴五年(1135)十二月,通过衢州知州向子忞一案,宋高宗颁下命官犯罪不再追证之诏,"有罪者家居待命,而证佐无辜之人往往淹延囚禁,动经岁月,深可悯也。子忞罪状既明,别不须干证,第黜责其身足矣。"④为保证与证人相关的各项措施的贯彻执行,南宋还启动了监察机关的察举职能。绍兴十二年(1142)四月二十一日诏,"鞫狱干证等人,行在委御史台常切检察,月具有无违戾闻奏。"⑤宋孝宗乾道元年(1165),在正月初一大礼之赦中再次强调,只勾追紧切干证人,即与案情关系重大的证人,禁

① 王云海:《宋代司法制度》,第212—217页;郭东旭:《宋代法制研究》,第558—560页。
② 《折狱龟鉴校释》卷六《证慝·韩亿》,第329页。
③ 《宋会要辑稿》职官一〇之二之三。
④ 《系年要录》卷九六,绍兴五年十二月己未条,第2册,第348—349页。
⑤ 《宋会要辑稿》职官五五之二〇。

止胥吏枝蔓追远,并由监司监督觉察。①　其后一些录问官害怕承担责任,凡有在录问时犯人不服,便不再认真分析推敲,直接要求移司重审②,至一狱别推、移推六七次不得结案,也使许多"无辜之人,滥被追证"③。于是孝宗又于乾道二年(1166)、六年(1170)、九年(1173)连续颁下类似的诏令或赦文,规定录问官不能驳正冤假错案者受罚。南宋对干证人的立法保护措施,标志着这一时期证人证言制度的完善,它虽不能杜绝与证人相关的司法弊病,却是宋代证据制度趋向文明的一个重要表现。

实物证据包括物证、书证和鉴定结论(即检验笔录)。物证是指能够证明案件真实情况的物品或者物质痕迹,主要指犯罪工具、犯罪中留下的物品及痕迹、犯罪所侵犯的客体等。这些物证的收集是由司法机关通过现场勘验、检查、搜查获得的,在刑事诉讼中被广泛运用。书证有契约、收据、遗嘱、簿历等,主要在民事诉讼中使用。二者的区别之处在于物证以物质的形状、性质等特征证明案件事实。两宋时期,随着社会经济的发展,社会文明的进步,物证在刑诉中的地位越来越高,证明效力也越来越强。"若赃状露验,理不可疑,虽不承引,即据状断之。"④也就是说,物证确凿时,即使被告人不承认,也可以根据物证定罪。很显然,物证的效力已超过口供。另一方面,在审理数人共犯的案件时,为避免株连无辜和出入人罪,即使犯人已招认,亦要查取物证以核验口供的虚实,"州县推勘盗贼,多以止宿林野为词,不究囊橐之家,请自今应推强盗而不究囊橐及所止之地名,各徒二年,不尽者,减二等为令。从之。"⑤

随着物证在审判活动中的广泛使用和物证效力的提高,一些法学家也开始探索和阐述这方面的理论。在传世资料中,南宋郑克及其《折狱龟鉴》最具代表性。郑克通过对各类典型案件的比较分析,系统地总结出治狱之

---

① 《宋会要辑稿》刑法三之八四。
② 参见戴建国:《宋代刑事审判制度研究》,载《宋代法制初探》,黑龙江人民出版社2000年版,第216页。
③ 《宋会要辑稿》刑法三之八四。
④ 《宋刑统》卷二九《断狱律·不合拷讯者取众证为定》,第474页。
⑤ 《文献通考》卷一六七《刑考六·刑制》。

道、破案之术和定案之法,从理论上突破了传统的证据观念,对南宋及后世的司法实践,具有积极的指导作用。其理论有三:一是以"正"、"谲"并用方式获得证据。郑克认为,侦破刑事案件时,在正面核查犯罪事实的同时,还应辅以奇巧之术引诱罪犯就范,"钩慝之术……必依于正。以此用谲,则无败事"①只有将二者融会贯通,方能"术苟精焉,情必得矣"。② 二是"察情"和"证据"不可偏废。"察情"是指通过观察犯罪者的心理活动所表现出的气貌,推断出犯罪者所供情况的真伪。郑克所谓的"察情",其实际上是在吸收传统"五听"中合理部分的基础上,更加注重犯罪心理学的运用,"奸人之匿情而作伪者,或听其声而知之,或视其色而知之,或诘其辞而知之,或讯其事而知之。盖以此四者得其情矣,故奸伪之人莫能欺也。"③同时,他也指出,"察情"虽重要,但司法官不能离开物证单靠察言观色定案,"凡据证折狱者,不唯责问知见辞款,又当检勘其事,推验其物,以为证也"。④ "验其物色,遂见端的"。⑤ 只有二者并重,才有助于破案,"证有难凭者,则不若察情,可以中其肺腑之隐;情有难见者,则不若据证,可以屈其口舌之争,两者迭用,各适所宜也。"⑥三是物证效力优于人证、直证优于旁证。原告陈词、被告供述和证人证言,由于经历了大脑感知、记忆和再现的过程,很有可能因各种主客观因素的影响而导致偏离或歪曲事实真相,因而不如物证更稳定和客观。"证以人,或容伪焉,故前后令莫能决;证以物,必得实焉,故盗者始服其罪。"⑦"旁求证左,或有伪也;直取证验,斯为实也。"⑧郑克对传统证据制度的总结,突破了传统的证据思想,反映了南宋证据理论的发展水平,也是南宋证据学的新成果。在其物证理论影响下,南宋一些司法官员也认识到物证的重要性,如余靖在判词中写到:"拷掠弗承,诚宜判遣,赃状或露,亦可稽

---

① 《折狱龟鉴校释》卷七《钩慝·赵和》,第337页。
② 《折狱龟鉴校释》卷三《鞫情·陈枢》,第182页。
③ 《折狱龟鉴校释》卷五《察奸·孙长卿》,第283页。
④ 《折狱龟鉴校释》卷六《证慝·李处厚》,第332页。
⑤ 《折狱龟鉴校释》卷五《察奸·黄昌》,第267页。
⑥ 《折狱龟鉴校释》卷六《证慝·韩亿》,第329页。
⑦ 《折狱龟鉴校释》卷六《证慝·顾宪之》,第324页。
⑧ 《折狱龟鉴校释》卷六《证慝·程颢》,第330页。

详……若乃杀人者既彰实状,坐赃者已获见(现)资,且明白而可谅,结正而无枉,非物也,胡可比焉?"①

书证是以文字、符号、图画等所记载的内容来证明案件情况的证据,作为实物证据的一种形式,在中国古代被广泛运用,亦逐步制度化。唐宋时,随着契约制度进一步完善,各类契约在民事诉讼中的作用尤显重要。宋太宗时规定,典当庄宅必须有文契,以备发生诉讼时有据可查,"庄宅多有争诉,皆由衷私妄写文契,说界至则全无丈尺,昧邻里则不使闻知,欺周肆行,狱讼增益。请下两京及诸道州府商税院,集庄宅行人众定割移典卖文契各一本,立为榜样,违者论如法"。② 对于契书的证明力,郑克认为,若与"问邻"等常识或习惯结合起来,其证据效力更为显著,是北宋土地争讼中的关键证据,大中祥符六年(1013)十月,真宗诏令有关部门校定"十道图","天禧三年书成,凡三卷"。"法官亦用定刑……付逐司行用"。③ 除契约、图经外,郑克指出,税丁籍也是民事争讼中的关键证据。"争田之讼,税籍可以为证;分财之讼,丁籍可以为证。虽隐慝而健讼者,亦耸惧而屈服矣。"④书信也具有很强的证明力,如襄州中卢县有一贼人系狱久不决,县令王璩偶然发现系狱盗贼袋子里有房陵县被劫商人的旧信,以此为证,盗贼引服。南宋时,随着诉讼活动的增多,书证种类越来越多,各种合同、契约、图册、账簿、书信、定亲帖子、离婚书、族谱、家谱、诉状、遗嘱、断由、墓铭等经常出现在判词中⑤。其中,税籍、田契等仍是最关键的证据。"大凡田婚之讼,惟以干照为主"。⑥ "交易有争,官司定夺,止凭契约"。⑦ "凡人论诉田业,只凭契照为之定夺"。⑧ "大凡官厅财物勾加之讼,考察虚实,则凭文书"。⑨,此处的契约是

---

① 余靖:《武溪集》卷一三《庚为狱官拷囚数满不承欲取保放之法刁云赃状露验宜据状断之》。
② 《长编》卷二四,太平兴国八年三月乙酉条,第542页。
③ 《长编》卷八一,大中祥符六年十月丁亥条,第1851页。
④ 《折狱龟鉴校释》卷六《证慝·王曾谔附》,第328页。
⑤ 莫家齐:《南宋民事诉讼证据制度管见》,载《现代法学》1985年第2期。
⑥ 《清明集》卷六《争田业》,第179页。
⑦ 《清明集》卷五《物业尽卖人故作交加》,第153页。
⑧ 《清明集》卷九《伪作坟墓取赎》,第318页。
⑨ 《清明集》卷九《质库利息与私债不同》,第336页。

指经官府印押的"红契",而非民间私约之白契。

勘验、检查笔录是指司法人员对犯罪现场、物品、尸体及人身进行实地勘验、检查所作的记录。它是为刑事诉讼活动提供证据的重要步骤,由司法人员依法定程序制作而成,是在案件调查过程中勘察所得的客观记录,不同于一般的书证和物证。南宋民间的田地争讼中也有勘验活动,为了取得第一手证据,法官经常亲自或派专人到两造所争执的田间、地头、山头进行实地勘察丈量,并记录在案,以审查双方当事人提供证据的真伪。如《清明集》中的《田邻侵界》一案中,司法官员为查清事实真相,代领田宅牙人、邻保等,到地头测量,"得见其地头田段,疆画翼翼,殊不般杂",又参之以双方陈述及证人证言,确认是被告无理取闹,欲侵占原告田地,最终判定两人依未争前疆界管佃,并将勘察所画地图附在判词之前。① 又如莆阳在处理《主佃争墓地》一案时,"自到地头,唤集邻保、两词同登山究实",并借助当时最新的科学仪器地罗(即指南针),"决以地罗,其诈遂穷",以"主簿定验到地图",作出了公正的裁决。②

《折狱龟鉴》所载刑事案件中的证据除了普通证据外,还有检验笔录③的验状,它与南宋时出现的检验格目和正背人形图,是宋代证据制度中最突出的贡献。《折狱龟鉴》中有三处提到验状,一是高防在后周做刑部郎中时对服毒斗杀之尸体检验后所作④,二是北宋仁宗时王臻知福州对被刺杀之尸体

---

① 《清明集》卷五《田邻侵界》,第155—157页。
② 《清明集》卷九《主佃争墓地》,第325—327页。
③ 明文规定的检验制度最早见于唐律。《唐律疏议》在吸收秦汉以来物证技术的实践经验的基础上,从立法上进一步完善了物证技术,规定了检验对象、检验人员的责任、如何依据司法鉴定定罪量刑。根据其规定,在人命和伤害案件中,检验的对象主要有三类,即尸体、伤者以及诈病者,即相当于今日的尸体检验和活体检验。同时,对伤害案件中"伤"的标准、种类、伤人者须承担的刑事责任、检验人员的责任做了明确的界定;而所有的伤势,都必须通过司法鉴定。到了宋代,随着刑事案件的增加,以检验范围、检验程序、检验笔录、检验者组成及职责为内容的检验制度日益完善,检验领域的重大成果《洗冤集录》集尸体检验经验之大成,成为南宋刑事检验的准则。参见王云海:《宋代司法制度》,第227—244页;郭东旭:《宋代法制研究》,第562—568页;殷啸虎:《中国古代司法鉴定的运用以及制度化的发展》,载《中国司法鉴定》2001年第1期。
④ 《折狱龟鉴校释》卷四《议罪·高防》,第205页。

检验后所作①，三是真宗时知寿州张式对被缢杀之尸体所作②。获得验状的途径有现场勘验、物证检验、活体检验和尸检③。勘验检查是侦查人员对与犯罪有关的场所、物品、尸体、人身进行的勘查、检验。案件发生后，侦查人员则要在第一时间赶赴现场进行检验，保护犯罪现场，搜集犯罪证据，寻找犯罪线索，确定侦查方向。《折狱龟鉴》有不少现场勘验的记载，如北宋程琳知开封府时，禁中失火，"宦者治狱，得缝人火斗。已诬服而下府，命公具案狱"。但程琳并没有根据现场的物证（即火斗）直接结案。仔细勘察现场后，他发现后宫烧饭的灶靠近壁板，日子一久，壁板变得非常干燥而引起火灾，故而断定此次火灾是天灾而不是人祸，为嫌疑人洗清了不白之冤。④ 此案中既有现场的勘验，也有对物证的检验。郑克认为，在案件的侦破过程中，可并用"正"、"谲"之术以检验物证。"谲非正也，然事有赖以济者……正不废谲，功乃可成；谲不失正，道乃可行"。⑤ "必依于正，以此用谲，则无败事"。⑥《洗冤集录》中亦记述了一个采用"奇巧之术"的案例，"有检验被杀尸在路旁，始疑盗者杀之，及点检沿身衣物俱在，遍身镰刀伤十余处"。检验官在悄悄询问被杀者之妻后，命"侧近居民各家所有镰刀尽底将来，只今呈验"。结果，其中一把镰刀上蝇子飞集，当即审问镰刀主人，真凶落网。⑦ 此案中的"正"问其妻，"谲"用奇巧之术，即是成功破案的关键所在。活体检验又称人身检查，是侦查人员或法医对犯罪嫌疑人或被害人的生理特征、伤害情况等进行检验，以查明案情的技术性侦查措施。《折狱龟鉴》中记载了这样一个涉及人身检查的案例：北宋李南公知长沙县时，有两个斗殴者前来告状，甲强乙弱，且两人身上都有青红斑痕。李南公用手触摸二人的伤痕后，判定乙是真伤，甲是假伤。同时指出，甲的伤痕是用南方生长的榉柳树汁伪造的，

---

① 《折狱龟鉴校释》卷三《辨诬·王臻》，第 159 页。
② 《折狱龟鉴校释》卷六《覈奸·张式》，第 296 页。
③ 《折狱龟鉴校释》中有不少尸检内容，但内容简单，再者为了避免论述的重复，此问题留待下节详说。
④ 《折狱龟鉴校释》卷二《释冤下·程琳》，第 118 页。
⑤ 《折狱龟鉴校释》卷七《察贼·陈述古》，第 367 页。
⑥ 《折狱龟鉴校释》卷七《钩慝·赵和侯临附》，第 337 页。
⑦ 《洗冤集录校释》卷二《疑难杂说下》，群众出版社 1980 年版，第 42 页。

这种树汁涂到人身上就会出现青赤色的痕迹,像被殴伤的一样,但是,真正的殴伤因为血聚而硬,假的则不然。①

二、《折狱龟鉴》与南宋证据辨析及运用

证据是认定案情、适用法律、定罪量刑的主要依据,为确保证据的可靠性和公正判决,除重视收集、保全和运用证据外,还需要对言词证据、实物证据进行审查和辨验,这是正确适用证据和公正判决的一个基础要件。陈襄曾讲,"盖情有似是而非,似非而是者,苟其辞未伏,不可不审。若辞已服而涉疑似,亦未可辄信……须察之以缓"。② 南宋郑克也认识到这一点,并在《折狱龟鉴》中就证据辨析与运用写下了自己的心得。"于情理有可疑者,虽赃证符合,亦未宜遽决"。③ 南宋时的司法官员在司法审判过程中,在言证和实物证据的鉴别方面,亦积累了丰富经验,"或旁无佐证,各执两说。系人性命处,须吃紧思量,犹恐有误也"。④

言词证据是宋代司法审判中广泛运用的一种证据类型。洪适曾讲:"事发之处,或在邸店,或在道路,一时偶遇相逢之人,见其斗殴死伤,便为证佐。"⑤刘克庄亦讲:"凡大辟之罪,高下轻重,决于证人之口,向使争打之时,有一行路之人在旁知见,必能实供。"⑥即使是婚田暧昧之事,也"勾追近邻近亲人照证。"⑦对于言词证据的证明力,《宋刑统》中规定:"众证定罪","称众者,三人以上,明证其事,始合定罪,违者以故失论"。但郑克认为,实际审案过程中,不能拘泥于形式,对于那些关键性单证,亦应取信。如洋州李甲为占亲兄家财,强逼寡嫂改嫁,并诬称其侄是嫂改嫁后所生。其嫂嫂数次告官,皆因李甲贿赂吏胥而冤不能伸。韩亿接手此案后,仔细调阅案卷,发现

① 《折狱龟鉴校释》卷六《证慝·李南公》,第331页。
② 《州县提纲》卷三《疑似必察》。
③ 《折狱龟鉴校释》卷二《释冤下·高防邵晔梁颢二事附》,第102页。
④ 《朱子语类》卷一一〇《论刑》。
⑤ 《盘洲文集》卷四一《乞勿禁系大狱干证人札子》。
⑥ 《清明集》附录三《饶州州院推勘朱超等踢死程七五事》,第625页。
⑦ 《作邑自箴》卷二《处事》。

"未尝引乳医为证"。于是韩亿取乳医之证召李甲示之,甲无以辩,嫂冤遂白。①

由于复杂的人际关系和社会原因,言词证据若虚假失实,将导致判决不公。为避免出现这种情况,宋代法律禁止与案件当事人有亲情关系人作证,强调司法官在运用言词证据时要认真审查其真实性。故而,有些司法官通过审查证人与当事人的关系来辨别证人证言的真伪。如黄逢吉死后,其妻阿毛依法立其表姑次子法郎为黄逢吉嗣子,名曰黄臻;后为平息黄氏族人的争讼,毛氏又遵官府之意立黄逢吉之兄黄逢新之次子黄禹龙为后。而黄禹龙之母徐氏听从族侄黄汉龙等人的教唆,诬告毛氏母子将黄禹龙赶出家门。及至官庭,又指"称为黄臻之所打骂"而"证其所打骂者,纯姓黄之一党;今证其未尝打骂者,皆无干碍之外人"。② 司法官抓住证人与当事人的亲情关系这一点,断定徐氏及黄氏一党证言之伪,案情大白。尤其在刑事案件中禁止这类证人作证,"行凶人恐要切干证人真(直)供,有所妨碍,故令藏匿,自以亲密人或地客、佃客出官,合套诬证"。③ 但有的司法官并没有直接拆穿当事人与证人亲情关系,而是通过让证人还原案发现场的方式反证之,从而找到了真正的杀人凶手。如处州张彭杀人之后,诬称是其仆人所为,并以亲弟张泗为证,而其仆一直不承认杀人之事,为查清事实真相,法官王柟令见证人张泗"画地状奴所击死者"。由于张泗并没有真正目睹案件的发生,自然难以再现杀人现场的情况,无奈之下,张泗吐实,泣对其兄曰:"昔勘官皆先鞫奴,款定泗和之尔。今忽先问泗,无不之所答。兄真杀人矣。"④

南宋时,文书、契约等书证被广泛应用于民事诉讼。但一些不法之徒在利欲的驱使下,常常为了吞占他人田产而涂改或伪造文契,"交易立契之时,多用奸谋,规图昏赖,虽系至亲,不暇顾恤。或浓淡其墨迹,或异同其笔画,或隐匿其产数,或变易其土名,或漏落差舛其步亩四至。"⑤郑克也说:"伪券

---

① 《折狱龟鉴校释》卷六《证慝·韩亿》,第329页。
② 《清明集》卷七《双立母命之子与同宗之子》,第217—223页。
③ 《洗冤集录校释》卷一《检复总说下》,第17页。
④ 《叶适集》卷二三《朝议大夫秘书监王公墓志铭》。
⑤ 《清明集》卷五《物业垂尽卖人故作交加》,第152页。

之奸,世多有之,巧诈百端,不可胜察。"①鉴于书证易于涂改,为免奸人获利,良人受害,有不少法官在运用书面证据时,对书证形成背景、书证内容、书证表象予以了特别关注。为查清事实真相,有的法官利用书铺的专业特长,对书证进行审查和辨析。对书证背景的审查,主要侧重于审查书证的签订是否出于双方自愿,有无欺诈与胁迫。如黄榦在审断宋有诉谢知府宅强占坟地一案时,发现文契上的宋有签押并非自愿,"以宋有共分物业,乃能使之作知见人着押,则是以形势抑逼可知。"辨析分明之后,黄榦判令将谢知府宅"契书毁抹",园池给还宋有、宋朝英管业,"仍给断由为照"②书证内容是根据立券对象不同而确定的。如田宅典卖契约,既要写明立契人姓名、典卖顷亩、田色、坐落及四邻界至,也要写清产业来历、典卖原因、原业税钱、交易钱额、追夺担保及悔契惩罚等内容。如果契书内容不全,或与其他证据有矛盾,此契书必然有问题。如高七一状诉陈庆占田一案,按乡原体例,"凡立契交易,必书号数亩步于契内,以凭投印。"而高七一所执干照,既无号数亩步,只作空头契书,而且以白纸写原帐于前,亦无缝印。这样的契书不仅可以隐寄税苗出入,而且可以更易产业多寡。显然是一种诈欺的伪契。因此,范应铃没有采信此书证。③ 契书外表因年代长短不同,契纸的颜色、墨迹也不一样:陈年契纸的颜色外黄里白,新订立的契约纸色表里一致。有些细心的法官通过对契书的这些外在表现和内容的检验辨别出文契的真伪,作出了正确的判决。如江镐在审理一起田讼时,发现一方当事人所称久远的契书"表里一色",疑其为伪,经审讯,承认是用水染纸冒充年代久远的假契书。④ 又如叶岩峰在审理吴五三诉陈税院田业一案时,发现吴五三所执"砧基止一幅,无头无尾,不知为何人之物";其"批约二纸,烟尘熏染,纸色如旧,字迹如新。"⑤可见,宋代司法官员在辨析书证的真伪中已积累了不少经验,在公平执法、公正判决中发挥了积极作用。

---

① 《折狱龟鉴校释》卷五《察奸·江镐》,第287页。
② 《清明集》附录二《宋有论谢知府宅侵占坟地》,第590—591页。
③ 《清明集》卷四《高七一状诉陈庆占田》,第103页。
④ 《折狱龟鉴校释》卷五《察奸·江镐》,第287页。
⑤ 《清明集》卷六《伪批诬赖》,第182页。

宋代模仿别人字迹伪造契书引起的争讼亦不少见，因此，笔迹鉴定也常常被应用于司法实践。郑克《折狱龟鉴》中记录了北宋郎简知窦州时，以笔迹鉴定辨别契券的案件。① 南宋法官通常也是以伪券上的文字与原书写人的字迹进行比对、了解当事人的书写习惯等方法，辨析伪券。对于字迹能够以假乱真的文书契约，则请书铺委托专业人士鉴定其真伪。如黄榦在审理陈安节论诉陈安国盗卖田地案时，"又唤上书铺辨验，亦皆供契上陈安节三字，皆陈安国写，则是瞒昧其母与弟，盗卖田产无疑。"②又如方伯达与徐应辰争山地一案，法官翁甫当厅令书铺对徐应辰的祖上关书进行辨验。③ 刘克庄在判决谢迪与某家婚姻之讼时也采用了这一方法，"谢迪虽不肯招认定亲帖子，但引上全行书铺辨验，见得上件帖子系谢迪男必洪亲笔书写。"④由于书铺的业务与司法活动关系密切，在长期的业务活动中积累了丰富的经验，而且书铺在鉴定之前需立下据实鉴定的保证，所以书铺在辨别书证时，态度认真，鉴定结果真实可信。如再如杨迪功与黄秀实争执赎田案，"唤上书铺辨验，同称其（杨迪功）伪，不肯保明责罪状入案。"⑤

从宋代的大量案例中可以看出，宋代司法官员对书证的辨验和运用是非常认真的，他们对各种书证能够从不同的角度进行辨验分析，从疑点和矛盾中寻找突破口，达到去伪存真，为公正执法，公平判决提供可靠的依据。正如郑克所言："凡为巧诈，必有缺漏，推核已至，奸欺自露。"⑥这是对宋代司法实践中辨分证据真伪经验的总结。

在众证中，言辞证据易受主观或客观因素的影响而导致失实或假伪，而物证是客观存在的物品或实际痕迹，只要能及时收集或保全，是不会发生变化的，具有较强的稳定性。故而，郑克认为物证优于人证，"证以人，或容伪

<hr />

① 《折狱龟鉴校释》卷六《敷奸·李行简郎简附》，第303页。
② 《清明集》附录二《陈安节论陈安国盗卖田地事》，第596页。
③ 《清明集》卷五《揩擦关书包占山地》，第159页。
④ 《清明集》卷九《女家已回定帖而翻悔》，第346页。
⑤ 《清明集》卷九《伪作坟墓取赎》，第319页。
⑥ 《折狱龟鉴校释》卷六《核奸·程颢》，第306页。

焉,故前后令莫能决;证以物,必得实焉,故盗者姑服其罪。"①这既是司法经验的总结,也是对中国重口供传统的重大突破。在实物证据面前,犯罪嫌疑人的心理防线很容易攻破,如南丰主簿王某之妾莹,在其熬制毒药粥所用的钵被搜出后,只得交代了自己欲药毒主人的阴谋。又如周必正知南丰县时,有贼夜入民家杀奴盗物,捕捉到官后,拒不承认。后从其家搜得白金器一筐,在其听到银器的声音后,"即引服"。② 但郑克同时也指出,物证证据本身虽然具有较强的稳定性,但也有易与疑似物品相混淆、与案件事实之间的联系不易判明的问题,因此,物证的运用也存在辨析真伪和认定与案件关系的问题,否则也会造成冤假错案,"察其情状,尤涉疑似;验其物色,遂见端的。"③"凡据证折狱者,不唯责问知见辞款,又当检验其事,推验其物,以为证也。"④对此,宋慈是认同的,并举例说明:甲乙同行,甲欲谋取乙的随身衣物,在河边将乙推入水中而死。经验尸,乙是被人"执于水而致死也"。但乙之死是否是甲所为,还须有甲的口供和赃物,才能断定乙之溺死与甲的关系,"究甲之元情,须有赃证以观此验。"⑤可见,辨析物证是正确运用物证和公正判决的基础。

在刑事案件审理中,有些犯罪嫌疑人因不堪刑责而诬服并对凶器、赃物等乱指一通,在这种情况下,若司法官不能辨别物证真假,同样会造成冤假错案。所以,郑克指出,对当事人所提供的实物证据,也必须进行认真的辨析,既要对物证本身进行辨别,亦要对获取物证的手段进行分析。"旁求证佐,或有伪也;直取证验,斯为实也。"⑥只有取得了真实的证据,才能正确地认定案情和作出公正的判决,真正的犯罪者才会伏罪。

通过详读司法审判实例⑦,郑克发现,辨验证据的真伪固然重要,但"赃

① 《折狱龟鉴校释》卷六《证匿·顾宪之》,第 324 页。
② 《渭南文集》卷三八《监丞周公墓志铭》。
③ 《折狱龟鉴校释》卷五《察奸·黄昌》,第 267 页。
④ 《折狱龟鉴校释》卷六《证匿·李处厚》,第 332 页。
⑤ 《洗冤集录校释》卷一《疑难杂说上》,第 20 页。
⑥ 《折狱龟鉴校释》卷六《证愿·程颢》,第 330 页。
⑦ 此类案例很多,如向敏中为僧正名、钱若水为富民澄冤等。见《折狱龟鉴校释》卷二《释冤下·向敏中》,第 104—105 页;卷二《释冤下·钱若水》,第 107—108 页。

或非真,证或非实"的情况很多,如果"但凭赃证,不察情理,而遽决之",仍然会导致错案发生。因此郑克认为,有了证据,还须考虑到"情理"因素,"唯以情理察之,然后不致枉滥。"①且据证与察情不可偏废,"证有难凭者,则不若察情,可以中其肺腑之隐;情有难见者,则不若据证,可以屈其口舌之争。两所迭用,各适所宜也。"②"凡察狱者,或以气貌,或以情理,或以事迹。此三者皆足以知其冤否也……夫事迹有时偶合,不可专用,当兼察其情理、气貌。"③只有通过察情辨验证据真伪,使情理无疑,证据真实,才能进行判决。在南宋的一些司法实例中,有的官员注意到了这一点,如侍御史王平任许州司理参军时,有一妇女骑驴单行,被杀于田间,衣物也被抢走,其驴则被附近人户收系。胥吏找到驴之后,认为收驴人是杀人凶手,收官审问四十天,收驴人一直喊冤,称"认收系其驴,实不杀女子。"对于此案,王平指出,驴是被害人的遗物没错,但收驴人有可能把驴当做"逸驴"收系,如果单凭"逸驴"这一物证就认定收驴人是杀人凶手,这一推论显然靠不住。后来,杀人真凶落网,此案真相大白。④ 可见,只有物证与"察情"并重,互相参验,综合辨分,才能还原案件真相。

"察情"之"情"内涵丰富,除上文所言案情之意外,还有情理、实情、世情民风等意。在宋代的司法审判中,亦有把证据与实情及世情民风结合起来认定案情的。南宋名公叶岩峰在审理钟承信与其舅张诚道争屋一案中,就采取了这种方法。钟承信称母亲置此屋时,"恐以孤孀见欺于人,遂托舅之名以立契,竟执留而不还。"他的舅舅张诚道则讲:"钟甥久出不归,亲姐实无以养,权借此屋收赁,以助买油茶。"听完两人的诉辩后,法官叶岩峰考虑到了当时的民风状况:"近世浇薄,兄弟姊妹相视如路人,若能损己业以赡同胞,我未之信也。"认为钟母假托兄弟之名立契置产,"此恐有之",因为这种情况在讼牒中"盖屡见之矣"。所以,叶岩峰认定张诚道虽有契书,但其所言

---

① 《折狱龟鉴校释》卷二《释冤下·高防》,第102页。
② 《折狱龟鉴校释》卷六《韩亿》,第329页。
③ 《折狱龟鉴校释》卷二《释冤下·王利》,第111页。
④ 吴曾:《能改斋漫录》卷一二《微司理几误杀人》,上海古籍出版社1980年版,第369页。

有虚妄之嫌。以证据而言,钟母虽已身故两年,但她多年管业中"每日点印赁钱,有簿历可照",而且前后赁屋者"莫不曰赁钟之屋,有租札及供责可凭","此管业分明,岂不过于有契乎"?① 在这个案件中,张诚道所持契书虽非伪契,但因是受人托名而立,始终没有管业,因此虽有契书也不能证明其所有权的真实,故而被租赁簿历和赁屋者的供责所否定。

综上可知,在南宋司法实践中,为实现公正断案、秉公执法,名公们不仅重视证据,而且能够辩验各种证据的真伪,并通过综合分析不同案情,使"据证"与"察情"有机地结合起来。南宋士大夫中的有识之士之所以如此重视对证据的收集、保全、辨验和运用,影响因素固然很多,由"文学止于润身"到"政事可以及物"之观念转变当不容忽视。

第五节 《洗冤集录》与南宋法医技术的发达

西周时期的活体伤痕和尸体检验是我国最早的司法检验,②在《睡虎地秦墓竹简》"封诊式"的案例中,检验内容更为丰富,出现了活体检验、首级检验和现场尸检。③ 唐时,司法检验成为一种制度。④ 北宋的司法检验在唐制的基础上有所发展,⑤成书于宋初的和凝父子的《疑狱集》中记录不少检验方面的实例。到了南宋,以现场勘验和法医鉴定为主要内容的《洗冤集录》的问世,标志着南宋检验理论和法医学技术的发达。

---

① 《清明集》卷六《舅甥争》,第 191—192 页。
② 据《礼记·月令第六》载:"孟秋之月……命理瞻伤,察创,视折,审断决,狱讼必端平。"汉人蔡邕解释说:"皮曰伤,肉曰创、骨曰折,骨肉皆决曰断,言民斗辨而不死者,当以伤、创、折、断、深浅、大小正其罪之轻重。"可见《礼记》所载的瞻、察、视、审,也就是后世检验之法。王与:《无冤录》沈家本序,载沈家本编:《枕碧楼丛书》,知识产权出版社 2006 年版,第 228 页。
③ 参见《睡虎地秦墓竹简》"封诊式",文物出版社 1978 年版,第 254—258、264—268 页。
④ 诸有诈病及死伤,受使检验不实者,各依所欺,减一等。若实病死及伤,不以实验者,以故入人罪论。《唐律疏议》卷九《诈伪律·诈病死伤检验不实》,第 473 页。
⑤ 《宋刑统》中照录了《唐律疏议》中的"检验"规定之后,关于检验的司法解释不断颁下。参见《宋刑统》卷二五《诈伪律·检验病死伤不实》,第 402 页;王云海:《宋代司法制度》,第 227—244 页;郭东旭:《宋代法制研究》,第 562—568 页。

一、《洗冤集录》与南宋完备的检验制度

宁宗嘉定间的江西提刑徐似道说，"推鞫大辟之狱，自检验始。"①曾提点广东、湖南刑狱，"四叨臬寄"的宋慈也认为，检验活动及其所作笔录在非理致死案中起着关键性的作用，"狱事莫重于大辟，大辟莫重于初情，初情莫重于检验。"②透过其《洗冤集录》一书，我们发现，南宋在继承并完善检验范围、明确检验人员责任③的同时，还规定了严格的报检、初检、复检程序，同时要求检验官依法认真填写验状、检验格目和正背人形图这三个法律文书。所有这些，共同构成了南宋完备的检验制度，反映出当时检验活动的规范化。

北宋律法已明文规定，凡杀伤公事、狱中囚犯非理死亡、无近亲在旁、因病猝死等情形下的非正常死亡，当地邻、保、死者家属都必须报告官府差官检验。这是一种强制性义务，被害人的家属不能隐瞒不报、阻挠检验或与犯罪者私和。由此可见，最初的检验立法不为不美，但在执行过程中却怪象丛生。南宋时有大臣上奏："近日大辟行凶之人，邻保逼令自尽，或使之说诱被死家赂之钱物，不令到官。"④究其缘由"保甲惮检验之费，避左证之劳"，检验费用之高和证人负担之重令保甲人惧怕检验；初检、复检之辛苦往往令巡检县尉闻检验而却步；勘鞫结解之棘手也让县令面对检验而裹足不前。为改变这一现状，宁宗明降指挥，许人举报，行贿和受财私和者要从重论罪，"凡有杀伤人去处，如都保不即申官，州县不差官检复及家属受财私和，许诸色人告首，并合从条究治。其行财受和会之人，更合计赃重行论罪。"⑤对此，宋慈《洗冤集录》中也有记录，"凡血属入状乞免检，多是暗受凶身买和，套和公吏入状"，为防止"恐异时亲属争钱不平，必致生词，或致发觉，自亦例被，

---

① 《宋会要辑稿》刑法六之七。
② 《洗冤集录校释》序。
③ 关于南宋检验范围和检验人员及其责任问题，学界多有论述，此不赘述。参见王云海：《宋代司法制度》，第 227—244 页；郭东旭：《宋代法制研究》，第 562—568 页。
④ 《宋会要辑稿》刑法六之六至七。
⑤ 《宋会要辑稿》刑法六之七。

污秽难明,"①便给备文,呈报免检,或让缴回验状。另外,家属若趁机虚报以嫁祸于人者,也要追究其刑事责任,即因病死亡,而其家属趁机以被殴死报官者,官司据此按诬告法治罪。又规定:"即亲属至死所妄认者,杖八十。被诬人在禁致死者,加三等。若官司妄勘者,依入人罪法。"②

地方官接到报检公文后,要根据案件发生地、检验对象等情形委派不同的检验官:案件发生在县里,由县尉负责检验;若是发生在州里,派司理参军前去检验。若正官缺,就委派次官前去。如果超过县界十里,则必须发公文请距离案发现场最近的县差官检验。③ 若检验对象是"人力、女使经取口词者,差公人"④。据《洗冤集录》卷一《条令》所载,为保证初检的及时准确,检验官必须在两个时辰内出发。这是由初检的重要性决定的:初检时现场的痕迹、物品的放置方位、尸体的位置等都接近于案发时的实际情况,如"伤痕经久必渐淡,复检时或在隐约之间,则有无便易于朦涧,可见命重初检之语,最为切要"。⑤ 为避免检验官形成先入为主的观念,《洗冤集录》卷二《初检》中还规定,担任初检的官吏不得偏心告状人的一面之词,态度必须认真,要详细、从实检验,不能轻易以尸首坏烂为由拒检,必须指出要害致死之因。初检完毕,须在验处将尸体放置于席子之类的东西上,并在尸体上搭盖其他物品,撒石灰于尸体周围作为记号,并交代给弓手、保正副、邻人等专人看守,看守尸体的人不得远离,且要立下保证书附于卷宗中,以免尸体损伤而无人承担责任。最后初检官要如实准确地填写验状,检验格目等检验文书,并严守保密制度,检验毕当天申报上级。

复检是南宋检验制度中的法定程序,并非仅仅因初检有错误不实之处才进行,其法理意义在于依照案件性质、法定的复检范围和法定程序来核实、确定初检结果。一般情况下,若复检结果和初检相同,便可以这两次所填写的检验笔录作为审理案件的依据;如果其与初检不同,就还要进行三

① 《洗冤集录校释》卷一《检复总说上》,第13页。
② 《洗冤集录校释》卷一《条令》,第6页。
③ 《宋会要辑稿》刑法六之一。
④ 《洗冤集录校释》卷一《条令》,第4页。
⑤ 阮其新:《重刊补注洗冤录集证·洗冤录辨证自序》。

检、四检等。两宋时期多次复检的案例不少，《鸡肋集》、《清明集》、《后村先生大全集》等文献中都有这方面的实例。① 当然，并不是所有的案件都需要复检。例如，炎夏酷暑，天气炎热，为避免尸体坏烂，可以免去复检。这是真宗大中祥符六年(1013)专门针对开封府的规定，真宗天禧和仁宗天圣时期曾几经反复，最后仁宗于天圣二年(1024)下诏，"病患及非理致命身死者"在四月一日至九月期间"更不复检"，并在全国推行。② 而南宋法令中，"囚及非理致死者"，仍须"覆验。"③并对复验官员的差派做了详细的规定："诸应覆验者，在州，申州；在县，于受牒时牒尸所近县。状牒内各不得具致死之因。相去百里以上而远于本县者，止牒本县官。独员，即牒他县。"若百里内无县，"听就近牒巡检或都巡检"。④ 按照此条令的规定，发公文要求邻县派官复检时，公文内不得标明死者致死之因，这种做法可以避免先入为主所带来的弊端，保证复检的正确性。然而，因各县互不统属，有的地方官收到移文后以种种借口推脱，甚至不拆启缄封的公文，"如此数四，往返累日，虽即申闻宪司州郡，亦非旦暮可毕"。再加上天气炎热，尸体腐烂无法检验，"由是奸胥黠吏因得并缘，不得其情，多基于此"。为解决这一弊病，嘉定六年(1213)宁宗下诏，今后"合牒邻县差官者，即于移牒封题明著某事，有辞避不承，稽违时日者，重与责罚"。⑤

---

① 晁补之：《鸡肋集》卷六三《奉议郎高君墓志铭》，影印文渊阁《四库全书》本；《清明集》卷一三《资给诬告人以杀人之罪》，第487—488页；《清明集》附录三《饶州州院推勘朱超等为踢死程七五事》，第624—627页。

② 《宋会要辑稿》刑法六之二。

③ 《洗冤集录校释》卷一《条令》，第4页；《庆元条法事类》卷七五《验尸·杂令》，黑龙江人民出版社2002年版，第799页。

④ 大中祥符六年(1013)，真宗下诏："开封府自四月至八月死亡者不须复检，余月仍旧施行。"(《宋会要辑稿》刑法六之一)真宗天禧三年(1019)又规定，今后三月至八月期间，非理致命公事需要复检的，只在本州县差官前往(《宋会要辑稿》刑法六之二)。这就又恢复了复检。但这条诏令很快于仁宗天圣元年(1023)废除了。次年，仁宗又诏："诸处有病患及非理致命身死者……外州缺官处颇有淹滞，炎暑多致伤坏，因有异同，枉兴词讼。宜令今后所差官须集干连人分明检验，具有他故，定上。自四月一日后至九月更不复检。"(《宋会要辑稿》刑法六之二)。与大中祥符六年(1013)的规定相比，免于复检的地点已从开封府扩大到全国各地，时限上也向后延迟了一个月。

⑤ 《宋会要辑稿》刑法六之七至八。

复检时,如尸经多日,头面膨胀,皮发脱落,唇口翻张等委实坏烂不堪,无从下手,或是刃物伤、他物伤、拳打足踢伤等伤处已虚空的,可以作"无凭复验",备文申报。复检后的处理方式决定于复检的结果:若复检尸体结果与初检无异,方可具名上报。若有些小不同,可迁就改正;如有重大出入,需要再三审问与本案有关系的人,不可擅自改变结果。复检完毕,如无争论,可把尸体交给尸亲。如有争论,将尸体抬放入坑中,做好保护措施,预备后来官府再检验复查。①

在尸检的过程中,检验官还会将邻保集中起来,讯问和死者有关的事宜,"每于初、复检官内,就差一员兼体究"。若邻保所述相同,则合为一款书写;若共证不一,则令各书一款。同时,还要责问行凶人,并作一记录。② 这些记录即是刘克庄所言的体究状,"自来大辟必有体究状,在检验格目之前"③,要一并在填写检验格目之前呈交到本县或宪司,"县狱凭此审勘,宪司凭此详复。或小有差互,皆受重责。"④大辟案件中体究状所载的死者情况和尸检结果,是审判官员审断案件、定罪量刑的综合性的、关键的证据。故而,《洗冤集录》中专门提到了如何防范胥吏在体究状上弄虚作假,"切不可凭一二人口说,便以为信,及备三两纸供状,谓可塞责。况其中不识字者,多出吏人代书,其邻证内,或又与凶身是亲故",所以"须是多方体访,务令参会归一。"⑤

刘克庄所判刑案中,还多次提到了"聚检"一词,"致死公事至检验而止,检验有疑至聚检而止。"⑥"此事惟复检官定周四四为缢死,差得其实。聚检官南宫靖一,已遭除勒,初检官喻县尉首先检验失实,虽已脱去,行下本军,追厅吏丞吏等人根勘,取受审。"⑦很明显,在南宋司法实务中,初检、复检之

① 《洗冤集录校释》卷二《复检》,第 27 页。
② 《洗冤集录校释》卷一《检复总说下》,第 16—17 页。
③ 《清明集》附录三《饶州州院推勘朱超等为踢死程七五事》,第 624—627 页。
④ 《洗冤集录校释》卷一《检复总说下》,第 16—17 页。
⑤ 《洗冤集录校释》卷二《检复总说下》,第 17 页。
⑥ 《清明集》附录三《铅山县禁勘裴五四等为赖信溺死事》,第 630 页。
⑦ 《清明集》附录三《建昌县邓不伪诉吴千二等行劫及阿高诉夫陈三五身死事》,第 629 页。

后,如果有疑,还要进行聚检①,即集中部分官员共同前往检验。真德秀也曾就"聚检"盛赞叶文炳之政绩:叶文炳任仙游知县时,一锡匠与一陈姓民喝酒斗殴,锡匠夜醉归,跌死于道,县申报请牒官验尸,都称是陈殴打致死,叶文炳疑其不实,"研问数四得其情,请聚官复验,果因跌以死。"②由此可以看出,在频繁的尸体检验活动中,南宋的检验程序也在逐步完善:报检→初检→复检→聚检这一完整的检验环节,从制度上确保了司法检验的准确性。

检验笔录包括两种,即现场勘察笔录和勘验笔录。前者是勘察犯罪现场客观情况后所作的文字记录,后者是检验尸体、物证及搜查嫌疑人所作的笔录。笔录是刑事案件的直接证据材料,对分析研究案情、复查现场情况和鉴别罪犯口供真伪具有重要作用。《洗冤集录》中所载的检验笔录文件包括验状、检验格目和正背人形图。

验状是对犯罪现场的客观情况所作的文字记录。北宋时,对验状已有了格式、内容、程序等方面的规定,即验尸要按"四缝尸首"统一格式,依俯、仰、左、右四面部位逐次进行;在对各个部位进行检验的同时,为使"其伤无遗",还须按照"四缝尸首"的要求画出"俯、仰、左、右四人状"。③宋慈认为"今之验状,若是简略,具述不全,致妨久远照用。"故而,尸首所在的具体场所、置放位置、周围环境、死者特征等问题必须备载于验状,"凡验状须开具:死人尸首元在甚处,如何顿放,彼处四至,有何衣物在彼,逐一各检札名件。其尸首有无雕青灸瘢,旧有何缺折肢体及佝偻、拳跛、秃头、青紫、黑色、红痣、肉瘤、蹄踵诸般疾状,皆要一一于验状声载,以备证验诈伪,根寻本原推勘;及有不得姓名人尸首,后有骨肉陈理者,便要验状证辨观之。"同时,他还强调,"官司信凭检验状推勘,何可疏略"?④作为破案、定案的重要法律文书。验状不仅要如实填写,填写时还有诸多细节问题需要注意,比如记录致命伤痕时,一定要如实填写,不可增减尺寸,"凡定致命痕,虽小当微广其分

① 饶州程七五之死,前后"四检"。见《清明集》附录三《饶州州院推勘朱超等为踢死程七五事》,第624页。
② 《西山先生真文忠公文集》卷四六《通判和州叶氏墓志铭》。
③ 《鸡肋集》卷六五《奉议郎高君墓志铭》。
④ 《洗冤集录校释》卷五《验状说》,第92页。

寸"。这样就可避免他日索到器仗有出入,"或行凶器仗未到,不可分毫增减,恐他日索到异同。"检验文字要规范,能够准确描述伤情,如"大凡皮破即血出",所以检验文字中"不得作'皮破血出'而应该记录为'皮微损,有血出。'"①

在南宋司法检验制度史上,郑兴裔是不能不提的。郑兴裔(1126—1199),字光锡,初名兴宗,后因出使金国,为避金帝讳,宋孝宗赐名兴裔。其祖先为平阳(今山西临汾)人,后徙迁开封定居。是宋徽宗郑皇后之侄孙。父郑蕃,为和州防御使。郑兴裔因皇后恩授成忠郎,充幹办祗候库。先后任庐州、扬州知州、明州知州兼沿海制置使,曾两度奉命出使金国。对时政多所建请,有政绩,其中最值得称道的是他在淳熙元年(1174)任两浙西路提点刑狱公事时所作的司法检验改革。

郑兴裔发现基层官吏在处理刑事案件时,多不遵守检验之法,"不即差官或所差官迟延起发,或因道里隔远,惮于寒暑,却作不堪检复,或承检官不肯亲临,合干人等,情弊百端,遂使冤枉不明"②,针对这一弊端,他创制了《检验格目》,强调检验官必须依照法定程序进行报检、初检、复检、申报,记录检验过程中的每个活动细节。在福建和两浙试行一段时间后,效果显著,"关防严密,州县官吏不得肆其欺朦",于是上书颁行全国。他在《请行检验法疏》中曰:"每一次检验,依立定字号,用格目三本,一上所属州县,一付被害之家,一申本司照会,凡州县受词遣官检验,受牒起发,皆注日时于上。"③"庶于国法民瘼少助万一"。宋孝宗采纳了郑兴裔设计的《检验格目》,于淳熙元年(1174)五月,由刑部镂板,颁布"诸路提刑司一体举行"。《庆元条法事类》卷七五《验尸·杂式》中保存了宋代初、复检验格目的完整内容,并规定:"如点检得申交违时、计程迟滞、勘验不实,仵作行人、公吏、耆保等辄有情弊、及乞受骚扰,并仰诸色人除程限三日赴司陈告,出限更不受理。如所告得实,即支赏钱一百贯文,其官员定当按治,吏人等送狱根勘,依法决配。"可见,检验格目既对检验官有考勤簿作用,亦有依法定程序进行检验的备忘录

① 《洗冤集录校释》卷一《检复总说下》,第16页。
② 《宋会要辑稿》刑法六之五。
③ 郑兴裔:《郑忠肃奏议遗集》卷上《请行检验法疏》,影印文渊阁《四库全书》本。

作用,也是上级监督检验官工作情况的重要依据,对承检官的失职舞弊等行为有约束作用。

南宋时检验格目的使用亦有明确规定:"诸初、覆检尸格目,提点刑狱司依式印造,每副初覆各三纸,以千字文为号,凿定给下州县。遇检验,即以三纸先从州县填讫,付被差官。候检验讫,从实填写。一申州县;一付被害之家;无即缴回本司一具日时字号入急递,遥申本司点检。遇有第三次后检验准此。"不过,宋慈所收检验格目虽来源于郑兴裔,却是在此基础上的发展和完善,"顽囚多不伏,于格目内凶身下填写姓名押字,公吏有所收受,反教令别撰名色,写作被诬或干连之类,欲乘此走弄出入。近江西宋提刑重定格目,申之朝省,添入被执人一项。若虚实未定者,不得已与之就下书填;其确然是实者,须勒令签押于正行凶字下。不可姑息诡随,全在检验官自立定见"。① 很显然,两者相比,在防范顽囚与公吏勾结变乱案情方面,改进后的检验格目起到了更好的预防作用。

在南宋后期的司法实践中,经过改进的检验格目一直在发挥作用,如咸淳九年(1273),时任江西提刑的黄震曾立下榜文,强调填写检验格目之前,必须确认投词者的"血属"身份,"今当值第一以理雪民命为重,亦第一以痛革诬诉为急,仰县道发觉。官司遇此词诉,必审问的是被死人亲父母;或无父母、身未曾娶的是被死人亲兄弟;或无父母、兄弟的是被死人妻子;必单身人被死,方许次第有服纪,止一人出名作血属。须说被死来历证见,痕伤分晓,责反坐状,体验得实,即依条不移时填入格目"。② 榜文中的"责反坐状"是为防词人诬告而设。作为验尸格目中的必备项,这些规定的出台反映出验尸格目内容的细致周密,同时也标明检验格目与验状的不同之处:前者主要记录技术检验以外的情况,如此例中所示的被害人家属投词等,强调程序合法;后者则以记载尸检主客观情况为主,注重内容的完备。

正背人形图最初出现于湖南,它的推广和检验格目一样,也是为了革除当时尸检中的弊端。南宋宁宗嘉定四年(1211),江西提刑徐似道指出,在

---

① 《洗冤集录校释》卷一《检复总说下》,第 2 页。
② 《黄氏日钞》卷七九《江西提刑司咸淳九年三月初六日交割到任镂榜约束》。

"推鞫大辟之狱"的检验中,检验官大多违法,作弊手法多样,"指轻作重,以有为无,差讹交互,以故吏奸出入人罪,弊倖不一。"因此,他上奏宁宗,"乞以湖南正背人形随《格目》给下,令于伤损去处,依样朱红书画,唱喝伤痕,众无异词,然后著押。则吏奸难行"①,"则愚民易晓。如或不同,许受屈人径经所属诉告。"②可见,如果检验时以正背人身图像标出损伤部位,并在众人直观下公开唱喝,不仅目不识丁者也能识别,还会更加有利于被害人的家属辨别真伪,对防止仵作、胥吏等人在验尸中舞弊亦有积极作用。宋宁宗采纳了徐似道的建议,亦令将正背人形图推广到全国施行。宋慈作《洗冤集录》时,也将其收录其中。正背人形图虽然内容上与验状类似,但它是以图像标出其身体部位,更加逼真、直观,从而达到"吏奸难行,愚民易晓"的目的。作为我国最早的尸图,正背人形图的出现和在人身勘验中的广泛使用,标志着南宋检验笔录制度的进一步完善。

由上述可知,验状、检验格目、正背人形图这三种检验笔录,是宋代司法官对司法实践经验不断总结的基础上逐步形成的,它们的创制和颁行全国,为宋代及后世王朝的刑事诉讼活动提供了有益的借鉴。

二、《洗冤集录》与南宋发达的法医学技术

《洗冤集录》共 5 卷 53 目,除条令、检复总说、初检、复检、割口词、验状说等少数条目侧重于检验官吏职责和应注意的事项外,其余近 40 条目均是各种尸伤的检验和区分方法的介绍。这部分也是书中的精华,其中不少内容符合近代法医学原理。

今日的法医学常识以及尸斑、白骨化等法医学专业词汇,在《洗冤集录》都有描述,说明南宋人对一些主要的尸体现象,已经有了比较明确的认识。书中多次提到验尸之前必须洗罨,即以皂角水洗尸后,用米醋、酒糟、白梅等局部罨洗,用以预防检验时感染伤处,致使创伤发生变化。③ 现代法医学基

---

① 《宋史》卷二〇〇《刑法二》,第 4996 页。
② 《宋会要辑稿》刑法六之七。
③ 《洗冤集录校释》卷二《验尸》,第 29 页。

本上仍用这种方法来保护伤口。再如用"血脉坠下"解释尸斑产生的机理与分布特点，"凡死人，项后、背上、两肋后、腰腿内、两臂上、两腿后、两脚、肚子上下有微赤色"，是因死后一向仰卧停泊，"血脉坠下"所致，不能误认为他因致死。其中的"微赤色"，即是现代法医学中的"尸斑"。这是我国医学史上对尸斑的最早记载。《洗冤集录》中还有对尸体腐败性状的详细介绍：首先出现于两胁，脐前肉色微青（即尸绿）；其后口鼻内有恶汁流出，蛆虫爬出，尸身通身胖胀，口唇翻，两眼突出（即巨人观状），疱疹起（即水泡形成）；最后全身皮肤青黑（即血红蛋白浸润），皮肉一概消化，骸骨显露（即白骨化）。宋慈还进一步指出，尸身腐败的迟速与季节、地区、年龄、尸体胖瘦等因素都有关联。①

《洗冤集录》对于自缢、勒死、溺死等机械性窒息的区别、特点和鉴别方法的表述，既科学又详尽。是否缢死要看缢沟：一般长九寸至一尺左右，起于喉上或喉下直至左右耳后发际，并在"脑后分八字，索子不交"。可见，"八字不交"是缢沟的重要特征。② 勒死与缢死的区别在于：勒死者绳索多缠绕数圈，并"多是于项后当正或偏左右系定，须有系不尽垂头处。"③若被人隔物勒死，"则绳不交，喉下痕多平过，却极深，黑暗色，亦不起于耳后发际。"④溺死者由于溺水进入胃肠，"腹肚胀，拍着响"，"头与发际、手脚爪缝，或脚着鞋则鞋内各有泥沙"、"口鼻内有水沫"等。⑤ 再如对缢死是自杀或他杀的鉴别：若是他杀，"其尸合面地卧，为被勒时争命，须是揉扑得头发或角子散漫，或沿身上有搕擦着痕"，四周环境则"有扎磨踪迹去处"。若是先被人害死后又用绳索系扎喉上，假作自缢状，则"其人已死，气血不行，虽被系缚，其痕不紫赤，有白痕可验。死后系缚者，无血荫，系缚痕虽深入皮，即无青紫赤色，但只是白痕。有用火篦烙称痕，但红色或焦赤，带湿不干。"⑥这种对死者受

---

①　《洗冤集录校释》卷二《四时变动》，第34—35页。
②　《洗冤集录校释》卷一《检复总说下》，第15页。
③　《洗冤集录校释》卷三《被打勒死假作自缢》，第55页。
④　《洗冤集录校释》卷三《被打勒死假作自缢》，第54页。
⑤　《洗冤集录校释》卷三《溺死》，第56页。
⑥　《洗冤集录校释》卷三《被打勒死假作自缢》，第55页。

刃、受绳勒时其肌肉、血液是否还有生理机能的判断,完全符合现代法医学上辨认生前死后伤所依据的"生活反应"原理。

至于机械性损伤,唐宋法典将机械性操作明确区分为"手足他物伤"与"刃伤"两类。① 在此基础上,《洗冤集录》对生前死后刃伤的鉴定是以出血和组织收缩为标志:"如生前刃伤,其痕肉阔,花文交出。若肉痕齐截,只是死后假作刃伤痕。如生前刃伤,即有血汁,及所伤创口皮肉血多花鲜色,所损透膜即死。若死后用刀刃割伤处,肉色即干白,更无血花也盖人死后血脉不行,是以肉色白也。"②至于生前死后骨折也各有其特征:"原被伤痕,血粘骨上,有干黑血为证","骨断处,其接续两头各有血晕色。再以有痕骨照日看,红活,乃是生前被打分明";"若无血荫踪,有损折,乃死后痕"。③ 若血荫不清,则需在红油雨伞遮掩下验骨。"骨伤损处,痕迹未见,用糟醋泼罨尸首,于露天以新油绢或明油雨伞覆欲见处,迎日隔伞看,痕即见。"④"将红油伞遮尸验,若骨上有被打处,即有红色路微痕,骨断处,其接续两头各有血晕色。再以有痕骨照日看,红活乃是生前被打分明。"⑤这种验骨伤的方法,不自觉地运用了光学原理,与现代法医学上用紫外线光照射检验骨伤,依据的是同一原理。

《洗冤集录》中的毒理学理论也颇具特色。根据其记载,服毒身亡者"尸口眼多开,面紫黯或青色,唇紫黑,手足指甲俱青黯,口眼耳鼻间有血出。"⑥书中还附有各种解毒方与急救法。如解砒霜之毒,需用鸡蛋白 10~20 个搅均和入明矾沫三钱,灌进服毒者口内,催吐后再灌。这与现代用牛奶解毒,同样通过蛋白质与矾凝固,使毒液不被胃吸收有着相同的原理。砒毒在胃内遇蛋白质(蛋清),就会发生反应而凝固,不会进入血液;而明矾又有催吐

---

① 《唐律疏议》卷二一《斗讼律·斗殴以手足他物伤》,第 383 页;《宋刑统》卷二一《斗讼律·斗殴故殴故杀》,第 324 页。
② 《洗冤集录校释》卷四《杀伤》,第 67 页。
③ 《洗冤集录校释》卷三《论沿身骨脉及要害去处》,第 46—48 页。
④ 《洗冤集录校释》卷二《验尸》,第 29 页。
⑤ 《洗冤集录校释》卷三《论沿身骨脉及要害去处》,第 46—47 页。
⑥ 《洗冤集录校释》卷四《服毒》,第 72 页。

作用,这种催吐洗胃、蛋白质解毒的方法在现代还经常使用。至于检验毒物,多用银钗。以银钗放入死者喉口,若变成青黑色,再用皂角水揩洗,其色不去者为中毒;若颜色鲜白者则无毒。① 其原理在于银金属遇硫化物可产生黑色的硫化银。当然,这种验毒也有局限,譬如尸体存放过久发生腐败亦可产生硫化氢,故此法只可用于初步检验是否有硫化物,而不能以银钗变黑断定必是中毒。

　　法医鉴定,是指运用医学知识和技术,对刑事案件中的身体伤害及死亡人体组织进行现场检验后所作出的判断和结论。在宋慈之前,和凝父子的《疑狱集》、郑克的《折狱龟览》和桂万荣的《棠阴比事》等破案、断案判例中,虽有法医学知识和理论,但内容简单且不集中;而宋慈所作《洗冤集录》作为我国最早的一部比较完整的法医学专著,其中所归纳的法医理论,篇幅巨大,内容丰富、翔实,标志着法医学知识和方法的专门化。此后元、明、清三代的法医著作,大都以此书为蓝本。后来《洗冤集录》又被译成法、德、朝、日、英、俄等国文字,成为世界法医学史上的瑰宝,享誉中外。

---

① 《洗冤集录校释》卷四《服毒》,第71—74页。

后 记

　　杭州市社会科学院主持编纂的《南宋史研究丛书》,立意深远,规模宏伟。其书目列有《南宋法制史》一书,承蒙何忠礼先生垂青,将撰写任务交给了我们。然自 2006 年受命以来,一直忙于其他庶事,未能抽出时间写作,以至于一拖再拖,最后是在何先生的立限督促下才完成的。本书的导言及第一章、第二章、第四章由戴建国撰写,第三章由郭东旭撰写,第五章由高楠撰写,其中的第一节郭东旭作了改写。赵龙、董春林和刘宇协助核对了资料,在此谨致谢忱!

　　两宋法制在中国法制史上具有承前启后的重要地位。有关的研究成果相当丰硕。但长期以来,尚无一部以《宋代法制史》为名的专著。本书探讨南宋时期的法制史,可以算是《宋代法制史》的下编。南宋的法制是北宋法制的传承和发展,本书力图展现这一史实。我们在写作框架设计上,不求面面俱到,唯深度发掘宋代法治成果是求。为此,我们特设了"南宋的法制理论与实践"一章。这是我们对南宋法律实践所作的一个总结。法律实践是法律的综合运用过程,是法治和人治的互动,最能反映一个社会的法治面貌。关于这一点,以往的法制史著作着墨不多。这一专题探讨是本书的一个尝试。然受多种原因限制,我们的努力尚未完全达到目标,还存在诸多不足,我们诚挚欢迎读者提出批评意见。

作者
2011 年 11 月

编　后　语

　　历史并不意味着永远消失,从某种意义上说,它总会以独有的形式存在并作用于当前乃至未来。历史学"述往事"以"思来者","阐旧邦"以"辅新命",似乎也可作如是观。历史的意义通过历史学的研究被体现和放大,历史因此获得生命,并成为我们今天的财富。

　　宋朝立国三百二十年(960—1279),是中国封建社会里国祚最长的一个朝代,也是封建文化发展最为辉煌的时期,对后世影响极大。其中立国一百五十三年(1127—1279)的南宋,向来被认为是一个国力弱小、对外以妥协屈辱贯穿始终的偏安王朝,但就是这一"偏安"王朝,在经济、文化、科技等方面却取得了辉煌成就,对金及蒙元入侵也作出过顽强的抵抗。如果我们仍囿于历史的成见,轻视南宋在中国历史上的地位和作用,就不会对这段历史作出更为深刻的反思,其中所蕴涵的价值也不会被认识。退一步说,如果没有南宋的建立,整个中国完全为女真奴隶主贵族所统治,那么唐、(北)宋以来的先进文化如何在后世获得更好的继承和发展,这可能也是人们不得不考虑的一个问题。南宋王朝建立的历史意义,于此更加不容忽视。

　　杭州曾是南宋王朝的都城。作为当时全国的政治、经济和文化的中心,近一个半世纪的建都史给杭州的城市建设、宗教信仰、衣食住行、风俗习惯,乃至性格、语言等方面都打下了深刻的烙印。南宋历史既是全国人民的宝贵财富,更是杭州人民的宝贵财富。深入研究南宋史,是我们吸取历史经验和教训的需要,是批判地继承优秀文化遗产的需要,也是今天杭州大力建设文化名城的需要。还原一个真实的南宋,挖掘沉淀在这段历史之河中的丰富遗产,杭州人责无旁贷。

2005 年初,在杭州市委、市政府的大力支持和指导下,杭州市社会科学院将南宋史研究列为重大课题,并开始策划五十卷《南宋史研究丛书》的编纂工作,初步决定该丛书由五大部分组成,即《南宋史研究论丛》两卷、《南宋专门史》二十卷、《南宋人物》十一卷、《南宋与杭州》十卷、《南宋全史》八卷。同年 8 月,编纂工作正式启动。同时,杭州市社会科学院成立南宋史研究中心,聘请浙江大学何忠礼教授、方建新教授和浙江省社会科学院徐吉军研究员为中心主任和副主任,具体负责《南宋史研究丛书》的编纂工作。为保证圆满完成这项任务,杭州市社会科学院诚邀国内四十余位南宋史研究方面的一流学者担任中心的兼职研究员,负责《丛书》的撰写。同时,为了保证书稿质量,还成立了学术委员会,负责审稿工作,对于一些专业性较强的书稿,我们还邀请国内该方面的权威专家参与审稿,所有书稿皆实行"二审制"。2005 年 11 月,《南宋史研究丛书》被新闻出版总署列为国家"十一五"重点图书出版规划项目。2006 年 3 月,南宋史研究中心高票入选浙江省哲学社会科学首批重点研究基地,南宋史研究项目被列为省重大课题,获得省市两级政府的大力支持。

以一地之力整合全国学术力量,从事如此大规模的丛书编纂工作在全国为数不多,任务不仅重要,也十分艰巨。为了很好地完成编纂任务,2005、2006 两年,杭州市社会科学院邀请《丛书》各卷作者和学术委员召开了两次编纂工作会议,确定编纂体例,统一编纂认识。尔后,各位专家学者努力工作,对各自承担的课题进行了认真、刻苦的研究和撰写。南宋史研究中心的尹晓宁、魏峰、李辉等同志也为《丛书》的编纂付出了辛勤的劳动,大家通力合作,搞好组稿、审校、出版等各个环节的协调工作,使各卷陆续得以付梓。如今果挂枝头,来之不易,让人感慨良多。在此,我们向参与《丛书》编纂工作的各位专家学者表示由衷的感谢!

鉴于《丛书》比较庞大,参加撰写的专家众多,各专题的内容多互有联系,加之时间比较匆促,各部专著在体例上难免有些不同,内容上也不免有些重复或舛误之处,祈请读者予以指正。

　　《南宋史研究丛书》是"浙江文化研究工程成果文库"中的一项内容,为该文库作总序的是原中共浙江省委书记,现中共中央政治局常委、中央书记处书记习近平同志,为《南宋史研究丛书》作序的是中共浙江省委常委、杭州市委书记、杭州市人大常委会主任王国平同志和浙江大学终身教授、博士生导师徐规先生。在此谨深表谢意!

　　希望这部《丛书》能够作为一部学术精品,传诸后世,有鉴于来者。

杭州市社会科学院院长　史及伟

2007 年 12 月

图书在版编目（CIP）数据

南宋法制史／戴建国，郭东旭著.
－北京；人民出版社，2011
（《南宋史研究丛书》）
ISBN 978-7-01-010259-7
Ⅰ.①南…　Ⅱ.①戴…②郭…　Ⅲ.①法制史—中国—南宋
Ⅳ.①D929.442
中国版本图书馆 CIP 数据核字（2011）第 191072 号

南宋法制史
NANSONG FAZHISHI

作　　者：戴建国　郭东旭
责任编辑：张秀平
封面设计：祁睿一
装帧设计：山之韵

人民出版社 出版发行
地　　址：北京朝阳门内大街 166 号
邮政编码：100706　www.peoplepress.net
经　　销：全国新华书店
印刷装订：北京昌平百善印刷厂
出版日期：2011 年 12 月第 1 版　2011 年 12 月第 1 次印刷
开　　本：787 毫米×1092 毫米　1/16
印　　张：24.25
字　　数：400 千字
书　　号：ISBN 978-7-01-010259-7
定　　价：65.00元